本書出版得到國家古籍整理出版專項經費資助

洛陽九朝刻石文字博物館
齊運通
楊建鋒 編

洛陽新獲墓誌

二〇一五

中華書局

圖書在版編目(CIP)數據

洛陽新獲墓誌 二〇一五/齊運通,楊建鋒編. —北京:中華書局,2017.2
ISBN 978-7-101-11804-9

Ⅰ.洛… Ⅱ.①齊…②楊… Ⅲ.墓誌-拓片-洛陽市-古代
Ⅳ.K877.45

中國版本圖書館 CIP 數據核字(2016)第 093668 號

責任編輯:李 爽
封面題簽:劉 濤

洛陽新獲墓誌 二〇一五

洛陽九朝刻石文字博物館 齊運通 楊建鋒 編

*

中 華 書 局 出 版 發 行
(北京市豐臺區太平橋西里 38 號 100073)
http://www.zhbc.com.cn
E-mail:zhbc@zhbc.com.cn
北京市白帆印務有限公司印刷

*

787×1092 毫米 1/8 · 56 印張
2017 年 2 月第 1 版 2017 年 2 月北京第 1 次印刷
印數:1-600 冊 定價:1500.00 元

ISBN 978-7-101-11804-9

開館紀念　二〇一六年五月二十五日

洛陽九朝刻石文字博物館

傅熹年題

序　言

陳尚君

齊運通先生繼《洛陽新獲七朝墓誌》以後，繼續尋訪搜覓，歷時五年，所得近四百方，與前書等，續編爲本書，仍囑我爲序。我因得機緣先期見到此批珍貴墓石而感到欣喜，更感佩齊先生持續努力、不計得失之可貴精神，乃允寫下先期閱讀的感受，與學友分享。

洛陽號稱九朝古都，從東漢到五代時期的近千年時間，尤稱鼎盛。無數的歷史悲喜劇曾在此上演，寫下中國歷史最輝煌的一頁。雖然王朝更叠，人事興廢，戰爭頻仍，生民塗炭，但代表那個時代文化精神和價值取向的士族群體，却始終堅守禮法規矩，保持文化品位，守護家族延傳，發弘人文榮光。無論政治險惡，外族入主，生存受制，禮樂崩壞，士族之文化追求始終没有中斷。當年之一切，包括都市繁榮，宫殿壯美，衣冠富華，詩文綺麗，雖然都僅留下若干斷片，仍能引起後世人們無窮之想象與追慕。真正能够相對豐富地保留至今，完整記録當時文采風流的，則是當年作爲喪葬文化一部分的石刻碑誌——歷經千年風霜，依然頑艷如故。洛陽周邊以北邙爲中心的群山，由於當年被衆多士族選爲家族壽穴，承擔了保存這批文化瑰寶的責任。齊運通先生世居洛陽，曾擔任洛陽文化部門的職務，本人又是國内文物鑒定方面知名的專家，利用他的地方資源和學術優勢，承擔本書珍貴文獻搜訪和編輯的責任，確屬出色當行，責無旁貸。

本書所收，東漢七方，西晉二方，北魏二十三方，北齊七方，北周五方，隋十六方，唐三百零七方，後梁二方，後晉一方，後周二方，宋二十一方，金一方，元四方，總計三百九十八方，規模與《洛陽新獲七朝墓誌》相當。其中絶大部分出土於洛陽及其周圍數縣，也有少數爲西安、成都、濟南所出者。

本書所收墓誌之價值，涉及政治、軍事、民族、文學、家庭、宗教、藝術等諸多領域，就我粗略之閱讀，覺得可以重點介紹以下一些内容。

《大周故汝南郡王墓誌》（頁一三八），誌主李隆悌，是睿宗第六子，長安二年（七〇二）卒時年方十一歲，即比玄宗李隆基小七歲。以往僅知睿宗有五子，此誌提供了其家的一些新情況，對了解當時還是「大周相王」的睿宗一家在武后後期的生存狀況，也具價值。

李齊之墓誌，是天寶間難得的大誌。誌題《唐故銀青光禄大夫延王傅上柱國李公墓誌文并序》（頁二一一），誌主之生平和業績皆不算非常重要，但因墓誌撰於天寶九載（七五〇），正是李林甫在相位最權勢煊赫的時候。墓誌稱誌主是「我開元皇帝四從叔，我相國晉公五從兄」，晉公即李林甫，出自宗室中長平王叔良一支，本屬宗室中之疏支，但作者偏要將其世系與玄宗和李林甫一併牽扯進來，恰可見李林甫之權勢炙手可熱。其次述及鄭王房在天寶間人物之輝赫，如云：「朱戟森門，黄金横帶，公瓊昆玉友，其麗不億，荀氏賈門，莫之伉也。季弟齊物，河南尹；堂弟齊古，國子祭酒；暐，中書舍人兼檢校禮部侍郎；曄，庫部郎中；旰，贊善大夫。而日晏罷朝，鵷鷺成列，鷄鳴入覲，羔鴈爲行，盛矣哉！」作者不自覺地賞嘆鄭王房人物之盛，恰顯示李林甫用事時，大力擢拔宗室人物之情況，至於其間是否忌犯玄宗之敏感，作者似完全没有考慮。墓誌揭示的這些内容，恰爲李林甫一死立即被清算埋下了伏筆。墓誌還提到齊之任東陽太守時，有妖僧左道惑衆，遭齊之捕殺，也可補史闕。

崔德元《唐秘書省校書郎薛公夫人濮陽吴氏墓誌銘并序》（頁二四一），誌主爲代宗吴后兄吴湊之女，墓誌記載其先世「不居顯位」，后父亦僅爲益州郫縣丞，因接姻皇家而漸次通顯，是有關此一外戚家庭之重要記録。書者署「兄士矩書」，時爲貞元九年（七九三），似在入仕前，恰與史籍言其早具文學，喜與豪英游相印證。

本書所收《大唐故雍州明堂縣尉贈懷州長史司馬府君墓誌銘并序》（頁一五六），則保存了武后末至玄宗初十分活躍的司馬氏家族的譜系綫索。《元和姓纂》卷二已載此一支出晉汝南王亮之裔孫，北魏時則有司馬裔，有庾信《司馬裔碑》可參。本誌則載曾祖侃、祖運、父玄祚之歷官，與前此已見司馬銓、司馬望墓誌可互參。本誌載誌主司馬邵字希奭，以往因其以字行而不知本名。所敘其生平完整，但不涉重要事件，較重要的是有關其子司馬鍠的一節：「嗣子鍠，才妙識精，樹德崇懿，學通王霸，時許管樂，粉澤人極，藏太史之書；緝熙帝道，燭名臣之奉。至長安中，歷鳳閣舍人。神龍之初，授中書侍郎，兼掌銓序。聲華碩茂，朝莫與京。中宗孝和皇帝每多府君之翼子，恨不同時，乃下優制，追贈懷州長史。」追贈父官是子官顯後之常制，但因司馬鍠在兩《唐書》無傳，此段敘事尤重要。補充一句，著名道士司馬承禎，與司馬鍠家族爲近支，其在此間之活躍，不能説與之毫無干係。

徐浩撰并書《唐故英武軍使開府儀同三司試太常卿上柱國蕭國公贈靈州大都督論公墓誌銘并序》（頁二三二），寫成於建中二年（七八一）十一月末，較著名的《不空禪師碑》還晚半個月，寫成於這位盛唐最著名書法家去世前五個月，也是他今知最後的書迹。這一年他七十九歲，雖已年邁，但因結束長期貶外的生活回到京城，心情愉快，無論文章之風采或是筆力之遒勁，都達到一生之巔峰。以往《不空禪師碑》流傳很廣，作爲徐浩的代表作廣受習臨。這方《論公墓誌銘》的發現，在書法史上意義極其重大。同時，本方墓誌所涉史實也極其重要。誌主論惟貞，先世爲吐蕃大姓，累世爲相。吐蕃稱宰相爲論，因以爲姓。其祖父論弓仁，武后聖曆間以所部七千帳歸化，開元間官至朔方副大使，其族始大。張説撰《論弓仁碑》叙述較詳。安史之亂發生時，其父論誠節率諸子從朔方軍，至靈武守蹕肅宗，并在平定叛亂中發揮了重要作用。本誌對此有詳盡叙述，摘録如下：

> 肅宗之巡右地也，勁自朔方，持先將軍表於豐安，迎覲至靈武，參佐命勳，因茲賜名。遷中大夫、衛尉少卿，充綏銀等州召募使。浹辰之内，得一千餘人，有詔同關内節度副使。扈躍至鳳翔府，授光禄卿，充元帥先鋒討擊使，屯於岐陽，與郭英乂、王思禮等分壓東寇，破青渠陣。遷正議大夫、鴻臚卿。自是渥賚日融，累戡大敵。收西京，力戰於滻水；復東夏，決命於陝郛。再清函洛，遷金紫光禄大夫、殿中監，充朔方節度左卅將。太尉李光弼旋軍之守河陽也，逆賊周贄以鐵騎十萬掩跡來攻，疲軍未寧，强寇四合，乃命公以五千勁甲出定衆心。於是執律受旗，結誠叶氣，出入交命，前無正鋒，乘勢縱師，大潰兇逆，戮尸獲醜，全虜不遺，再堅河陽。由此一戰，特授開府儀同三司，封壽昌縣開國伯。又下河内，授太常卿，進封縣侯，食邑一千户。

所述肅宗在馬嵬分軍至靈武自立過程中，得到朔方軍的迎立和鼎力支持，論誠節父子與名將郭英乂、王思禮等爲收復兩京，討平叛亂，建樹甚偉。李光弼守河陽更屬安史平叛之關鍵戰役，本誌的叙述極其重要。周贄爲史思明部下名將，《安禄山事迹》載史在洛陽將櫻桃分賜周贄與子朝義，并附詩：「櫻桃一籠子，半赤一半黄。一半與懷王，一半與周贄。」手下告若以後二句互乙，即能押韻，史怒曰：「韻是何物？豈可以我兒在周贄之下！」也可見周贄在叛軍中的地位。自《太平廣記》卷四九五引《芝田録》以下，其名或作周至，《舊唐書·李光弼傳》作周摯，得墓誌可得判定。還特别要指出的是，論惟貞身後，他的二弟在中唐平叛中也建立殊勛。季弟惟明，建中間任慶州刺史。朔方軍亂，他率兵三千赴難，授右金吾大將軍，「伏義討逆，摧殄兇徒」（《文苑英華》卷九〇九吕元膺《驃騎大將軍論公神道碑》），貞元初得授鄜坊節度使。仲弟惟賢，安史平叛間也屢有戰功，雖後纏綿病榻數十年，朝廷一直給以禮遇。更難得的是，論惟明在德宗歸京時，獻詩陳賀：「豺狼暴宫闕，叛徒淩丹墀。花木久不芳，群凶亦自疑。既爲皇帝枯，亦爲皇帝滋。草木尚多感，報恩須及時。」是迄今歸化吐蕃人存世之唯一完整漢詩（另有名悉獵參與中宗時聯句），也可見其歸唐後漢化之程度。

陳州苻氏從唐末起家，貫穿五代而入宋，逾二百年始終保持榮盛，類似家族似乎不多。本書所收《大周故楚州防禦使武都郡苻府君墓誌并序》（頁三七二）是今見該家族墓誌中最早的一方，内容極其珍貴。誌題雖然稱爲「大周」，僅因誌主苻彦能殁於顯德六年（九五九）九月，至次年二月入葬時，宋王朝已經建立，墓誌回避了這一事實，頗可玩味。本誌中有「次女即大漢故陳王夫人也」一句，透露了此一周、宋外戚世家另一條隱秘的婚姻綫索。陳王即後漢高祖劉知遠幼子劉承勳，在漢隱帝遇難後，群臣曾有擁立陳王的考量，但因陳王病重而放棄。彦能兄彦卿有二女先後爲周世宗皇后，另女則爲宋太宗皇后，正因爲這層原因，這一家族入宋仍長期保持繁榮。婚姻是一種維繫家族發展之重要手段，世事劇變，難以逆料，多方交結，廣備機緣，會增加成功的機率。苻氏與劉漢結姻的記録，不僅可以解釋苻彦能在劉知遠河東舉兵後，徑赴中牟迎接之原因，更足揭示此一家族廣結人緣之内幕。誌云：「以河東外結戎虜，入寇邊陲，命公爲先鋒都監。時世祖親征，公先率前茅，直抵高平之陣。及賊破，嘉其功，又授公澤州防禦使。」指其顯德元年世宗即位後不久親征高平之戰的情形。本誌兩次稱周世宗爲世祖，原因不明。苻彦能卒於顯德六年九月二十九日，時世宗去世後三個月，恭帝以幼主嗣位；葬於次年二月十四日，即陳橋兵變後之次月，是時宋王朝已經建立，墓誌没有提及。由於兩《五代史·恭帝紀》部分較簡略，重要的事實失録太多，本誌雖然涉及中樞部分内容不多，因適當興替之際，仍可重視。此外，這一家族本姓苻，即爲十六國前秦氏族苻氏之後人，在宋初之幾方墓誌中，皆作此字。但入宋後史籍都稱符氏，隱約透露出在宋代尊夏攘夷風潮中，胡姓諸族刻意隱身附漢之事實。

韓泫，是玄宗相韓休之子，代宗相韓滉之兄，但《舊唐書·韓休傳》僅以「上元中爲諫議大夫」一句帶過，至其生平不爲世知。本書收有韓泫夫婦墓誌（頁二二五、二五七），其中較重要的内容，一是他在開元中曾獻《南郊頌》而改左補闕。二是天寶中以親累貶南陽郡司户，後以本官充翰林學士。已故傅璇琮先生著《唐翰林學士傳論》没有考及韓泫，可據補。三是安史亂起，肅宗靈武即位後，密詔他赴行在，授考功員外郎，專知制誥。但爲權臣所惡，除禮部郎中，又出爲資陽太守。後徵爲諫議大夫，但因病未赴任，卒年六十六。杜甫詩有《寄韓諫議注》，陶敏《全唐詩人名彙考》謂韓諫議爲韓泫，韓休子，上元中爲諫議大夫。但就墓誌提供的情況來説，還難作結論。四是韓泫有文集十卷。

《大唐故瓊王墓誌銘并序》（頁三一八），開成五年（八四〇）「翰林學士朝散郎權知尚書兵部員外郎臣敬皞奉敕撰」，不僅爲這位很少有文章存世的學士補充了一篇佚文，也可知其名確從日而不從白。

《大唐故國子博士豪州諸軍事豪州刺史吴君墓誌銘并序》（頁一五〇）之誌主吴揚吾，在唐代不算有名人物，但《大唐新語》卷一三載武后曾問弄臣張元一曰：「近日在外有何可笑事？」元一對曰：「朱前宜着緑，录仁傑着朱。閭知微騎馬，馬吉甫騎驢。將名作姓李千里，將姓作名吴揚吾。左臺胡御史，右臺御史胡。」是用官員姓名講的一則笑話，但在《太平廣記》卷二五四引《朝野僉載》則作「將姓作名吴栖梧」，據墓誌可訂文本之傳訛，吴揚吾之基本履歷也可爲世所知。

就文學研究的意義來説，本書有不少重要而珍貴的記録。

本書收録一組經幢，其中最重要的是開元十年（七二二）王維書的那件《佛頂尊勝陀羅尼石幢贊并序》（頁一六七），原署「大樂丞王維書」。這是這位盛唐大詩人手迹的首度發現，且寫於他二十多歲剛中進士後不久。唐薛用弱《集異記》卷二云：「王維右丞，年未弱冠，文章得名。性閑音律，妙能琵琶，遊歷諸貴之間，尤爲岐王之所眷重。」「及爲太樂丞，爲伶人舞黄師子，坐出官。」這件經幢就是他這段經歷的實物佐證，而且可以確認正式官名應是大樂丞。

本書至少有兩方墓誌與杜甫研究有關，一是所收貞元七年（七九一）《大唐故成都府士曹參軍河南長孫府君墓誌銘并序》（頁二三六），署「朝散大夫行成都府司録參軍賜魚袋韋諷撰」。韋諷是杜甫在蜀中交往很密切的朋友，大約在代宗初期有《韋諷録事宅觀曹將軍畫馬圖》云：「借問苦心愛者誰，後有韋諷前支遁。」《送韋諷上閬州録事參軍》：「韋生富春秋，洞澈有清識。操持紀綱地，喜見朱絲直。當令豪奪吏，自此無顔色。」評價很高。又有《東津送韋諷攝閬州録事》。但此方墓誌作於三十年後，其人依舊盤桓下僚，可爲感嘆。另陳太階《唐故劍南東川租庸鹽鐵使刑部郎中兼侍御史何公墓誌銘并序》（頁二三〇），叙何邕肅代間任「劍南兩川税青苗使」，後又任劍南東川租庸鹽鐵使，大曆十三年（七七八）卒時年五十七，可以相信杜甫所作《贈別何邕》：「生死論交地，何由見一人。悲君隨燕雀，薄宦走風塵。綿谷元通漢，沱江不向秦。五陵花滿眼，傳語故鄉春。」所贈者即此人。因詩題中未提官職，此詩的作年及寓意一直難有確解，今得此方墓誌比讀，應該是杜甫奔走兩川時期所作，而非寫於入蜀之初。

此外，《唐故濮州司法參軍崔府君墓誌銘并叙》（頁二三九）叙述了安史亂間的一段家族故事：「天寶末，猾胡猖亂，府君伯父鄴國公光遠虔劉兇渠，歸翼王室，賊陷相土，以我爲仇。或勸避之，公曰：『棄親逃讎，孰愈於死！』雖遭縲繫，泣侍左右，兇黨嗟而釋之。變桀驁之心，知孝悌之感，古人稱難矣。」這裏所叙應是九節度兵潰鄴下前後，鄴下豪族棄舊歸唐之經歷，是與杜甫寫作《三吏》《三別》前後的一段真實故事。

湯賁（頁二四〇），《新唐書・藝文志》著録其集十五卷，僅云爲潤州丹陽人，貞元宋州刺史，應是中唐前期一位重要作者，作品也很少流傳。王真撰其墓誌，題目太長不録，叙其字文叔，科舉不第，遂爲使府所辟，曾巡覆西北邊屯田，得到宣武節度使李勉的信任，歷任掌書記、判官、司馬，曾任宋州刺史二年，官至宣武節度副使，可以説是李勉長期鎮守宣武的主要助手。終於貞元七年（七九一），年四十九。墓誌作者王真，則是中唐著名的軍事家。本書另收郭行餘撰湯賁妻侯莫陳約墓誌（頁二九四），述及湯之神道碑爲奚陟所撰，郭則爲湯婿，其生前身後事得以大體明白。

《宣室志》是唐後期極其重要的志怪小説集，有關其作者張讀的生平資料，以往所見極其零碎。本書所收徐彦若《唐故通議大夫尚書左丞上柱國賜紫金魚袋贈兵部尚書常山張公墓誌銘并序》（頁三六四），完整記録了他的家世和生平履歷，至少有幾方面極其重要。一是他的先世，墓誌云：「高祖鷟，字文成，以字著，事具《唐書・文苑傳》。曾祖不忒，皇揚州天長令。祖薦，皇尚書工部侍郎、史館修撰，贈太子太保。起深州陸澤，爲顔真卿所識，名籍甚。在史館二十年，著述號大手筆。三使絶國，不辱命。謚憲公。父希復，皇河南府士曹、集賢校理，累贈禮部尚書。妣秦國太夫人牛氏，公外祖丞相奇章公，文學正直，相穆宗、文宗朝，以程式中州人物爲己任。仲父又新，標致亦峻。一時名士，皆出公内外族。」揭示了唐代最重要小説家族的譜系。其高祖張鷟，存世有小説《游仙窟》和判集《鳳筋龍髓判》，是唐初志怪過渡到傳奇的關鍵人物。其祖張薦，著有志怪集《靈怪集》二卷及軼事筆記《翰林盛事》。其父張希復，是小説家段成式的密友，《酉陽雜俎續集・寺塔記》存二人與鄭符巡歷長安寺廟的大量聯句詩，雖然因爲中年遽逝没有留下著作，但肯定是熱衷小説的人物。仲父張又新則以所著《煎茶水記》在茶史上有重要地位。張讀的母親是名臣牛僧孺的女兒，牛不僅是一代名相，牛黨魁首，且在早年應舉時著有志怪集《玄怪録》十卷，在唐小説史上占有重要一席。這一家族關係的揭示，對研究《宣室志》極其重要。原書雖不存，但《太平廣記》以下保存的佚文極其豐富，可以確定叙事最後時間爲大中五年（八五一），這年張讀僅十九歲，次年進士及第，證明爲進士時期所作。二是張讀的仕履和經歷，事繁不詳述，需要揭示的重要事件，有他乾符六年（八七九）以中書舍人知禮部貢舉，「近代掌是務者，不能以心目自任，皆取成於人，亦有所信，便爲肘制，不復許採聽矣。公深懲其弊，自詔下至入宗伯省，豁闢見賓客，至夜漏下一二刻，博訪不倦，凡薦士之書，無阻却者。深抑浮華朋黨之士，以節操貞實者爲先。及公再爲左丞，門生兩人與公同居貳卿班中，時人以爲盛。遷禮部侍郎。太學生四百人舉旛闕下，願借公更治宗伯一年。公辭之，改户部侍郎」。這是黄巢攻入長安前一年的事，無論就科舉或士習研究都很重要。僖宗避居成都和鳳翔，張讀都隨行，有關記載也很珍貴。三是張讀的著作，墓誌記載有「《西狩録》十卷、《神州總載》十五卷、《宣室志》十卷、制誥詩賦雜著凡五十卷」。《西狩録》全稱《建中西狩録》，述德宗時事，全書不存，《資治通鑑考異》有引，可見他在僖宗西狩時研究德宗史事，以爲現實關照之用心。《神州總載》不見著録，不詳爲何等性質之著作。此外，本書收張又新爲其姐撰《唐故女道士常山張氏墓誌》（頁二九七），則可見此一小説世家對道教之熱衷。

本書所收孫偓夫婦墓誌（頁三六五、三六八），則涉及唐末五代初士人之另類人生選擇。孫偓是唐代名臣孫逖家族之後人，僖宗乾符五年（八七八）以狀元登進士第，其間他的生活風流倜儻，《北里志》載他及第後的同年宴仍在平康里妓寮中舉行。後經歷世亂，擔任一系列重要職位，乾寧間入相，并任鳳翔四面行營都統，《新唐書》卷一八三有他的傳記，但對他在朱全忠掌控政局，他被貶黜後的經歷缺乏記録。墓誌則載他在昭宗遷洛後仍曾任禮部尚書，改太常卿。梁受禪後，雖然先後以御史大夫、刑部尚書、右僕射徵，但皆不赴，乃栖心雲水，歷匡廬、羅浮、桂嶺，再至衡山，居方廣寺，自稱方廣居士。直到梁末之貞明五年（九一九）卒，即在唐亡後仍生存了十三年。其間孫偓的文學活動，如《北夢瑣言》卷四載他「出官於南嶽，有詩寄杜先生」云：「我行同范蠡，師舉效浮丘。他日相逢處，多應在十洲。」《宋高僧傳》卷三〇《唐南嶽山全玼傳》據《南嶽高僧傳》録他南遷後贈南嶽僧全玼詩：「窠居過後更何人，傳得如來法印真。昨日祝融峰下見，草衣便是雪山身。」《太平廣記》卷二三二引《玉堂閒話》載他在江西新淅所作題真陽觀詩：「好是步虚明月夜，瑞爐蜚下醮壇前。」都可得到合理之解釋。他在世亂後的選擇，具有一定的代表性。

至於家庭婚姻史之文獻，則可舉到李塤《亡妻京兆韋氏墓誌銘并序》（頁二五一）、吴籌《亡妻范陽盧氏夫人墓誌》（頁三四七）（吴籌墓誌亦收）、田洪《亡妻扶風竇氏墓誌銘并序》（頁二九〇）等。裴賨爲妻所撰墓誌，誌題《維大唐會昌四年歲次甲子閏七月壬子朔廿八日己卯承議郎前行河南府河南縣主簿裴賨爲亡妻李氏作墓誌銘并序》（頁三二五），其莊重認真，似極少見，而墓誌開始講了一大段命運不公的憤怒，也極其少見，録如下：「賨聞栽者培之，傾者覆之，虚有其語，詎實然哉！何則？或有悍戾忌害至于百爲，而享厚禄、究高年者；或有令淑惠愛無虧四德，而守奇薄、少夭傷者。又聞民之所欲，天必從之，乃有庸奴嫉怨而每相厭苦者，以保偕老；有如賓婉娩而未極歡娱者，中道殞缺，天之報施順從，何繆盭如斯之甚。子曰：不怨天。静言思之，孰能無怨！」情緒激動，用語激烈，乃至批及孔子，應屬少見。此外，咸亨四年《大唐益州大都督府功曹參軍杜温亡妻韋夫人墓誌銘并序》（頁一〇二），雖不署作者，但玩其詞意，應即杜温本人所作，是唐亡妻墓誌中較早的一方。《唐大理司直嚴公夫人清河崔氏墓誌銘并序》（頁三二七）則由誌主之叔嚴茂卿撰文，而由「夫朝議郎行大理司直上柱國嚴脩睦書」，體例顯得比較特别。

本書所收部分墓誌，前此在他書已經發表，且有一些學者作過初步研究，本書加以彙編，便於學者檢用，也具重要價值。除著名的雙語墓誌迴鶻葛啜王子墓誌（頁二四三）外，我還可以指出以下諸誌。劉禕之（頁一四八）是唐高宗後期著名文士，當時有「劉孟高郭」之稱（與孟利貞、高智周、郭正一齊名），也是參決時政以與宰相分權的北門學士之一，武后臨朝後短暫爲相，旋得罪賜死，他的墓誌對了解這段歷史很重要。武三思撰武承嗣墓誌（頁一三二），二人皆因爲武后近親，而在武周時期權勢顯赫，三思略具文采，本誌對研究武后時期政治、文學的價值不言而喻。楊綰（頁二二八）爲代宗後期的名相，在代宗清洗元載集團後，與常衮一起入相，可惜在位僅數月而遽亡，未能有大作爲。其墓誌内容雖相對簡單了一些，仍多可玩味。宋若昭（頁二九六）爲著名的宋氏五女之二姐，自貞元四年（七八八）入宫，居深禁近四十年，多參朝廷唱和，宫中呼爲女學士，憲、穆、敬三帝皆呼爲先生，六宫嬪媛、諸王、公主、駙馬皆師之，且墓誌爲名臣宋申錫所撰，當然值得重視。如其所注《女論語》，《新唐書·藝文志》著録作十篇，墓誌作二十篇，也可注意。丁羽客撰《大唐故使持節集州諸軍事集州刺史上柱國清河丁公誌石文并序》（頁一六三），誌主丁元裕，開元間集州刺史，事迹無可稱，但誌中引及其題利州傳舍的一首絶句：「聞道巴賨地，由來猛獸多。待余爲政日，方遣渡江河。」《全唐詩》以外可再增加一位詩人。

就内容來説，本書所載李春卿、陸紹、崔礎、崔師蒙、李行素、李昌汶、劉渭等人墓誌，都堪重視；就作者來説，則有令狐德棻、吕向、陽浚、王顔、唐衢、李吉甫、陳夷行、楊虞卿、滕邁、裴潾、崔戎、盧簡辭、鄭愚、崔安潜等名家文章，其中李吉甫有兩篇。至於書法藝術，則更屬美不勝收，難以盡舉。不能一一叙述，讀者諒之。

前歲末，我結集三十年來研治唐代石刻文字，爲《貞石詮唐》一書，自序云：「石刻之學，昉自北宋歐陽修，積平生所得金石逾千品，所撰《集古録跋尾》屢言石刻可見古今政事之興衰，可知歷代文章之演變，可觀漢晉以來書迹之風韻，可爲考訂文史典籍之佐證，鴻論博稽，誠爲有識。繼起者趙明誠所得更倍之，所述尤重金石考史一途，爲學亦更爲細密。」「今可見之唐石居然數倍於歐趙之所得，其於唐一代文史研究之意義，實在是極其巨大。前輩嘗言，唐以前文獻太少，學術之糾紛終難得定讞；唐以後文獻太多，學者以一生之力難以通治一代，唯唐代不多不少，爲治學之最佳試驗田。此不多不少之文獻，百年來更得敦煌文書、域外典籍、釋道二藏以及石刻文獻無數新見資料之滋潤，所取得之成就，正所謂日新而月異，有天地翻覆之氣象。專治唐一代之學者如陳寅恪、岑仲勉、嚴耕望、黄永年、張廣達、傅璇琮、陶敏等成就卓著，皆憑藉對存世典籍、新見文獻之全面掌握與參互發明。厠身於此一時代而專治有唐如我，慶慰何如！」故每有新石刊布，未嘗不披閲再四，流連難返，比讀史籍，抉發隱事，周覽遺文，領略華章，發爲文字，求存新旨。承齊運通先生不棄，將新得碑石交我展閲，略述所見，期與海内外學人分享。唯學力有限，識見闇弱，訛誤未妥之處，恐仍不免，幸祈齊先生與鴻雅君子有以賜教。

二〇一六年二月二十五日於復旦

凡例

一　本書收録近年來洛陽及周邊地區最新出土的墓誌（墓莂、經幢、鎮墓石）拓本，凡三百九十八方。計東漢七方、西晉二方、北魏（含東魏、西魏）二十三方、北齊七方、北周五方、隋十六方、唐（含周、燕，五代後梁、後晉、後周）三百一十二方、宋二十一方、金一方、元四方。其紀年起自東漢永初元年（一〇七），訖元至治元年（一三二一）。

二　所收墓誌拓本均一誌一圖（部分墓誌附有墓誌蓋），異形墓誌亦按誌石拓本原樣影印。

三　排序原則以誌主最後一次入葬日期爲準；無入葬日期的，以誌主卒年爲準。

四　墓誌拓本著録内容包括：

1　朝代及誌主本名；

2　墓誌原有題目；

3　墓誌撰、書、刻者名録；

4　墓誌原石的實際尺寸、書體、行款；未説明書體者均爲楷書，鐫刻未注明陰刻、陽刻者均爲陰刻；

5　墓誌蓋的書體、行款；

6　卒年、年齡及入葬時間。

五　墓誌中原題的異體字（通假字、避諱字、武則天新字、別字）徑改爲通行繁體字。

六　墓誌拓本中凡殘缺或漫漶不清處，無法辨識者，皆加標「□」符號；可判斷爲某字者，則在字外加「□」。

目録

一 東漢魏朱磚誌 永初元年（一〇七）十二月二十八日……一
二 東漢兒潘磚誌 永初六年（一一二）正月十八日……二
三 東漢趙昌磚誌 永初六年（一一二）十二月二十七日……三
四 東漢陳唐磚誌 永初七年（一一三）正月十二日……四
五 東漢徐河磚誌 元初元年（一一四）七月十六日……五
六 東漢宋建磚誌 元初六年（一一九）二月三日……六
七 東漢王勤磚誌 元初六年（一一九）五月六日……七
八 西晉周褚磚誌 太康九年（二八八）十月二十五日……八
九 西晉彭夫人李氏磚誌 建興五年（三一七）三月二十七日……九
一〇 北魏王遇墓誌 正始元年（五〇四）十月二十四日……一〇
一一 北魏蘇樹墓誌 正始二年（五〇五）十一月十八日……一一
一二 北魏王晧墓誌 延昌元年（五一二）十一月二十二日……一二
一三 北魏韓夫人輿氏墓誌 熙平元年（五一六）十一月二十二日……一三
一四 北魏裴敬墓誌 熙平二年（五一七）三月十一日……一四
一五 北魏張徹墓誌 正光六年（五二五）二月九日……一五
一六 北魏趙億墓誌 孝昌二年（五二六）十一月八日……一六
一七 北魏李劇墓誌 孝昌二年（五二六）十二月十二日……一七
一八 北魏徐起墓誌 武泰元年（五二八）正月十五日……一八
一九 北魏元顯墓誌 建義元年（五二八）八月二十四日……一九
二〇 北魏王導墓誌 永安元年（五二八）十月二十二日……二〇
二一 北魏楊兒墓誌 永安二年（五二九）二月九日……二一
二二 北魏元祉墓誌 永安三年（五三〇）二月十四日……二二
二三 北魏張太和墓誌并蓋 太昌元年（五三二）十一月十九日……二三
二四 北魏郁久閭肱墓誌 興和三年（五四一）七月十二日……二四
二五 東魏慕容纂墓誌并蓋 興和四年（五四二）十一月十一日……二五
二六 東魏郭肇墓誌 武定元年（五四三）正月二十九日……二六
二七 西魏慕容萇墓誌 大統十年（五四四）十月二十二日……二七
二八 東魏閭詳墓誌 武定二年（五四四）十月二十二日……二八
二九 西魏韓樂妃墓誌 大統十四年（五四八）三月十八日……二九
三〇 東魏祖貴之墓誌 武定七年（五四九）三月三十日……三〇
三一 東魏房纂墓誌 武定七年（五四九）十一月二十二日……三一
三二 北齊赫連遷墓誌 天保三年（五五二）十二月四日……三二
三三 北齊馮娑羅墓誌 天保四年（五五三）九月一日……三三
三四 西魏杜欑墓誌 廢帝二年（五五三）十一月二十五日……三四
三五 北齊高岳墓誌 天保七年（五五六）四月十六日……三五
三六 北齊李寧墓誌 天保八年（五五七）五月十一日……三六
三七 北周拓拔昇墓誌 天和二年（五六七）三月一日……三七
三八 北齊李馬頭墓誌 天統三年（五六七）十月十七日……三八
三九 北周宇文廣墓誌 天和三年（五六八）八月二十一日……三九
四〇 北周拓拔富娑羅墓誌 天和三年（五六八）十一月十八日……四〇
四一 北齊屈誕墓誌并蓋 天統四年（五六八）十一月二十九日……四一
四二 北周王預墓誌并蓋 天和六年（五七一）三月十二日……四二
四三 北周拓拔番墓誌 建德二年（五七三）二月二日……四三
四四 北齊孤竹静墓誌 武平五年（五七四）正月二十四日……四四

四五 北齊李貴與夫人王氏墓誌并蓋 開皇三年（五八三）閏十二月十五日……四五
四六 北齊任恭墓誌 開皇六年（五八六）五月二十日……四六
四七 北周陸孝昇墓誌 開皇六年（五八六）十一月七日……四七
四八 隋董琳墓誌并蓋 開皇七年（五八七）十月二十日……四八
四九 隋劉悦墓誌并蓋 開皇八年（五八八）十一月三十日……四九
五〇 隋梁衍墓誌 開皇十一年（五九一）十月二十五日……五〇
五一 隋長孫懿墓誌并蓋 開皇十二年（五九二）十月十二日……五一
五二 隋裴使君墓誌 開皇十二年（五九二）十月十二日……五二
五三 隋吴寶墓誌 開皇十四年（五九四）二月七日……五三
五四 隋李平墓誌并蓋 開皇十四年（五九四）十二月十九日……五四
五五 隋崔顯墓誌并蓋 開皇十九年（五九九）十月十四日……五五
五六 隋吴通墓誌并蓋 開皇二十年（六〇〇）十月二十九日……五六
五七 隋史崇基墓誌 仁壽三年（六〇三）十二月二十八日……五七
五八 隋李世洛墓誌 大業五年（六〇九）十二月十六日……五八
五九 隋周良墓誌 大業七年（六一一）四月十八日……五九
六〇 隋董重墓誌 大業九年（六一三）十月十四日……六〇
六一 隋王思墓誌 武德五年（六二二）六月十一日……六一
六二 唐王裕墓誌并蓋 貞觀元年（六二七）二月十九日……六二
六三 唐段貴墓誌 貞觀六年（六三二）九月二十九日……六三
六四 隋柳則墓誌 貞觀十年（六三六）十一月十六日……六四
六五 隋宮惠墓誌并蓋 貞觀十年（六三六）十一月十六日……六五
六六 隋于盧呵墓誌 貞觀十四年（六四〇）正月二十三日……六六
六七 隋王贇墓誌 貞觀十四年（六四〇）十月二十一日……六七
六八 隋郭毅墓誌并蓋 貞觀十四年（六四〇）十一月九日……六八
六九 隋鄭孝昂墓誌 貞觀十六年（六四二）六月六日……六九
七〇 唐辛儉墓誌并蓋 貞觀二十年（六四六）十一月二日……七〇
七一 唐胡質妻馬弟男墓誌并蓋 貞觀二十一年（六四七）九月二十三日……七一
七二 唐蕭鏐墓誌 貞觀二十二年（六四八）二月九日……七二
七三 唐朱子玉妻楊氏墓誌并蓋 永徽元年（六五〇）四月十七日……七三
七四 唐袁貞墓誌 永徽三年（六五二）三月三日……七四
七五 隋王贇墓誌 永徽六年（六五五）二月二日……七五
七六 唐王褒墓誌 永徽六年（六五五）十月二十四日……七六
七七 唐趙順墓誌 顯慶二年（六五七）二月二日……七七
七八 唐王行通墓誌并蓋 顯慶二年（六五七）四月二十七日……七八
七九 唐趙瓚墓誌并蓋 顯慶二年（六五七）十一月十二日……七九
八〇 唐倪素墓誌 顯慶三年（六五八）十一月五日……八〇
八一 唐郭夫人陳昭墓誌 顯慶五年（六六〇）正月十九日……八一
八二 唐宋越墓誌 顯慶五年（六六〇）四月三日……八二
八三 唐李諒墓誌并蓋 顯慶五年（六六〇）十二月十六日……八三
八四 唐盧習善墓誌并蓋 顯慶六年（六六一）二月十九日……八四
八五 唐王德表墓誌并蓋 顯慶六年（六六一）二月十九日……八五
八六 唐吕夫人王氏墓誌并蓋 龍朔二年（六六二）二月十日……八六
八七 唐蕭弘義墓誌 麟德元年（六六四）十一月二日……八七
八八 唐韋整墓誌 麟德二年（六六五）二月十日……八八
八九 唐安夫人康勝墓誌 麟德二年（六六五）四月八日……八九
九〇 唐翟畋妻楊氏墓誌 乾封元年（六六六）九月三日……九〇
九一 唐薛德師墓誌并蓋 乾封元年（六六六）十二月二十九日……九一
九二 唐王德表妻辛媛墓誌 總章元年（六六八）十月十九日……九二
九三 唐杜敬同妻韋茗華墓誌并蓋 總章二年（六六九）二月二十三日……九三
九四 唐姚静通墓誌并蓋 總章二年（六六九）四月十三日……九四

九五　唐宋劉師墓誌　總章三年（六七〇）二月二十七日……九五
九六　唐韋悰妻裴貞墓誌并蓋　咸亨元年（六七〇）十一月三日……九六
九七　唐陳冲墓誌并蓋　咸亨元年（六七〇）十一月二十一日……九七
九八　唐彭皎墓誌并蓋　咸亨二年（六七一）正月十一日……九八
九九　唐鄭道墓誌　咸亨二年（六七一）七月十二日……九九
一〇〇　唐韓令名墓誌　咸亨二年（六七一）八月二十日……一〇〇
一〇一　唐高夫人董貴墓誌并蓋　咸亨三年（六七二）六月二日……一〇一
一〇二　唐杜温妻韋三從墓誌并蓋　咸亨四年（六七三）二月二十八日……一〇二
一〇三　唐張胤墓誌　咸亨四年（六七三）八月二日……一〇三
一〇四　唐劉端與夫人公孫氏墓誌并蓋　上元二年（六七五）五月二十九日……一〇四
一〇五　唐李文獻墓誌　上元三年（六七六）正月二十二日……一〇五
一〇六　唐李夫人張貞墓誌并蓋　永隆元年（六八〇）十一月十九日……一〇六
一〇七　唐王鴻儒墓誌　永淳元年（六八二）十月十四日……一〇七
一〇八　唐元昭墓誌并蓋　永淳二年（六八三）正月十八日……一〇八
一〇九　唐張法墓誌并蓋　永淳二年（六八三）四月二十八日……一〇九
一一〇　唐盧夫人李静儀墓誌并蓋　垂拱元年（六八五）二月八日……一一〇
一一一　唐賈節墓誌并蓋　垂拱元年（六八五）二月二十六日……一一一
一一二　唐奚道墓誌并蓋　垂拱元年（六八五）十月十三日……一一二
一一三　唐宋夫人楊滿墓誌　垂拱三年（六八七）十二月七日……一一三
一一四　唐李禕墓誌　垂拱四年（六八八）正月二日……一一四
一一五　唐樊昭與夫人魏氏墓誌并蓋　垂拱四年（六八八）九月或十一月二十七日…一一五
一一六　唐許雄墓誌并蓋　載初二年（六九〇）一月七日……一一六
一一七　唐明丞妻李氏墓誌　載初二年（六九〇）八月十一日……一一七
一一八　唐張容墓誌并蓋　天授二年（六九一）正月十二日……一一八
一一九　唐蕭珪墓誌并蓋　天授二年（六九一）十月十二日……一一九
一二〇　唐屈突仲翔妻朱氏墓誌　天授二年（六九一）十月十八日……一二〇
一二一　唐成端墓誌并蓋　天授二年（六九一）十月十八日……一二一
一二二　唐邊楨墓誌并蓋　天授三年（六九二）臘月二十四日……一二二
一二三　唐楊基墓誌并蓋　長壽二年（六九三）二月十三日……一二三
一二四　唐秦成墓誌　延載元年（六九四）六月九日……一二四
一二五　唐達奚夫人王婺墓誌并蓋　證聖元年（六九五）六月二十九日……一二五
一二六　唐蓋義信墓誌　天册萬歲元年（六九五）九月二十八日……一二六
一二七　唐王玄策墓誌　神功元年（六九七）十月二十一日……一二七
一二八　唐樊夫人竇字墓誌并蓋　聖曆元年（六九八）一月十一日……一二八
一二九　唐張夫人姜氏墓誌并蓋　聖曆二年（六九九）正月十四日……一二九
一三〇　唐王招墓誌　聖曆二年（六九九）八月九日……一三〇
一三一　唐趙本道墓誌并蓋　聖曆二年（六九九）八月九日……一三一
一三二　唐武承嗣墓誌　聖曆三年（七〇〇）一月十一日……一三二
一三三　唐楊弘嗣墓誌并蓋　聖曆三年（七〇〇）三月二十三日……一三三
一三四　唐張惟直墓誌　久視元年（七〇〇）十月五日……一三四
一三五　唐王德徹墓誌并蓋　久視元年（七〇〇）十月五日……一三五
一三六　唐郭信墓誌　久視元年（七〇〇）十一月十日……一三六
一三七　唐高乙德墓誌　大足元年（七〇一）九月二十八日……一三七
一三八　唐李隆悌墓誌并蓋　長安二年（七〇二）四月二十四日……一三八
一三九　唐周義墓誌并蓋　長安二年（七〇二）五月十八日……一三九
一四〇　唐宋欽墓誌　長安二年（七〇二）十一月一日……一四〇
一四一　唐崔岳墓誌并蓋　長安三年（七〇三）二月二十八日……一四一
一四二　唐高盈墓誌　長安三年（七〇三）十月十四日……一四二
一四三　唐李夫人趙氏墓誌并蓋　長安四年（七〇四）二月五日……一四三
一四四　唐許夫人周氏墓誌　神龍二年（七〇六）十二月二日……一四四

一四五 唐趙文皎墓誌 景龍二年（七〇八）二月二十日……一四五
一四六 唐李禮墓誌 景龍四年（七一〇）五月二十二日……一四六
一四七 唐路勵節墓誌 景雲二年（七一一）八月十八日……一四七
一四八 唐劉禕之墓誌 景雲二年（七一一）九月二十五日……一四八
一四九 唐崔愻墓誌 景雲二年（七一一）十月十四日……一四九
一五〇 唐吴揚吾墓誌 景雲二年（七一一）十一月十九日……一五〇
一五一 唐孫冲墓誌 景雲二年（七一一）十一月二十五日……一五一
一五二 唐蕭夫人李氏墓誌并蓋 太極元年（七一二）二月十五日……一五二
一五三 唐王令望墓誌 先天元年（七一二）十月二十五日……一五三
一五四 唐李護墓誌 開元二年（七一四）十一月六日……一五四
一五五 唐杜表政墓誌并蓋 開元三年（七一五）十月二十五日……一五五
一五六 唐司馬邵墓誌并蓋 開元三年（七一五）十月二十六日……一五六
一五七 唐趙琮墓誌并蓋 開元三年（七一五）十一月二十八日……一五七
一五八 唐趙敬仁墓誌并蓋 開元六年（七一八）十月十四日……一五八
一五九 唐鄭夫人孔果墓誌并蓋 開元八年（七二〇）二月十四日……一五九
一六〇 唐王伯禮妻丘法主墓誌并蓋 開元八年（七二〇）十月六日……一六〇
一六一 唐韋銑墓誌 開元八年（七二〇）十一月……一六一
一六二 唐樊偘偘墓誌 開元九年（七二一）二月七日……一六二
一六三 唐丁元裕墓誌并蓋 開元九年（七二一）二月二十五日……一六三
一六四 唐何智墓誌并蓋 開元九年（七二一）十月十日……一六四
一六五 唐盧思順墓誌 開元九年（七二一）十月十一日……一六五
一六六 唐盧夫人李優鉢墓誌 開元九年（七二一）十月十一日……一六六
一六七 佛頂尊勝陀羅尼石幢贊并序 開元十年（七二二）四月十三日……一六七
一六八 唐焦逸墓誌并蓋 開元十年（七二二）閏五月二日……一六八
一六九 唐竇舜舜墓誌并蓋 開元十年（七二二）十一月二十九日……一六九
一七〇 唐崔元弈墓誌并蓋 開元十一年（七二三）十月五日……一七〇
一七一 唐王賓墓誌 開元十一年（七二三）……一七一
一七二 唐袁愔墓誌 開元十二年（七二四）十一月四日……一七二
一七三 唐馬夫人殷日德墓誌并蓋 開元十四年（七二六）……一七三
一七四 唐裴友直妻封氏墓誌 開元十五年（七二七）二月二十九日……一七四
一七五 唐杜氏墓誌并蓋 開元十五年（七二七）九月三日……一七五
一七六 唐杜表政妻裴氏墓誌并蓋 開元十五年（七二七）九月三日……一七六
一七七 唐賀拔裕墓誌并蓋 開元十五年（七二七）十月五日……一七七
一七八 唐崔行首墓誌 開元十七年（七二九）二月二十三日……一七八
一七九 唐韋奐妻盧氏墓誌并蓋 開元十八年（七三〇）二月十七日……一七九
一八〇 唐藺楚珎墓誌并蓋 開元十八年（七三〇）四月七日……一八〇
一八一 唐劉希墓誌 開元十八年（七三〇）四月十八日……一八一
一八二 唐簡夫人蔡善善墓誌 開元十九年（七三一）九月十四日……一八二
一八三 唐長孫元翼墓誌并蓋 開元二十年（七三二）十月十六日……一八三
一八四 唐趙夫人楊麗墓誌并蓋 開元二十一年（七三三）正月七日……一八四
一八五 唐馬光璆墓誌并蓋 開元二十一年（七三三）十二月二十八日……一八五
一八六 唐張仁倫墓誌 開元二十二年（七三四）八月十四日……一八六
一八七 唐皇甫無言墓誌并蓋 開元二十二年（七三四）十一月二十八日……一八七
一八八 唐趙勖墓誌 開元二十三年（七三五）十二月二十一日……一八八
一八九 唐裴曠墓誌并蓋 開元二十四年（七三六）三月二十九日……一八九
一九〇 唐王守信墓誌并蓋 開元二十六年（七三八）閏八月六日……一九〇
一九一 唐左適墓誌并蓋 開元二十七年（七三九）四月十二日……一九一
一九二 唐李隱之墓誌并蓋 開元二十七年（七三九）五月五日……一九二
一九三 唐豆盧液妻韋氏墓誌并蓋 開元二十七年（七三九）十月十四日……一九三
一九四 唐崔春卿墓誌并蓋 開元二十七年（七三九）十月十四日……一九四

一九五　唐元贍墓誌　開元二十七年（七三九）十月二十六日……一九五
一九六　唐席子産墓誌并蓋　開元二十七年（七三九）十月二十六日……一九六
一九七　唐席庭訓墓誌并蓋　開元二十九年（七四一）二月二十日……一九七
一九八　唐李浮丘墓誌并蓋　開元二十九年（七四一）十一月十九日……一九八
一九九　唐馬玄義墓誌并蓋　天寶元年（七四二）五月……一九九
二〇〇　唐呂獻臣墓誌　天寶元年（七四二）七月四日……二〇〇
二〇一　唐裴曠墓誌　天寶初……二〇一
二〇二　唐李詠墓誌并蓋　天寶三載（七四四）閏二月三日……二〇二
二〇三　唐王曜墓誌并蓋　天寶四載（七四五）二月二十一日……二〇三
二〇四　唐蕭希信與夫人李氏墓誌并蓋　天寶四載（七四五）十月十二日……二〇四
二〇五　唐宋和仲墓誌并蓋　天寶四載（七四五）十月十三日……二〇五
二〇六　唐楊曉墓誌并蓋　天寶五載（七四六）四月二十七日……二〇六
二〇七　唐劉同墓誌　天寶五載（七四六）五月二十一日……二〇七
二〇八　唐翟守懿與季子翟知墓誌　天寶五載（七四六）五月二十二日……二〇八
二〇九　唐陽承訓墓誌并蓋　天寶七載（七四八）十二月六日……二〇九
二一〇　唐楊真一墓誌并蓋　天寶八載（七四九）八月十日……二一〇
二一一　唐李齊之墓誌并蓋　天寶九載（七五〇）正月十九日……二一一
二一二　唐李春卿墓誌　天寶九載（七五〇）十一月十一日……二一二
二一三　唐明夫人嚴挺之墓誌并蓋　天寶十載（七五一）十月二十四日……二一三
二一四　唐李日就妻竇氏墓誌并蓋　天寶十一載（七五二）閏三月二十三日……二一四
二一五　唐明暹墓誌并蓋　天寶十二載（七五三）十月六日……二一五
二一六　唐韓損之墓誌　天寶十四載（七五五）十二月二十九日……二一六
二一七　唐陳景仙與夫人覃氏墓誌并蓋　聖武元年（七五六）五月十三日……二一七
二一八　唐段延福墓誌并蓋　乾元元年（七五八）二月十二日……二一八
二一九　唐韓湜墓誌并蓋　乾元二年（七五九）二月十二日……二一九
二二〇　唐趙琛墓誌　乾元二年（七五九）十一月二十二日……二二〇
二二一　唐裴夫人崔氏墓誌并蓋　寶應元年（七六二）四月……二二一
二二二　唐宋諆墓誌　永泰二年（七六六）七月十四日……二二二
二二三　唐李浮丘妻張氏墓誌　永泰二年（七六六）十一月二十七日……二二三
二二四　唐李頎妻于固敏墓誌并蓋　大曆三年（七六八）五月十七日……二二四
二二五　唐韓汯妻李氏墓誌并蓋　大曆十年（七七五）七月十八日……二二五
二二六　唐任忠墓誌　大曆十年（七七五）十月十三日……二二六
二二七　唐劉永妻李氏墓誌并蓋　大曆十一年（七七六）正月七日……二二七
二二八　唐楊綰墓誌并蓋　大曆十二年（七七七）十月七日……二二八
二二九　唐斑愻妻崔氏墓誌并蓋　大曆十三年（七七八）正月二日……二二九
二三〇　唐何邕墓誌并蓋　建中元年（七八〇）十一月二十四日……二三〇
二三一　唐論惟貞墓誌并蓋　建中二年（七八一）十一月三十日……二三一
二三二　唐武釗與夫人郝氏墓誌　貞元五年（七八九）十二月六日……二三二
二三三　唐鄭滔墓誌　貞元六年（七九〇）十一月八日……二三三
二三四　唐斑愻墓誌并蓋　貞元六年（七九〇）十一月二十八日……二三四
二三五　唐李浚妻裴氏墓誌并蓋　貞元六年（七九〇）十二月四日……二三五
二三六　唐長孫晛墓誌并蓋　貞元七年（七九一）四月十日……二三六
二三七　唐郭夫人劉氏墓誌并蓋　貞元八年（七九二）閏十二月二十六日……二三七
二三八　唐盧巽墓誌并蓋　貞元九年（七九三）正月二十三日……二三八
二三九　唐崔振墓誌并蓋　貞元九年（七九三）五月二十九日……二三九
二四〇　唐湯賁墓誌并蓋　貞元九年（七九三）七月六日……二四〇
二四一　唐薛夫人吴氏墓誌并蓋　貞元九年（七九三）八月十四日……二四一
二四二　唐李浚墓誌并蓋　貞元九年（七九三）十二月二十一日……二四二
二四三　唐迴鶻葛啜王子墓誌并蓋　貞元十一年（七九五）六月七日……二四三
二四四　唐崔振妻鄭轔墓誌　貞元十二年（七九六）十一月十五日……二四四

二四五 唐曹乾琳墓誌并蓋 貞元十三年（七九七）八月十三日……二四五
二四六 唐王先奉墓誌 貞元十三年（七九七）十月二十一日……二四六
二四七 唐楊鉷墓誌并蓋 貞元十四年（七九八）十一月四日……二四七
二四八 唐李緒墓誌 貞元十四年（七九八）十二月二十一日……二四八
二四九 唐趙計墓誌 貞元十五年（七九九）二月二十二日……二四九
二五〇 唐李璹墓誌并蓋 貞元十五年（七九九）十一月九日……二五〇
二五一 唐李塤妻韋娩墓誌 貞元十七年（八〇一）二月十七日……二五一
二五二 唐孟遂妻鄭氏墓誌并蓋 貞元十七年（八〇一）二月二十九日……二五二
二五三 唐楊鉷妻裴氏墓誌 貞元十七年（八〇一）七月三十日……二五三
二五四 唐關準墓誌 貞元十七年（八〇一）十一月十四日……二五四
二五五 唐李夫人竇氏墓誌并蓋 貞元十七年（八〇一）十一月二十七日……二五五
二五六 唐袁傑妻劉氏墓誌并蓋 貞元二十年（八〇四）十二月十九日……二五六
二五七 唐韓汯墓誌并蓋 貞元二十一年（八〇五）四月十日……二五七
二五八 唐李夫人王氏墓誌 元和元年（八〇六）七月二十九日……二五八
二五九 唐苗玄素墓誌并蓋 元和三年（八〇八）一月十四日……二五九
二六〇 唐李璹妻鄭氏墓誌并蓋 元和三年（八〇八）正月二十七日……二六〇
二六一 唐裴夫人柳政墓誌 元和三年（八〇八）二月二十日……二六一
二六二 唐任顥等爲亡考亡兄建墓誌經幢 元和三年（八〇八）九月十一日……二六二
二六三 唐裴位與夫人苗媛墓誌并蓋 元和三年（八〇八）十月十三日……二六三
二六四 唐田沼妻斑氏墓誌并蓋 元和三年（八〇八）十一月十八日……二六四
二六五 唐田濟墓誌并蓋 元和四年（八〇九）七月五日……二六五
二六六 唐孫楚珪墓誌 元和五年（八一〇）二月三十日……二六六
二六七 唐李昇妻鄭氏墓誌并蓋 元和五年（八一〇）七月十一日……二六七
二六八 唐張夫人裴氏墓誌并蓋 元和五年（八一〇）七月十一日……二六八
二六九 唐李偘墓誌并蓋 元和六年（八一一）四月九日……二六九
二七〇 唐趙素墓誌 元和六年（八一一）八月二十二日……二七〇
二七一 唐曹乾琳妻劉那羅延墓誌并蓋 元和八年（八一三）二月十三日……二七一
二七二 唐封夫人劉氏墓誌 元和九年（八一四）五月十四日……二七二
二七三 唐張茂宣墓誌 元和九年（八一四）十月六日……二七三
二七四 唐韋楚客墓誌并蓋 元和九年（八一四）十月十七日……二七四
二七五 唐尹承恩墓誌并蓋 元和十一年（八一六）十二月五日……二七五
二七六 唐孟夫人郭氏墓誌 元和十二年（八一七）正月二十五日……二七六
二七七 唐王蒙墓誌 元和十二年（八一七）二月十九日……二七七
二七八 唐王芬墓誌經幢 元和十二年（八一七）十月……二七八
二七九 唐班贇墓誌并蓋 元和十二年（八一七）十一月二十三日……二七九
二八〇 唐李超墓誌 元和十三年（八一八）十二月十二日……二八〇
二八一 唐郭渭墓誌并蓋 元和十五年（八二〇）四月二日……二八一
二八二 唐元正思墓誌并蓋 長慶元年（八二一）十一月二十七日……二八二
二八三 唐嚴謇爲先兄建墓誌經幢 長慶三年（八二三）十二月二十九日……二八三
二八四 唐孫楚珪妻王清浄智墓誌 長慶四年（八二四）正月十七日……二八四
二八五 唐夏侯昇墓誌 長慶四年（八二四）十一月二十五日……二八五
二八六 唐崔勵墓誌 寶曆元年（八二五）二月二十三日……二八六
二八七 唐寂照和尚墓誌 寶曆元年（八二五）四月三十日……二八七
二八八 唐韋廑妻裴娟墓誌并蓋 寶曆二年（八二六）十月九日……二八八
二八九 唐李縱墓誌并蓋 寶曆二年（八二六）十一月二十七日……二八九
二九〇 唐田洪妻竇氏墓誌并蓋 大和元年（八二七）五月十一日……二九〇
二九一 唐閻汶與夫人李氏墓誌并蓋 大和元年（八二七）十一月十四日……二九一
二九二 唐花獻墓誌 大和二年（八二八）二月十六日……二九二
二九三 唐李昌汶墓誌并蓋 大和二年（八二八）五月六日……二九三
二九四 唐湯賁妻侯莫陳約墓誌并蓋 大和二年（八二八）八月十九日……二九四

二九五　唐袁俠墓誌并蓋　大和二年（八二八）十月二十六日……二九五
二九六　唐宋若昭墓誌　大和二年（八二八）十一月八日……二九六
二九七　唐張熙真墓誌并蓋　大和四年（八三〇）八月十一日……二九七
二九八　唐劉渭墓誌　大和四年（八三〇）閏十二月二十七日……二九八
二九九　唐趙夫人張氏墓誌　大和五年（八三一）五月二十九日……二九九
三〇〇　唐魏進妻李氏墓誌　大和五年（八三一）十月三日……三〇〇
三〇一　唐鄭鍇墓誌并蓋　大和五年（八三一）十一月二日……三〇一
三〇二　唐趙纂墓誌并蓋　大和六年（八三二）正月十二日……三〇二
三〇三　唐韓岊墓誌　大和六年（八三二）十一月十四日……三〇三
三〇四　唐韓肅妻崔嬛墓誌　大和八年（八三四）二月三日……三〇四
三〇五　唐陳專妻烏氏墓誌并蓋　大和八年（八三四）八月十二日……三〇五
三〇六　唐郭晧妻宇文倚墓誌　大和八年（八三四）十一月十四日……三〇六
三〇七　唐李夫人盧氏墓誌　大和八年（八三四）十一月十四日……三〇七
三〇八　唐張勳墓誌　大和九年（八三五）四月十日……三〇八
三〇九　唐邢昌墓誌并蓋　大和九年（八三五）四月二十五日……三〇九
三一〇　唐杜鍠墓誌　大和九年（八三五）七月三十日……三一〇
三一一　唐蘭興與夫人王氏墓誌并蓋　大和九年（八三五）十月十三日……三一一
三一二　唐周復母劉氏墓誌　開成二年（八三七）十月十九日……三一二
三一三　唐王簡墓誌　開成四年（八三九）四月……三一三
三一四　唐侯儉母王玄真墓誌　開成四年（八三九）五月二十日……三一四
三一五　唐陳專墓誌并蓋　開成四年（八三九）十月一日……三一五
三一六　唐郭從真妻江華縣主墓誌并蓋　開成五年（八四〇）十一月三十日……三一六
三一七　唐崔莀墓誌　開成五年（八四〇）十一月三十日……三一七
三一八　唐李悅墓誌　開成五年（八四〇）十二月十三日……三一八
三一九　唐崔行宣墓誌　會昌元年（八四一）八月二十三日……三一九
三二〇　唐郭良與夫人張氏墓誌　會昌元年（八四一）十月二十四日……三二〇
三二一　唐令狐覽墓誌并蓋　會昌三年（八四三）十月十五日……三二一
三二二　唐李德餘墓誌并蓋　會昌三年（八四三）十一月三十日……三二二
三二三　唐李匡符墓誌　會昌三年（八四三）十二月十六日……三二三
三二四　唐趙涪墓誌并蓋　會昌四年（八四四）四月二十日……三二四
三二五　唐裴賫妻李環墓誌　會昌四年（八四四）閏七月二十八日……三二五
三二六　唐周廣與夫人戎氏墓誌并蓋　會昌四年（八四四）十一月六日……三二六
三二七　唐嚴脩睦妻崔氏墓誌　會昌五年（八四五）七月二十二日……三二七
三二八　唐邵搏墓誌　會昌五年（八四五）七月二十七日……三二八
三二九　唐崔景裕墓誌并蓋　會昌五年（八四五）十月二十七日……三二九
三三〇　唐郭從諒妻陶媛墓誌并蓋　會昌六年（八四六）二月十三日……三三〇
三三一　唐趙涪妻李氏墓誌并蓋　大中三年（八四九）二月二日……三三一
三三二　唐郭從諒墓誌并蓋　大中四年（八五〇）正月六日……三三二
三三三　唐盧殷與夫人鄭氏墓誌　大中四年（八五〇）十一月十日……三三三
三三四　唐李琮爲亡父造墓誌經幢　大中五年（八五一）二月十五日……三三四
三三五　唐徐夫人趙氏墓誌　大中六年（八五二）二月十七日……三三五
三三六　唐韋夫人崔氏墓誌并蓋　大中六年（八五二）五月四日……三三六
三三七　唐陸紹墓誌并蓋　大中六年（八五二）十一月十日……三三七
三三八　唐郭瓊墓誌并蓋　大中七年（八五三）十月十六日……三三八
三三九　唐魏季衡墓誌　大中七年（八五三）十二月十四日……三三九
三四〇　唐獨孤夫人韋緩墓誌并蓋　大中九年（八五五）三月五日……三四〇
三四一　唐趙元符墓誌并蓋　大中九年（八五五）閏四月十八日……三四一
三四二　唐段彝墓誌并蓋　大中九年（八五五）八月十四日……三四二
三四三　唐薛臨長男薛芻墓誌并蓋　大中十年（八五六）四月十三日……三四三
三四四　唐韋諫墓誌并蓋　大中十年（八五六）七月二十日……三四四

三四五 唐崔礎墓誌并蓋 大中十二年（八五八）二月二十一日……三四五
三四六 唐高氏墓誌 大中十二年（八五八）十月十二日……三四六
三四七 唐吴籌妻盧有德墓誌 咸通五年（八六四）二月二十五日……三四七
三四八 唐吴籌墓誌 咸通五年（八六四）七月二十五日……三四八
三四九 唐崔師蒙墓誌 咸通五年（八六四）八月十八日……三四九
三五〇 唐令狐緯墓誌 咸通六年（八六五）十月二十五日……三五〇
三五一 唐杜傳慶墓誌并蓋 咸通七年（八六六）閏三月二十七日……三五一
三五二 唐李行素墓誌 咸通十年（八六九）十二月一日……三五二
三五三 唐閻逵墓誌 咸通十一年（八七〇）五月十五日……三五三
三五四 唐蔡勛墓誌并蓋 咸通十一年（八七〇）八月□日……三五四
三五五 唐閻逵妻趙氏墓誌并蓋 咸通十四年（八七三）八月二十二日……三五五
三五六 唐嚴氏墓誌并蓋 咸通十五年（八七四）正月十二日……三五六
三五七 唐華霖墓誌 咸通十五年（八七四）六月四日……三五七
三五八 唐鄭延昌墓誌 咸通十五年（八七四）七月十一日……三五八
三五九 唐郭鏐墓誌并蓋 乾符四年（八七七）正月二十二日……三五九
三六〇 唐郭鏐妻韋珏墓誌 乾符四年（八七七）四月二日……三六〇
三六一 唐郭夫人烏氏墓誌 乾符六年（八七九）八月十九日……三六一
三六二 唐成公瑶墓誌并蓋 乾符六年（八七九）十一月五日……三六二
三六三 唐劉運墓誌 乾符六年（八七九）十一月十七日……三六三
三六四 唐張讀墓誌 龍紀元年（八八九）七月二十五日……三六四
三六五 唐孫偓妻鄭氏墓誌 光化三年（九〇〇）二月十四日……三六五
三六六 唐柳全興墓誌經幢 唐代（六一八至九〇七）……三六六
三六七 唐五方鎮墓石 唐代（六一八至九〇七）……三六七
三六八 唐孫偓墓誌 貞明五年（九一九）四月二十四日……三六八
三六九 唐程紫霄墓誌 貞明六年（九二〇）七月二十三日……三六九
三七〇 後晉李智墓誌并蓋 開運三年（九四六）九月三日……三七〇
三七一 後周閻知遠墓誌經幢 顯德四年（九五七）二月十三日……三七一
三七二 後周苻彦能墓誌并蓋 顯德七年（九六〇）二月十四日……三七二
三七三 宋苗存墓誌并蓋 乾德二年（九六四）十二月二十四日……三七三
三七四 宋李若拙墓誌 天禧元年（一〇一七）四月二十二日……三七四
三七五 宋宋武墓誌 景祐三年（一〇三六）九月三日……三七五
三七六 宋王誠墓誌并蓋 慶曆二年（一〇四二）二月十日……三七六
三七七 宋楊日休墓誌 慶曆四年（一〇四四）十一月十五日……三七七
三七八 宋崔中正墓誌 慶曆七年（一〇四七）秋……三七八
三七九 宋崔中正妻賈氏墓誌 皇祐三年（一〇五一）三月九日……三七九
三八〇 宋蘇通墓誌 至和二年（一〇五五）十月十三日……三八〇
三八一 宋趙宗望妻張氏墓誌 嘉祐五年（一〇六〇）十月三十日……三八一
三八二 宋蘇通妻王氏墓誌 熙寧二年（一〇六九）十月二十八日……三八二
三八三 宋張津墓誌并蓋 元豐四年（一〇八一）十一月初二日……三八三
三八四 宋裴慥墓誌 元豐五年（一〇八二）八月三日……三八四
三八五 宋孫杲墓誌并蓋 元豐六年（一〇八三）八月二十四日……三八五
三八六 宋周氏墓誌 元祐元年（一〇八六）十月三十日……三八六
三八七 宋蘇暉妻雷宋二氏墓誌 元祐四年（一〇八九）十二月二十四日……三八七
三八八 宋潘稷妻李氏墓誌并蓋 紹聖元年（一〇九四）十月十七日……三八八
三八九 宋游夫人張氏墓誌 元符二年（一〇九九）正月三十日……三八九
三九〇 宋趙裕之妻盧氏墓誌 大觀二年（一一〇八）十二月二十七日……三九〇
三九一 宋王珣墓誌 政和三年（一一一三）八月十二日……三九一
三九二 宋文茂宗墓誌并蓋 建炎元年（一一二七）八月四日……三九二
三九三 宋安觀墓誌 建炎元年（一一二七）八月二十七日……三九三
三九四 金黄幹窩魯不墓誌 承安四年（一一九九）八月二十四日……三九四

三九五　元田大成墓誌并蓋　至元十二年（一二七五）四月二十日……三九五
三九六　元張楫墓誌　至元十二年（一二七五）十一月初七日……三九六
三九七　元范祖文墓誌并蓋　大德四年（一三〇〇）正月二十日……三九七
三九八　元張文玉墓誌并蓋　至治元年（一三二一）十一月一日……三九八
墓誌邊飾……三九九
後　記……四二二

一 東漢魏朱磚誌

高二十四、寬十六釐米。四行，行三至八字不等。

永初元年（一〇七）十二月二十八日。

二 東漢兒潘磚誌

高寬均二十四釐米。五行，行二至六字不等。

永初六年（一一二）正月十八日。

三 東漢趙昌磚誌

高三十、寬二十三釐米。四行，行三至九字不等。

永初六年（一一二）十二月二十七日。

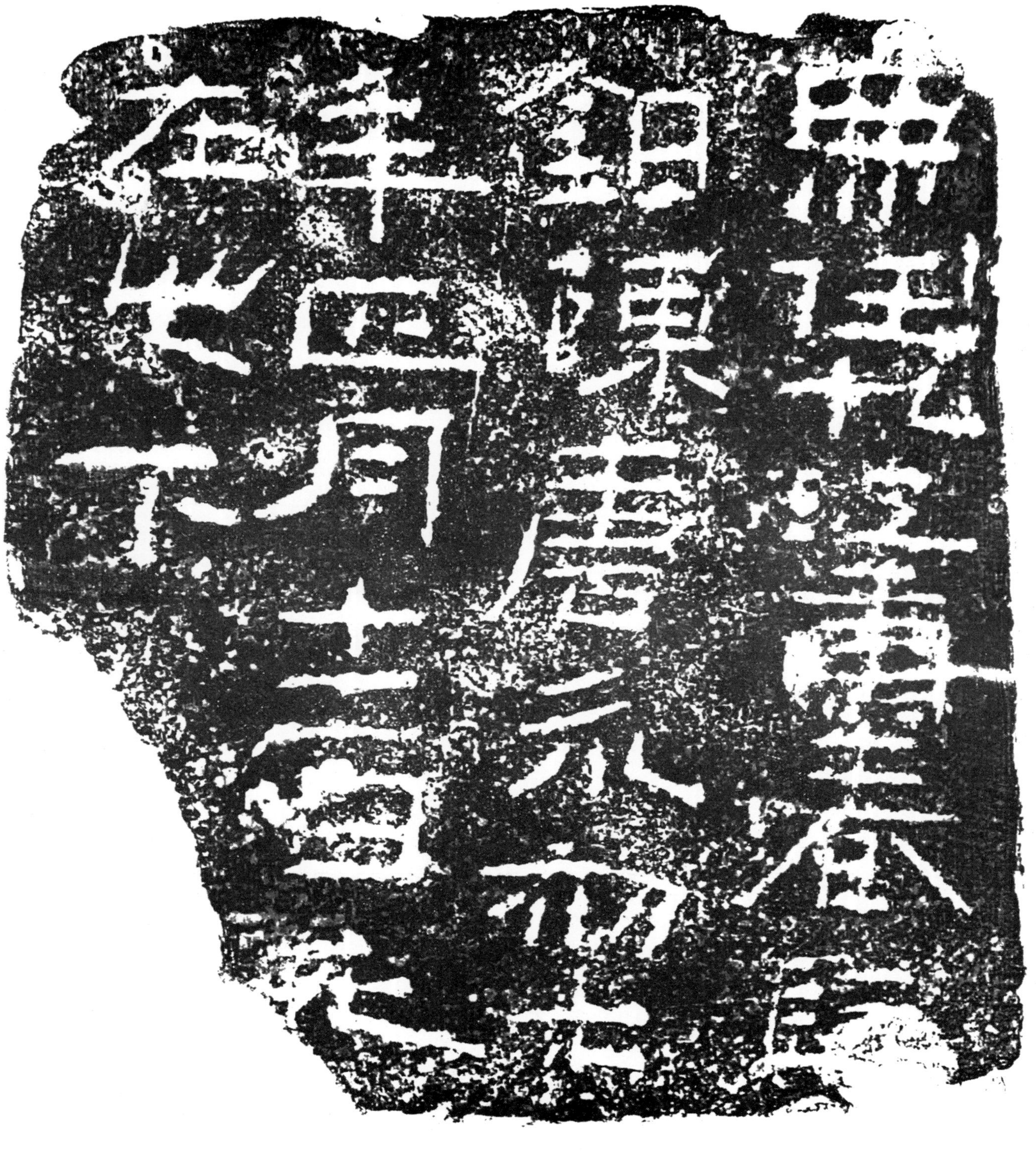

四 東漢陳唐磚誌

高二十四、寬二十一釐米。四行，行三至七字不等。

永初七年（一一三）正月十二日。

五 東漢徐河磚誌

高二十五、寬十九釐米。四行，行一至七字不等。

元初元年（一一四）七月十六日。

六 **東漢宋建磚誌**

高二十四、寬二十一釐米。三行，行六字。

元初六年（一一九）二月三日。

七 東漢王勤磚誌

高二十三、寬二十釐米。四行，行四至五字不等。

元初六年（一一九）閏月（五月）六日。

八　**西晉周褚磚誌**

高三十五、寬十七釐米。五行，行四至九字不等。

太康九年（二八八）十月二十五日。

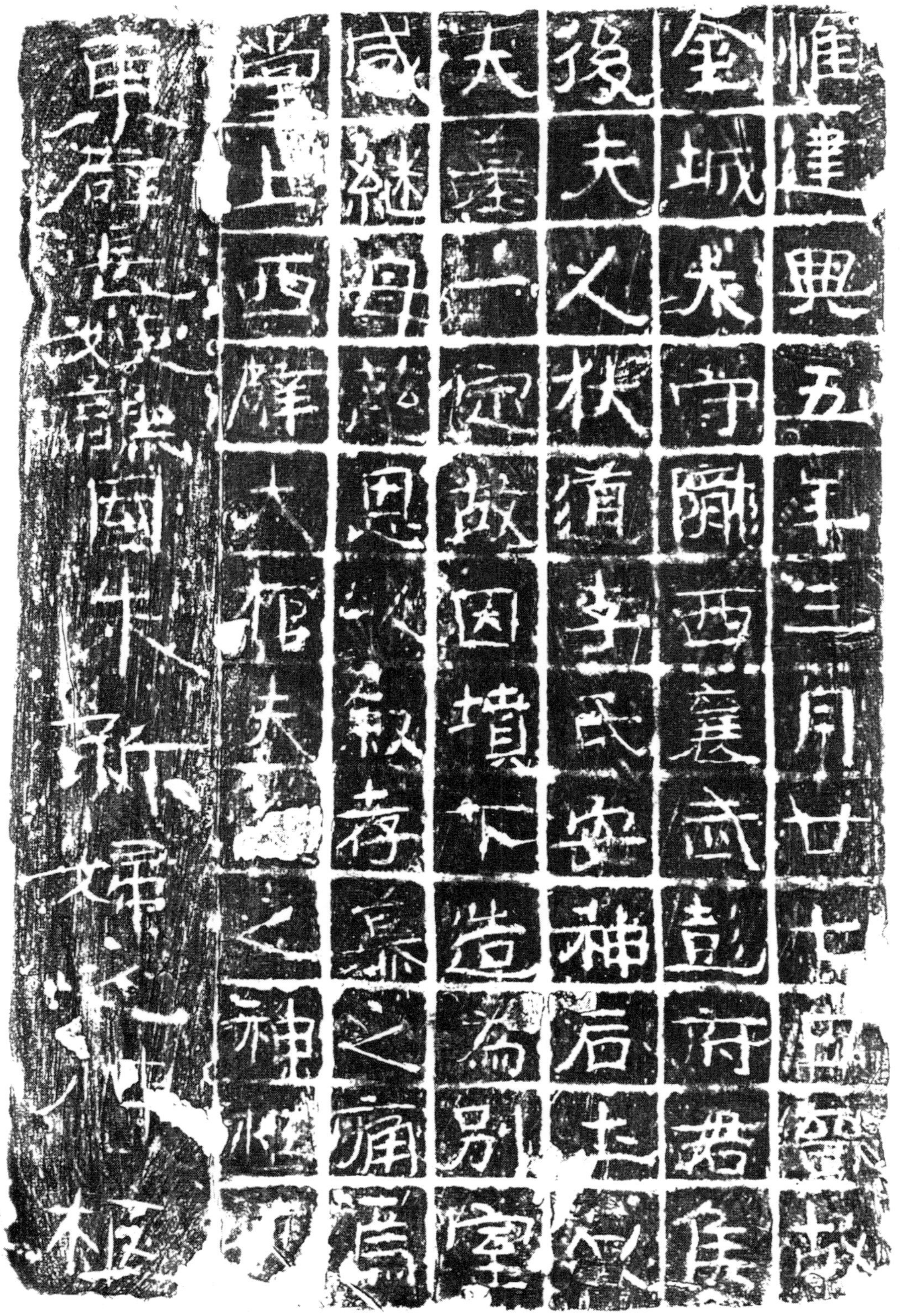

九　西晉彭夫人李氏磚誌

高三十八、寬十九釐米。七行，行十二字。

建興五年（三一七）三月二十七日。

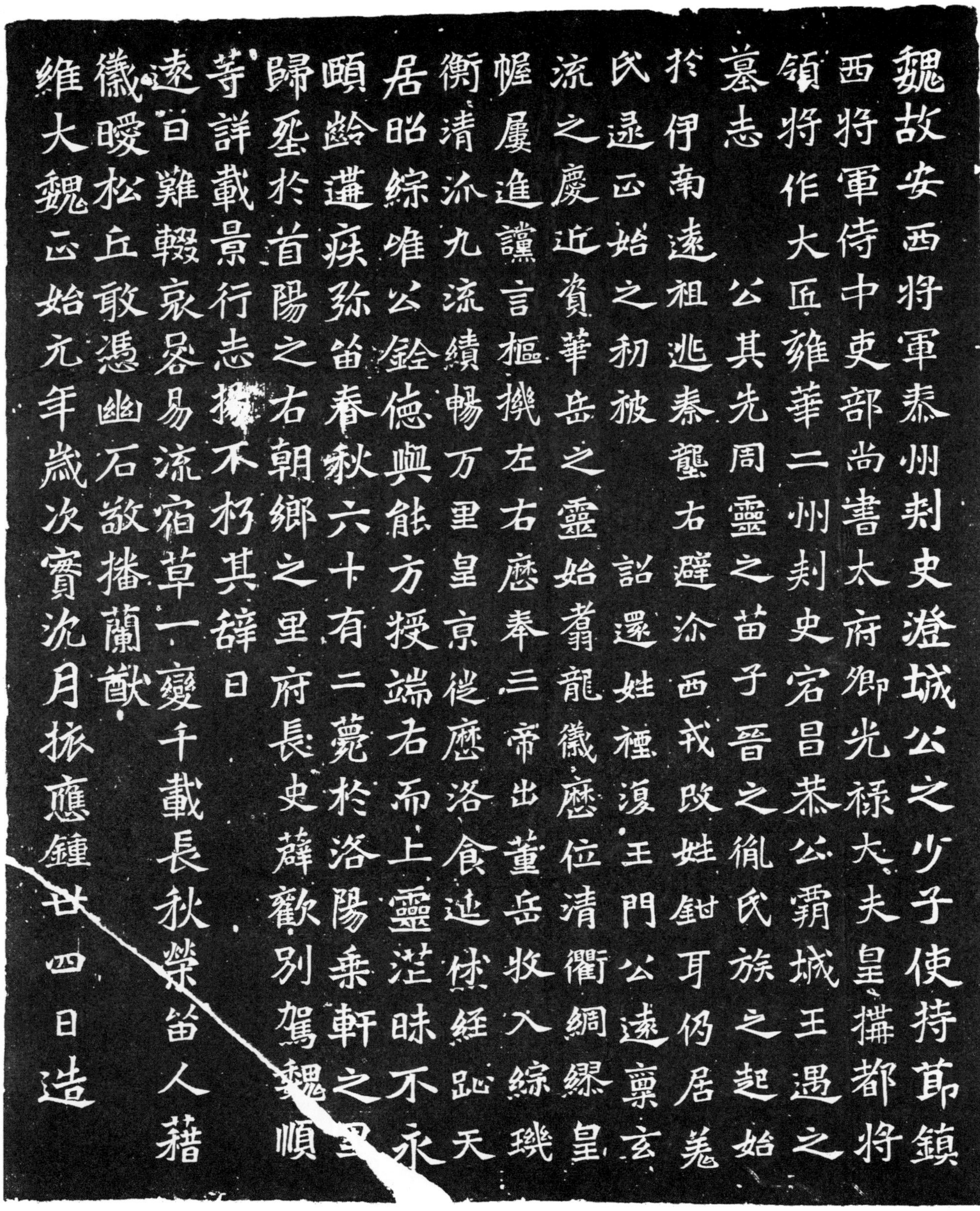
魏故安西将軍泰州刺史澄城公之少子使持節鎮
西将軍侍中吏部尚書太府卿光禄大夫皇構都将
領将作大匠雍華二州刺史宕昌恭公霸城王遇之
墓志　公其先周靈之苗子晉之胤氏族之起始
於伊南遠祖逃秦龜右避祢西戎改姓鉗耳仍居羌
氏逮正始之初被　詔還姓禋復王門公遠稟玄
流之慶近資華岳之靈始翥龍儀歷位清衢綢繆皇
幄屢進讜言樞機左右歷奉三帝出董岳牧入綜璣
衡清祢九流績暢万里皇京從歷洛食延休經郢天
居昭綜唯公銓德與能方授端右而上靈莣昧不永
頤齡遘疾弥留春秋六十有二薨於洛陽乘軒之里
歸空於首陽之右朝鄉之里府長史薛歡別駕魏順
等詳載景行志擬不朽其辭曰
遠日難輟哀器易流宿草一變千載長秋榮留人藉
儀曖松丘敢憑幽石敬播蘭猷
維大魏正始元年歲次實沈月振應鍾廿四日造

一〇 北魏王遇墓誌

魏故安西將軍泰州刺史澄城公之少子使持節鎮西將軍侍中吏部尚書太府卿光禄大夫皇構都將領將作大匠雍華二州刺史宕昌恭公霸城王遇之墓志

高五十五、寬四十四釐米。十六行，行二十字。

卒年六十二歲。正始元年歲次實沉（五〇四）月旅應鍾（十月）二十四日造。

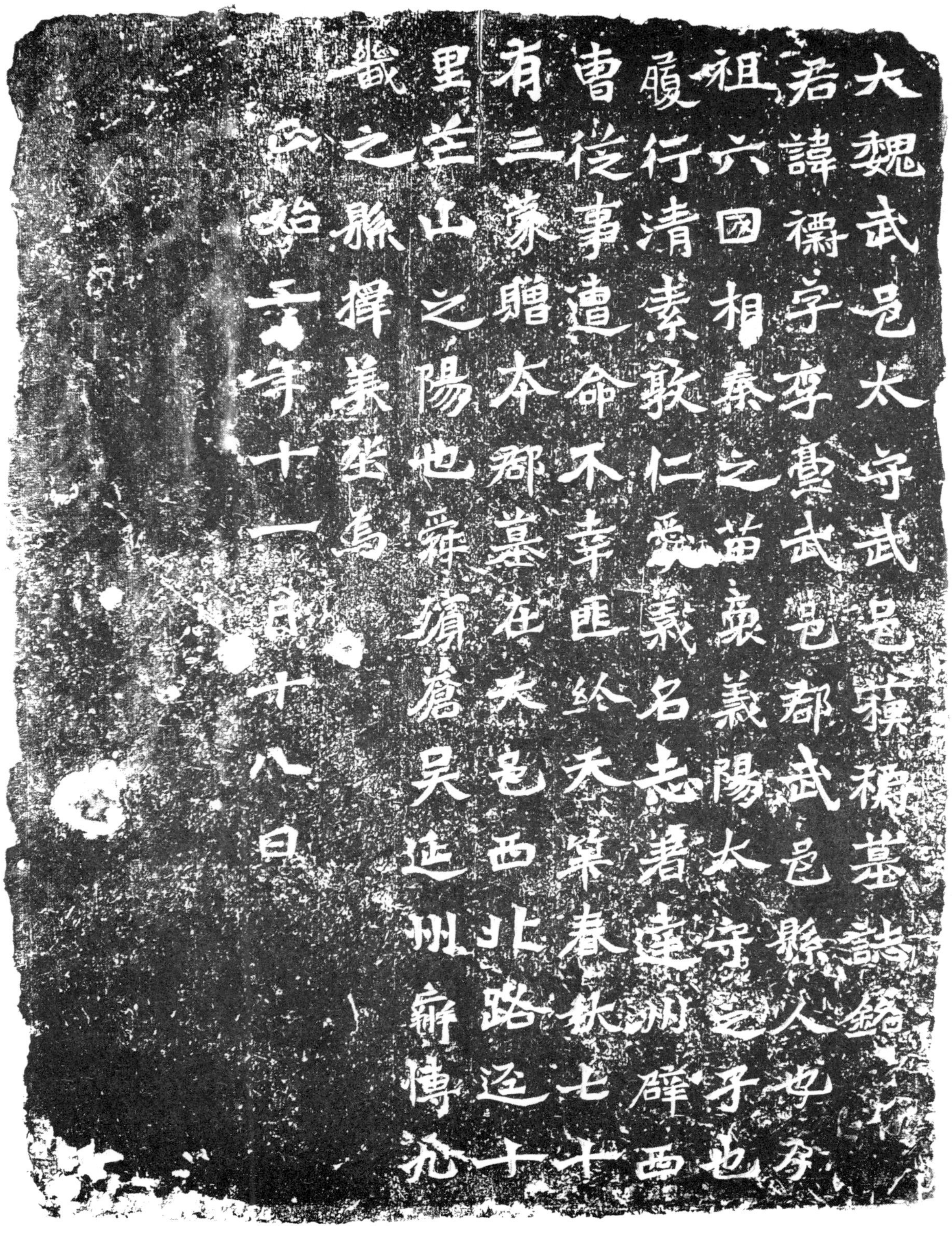

一一　北魏蘇樹墓誌

大魏武邑太守武邑蘇樹墓誌銘

高六十三、寬四十二點七釐米。九行，行十五字。

卒年七十三歲。正始二年（五〇五）十一月十八日。

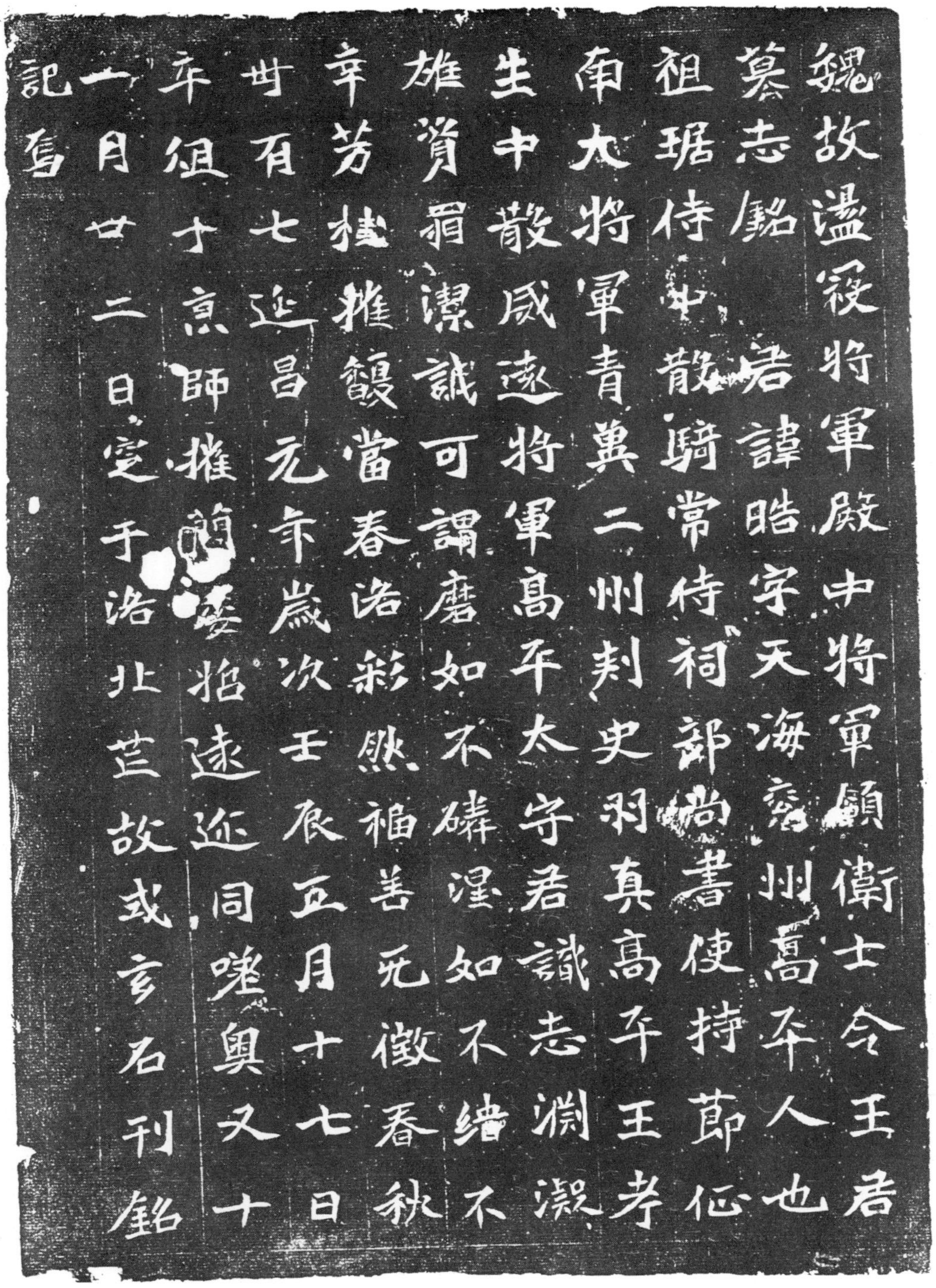
魏故盪寇将軍殿中将軍領衛士令王君
墓志銘 君諱皓字天海秦州高平人也
祖琚侍中散騎常侍祠部尚書使持節征
南大将軍青冀二州刺史羽真高平王考
生中散威遠将軍高平太守君識志淵凝
雄資眉潔誠可謂磨如不磷涅如不緇不
幸芳枝摧馥當春洛彩然福善无徵春秋
卌有七延昌元年歲次壬辰五月十七日
卒殂于京師摧韻萎將遠近同嗟粵又十
一月廿二日窆于洛北芒故式玄石刊銘
記焉

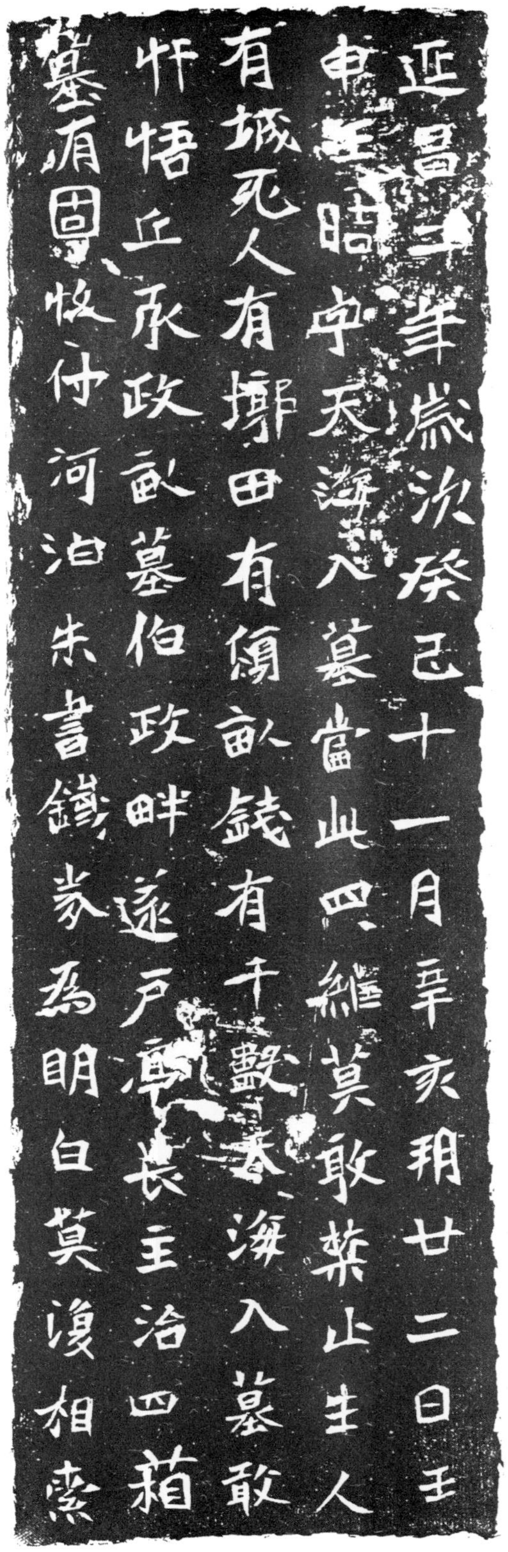
延昌二年歲次癸巳十一月辛亥朔廿二日壬
申王皓字天海入墓當山四維莫敢禁止生人
有城死人有墎田有頃畝錢有千數海入墓敢
忤悟丘丞政畝墓伯政畔遂戶亭長主治四箱
墓有圖牧什河泊朱書鐵券為明白莫復相索

一二 北魏王皓墓誌

魏故盪寇將軍殿中將軍領衛士令王君（皓）墓志銘

高四十二、寬三十釐米。十一行，行十六字。

墓莂高四十七、寬十四點五釐米。五行，行十八字。

延昌元年（五一二）五月十七日卒。年三十七歲。十一月二十二日葬。

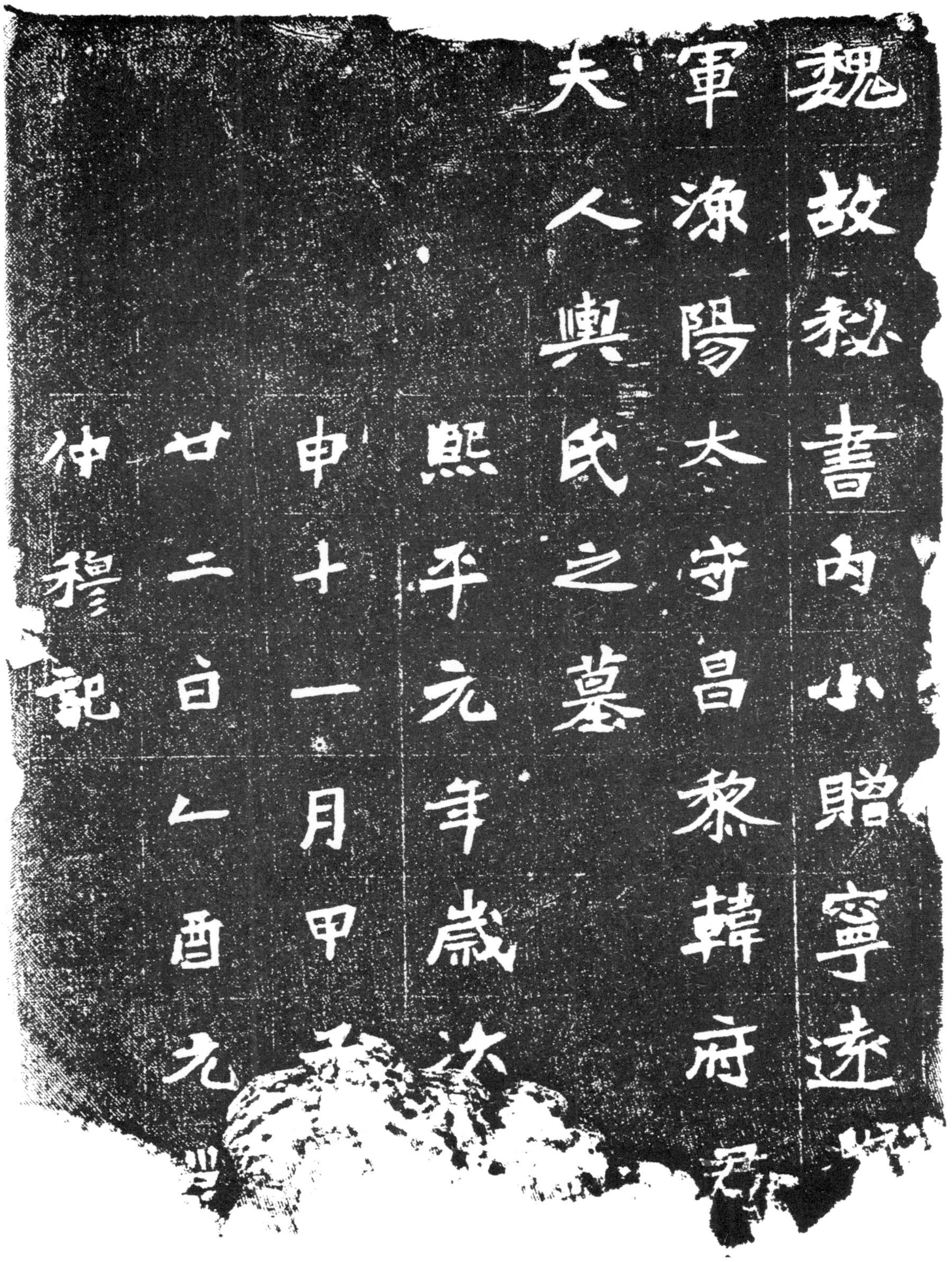
魏故秘書内小贈寧遠
軍漁陽太守昌黎韓府君
夫人輿氏之墓
熙平元年歲次
申十一月甲
廿二日乙酉
仲穆記

一三　北魏韓夫人輿氏墓誌

魏故秘書内小贈寧遠[将]軍漁陽太守昌黎韓府君夫人輿氏之墓

元□仲穆記。

高二十五、寬十八釐米。七行，行十字。

熙平元年（五一六）十一月二十二日葬。

魏故新平太守裴府君墓誌銘
君諱敬字元敬河東聞憙桐鄉高陽里人漢尚書陽吉亭侯茂之
後也降及八裴並以盛德垂聲風華樹遠故能世載清道人皆領
袖君承茲慶緒幼而卓異識量恢偉學優才儁弱冠知名州郡交
命舉秀才對策高第除著作佐郎以父疾不拜後補奉朝請轉太
師昌黎王國常侍中軍大將軍彭城王府鎧曹參軍俄除宣威將
軍給事中遷定陽太守不拜改授伏波將軍尚書比部郎中本邑
中正兼大鴻臚少卿方將剋廣徽烈式攜崇基而昊天不弔春秋
六十有二延昌四年二月壬寅卒于洛陽敬義里之第天子愍
悼追贈新平太守祠以少牢禮也粤熙平二年歲次丁酉三月壬
申葬于聞憙之東原乃作銘曰
寶謝金天瑞登瑤月懋緒伊紬清瀾載蔚西嶽畢祥南河集祉迺
生哲人實惟夫子純心孝友銳志廉剛在羣卓卓處己汪汪業周
經圃藻麗文場夏徽冬愛玉質金相允膺才貢式槩好爵奉笏燕
梁珥簪樞閣惠重位卑仁深命薄未昊先埋方秋遽落永辭國道
長入泉闈朱燈一晦幽夜無晞松埏瑟密壟逕荒微世流功在人
去名飛　祖業州主簿建武將軍天水太守夫人隴西李氏
父濟秦吏部尚書　父吉郡功曹州都行正平太守贈中散大夫
華山太守夫人河東衛氏父卓州別駕行河東太守　君夫人河
東薛氏父碁提州主簿陽平王常侍河東太守長子暢字禮和
襄威將軍員外散騎侍郎妻安定皇甫氏父愷州主簿次子秉字
仲禮次子緒字珊胤次子顯字景翼次子朗字景勿　長女王姿
適河東薛回襄威將軍員外散騎侍郎次女華姿適天水趙伯濟
鎮西府主簿次女季華早亡次女華猗適河東薛伯亮次女輝猗
早亡次女茁猗　孫攜字紹襄　孫女孝英次孝凝

一四　北魏裴敬墓誌

魏故新平太守裴府君（敬）墓誌銘

高寬均五十釐米。二十五行，行二十五字。延昌四年（五一五）二月二十九日卒。年六十二歲。熙平二年（五一七）三月十一日葬。

魏故持節平東將軍齊州刺史東武伯張使君之墓誌
君諱徹字明寶清河東武城人也稟靈海岳資性煙霞
志局淹詳風裁夷雅弱齡志學一窺衿抱揔五辯之奧
言操百家之妙辭肆筆則雕篆陵雲吐口而唯黃贍席
出身奉朝請俄轉員外散騎侍郎給事中步兵校尉廷
尉正光五年中瀚海騰波天山委霧興師命將薄伐
朔方為征北長史沃野別將君輕財重氣殉節忘軀按
劒直馳先登致殞雖魏主之惜儁人晉軍之寵子隱無
以過也爰降今詔贈持節平東將軍齊州刺史東武伯
正光六年二月甲申葬於張曲之里洛水之陰勒石銘
泉式昭不朽其辭曰
孝友輔周長者寬漢橫海躍鱗摩霄理翰爰暨夫子披
雲挺幹寶思泉抽雕章綺爛少播稽甚長蓮英聲春蘭
懃題寒松愧貞溫溫玉潤靡靡風清眷言拾芥雖是明
經亦既登朝匪躬正色密勿當官委迤退食逸闢方騰
墟天未極值此徽曬摧茲勁翼季葉世促地厚夜漆永
霞桂醑長匣玉琴婕轜旹軔階鐸嘶吟白楊漸合青棘
向陰神其寧正宅此立林
維大魏正光六年歲次乙巳二月丙子朔甲申記

一五　北魏張徹墓誌

魏故持節平東將軍齊州刺史東武伯張使君（徹）之墓誌

高寬均五十三釐米。十九行，行二十一字。

正光六年（五二五）二月九日葬。

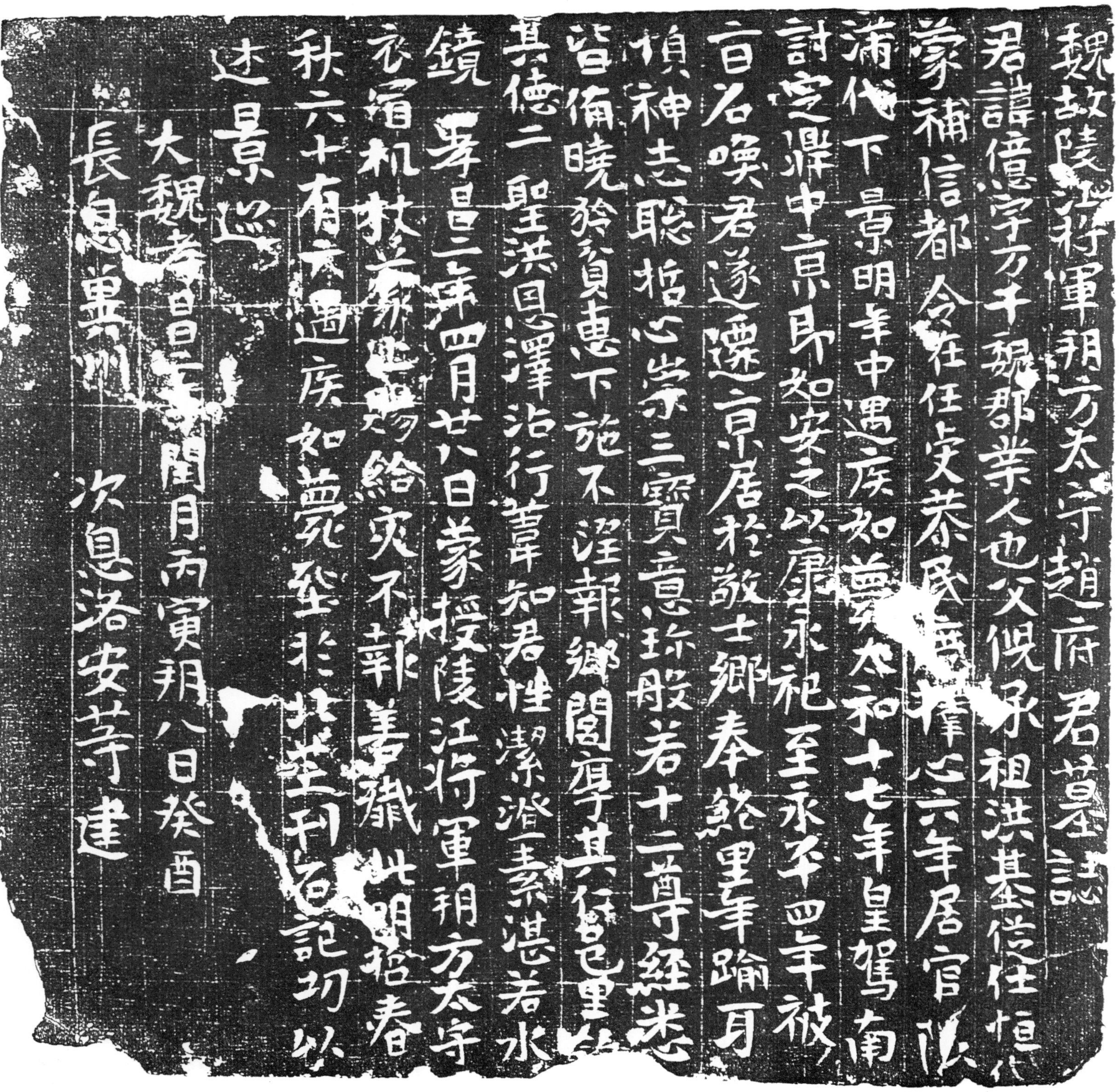

一六　北魏趙億墓誌

魏故陵江將軍朔方太守趙府君（億）墓誌

高三十一、寬三十釐米。十五行，行十八至二十一字不等。

卒年六十六歲。孝昌二年（五二六）閏月（十一月）八日葬。

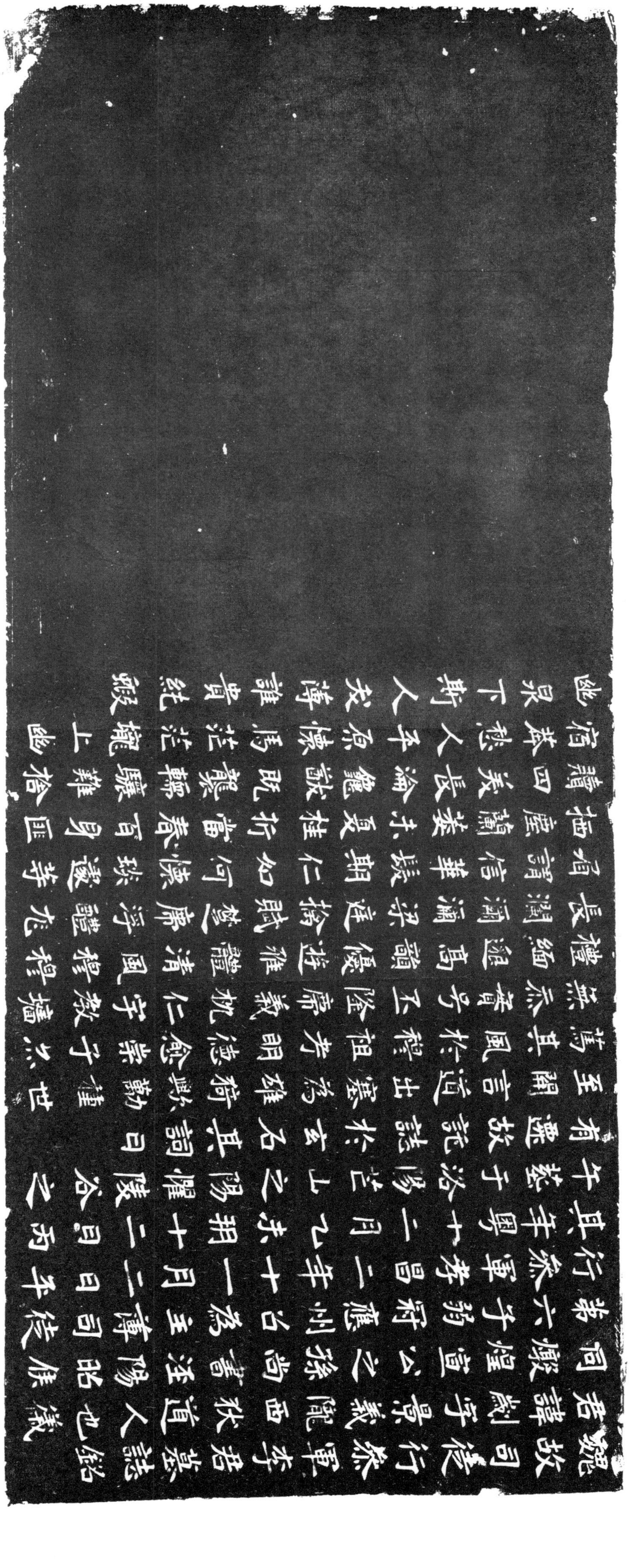

一七 北魏李劇墓誌

魏故司徒行參軍李君（劇）墓誌銘

高三十二、寬八十釐米。十八行，行十三字。孝昌二年（五二六）十一月二日卒。十二月十二日葬。

一八　北魏徐起墓誌

魏故襄威將軍員外將軍徐君（起）墓志銘

高五十八、寬五十九釐米。二十四行，行二十四字。

孝昌三年（五二七）九月六日卒。年五十歲。武泰元年（五二八）正月十五日葬。

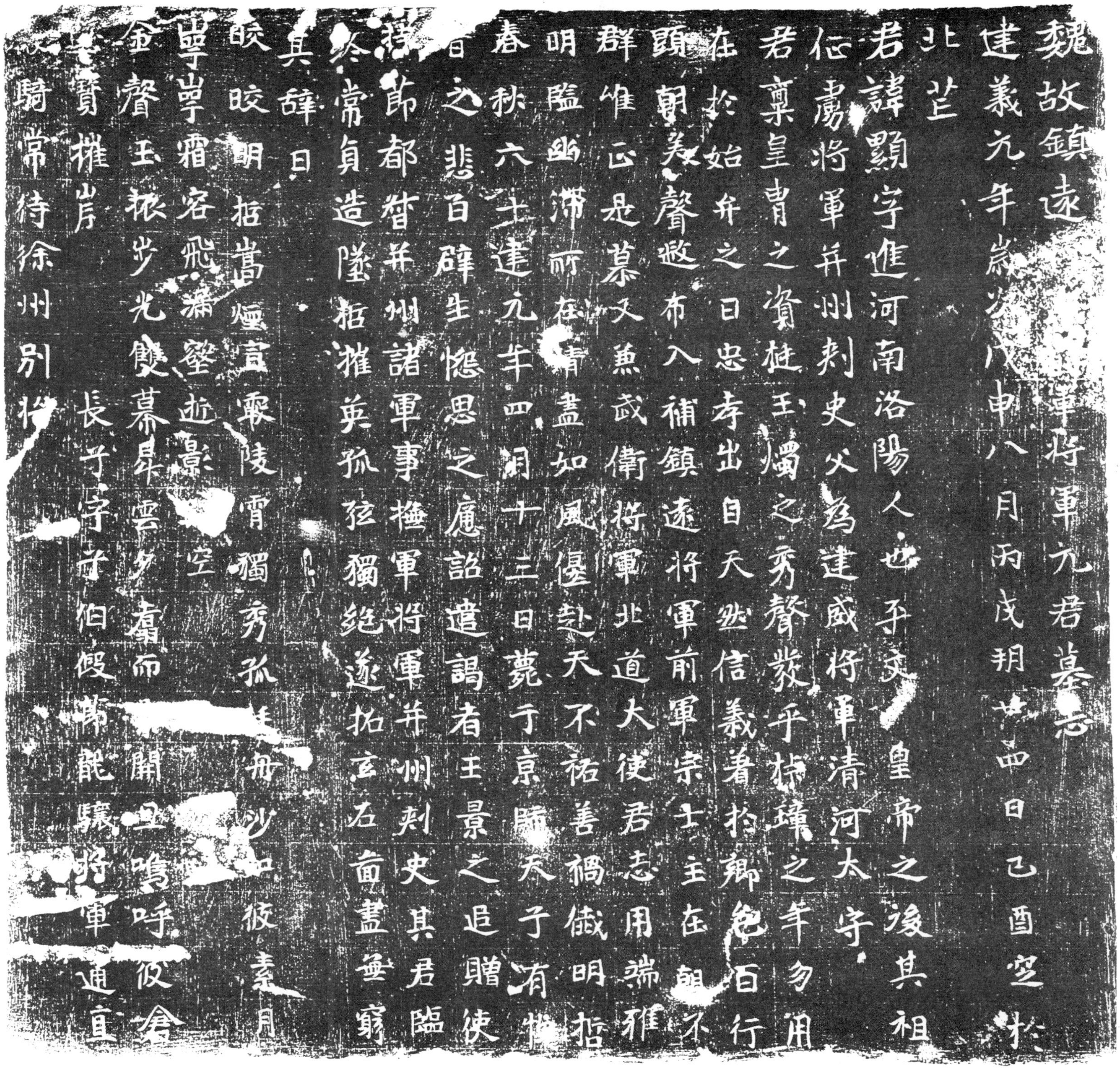

一九　北魏元顯墓誌

魏故鎮遠將軍前軍將軍元君（顯）墓志

高五十五、寬五十六釐米。二十行，行二十字。

建義元年（五二八）四月十三日卒。年六十歲。八月二十四日葬。

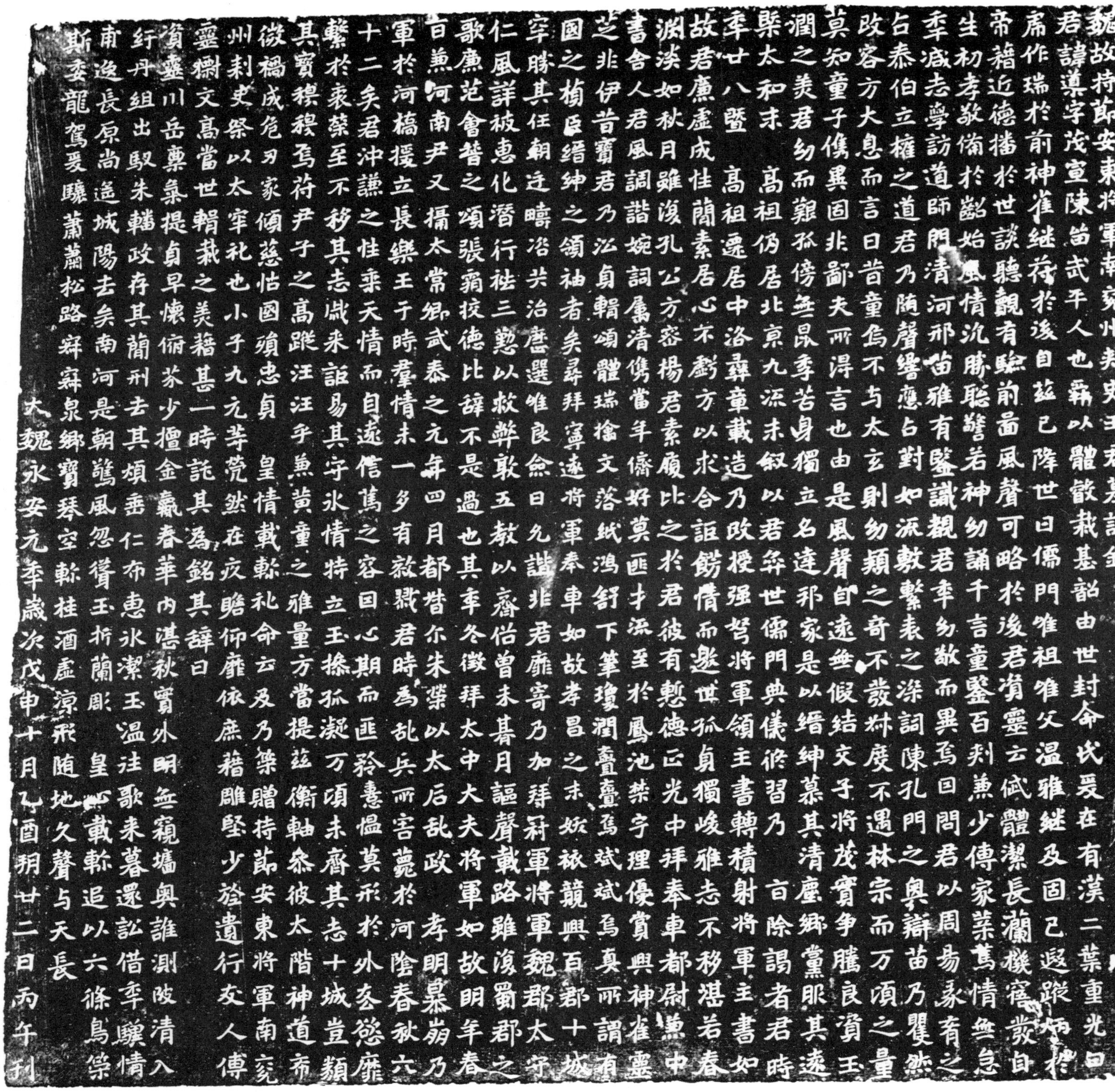

二〇 北魏王導墓誌

魏故持節安東將軍南兖州刺史王君（導）墓誌銘

高寬均六十三釐米。三十三行，行三十三字。

武泰元年（五二八）四月卒。年六十二歲。永安元年（五二八）十月二十二日葬。

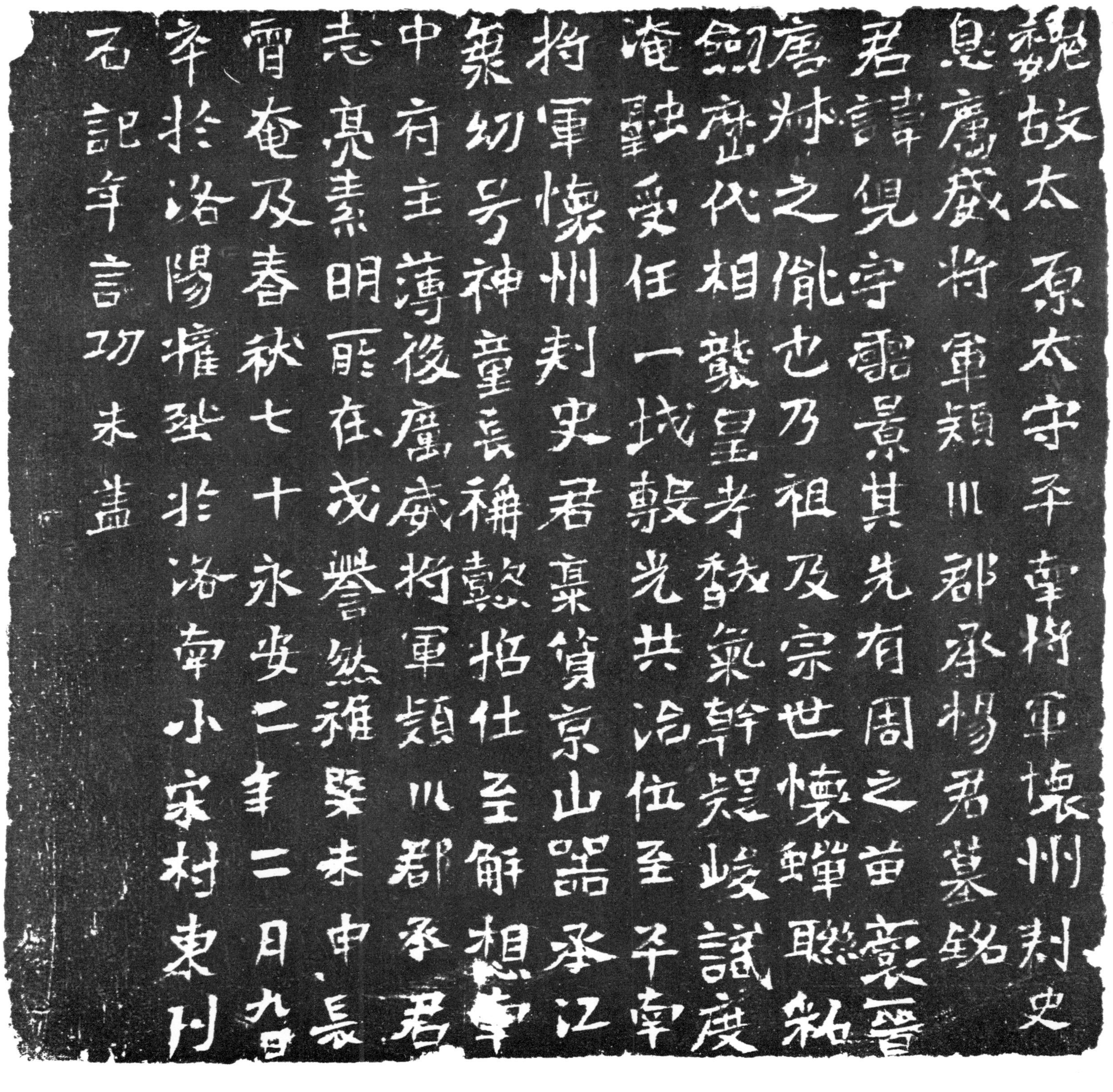

二一 北魏楊兒墓誌

魏故太原太守平南將軍懷州刺史息廣威將軍潁川郡丞楊君（兒）墓銘

高寬均二十五釐米。十三行，行十四字。

永安二年（五二九）二月九日卒。年七十歲。

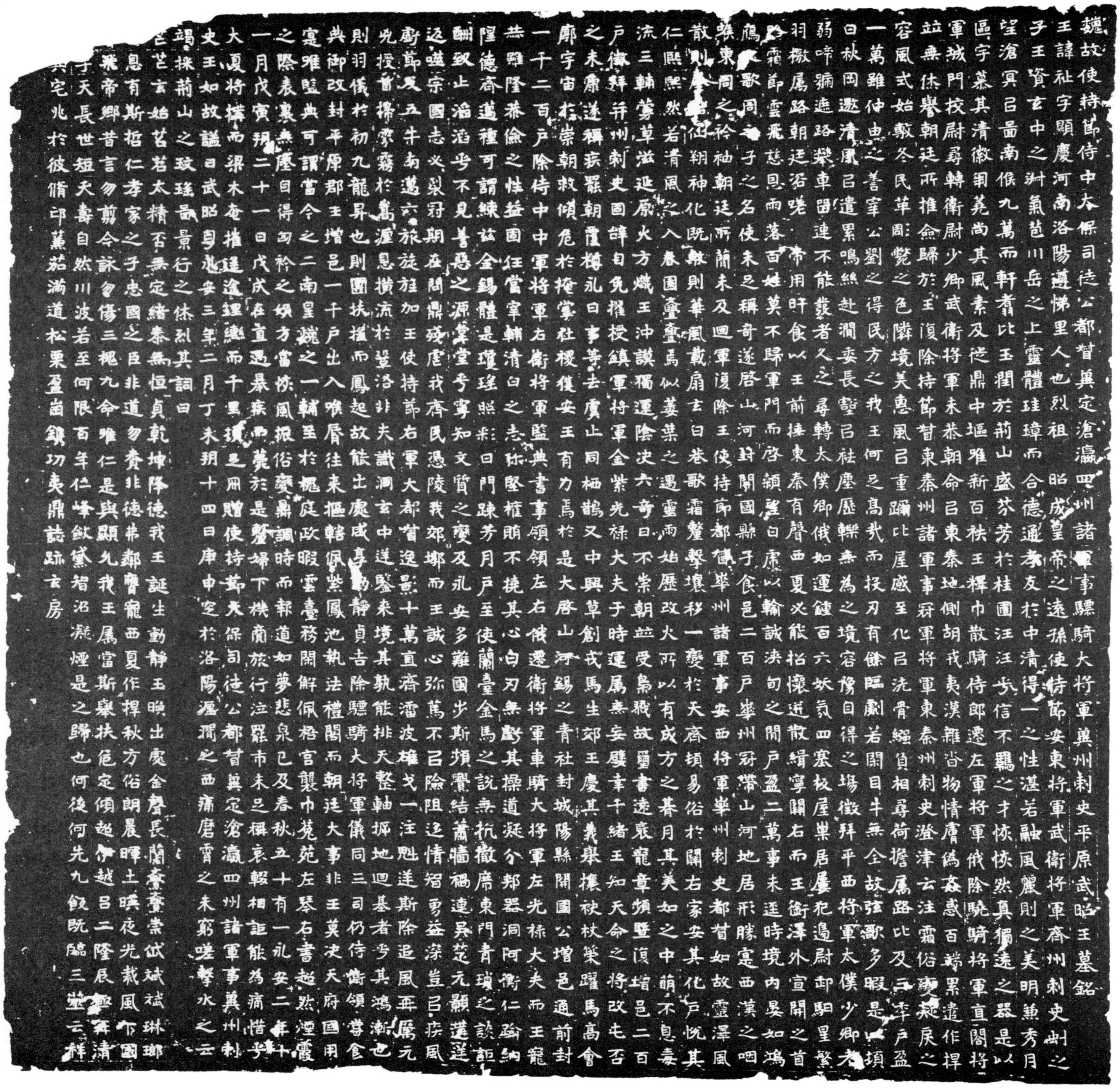

二二　北魏元祉墓誌

魏故使持節侍中太保司徒公都督冀定滄瀛四州諸軍事驃騎大將軍冀州刺史平原武昭王（元祉）墓銘

高八十三、寬八十四釐米。四十一行，行四十二字。

永安二年（五二九）十一月二十一日卒。年五十一歲。永安三年（五三〇）二月十四日葬。

故脩武
侯張君
墓誌銘

二三　北魏張太和墓誌并蓋

魏故驢驤將軍太中大夫脩武侯張太和之墓誌

高寬均四十四釐米。二十行，行二十二字。

蓋三行九字。

太昌元年（五三二）六月九日卒。年五十六歲。十一月十九日葬。

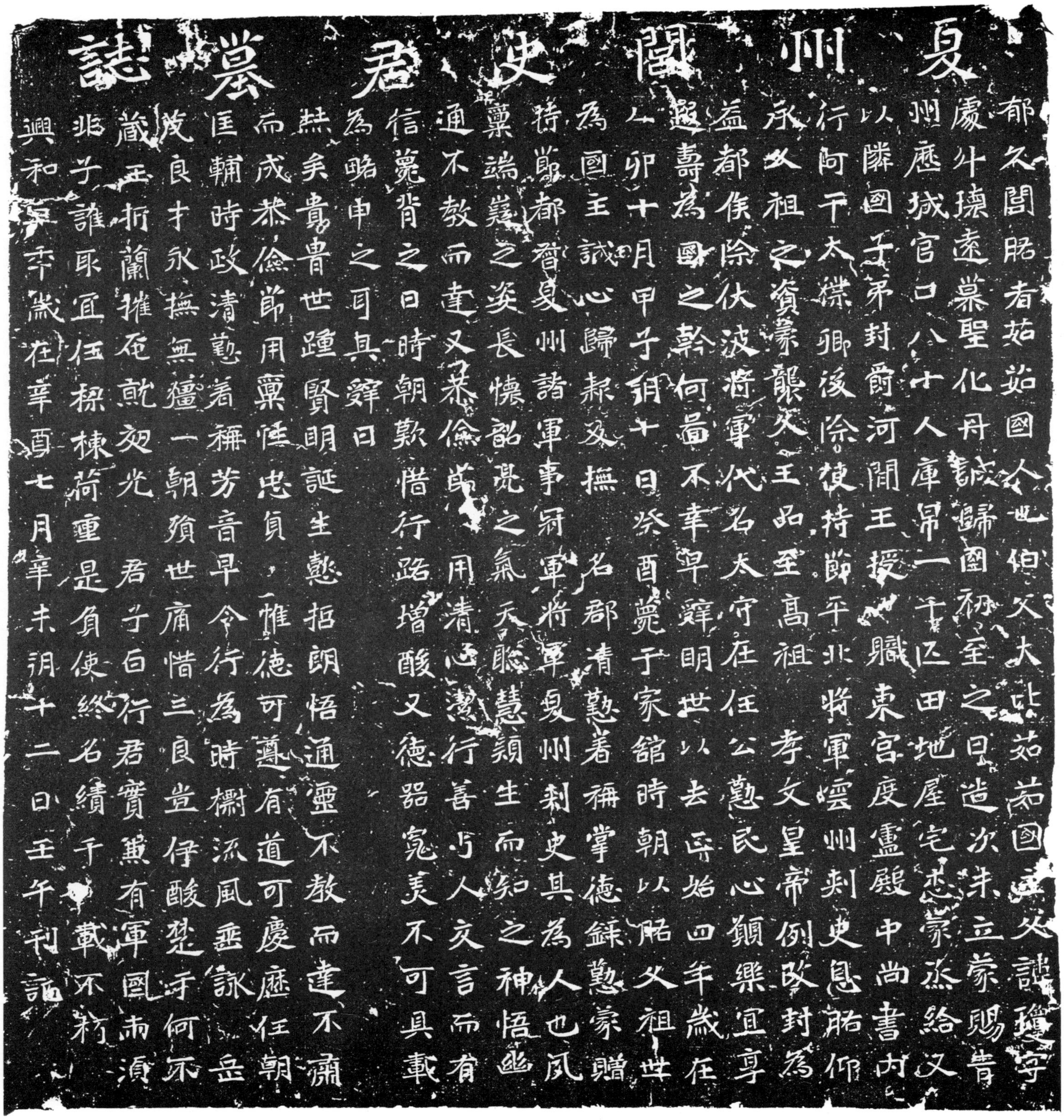
夏州閭史君墓誌
郁久閭肱者茹茹國人也伯父大那茹茹國主父誕獲守
處外懷遠慕聖化丹誠歸國初至之日遣次朱立蒙賜青
州歷城官口八十人庫帛一千匹田地屋宅悉蒙孫給父
以隣國子弟封爵河間王授職東宮度盧殿中尚書內
行阿干太僕卿後除使持節平北將軍壇州刺史息肱仰
承父祖之資蒙襲父王品至高祖孝文皇帝例改封為
益都侯除伏波將軍代名太守在任公懃民心願樂宜享
遐壽為國之幹何圖不幸早辭明世以去正始四年歲在
丁卯十月甲子朔十日癸酉薨于家館時朝以肱父祖世
為國主誠心歸款及撫名郡清懃著稱掌德錄懃蒙贈
使持節都督夏州諸軍事冠軍將軍夏州刺史其為人也夙
稟端嶷之姿長懷韶晃之氣天聡慧頴生而知之神悟幽
通不教而達又恭儉節用清心潔行善与人交言而有
信薨背之日時朝歎惜行路增酸又德器寬美不可具載
為略申之可具辭曰
烋矣貴胄世踵賢明誕生懃哲朗悟通靈不教而達不肅
而成恭儉節用稟性忠貞惟德可遵有道可慶歷任朝
匡輔時政清懃著稱芳音早令行為時標流風垂詠岳
茂良才永撫無疆一朝殞世痛惜三良豈停酸楚何不
藏玉折蘭摧奄就殞光君子曰行君實兼有軍國永濱
兆子誰取宜任梁棟荷重是負使終名績千載不朽
興和三年歲在辛酉七月辛未朔十二日壬午刊記

二四　北魏郁久閭肱墓誌

夏州閭史君（肱）墓誌

高五十八、寬五十四釐米。二十二行，行二十二字。

正始四年（五〇七）十月十日卒。興和三年（五四一）七月十二日葬。

二五　東魏慕容纂墓誌并蓋

魏故驃騎大將軍左光祿大夫光祿勳卿慕容君（纂）墓誌銘

高寬均六十一釐米。二十四行，行二十四字。

蓋篆書陽文三行九字。

興和三年（五四一）九月二十六日卒。年六十五歲。興和四年（五四二）十一月十一日葬。

魏故左将軍太中大夫郭君墓誌銘
祖曰中書侍郎輔國将軍荊州刺史
父景洛州安西府長史安定太守
公諱肇字平始太原晉陽人也其先稷佐陶唐姬
文受命本枝聯統分土祚民魏大将軍陽曲侯淮
之九世孫以迄于後皆積善為資冠冕世襲祖識
尚通敏父孝友淳深君體質詳允器亮高明愛敬
慈仁恭順負審起家為洛州安西府外兵參軍轉
寧朔将軍步兵校尉征虜将軍中散大夫遷左将
軍太中大夫君自解巾從仕歷官著稱方當曳華
組珮鳴玉服道辰樞昇降帷陛天長世短春秋
六十有八終於上京建忠里越召武定元年閏月
廿九日葬於鄴城西南十五里乃作銘曰
履跡開原膺符受命瓜瓞綿連本枝蘭映韓何二
族荀孫二姓猶如豬郭世有餘慶系茲遠胄篤生
君子性苞懿淑才表松杞曳裾登朝飛纓就列介
立為名獨行成節月轂方乘青綸將結未極榮華
遽淪風雪一去不反万古何言挽夫嘶路服馬鳴
轄蕭蕭松檟杳杳山原一日不曙黃泉永昏

二六 東魏郭肇墓誌

魏故左將軍太中大夫郭君（肇）墓誌銘

高寬均四十九釐米。十九行，行十九字。卒年六十八歲。武定元年（五四三）閏月（正月）二十九日葬。

魏故持節督雲州諸軍事前將軍雲州刺史
汝陽縣開國伯慕容使君墓誌銘
曾祖沒奕使持節都督涼州諸軍事鎮東將
軍涼州刺史
祖信過拔北京都坐尚書
父福德并州撫軍府錄事參軍
君諱葚字永壽河南洛陽人也普泰初出身
殿中將軍俄轉威遠將軍今上有天下二年
加楊烈將軍雍州石安令治平有稱績邊以
功封汝陽縣開國伯邑五百戶尋加征虜將
軍中散大夫都將春秋卌四大統九年二月
十二日卒于位朝廷傷之贈持節督雲州諸
軍事前將軍雲州刺史禮也粵以十年歲次
甲子十月壬子朔廿二日癸酉葬於石安縣界
忠鄉孝義里處恐陵谷貿改故銘誌於茲以
示之後世云
妻河南董氏　長息暉遠　第二息暉貂
第三息暉遷

二七　西魏慕容葚墓誌

魏故持節督雲州諸軍事前將軍雲州刺史汝陽縣開國伯慕容使君（葚）墓誌銘

高五十七、寬五十八釐米。十八行，行十七字。

大統九年（五四三）二月十二日卒。年四十四歲。大統十年（五四四）十月二十二日葬。

征虜將軍兖州高平太守閭公墓誌
公諱詳字洪慶河南洛陽人也苗裔軒皇繁倫代北公
即北國主之六世孫也高祖阿弗寧部來廷光儀朝政
錫爵高昌王仕至司徒公曾祖懃龍王爵司空公祖齊
州器羽淹潤領袖一時父儀同風物徽凝峻峙當世公
稟藉純粹早懷精亮志尚清高聆度閑雅虛想御物卷
戀崇仁融道德以立行敷禮樂以為情儲孝友於胷中
聚和順於身外閭里欽其仁朋儕慕其德起家南青州
録事參軍轉太傅府外兵參軍後除兖州長史重遷征
虜將軍中散大夫復除兖州高平太守公文武兼禪雅
於從政爰自振衣任廷出處聲名籍甚所在流譽彼詹
不弔殲良己及武定二年七月寢疾春秋五十三薨於
第粤以其年十月廿二日窆於鄴城西南十五里谷岸
儻移金石可久敬鐫芳塵用播不朽其詞曰
猗歟君公剋紹前脩青徽內發溫恭外流容頹春夏榲
裂高秋官逕振翼曠迹非伉鬱為世範方寄檝舟畧途
未極忽履深幽長川杳邈風樹悽颸泉扃一奄名識虛
遊
武定二年十月廿二日

二八　東魏閭詳墓誌

征虜將軍兖州高平太守閭公（詳）墓誌

高寬均五十四釐米。十九行，行二十一字。

武定二年（五四四）七月卒。年五十三歲。十月二十二日葬。

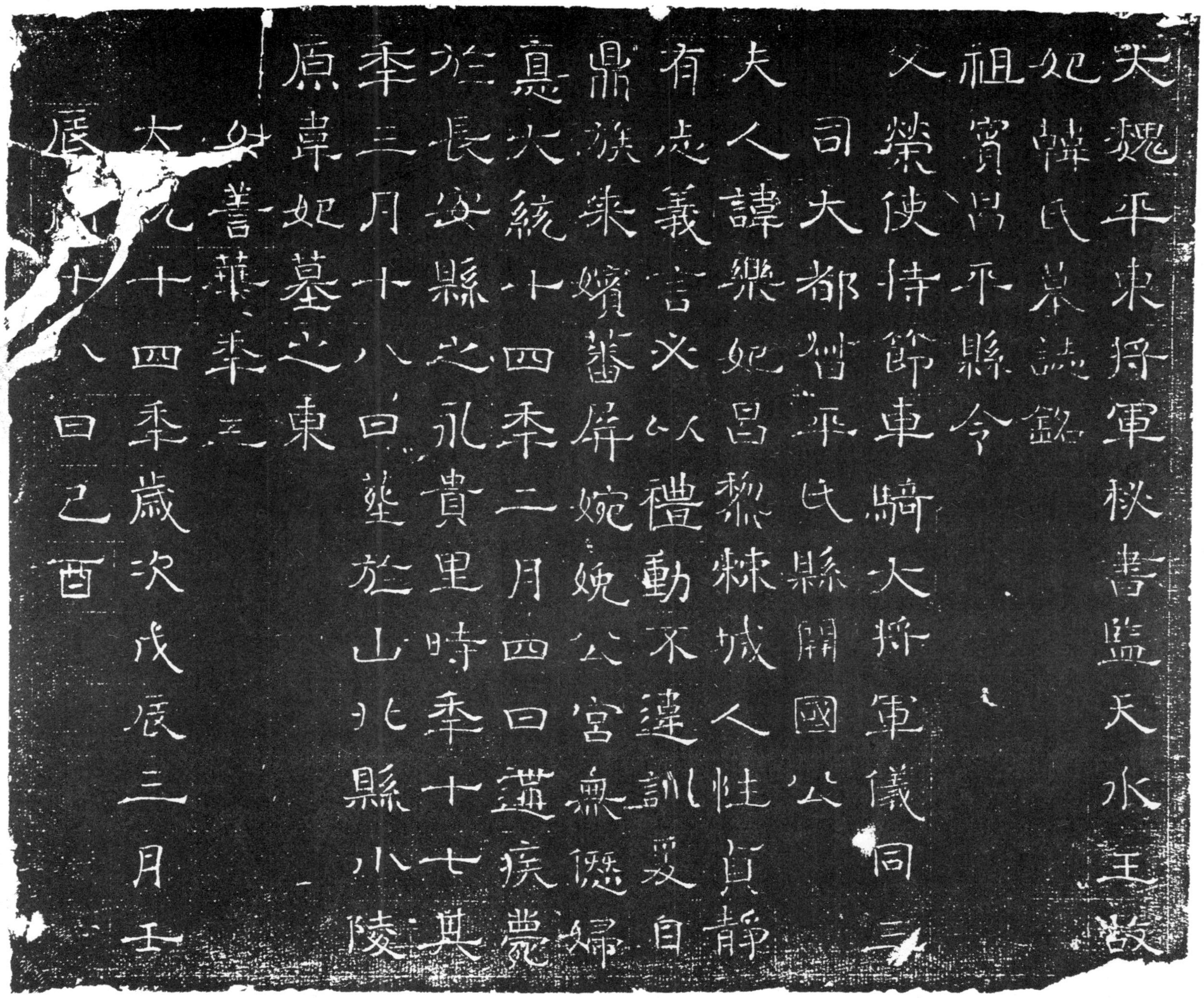
大魏平東將軍秘書監天水王故
妃韓氏墓誌銘
祖實昌平縣令
父榮使持節車騎大將軍儀同三
司大都督平氏縣開國公
夫人諱樂妃昌黎棘城人性貞靜
有志義言必以禮動不違訓夏自
鼎族來嬪藩屏婉娩公宮無愆婦
德大統十四年二月四日遘疾薨
於長安縣之永貴里時年十七其
年三月十八日葬於山北縣小陵
原韋妃墓之東
善葬年之
大統十四年歲次戊辰三月壬
辰朔十八日己酉

二九　西魏韓樂妃墓誌

大魏平東將軍秘書監天水王故妃韓氏（樂妃）墓誌銘

高二十九、寬三十四釐米。隸書，十五行，行十三字。

大統十四年（五四八）二月四日卒。年十七歲。三月十八日葬。

三〇 東魏祖賁之墓誌

魏故鎮遠將軍尚書祠部郎中祖孝隱墓誌銘

高寬均五十四釐米。二十七行，行二十七字。

武定七年（五四九）三月三〔二〕十一日卒。年三十二歲。三月三十日葬。

注：考武定七年三月二十一日爲丙子。此「卅」字爲刻誤。

三一　東魏房纂墓誌

維大魏武定七年歲次己巳十一月壬子朔廿一日壬申故征西將軍員外散騎常侍襄陽侯房君（纂）之墓志銘

高寬均四十八釐米。二十一行，行二十二字。

武定七年（五四九）二月卒。年六十七歲。十一月二十二日葬。

三二　北齊赫連遷墓誌

齊故持節都督廣州諸軍事鎮南將軍廣州刺史廣川縣開國男赫連公（遷）墓誌

高寬均七十二釐米。隸書，二十九行，行三十字。

天保三年（五五二）四月一日卒。年四十四歲。十二月四日葬。

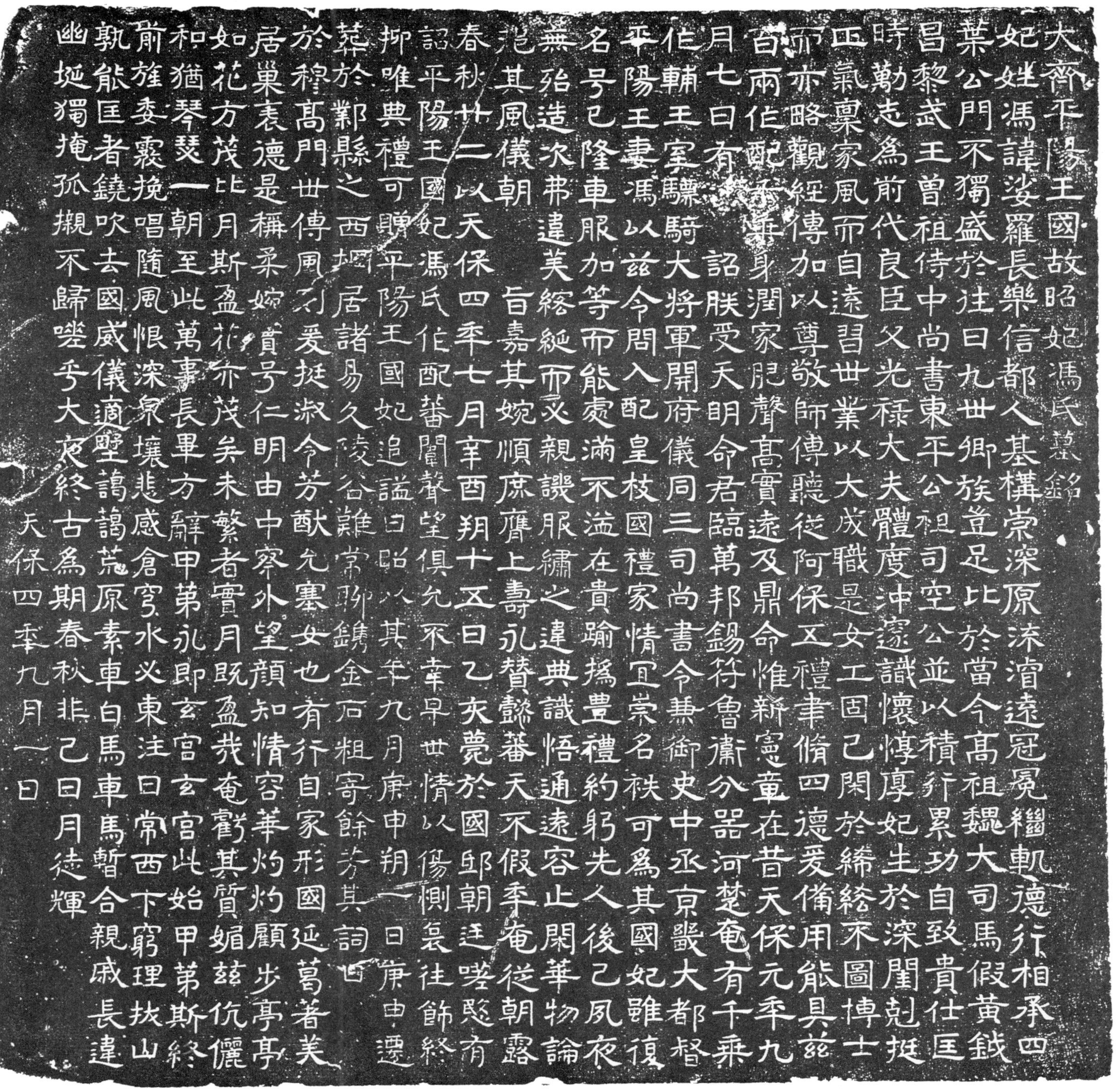

大齊平陽王國故昭妃馮氏墓銘
妃姓馮諱娑羅長樂信都人基構崇深原流濬遠冠冕繼軌德行相承四
葉公門不獨盛於往日九世卿族豈足比於當今高祖魏大司馬假黃鉞
昌黎武王曾祖侍中尚書東平公祖司空公並以積行累功自致貴仕匡
時勤志為前代良臣父光祿大夫體度沖邃識懷惇厚妃生於深閨剋挺
匪氣稟家風而自遠習世業以大成職是女工固已閑於絺綌不圖博士
而亦略觀經傳加以尊敬師傅聽從阿保五禮聿脩四德爰備用能具茲
百兩作配[illegible][illegible]身潤家肥聲高實遠及鼎命惟新憲章在昔天保元年九
月七日有[illegible][illegible]詔朕受天明命君臨萬邦錫符魯衛分器河楚奄有千乘
佐輔王室驃騎大將軍開府儀同三司尚書令兼御史中丞京畿大都督
平陽王妻馮以茲令問入配皇枝國禮家情宜崇名秩可為其國妃雖復
名号已隆車服加等而能處滿不溢在貴踰撝豐禮約躬先人後己夙夜
無殆造次弗違美綬紱而必親識服繡之違典識悟通遠容止閑華物論
髦其風儀朝　　旨嘉其婉順庶膺上壽永贊懿蕃天不假季奄從朝露
春秋廿二以天保四季七月辛酉朔十五日乙亥薨於國邸朝廷嗟愍有
詔平陽王國妃馮氏作配蕃闈聲望俱允不幸早世情以傷惻哀往飾終
抑唯典禮可贈平陽王國妃追謚曰昭以其年九月庚申朔一日庚申遷
葬於鄴縣之西垌居諸易久陵谷難常聊鐫金石粗寄餘芳其詞曰
於穆高門世傳風烈爰挺淑令芳猷允塞女也有行自家形國延葛著美
居巢表德是稱柔婉貫号仁明由中察外望顏知情容華灼灼顧步亭亭
如花方茂比月斯盈花亦茂矣未繁者實月既盈哉奄虧其質媚茲伉儷
和猶琴瑟一朝至此萬事長畢方辭甲第永即玄宮玄宮此始甲第斯終
前旌委霰挽唱隨風恨深泉壤悲感倉穹水必東注日常西下窮理拔山
孰能匡者鐃吹去國威儀適壁鵠鵠荒原素車白馬車馬暫合親戚長違
幽埏獨掩孤櫬不歸嗟乎大夜終古為期春秋非已日月徒輝
天保四季九月一日

三三 北齊馮娑羅墓誌

大齊平陽王國故昭妃馮氏（娑羅）墓銘

高六十九、寬七十釐米。隸書，二十六行，行二十八字。

天保四年（五五三）七月十五日卒。年二十二歲。九月一日葬。

魏故使持節都督東秦州諸軍事車騎大將軍
東秦州刺史刈陵縣開國子杜君墓誌
祖嗣伯雍州州都贈京兆太守
父道進武功太守贈秦州刺史謚曰文宣公
君諱欑字寄茂京兆杜陵人也弱以孝弟垂名
長以廣平著稱年十八為員外散騎侍郎除太
僕少卿又除給事黃門侍郎散騎常侍俄遷度
支尚書又授使持節安西將軍岐州刺史當州
都督又除驃騎將軍雍州刺史又除東秦州
刺史以從駕入關封刈陵縣開國子食邑四百
户尋除車騎大將軍春秋卌五以大統四年八
月薨于長安朝廷追悼贈北雍州刺史謚曰惠
公妻元氏新豐公主河南洛陽人也 父司空
公任城王澄夫人體度端凝四德咸備春秋廿
九永熙三年六月薨于長安朝廷追贈京
兆郡公主二年歲次癸酉十一月庚申朔廿五
日甲申合葬于小陵原天長地久乃立誌焉
長子士英次子士峻次子士林次子[illegible]旋

三四　西魏杜欑墓誌

魏故使持節都督東秦州諸軍事車騎大將軍東秦州刺史刈陵縣開國子杜君（欑）墓誌

高三十七、寬三十八釐米。十八行，行十八字。

大統四年（五三八）八月卒。年四十五歲。夫人元氏永熙三年（五三四）六月卒。年二十九歲。（廢帝）二年（五五三）十一月二十五日合葬。

三五 北齊高岳墓誌

高寬均九十八釐米。三十六行，行三十六字。天保六年（五五五）十一月二十二日卒。年四十四歲。天保七年（五五六）四月十六日葬。

三六　北齊李寧墓誌

齊故平西將軍涇州平涼太守當郡都督李君（寧）墓誌銘

高五十四、寬五十五釐米。隸書，二十六行，行二十六字。

天保七年（五五六）十二月二十九日卒。年九十歲。天保八年（五五七）五月十一日葬。

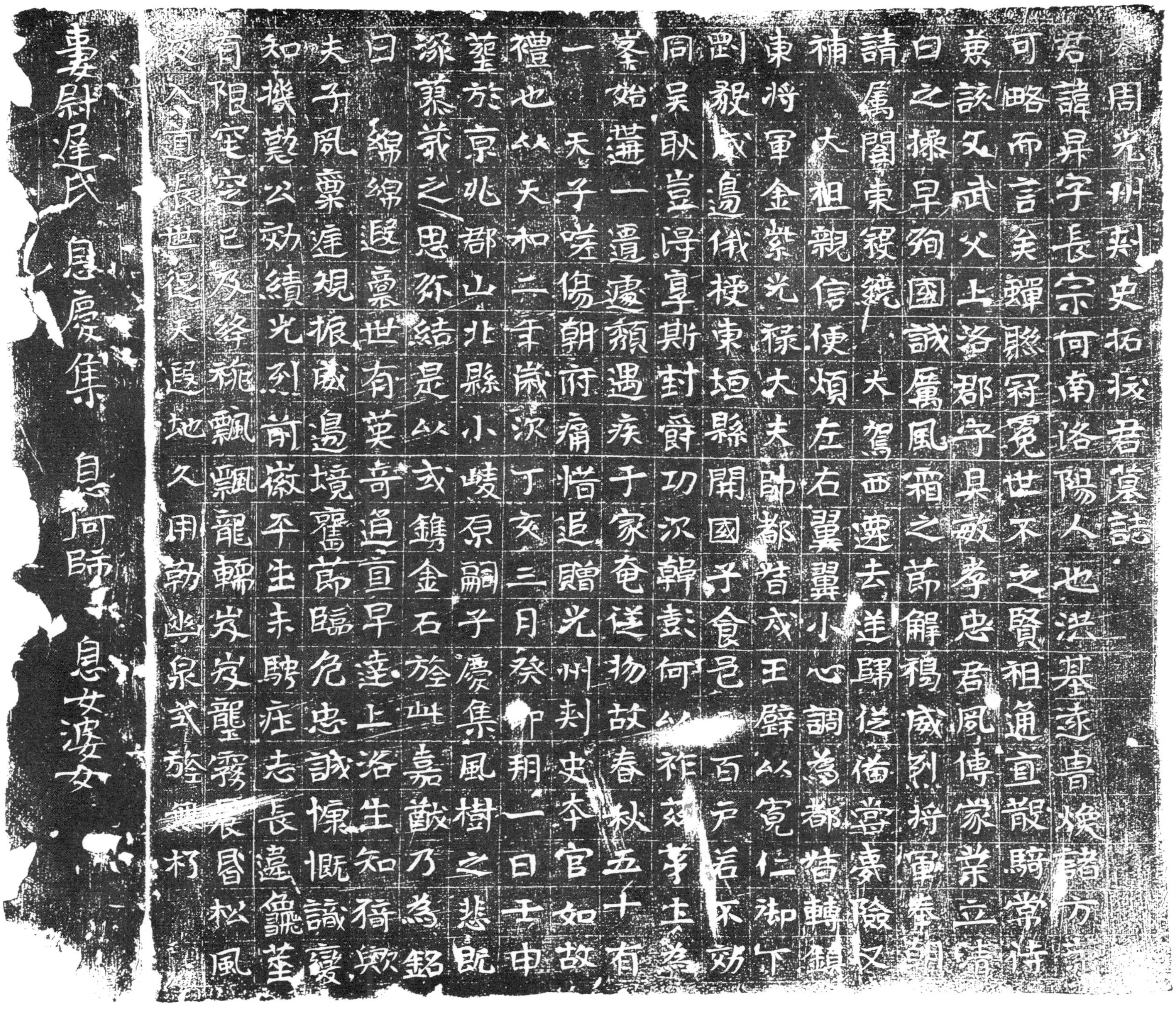
大周光州刺史拓拔君墓誌
君諱昇字長宗河南洛陽人也洪基遠胄煥諸方策
可略而言矣蟬聯冠冕世不乏賢祖通直散騎常侍
兼該文武父上洛郡守具敷孝忠君風傳家業立清
白之操早殉國誠厲風霜之節解褐威烈將軍奉朝
請屬閶東覆鏡大駕西遷去逆歸從備嘗艱險又
補　大祖親信使領左右冀翼小心調為都督轉鎮
東將軍金紫光祿大夫帥都督戍王辟以寬仁御下
劉叔感邊俄授東垣縣開國子食邑百戶若不効
同吳耿豈得享斯封爵功次韓彭何餘祚莘土為
峯始薦一遷遽頹遇疾于家奄逝物故春秋五十有
一　天子嗟傷朝府痛惜追贈光州刺史本官如故
禮也以天和二年歲次丁亥三月癸卯朔一日壬申
葬於京兆郡山北縣小峻原嗣子慶集風樹之悲既
深蒸莪之思祢結是以式鐫金石旌此嘉猷乃為銘
曰綿綿遐裔世有英奇道亶早達上洛生知猗歟
夫子風稟違規振威邊境奮節臨危忠誠慷慨識寰
知機慕公効績光烈前徽平生未騁在志長違龜茔
有限窀穸已及絳旐飄飄龍轜岌岌壟霧晨昏松風
夜入道長世促天遐地久用勒幽泉式旌無朽
妻尉遲氏　息慶集　息阿歸　息女婆女

三七　北周拓拔昇墓誌

大周光州刺史拓拔君（昇）墓誌

高寬均四十釐米。二十行，行二十字。

卒年五十一歲。天和二年（五六七）三月一日葬。

夫人諱　字馬頭黎陽頓丘人也昔蒼精御曆李下降
人之靈火紀握符桃蹊前將軍之德基構盤枝條聳茂
鐫碑勒芳烈煥然曾祖誕太傅陳留貞王祖悦太常卿
豫州刺史父循禮道直散騎常侍金紫光祿大夫並以褒
紀盛業封謝餘徒世挺高才門寶貴仕雖金張之貂冕文
映揚表之台袞相輝不乏望我清塵挍其聲實夫人擢秀
蘭畹楊芬桂林稟靈澤之淳柔體隨風之貞植學均班惠
不墜徐令之薪文類蔡姬尅嗣中郎之冶加以骨象應圖
容表絕世如洛川之迴雪似巫嶺之行雲動合箴史非有
資於保姆自生光彩信無待於鉛華王氏佩刀遺慶相門
奮烈眷求嘉偶遂結香纓好協鼓琴恭逾捧案康如之人
婦德斯遠方春搖落[illegible]嗚呼天統三年五月九日卒於
宣範行譚延寔里舍時[illegible]卅四十月十七日葬於鄴西南
十里七蒿絕逝懼青蘭之易彫万古傳名冀玄石之難朽
乃為銘曰
氣表異人道被西秦魏稱辯[illegible]漢有名匡紆青拖紫皂蓋
朱輪安惟婦式男歸傒民夢叶熊虵羕挺佳馥茝庭方巳
瑤家等惠潤括三珠芳含八桂相風盛蕣樹花美製垂紛
載穀施谷名香作傳邦媛稱師庶姜安仁離合奉倩神傷
風消洛浦雲滅高唐綺帳生塵蘭房垂網屏風有頓江濱
畫像楊白松青霜明月朗式鐫貞石永流嘉響

三八　北齊李馬頭墓誌

高五十五、寬五十六釐米。隸書，二十一行，行二十二字。天統三年（五六七）五月九日卒。年三十四歲。十月十七日葬。

三九　北周宇文廣墓誌

周故大將軍西陽昭公（宇文廣）墓誌

高五十三、寬六十釐米。二十四行，行二十四字。

天和三年（五六八）七月二十一日卒。年十九歲。八月二十一日葬。

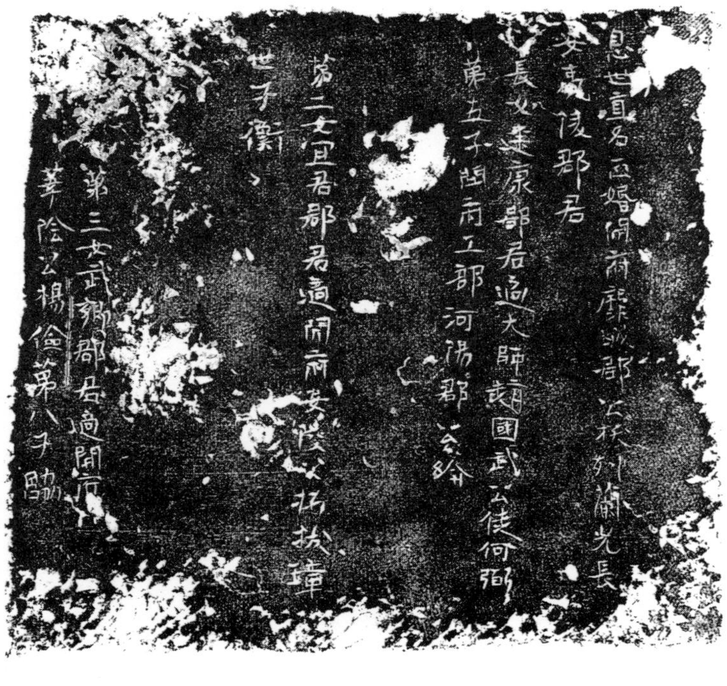

四〇 北周拓拔富娑羅墓誌

周使持節車騎大將軍儀同三司大都督桑乾縣開國伯宗子宇文正母太夫人河陽郡君拓拔氏（富娑羅）墓誌

高寬均五十釐米。二十四行，行二十四字。第二石，八行，行十至十六字不等。天和三年（五六八）十一月二日卒。十一月十八日葬。

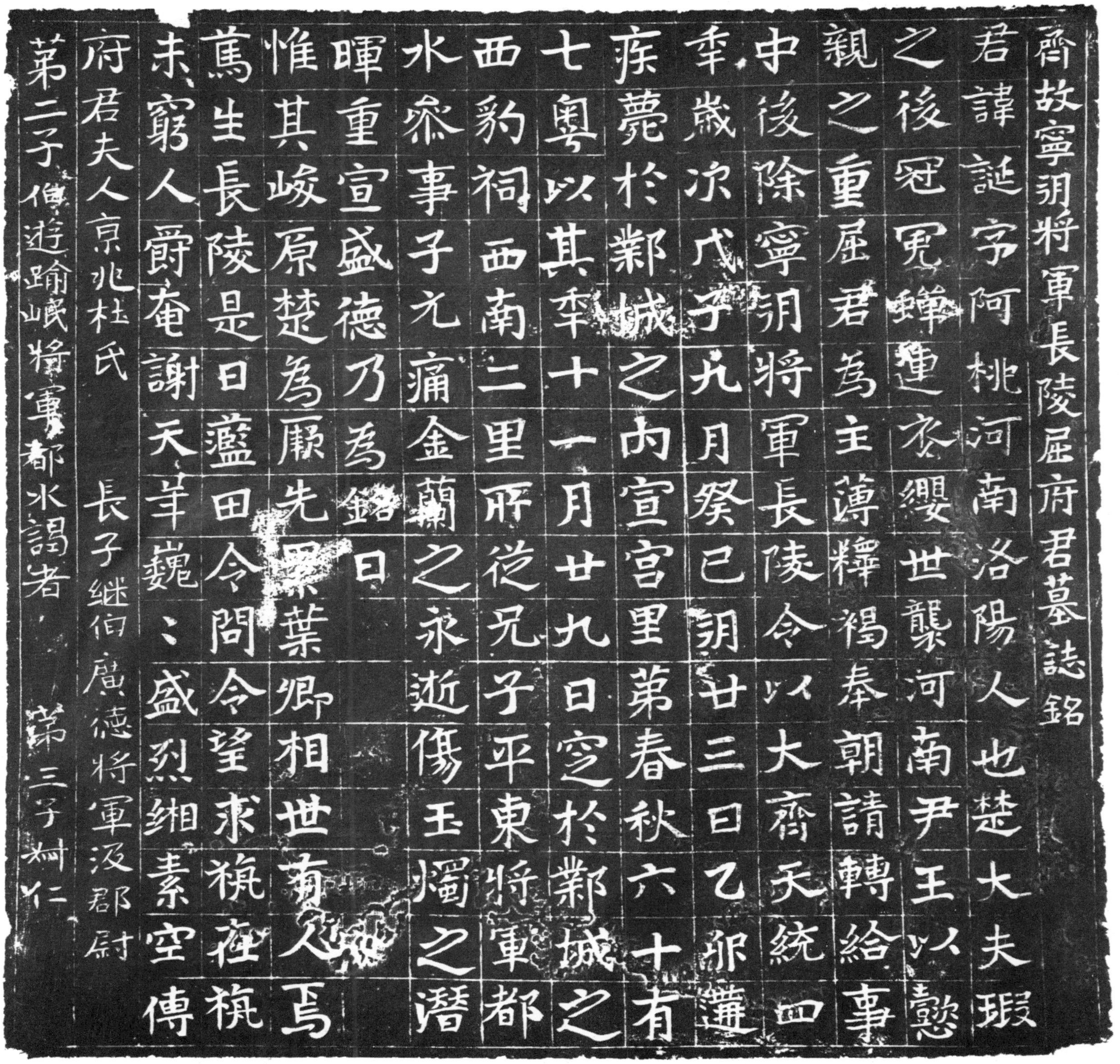
齊故寧朔將軍長陵屈府君墓誌銘
君諱誕字阿桃河南洛陽人也楚大夫瑕
之後冠冕蟬連衣纓世襲河南尹王以懿
親之重屈君為主簿釋褐奉朝請轉給事
中後除寧朔將軍長陵令以大齊天統四
年歲次戊子九月癸巳朔廿三日乙卯遘
疾薨於鄴城之內宣宮里第春秋六十有
七粤以其年十一月廿九日窆於鄴城之
西豹祠西南二里所從兄子平東將軍都
水叅事子元痛金蘭之永逝傷玉燭之潛
暉重宣盛德乃為銘曰
惟其峻原楚為厥先累葉卿相世有人焉
篤生長陵是曰藍田令問令望求禎在禎
未窮人爵奄謝天年巍巍盛烈緗素空傳
府君夫人京兆杜氏 長子繼伯廣德將軍汲郡尉
第二子僧遊踰嶮將軍都水謁者 第三子紂仁

屈府君
墓誌銘

四一

北齊屈誕墓誌并蓋

齊故寧朔將軍長陵屈府君（誕）墓誌銘

高寬均三十七釐米。十六行，行十六字。

蓋二行六字。

天統四年（五六八）九月二十三日卒。年六十七歲。十一月二十九日葬。

四二　北周王預墓誌并蓋

周驃騎將軍右光禄開州刺史王君（預）墓誌銘

高四十八、寬四十七釐米。二十五行，行二十五字。

蓋陽文三行十二字。

天和三年（五六八）十月十七日卒。年七十二歲。天和六年（五七一）三月十二日葬。

拓拔番河南洛陽人也魏景穆
皇帝之玄孫澄城懿王第五息
使持節車騎大將軍儀同三司
大都督開州諸軍事開國伯建
德二年歲次癸巳二月丁酉朔
二日戊戌薨於位詔贈羅州
刺史謚曰
世子胥附中士士番
次子士安
次子士香
次子士恭

四三　北周拓拔番墓誌

高四十六、寬四十七釐米。十一行，行十二字。

建德二年（五七三）二月二日卒。

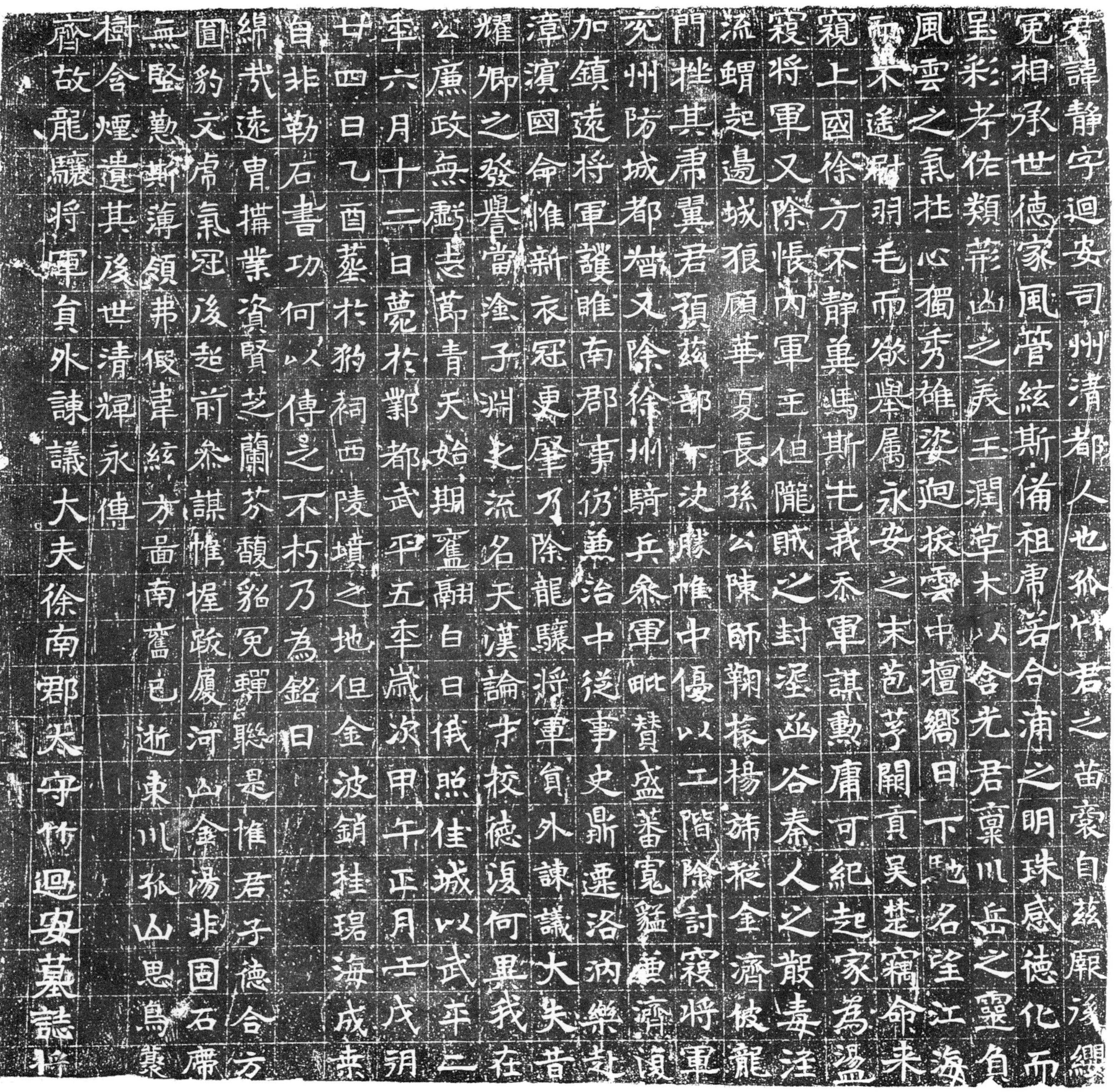

四四　北齊孤竹静墓誌

齊故龍驤將軍員外諫議大夫徐南郡太守（孤）竹迴安墓誌

高寬均六十釐米。二十二行，行二十三字。武平二年（五七一）六月十二日卒。武平五年（五七四）正月二十四日葬。

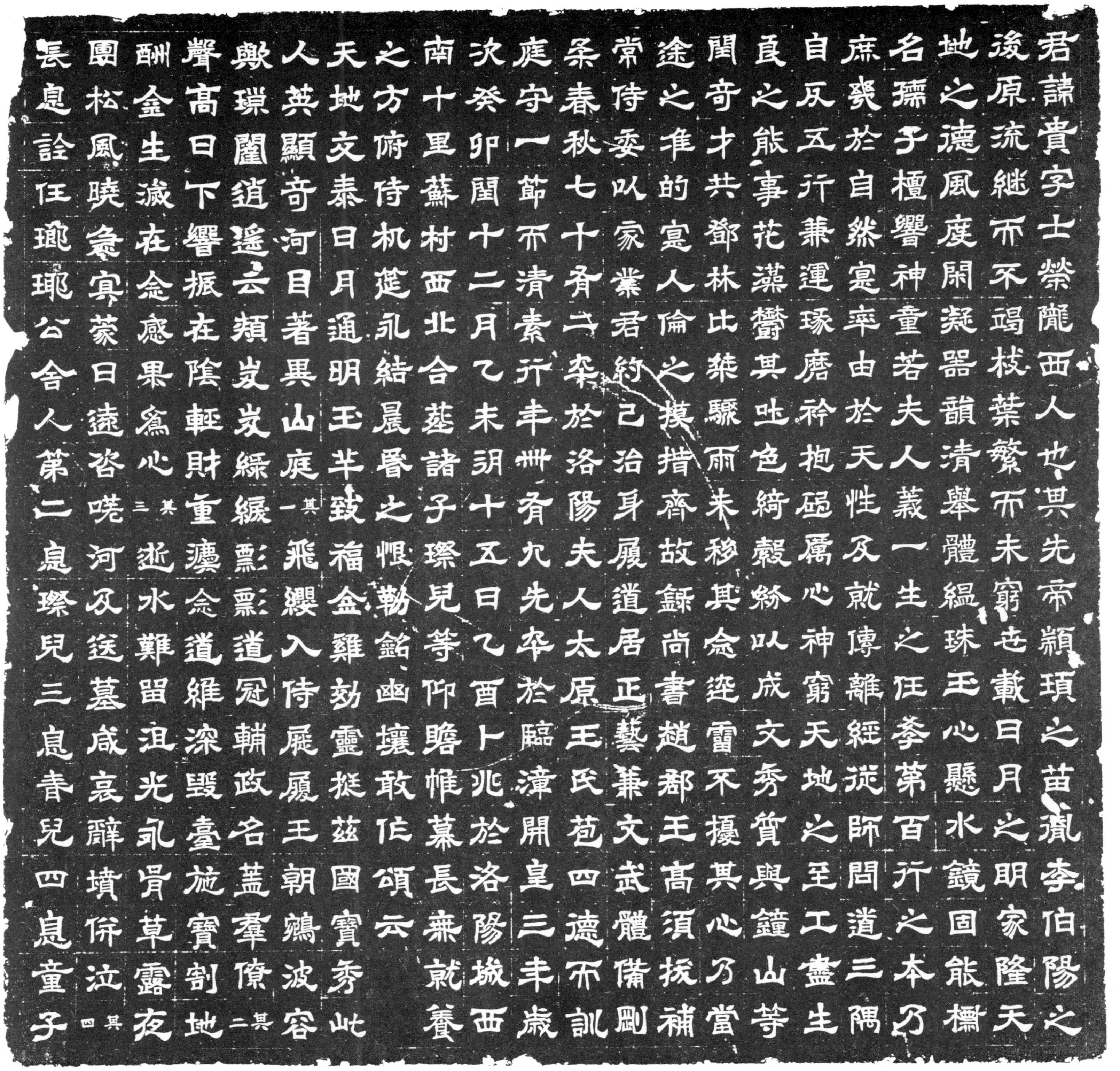
君諱貴字士榮隴西人也其先帝顓頊之苗胤李伯陽之
後源流継而不竭枝葉繁而未窮七載日月之明家隆天
地之德風度開凝器韻清舉體韞珠玉心懸水鏡固能標
名孺子檀譽神童若夫人義一生之任孝第百行之本乃
庶幾於自然寔率由於天性及就傅離經從師問道三隅
自反五行兼運琢磨矜抱砥厲心神窮天地之至工盡生
民之能事花藻鬱其吐色綺縠紛以成文秀質與鍾山等
聞奇才共鄧林比葉驟雨未移其念迅雷不擾其心乃當
途之年的寔人倫之模措齊故錄尚書趙郡王高湏拔補
常侍委以家業君約己治身履道居正藝兼文武體備剛
柔春秋七十有二卒於洛陽夫人太原王氏苞四德而訓
庭守一節而清素行年卌有九先卒於臨漳開皇三年歲
次癸卯閏十二月乙未朔十五日乙酉卜兆於洛陽城西
南十里蘇村西北合葬諸子璨兒等仰瞻帷幕長無就養
之方俯侍机筵永結晨昏之恨勒銘幽壤敢作頌云
天地交泰日月通明玉羊致福金雞効靈挺茲國寶秀此
人英顯奇河目著異山庭其一飛纓入侍屣履王朝鵷波容
與環闠逍遥云頖岌岌緌緌影影道冠輔政名蓋羣僚其二
聲高日下響振在陰輕財重禮念道維深毀臺施寶割地
酬金生滅在念感果爲心其三逝水難留沮光永冒草露夜
園松風曉急冥蒙日遠杳嘵河及送墓咸哀辭墳佾泣其四
長息詮任瑯琊公舍人第二息璨兒三息青兒四息童子

齊故魏郡
王國常侍
李君王太
夫人墓誌

四五 北齊李貴與夫人王氏墓誌并蓋

高寬均五十六釐米。隸書，二十二行，行二十二字。

蓋篆書陽文四行十六字。

卒年七十二歲。夫人王氏卒年四十九歲。

開皇三年（五八三）閏十二月十五日合葬。

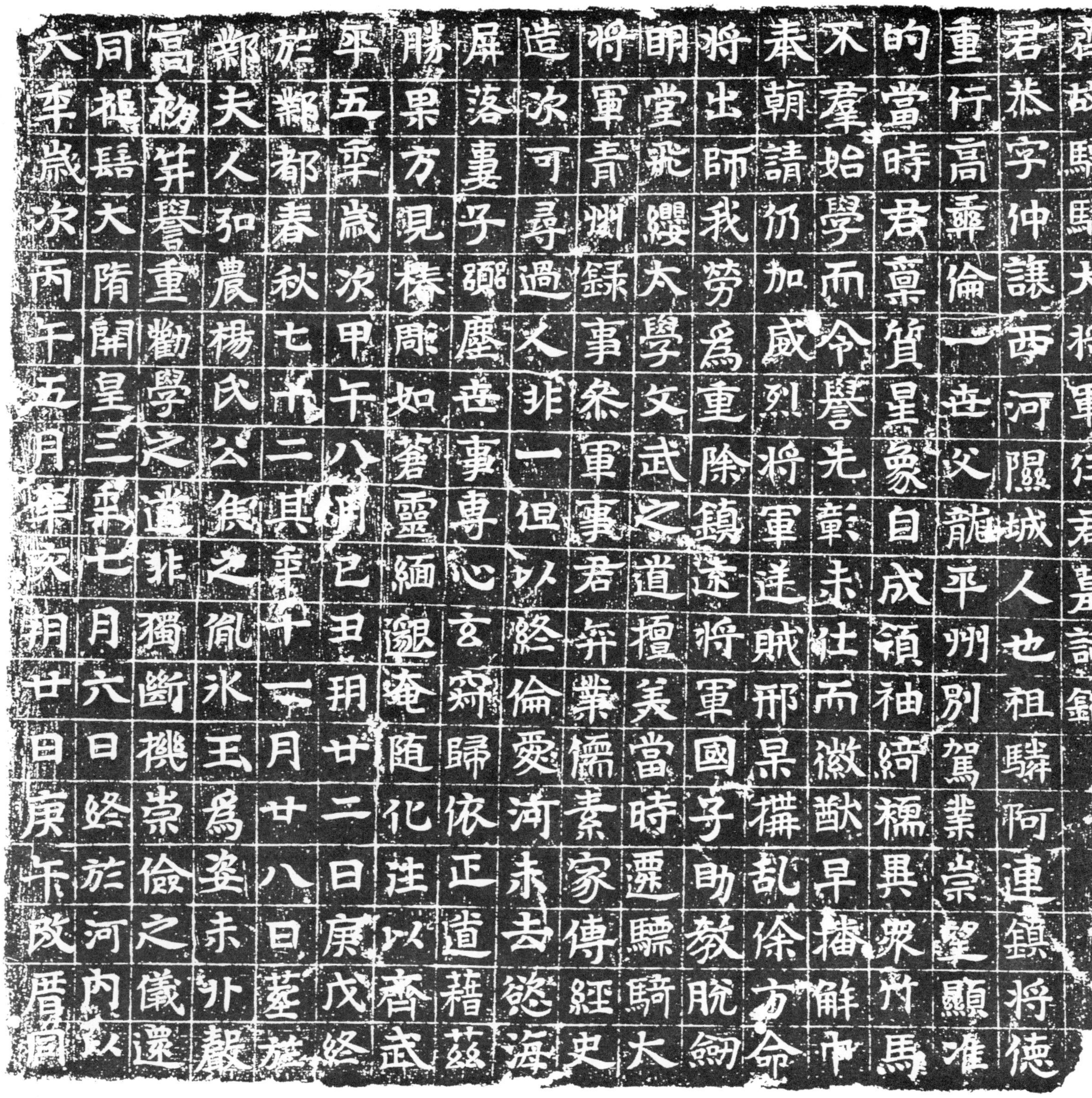

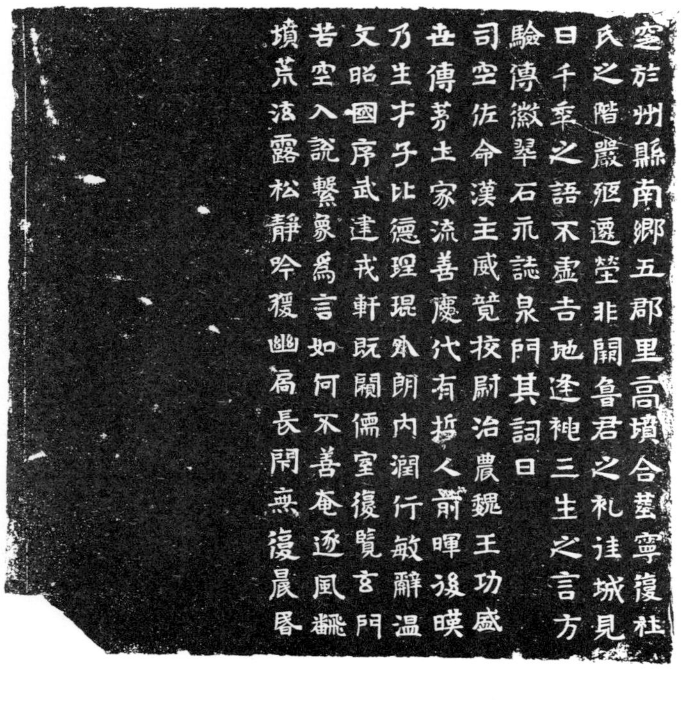

四六　北齊任恭墓誌

齊故驃騎大將軍任君（恭）墓誌銘

高三十八、寬三十九釐米。十八行，行十八字。石背文字十行，行十六字。武平五年（五七四）八月二十二日卒。年七十二歲。十一月二十八日葬。夫人楊氏開皇三年（五八三）七月六日卒。開皇六年（五八六）五月二十日合葬。

周故夏官二命士初安太守陸府君墓誌銘
君諱孝昇字師乾河南洛陽人也魏膺天下基自玄方我則協
契同心爲其羽翼乃餘周之客散即炎漢之蕭曹異仁積德重
規皆雄世載無隕風流尚存祖柱國上庸宣公懷瑾握瑜立言
樹行聲傳耆耇之口迹滿先賢之籙父恒州刺史潔身治德緯
武經文禮若清風霈同時雨君稟和傑起含章秀出神明俊朗
闢鍵繼深亦猶朝暘之鳳仁義昞於毛羽春鯨之寶光彩潤於
林木及服膺北面師逆功倍育反三之敏懷知十之材辯辭林
藝文同綺縠坐客對而心醉辭人見而氣盡解褐揚州參軍事
授南兗州外獄參軍兼府主簿錄事參軍事梁郡丞尋贊名藩
頻超公府聲實兼美進退生光遷南兗州行臺郎中周平東夏
授豫州初安郡守露惠霜威流清鑒濁如涅逐印若水依壹京
師蒙九里之潤山谷受一錢之禮建德末授東京夏官二命士
皇太子濟雷將裝重離未外作牧三河言求異士乃辟爲洛州
主簿既而吉凶同域鍾箭相催飛日不追負舟俄及春秋卌八
以開皇五年四月五日卒于洛陽粤以六年歲次鶉火十一月
戊寅朔七日甲申安厝于上黨崇仁鄉吉遷里山或飛移海成
陵陸迴渠舉石式昭不朽其銘曰
分天累構紀地靈長世功世祿爲龍爲光珠生漢涘梓出荊陽
我承餘慶其風未典早擅無雙幼標通理昂昂高韻堂堂容止
藻思雲飛清論飈起依仁據德令終善始學優則仕資父事君
出內宣譽同行恪勤芳蘭在握銅竹斯分化流渦浦恩結汝濆
日馭難留逝川不捨人生若寄俄隨隙馬月慘山門雲愁寒野
于嗟仙鵠獨鳴松櫝

四七 北周陸孝昇墓誌

周故夏官二命士初安太守陸府君（孝昇）墓誌銘

高寬均五十一釐米。二十四行，行二十四字。

開皇五年（五八五）四月五日卒。年四十八歲。開皇六年（五八六）十一月七日葬。

大隋儀
同故董
琳銘誌

四八　隋董琳墓誌并蓋

大隋使持節儀同三司贈淩州刺史曲細公董使君（琳）之墓誌銘

高寬均三十八釐米。三十一行，行三十三字。

蓋陽文三行九字。

開皇七年（五八七）五月九日卒。年七十八歲。十月二十日葬。

四九　隋劉悅墓誌并蓋

大隋故蔚州諸軍事蔚州刺史劉公（悅）墓誌

高寬均五十二釐米。二十八行，行三十二字。

蓋篆書陽文三行九字。

開皇八年（五八八）十一月三十日葬。

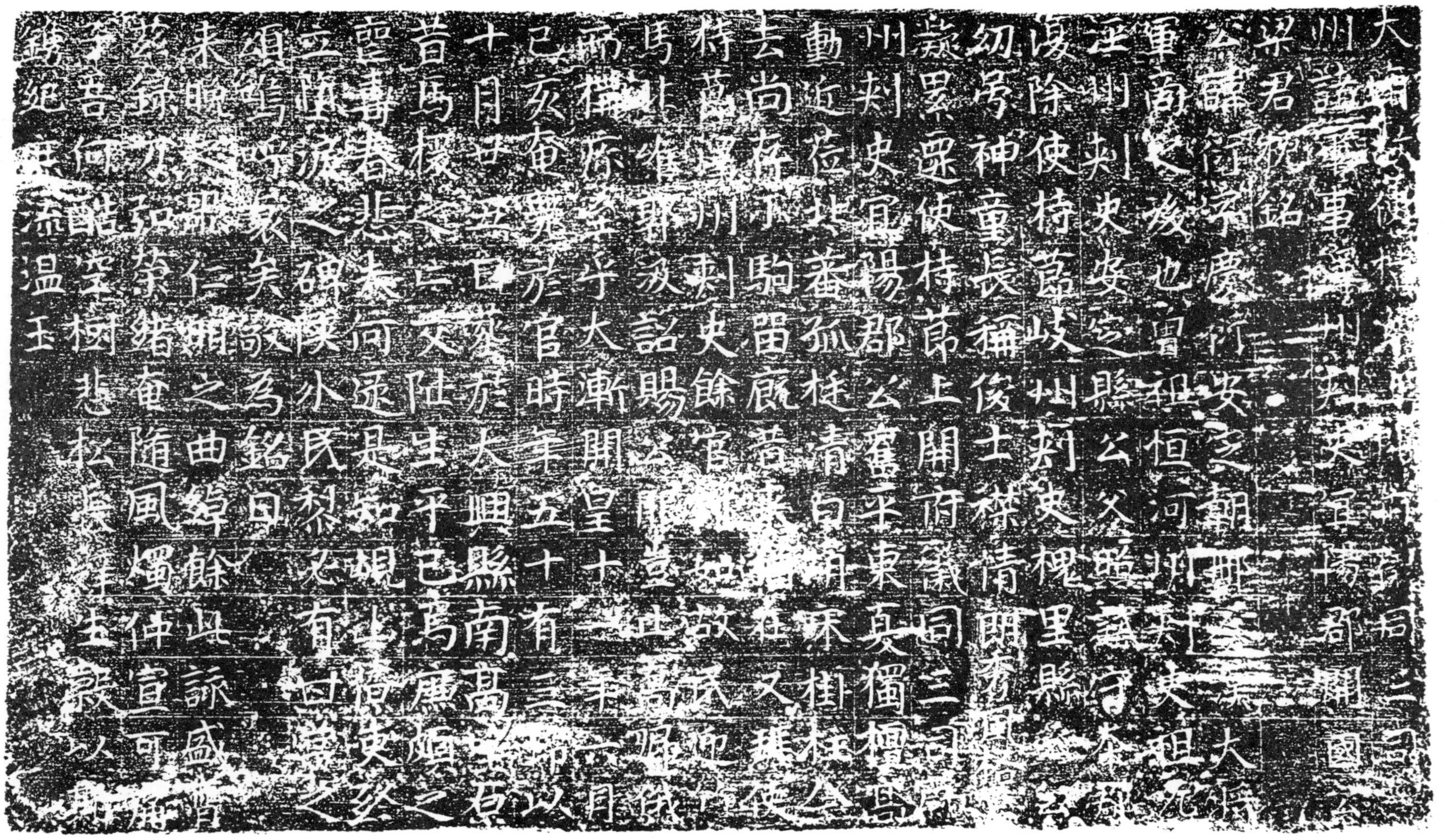

五〇　隋梁衍墓誌

大隋故使持節上開府儀同三司澤州諸軍事澤州刺史宜陽郡開國公梁君（衍）枕銘

高二十三、寬三十九釐米。二十五行，行十四字。

開皇十一年（五九一）六月己亥卒。年五十三歲。十月二十五日葬。

注：開皇十一年六月辛亥朔，月無己亥。石刻有誤。

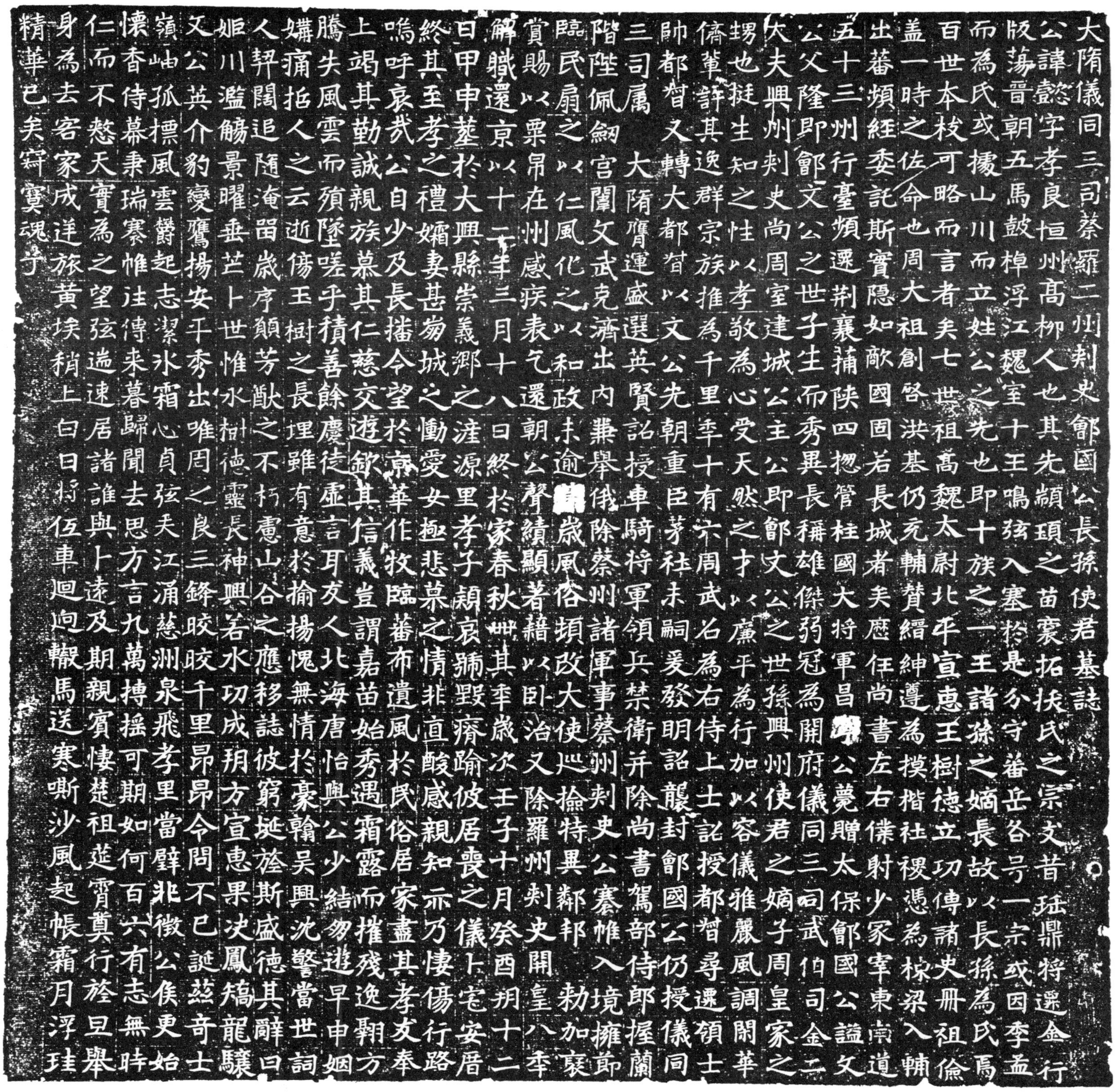
大隋儀同三司蔡羅二州刺史鄅國公長孫使君墓誌
公諱懿字孝良恒州高柳人也其先顓頊之苗裔拓拔氏之宗支昔珽鼎將遷金行
版蕩晉朝五馬鼓棹浮江魏室十王鳴弦入塞於是分守蕃岳各号一宗或因李孟
而為氏或據山川而立姓公之先也即十族之一王諸孫之嫡長故以長孫為氏焉
百世本枝可略而言者矣七世祖高魏太尉北平宣惠王樹德立功傳諸史冊祖倫
蓋一時之佐命也周大祖創啓洪基仍充輔贊紹紳遵為模楷社稷憑為梂梁入輔
出蕃頻經委託斯實隱如敵國固若長城者矣歷任尚書左右僕射少冢宰東南道
五十三州行臺頻遷荊襄蒲陝四揔管柱國大將軍昌[illegible]公薨贈太保鄅國公謚文
公父隆即鄅文公之世子生而秀異長稱雄傑弱冠為開府儀同三司武伯司金二
大夫興州刺史尚周室建城公主公即鄅文公之世孫興州使君之嫡子周皇家之
甥也挺生知之性以孝敬為心受天然之才以廣平為行加以容儀雅麗風調閑華
倚年許其逸群宗族推為千里年十有六周武召為右侍上士詔授都督尋遷領士
帥都督又轉大都督以文公先朝重臣茅社未嗣爰發明詔襲封鄅國公仍授儀同
三司屬大隋膺運盛選英賢詔授車騎將軍領兵禁衛并除尚書駕部侍郎握蘭
階陛佩紱宮闈文武克濟出內兼舉俄除蔡州諸軍事蔡州刺史公褰帷入境擁節
臨民肩之以仁風化之以和政未逾[illegible]歲風俗頓改大使巡撿特異鄰邦開皇八年
賞賜以粟帛在州感疾表乞還朝公聲績顯著藉以卧治又除羅州刺史
解職還京以十二年三月十八日終於家春秋卌其年歲次壬子十月癸酉朔十二
日甲申葬於大興縣崇義鄉之滻源里孝子頴哀號毀瘠踰彼居喪之儀卜宅安厝
終其至孝之禮孀妻甚崩城之慟愛女極悲慕之情非直酸感親知亦乃悽傷行路
嗚呼哀哉公自少及長搢令望於京華作牧臨蕃布遺風於民俗居家盡其孝友奉
上竭其勤誠親族慕其仁慈交遊欽其信義豈謂嘉苗始秀遇霜露而摧殘逸翮方
騰失風雲而殞墜嗟乎積善餘慶徒虛言耳友人北海唐怡與公少結勿遊早申姻
媾痛拍人之云逝傷玉樹之長埋雖有意於揄揚愧無情於豪翰吳興沈警當世詞
人羿闕追隨淹留歲序頗芳猷之不朽憲山谷之應移誌彼窮埏旌斯盛德其辭曰
妣川瀣觴景曜垂芒卜世惟水樹德靈長神興若水切成朔方宣惠果決鳳鴙龍驤
文公英介豹變鷹揚安平秀出唯周之良三鋒皎皎千里昂昂令問不已誕茲奇士
嶺岫孤標風雲嶸起志潔冰霜心貞弦矢江涌慈洲泉飛孝里當壁兆徵公侯更始
懷香侍幕秉瑞褰帷往傳來暮歸聞去思方言九萬摶搖可期如何百六有志無時
仁而不愁天實為之望弦遄速居諸誰與卜遠及期親賓悽楚祖莚霄奠行於旦舉
身為去客家成逆旅黄埃稍上白日將佺車迴向轜馬送寒嘶沙風起帳霜月浮珪
精華已矣窀窆魂兮

五一　隋長孫懿墓誌并蓋

大隋儀同三司蔡羅二州刺史鄅國公長孫使君（懿）墓誌

北海唐怡、吳興沈警文。

高六十五、寬六十四釐米。三十二行，行三十二字。

蓋篆書陽文五行二十五字。

開皇十二年（五九二）三月十八日卒。年四十歲。十月十二日葬。

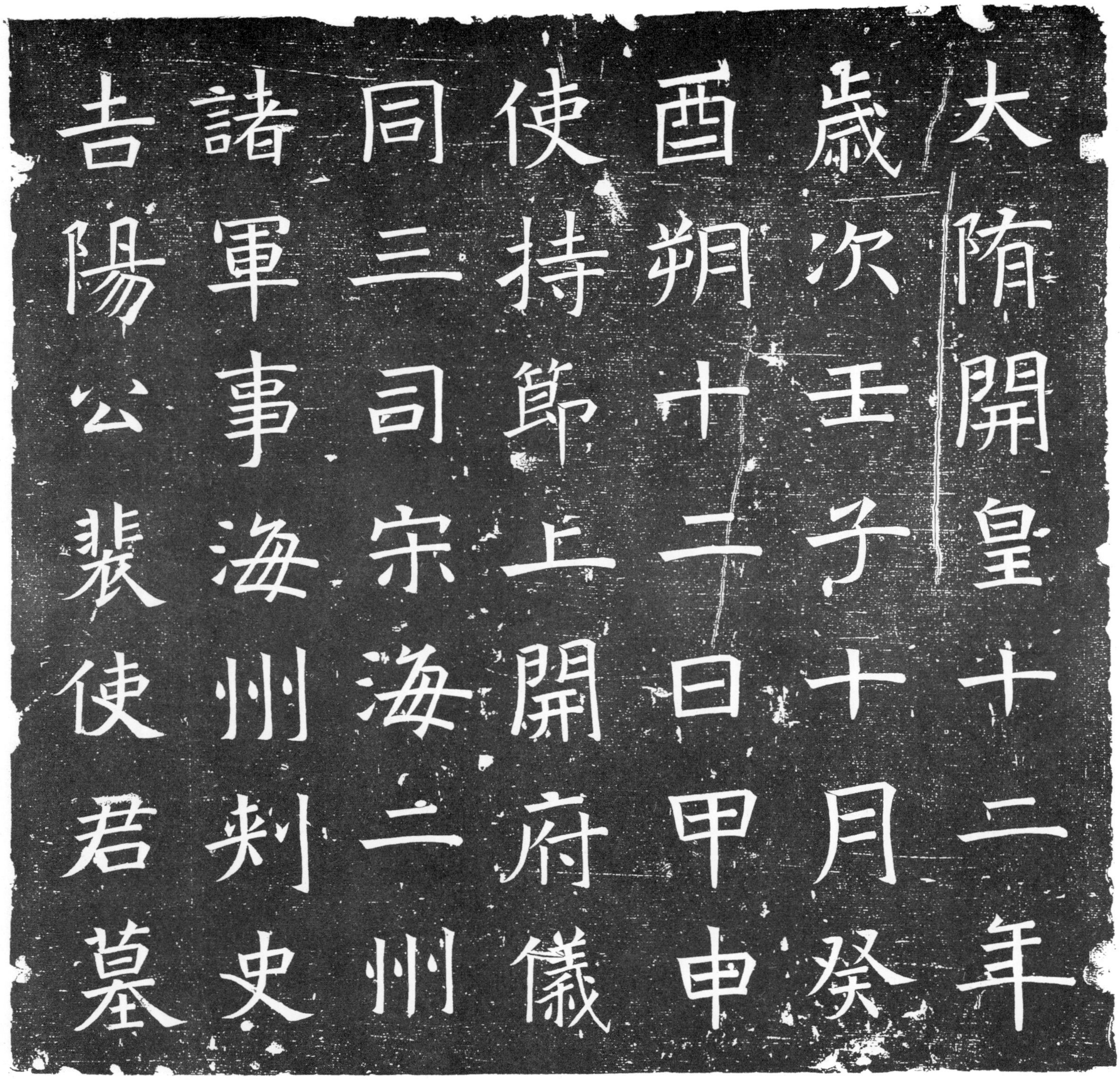
大隋開皇十二年
歲次壬子十月癸
酉朔十二日甲申
使持節上開府儀
同三司宗海二州
諸軍事海州刺史
吉陽公裴使君墓

五二 隋裴使君墓誌

高寬均五十一釐米。七行，行七字。

開皇十二年（五九二）十月十二日葬。

五三 隋吴寶墓誌

大隋開府儀同三司和城縣開國公吴公（寶）墓
高寬均五十七釐米。二十一行，行二十二字。
卒年六十三歲。開皇十四年（五九四）二月
七日葬。

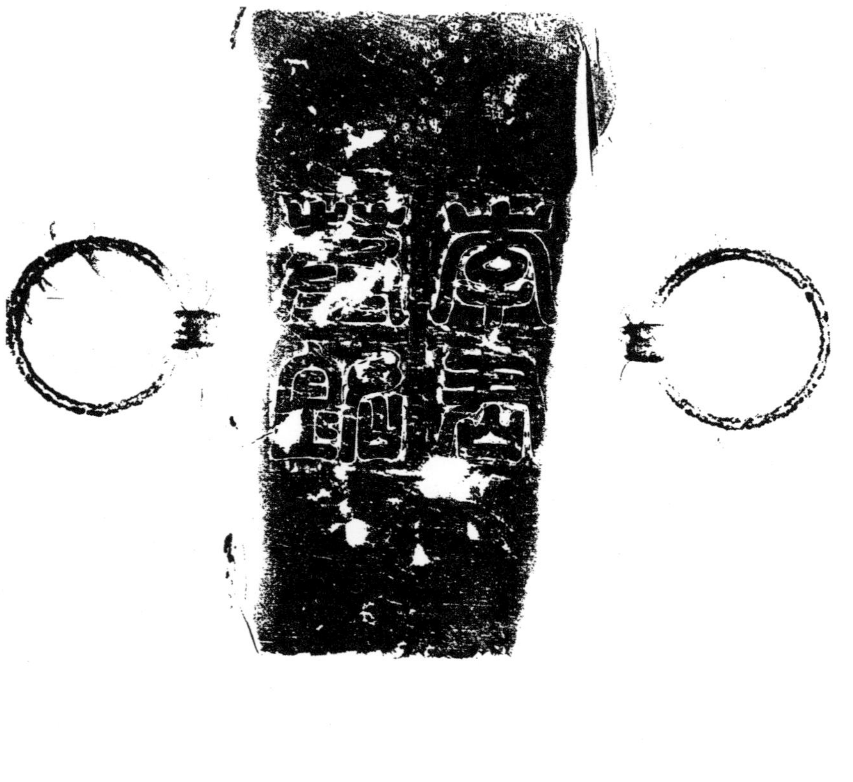

五四　隋李平墓誌并蓋

隋故翊軍將軍益州温江縣令李君（平）墓誌

高寬均四十二釐米。二十五行，行二十五字。

蓋篆書陽文二行四字。

開皇十四年（五九四）八月二十三日卒。年七十九歲。十二月十九日葬。

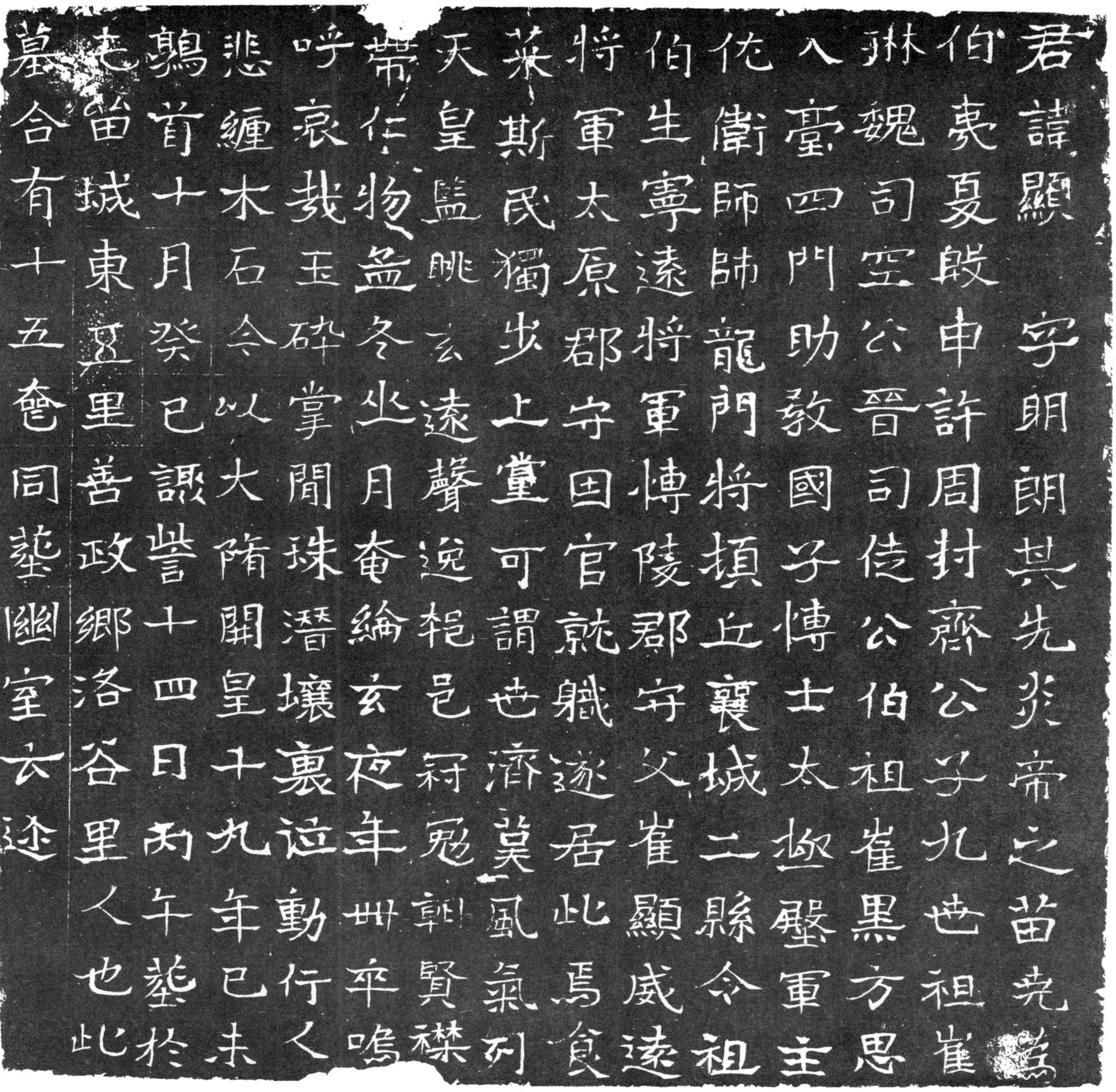
君諱顯　字明朗其先炎帝之苗裔爲
伯夷夏殷申許周封齊公子九世祖崔
琳魏司空公晉司徒公伯祖崔黑方思
入臺四門助教國子博士太尉擊軍主
佐衛師師龍門將頓丘襄城二縣令祖
伯生寧遠將軍博陵郡守父崔顯威遠
將軍太原郡守因官就職遂居此焉負
萊斯民獨步上黨可謂世濟英風氣列
天皇監眺玄遠聲逸艳邑冠冕朝賢襟
帶仁物益冬坐月奄綸玄夜年卌卒嗚
呼哀哉玉碎掌間珠潛壤裏逝動行人
悲纏木石令以大隋開皇十九年己未
鶉首十月癸巳識豈十四日丙午葬於
[illegible]留城東冀里善政鄉洛谷里人也此
墓合有十五奄同塋幽室云迹

五五　隋崔顯墓誌并蓋

高四十三、寬四十二釐米。十五行，行十五字。

蓋篆書雙鈎三行八字。

開皇十九年（五九九）十月卒。年四十歲。十月十四日葬。

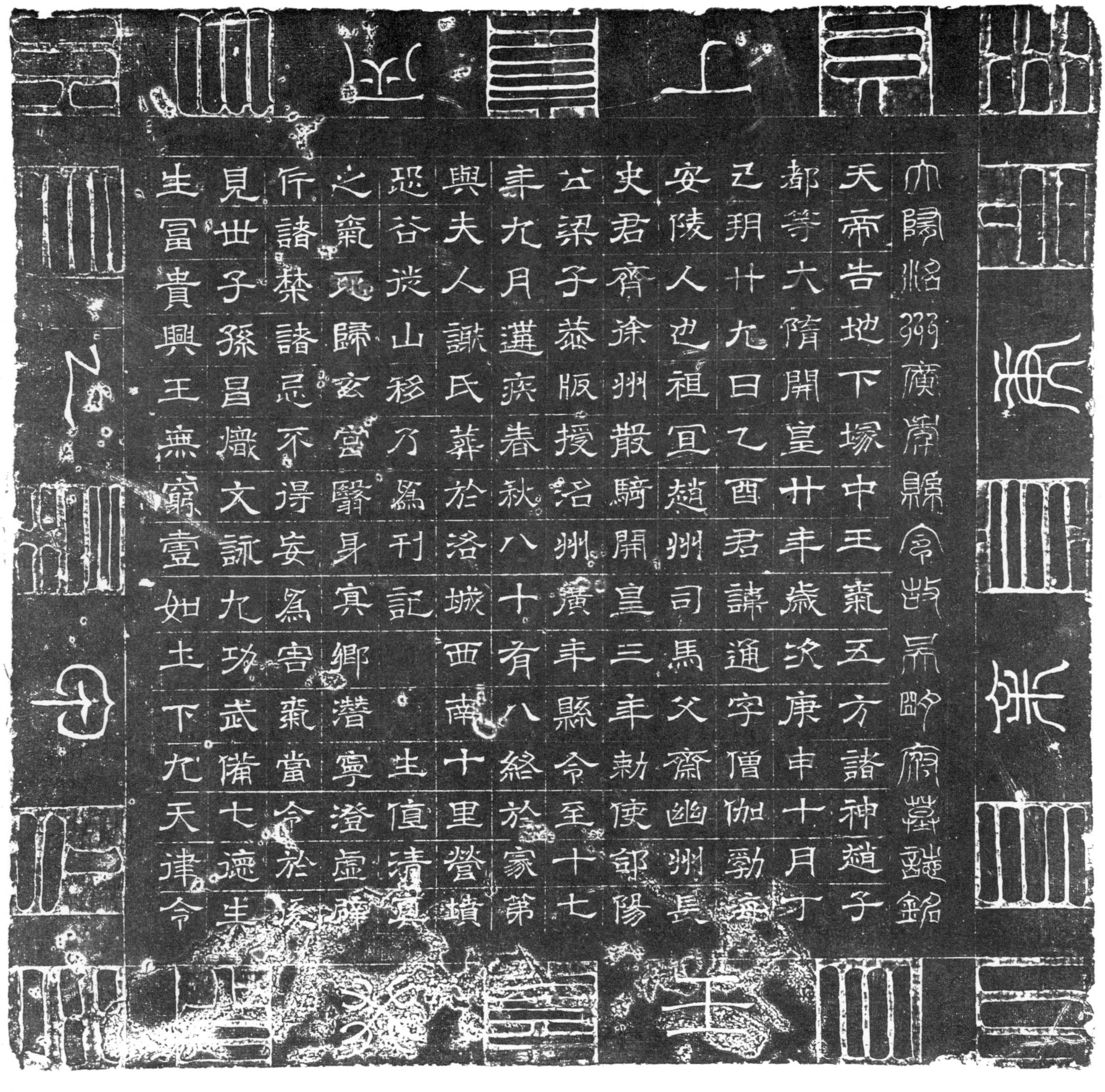
大隋洛州廣年縣令故吴明府墓誌銘
天帝告地下塚中王氣五方諸神趙子
都等大隋開皇廿年歳次庚申十月丁
己朔廿九日乙酉君諱通字僧伽勁海
安陵人也祖宜趙州司馬父齋幽州長
史君齊徐州散騎開皇三年勅使邵陽
公梁子恭版授洺州廣年縣令至十七
年九月遘疾春秋八十有八終於家第
與夫人謝氏葬於洛城西南十里營墳
恐谷從山移乃爲刊記　生值清眞
之氣死歸玄宮騂身冥鄉潛寧澄虛靜
行諸禁諸忌不得妄爲害氣當令於後
見世子孫昌熾文詠九功武備七德生
生富貴興王無窮壹如土下九天律令

五六　隋吴通墓誌并蓋

大隋洛州廣年縣令故吴明府（通）墓誌銘

高五十六、寬五十七釐米。隸書，十四行，行十五字。

蓋篆書陽文三行九字。另有隸書二行。

開皇十七年（五九七）九月卒。年八十八歲。開皇二十年（六〇〇）十月二十九日葬。

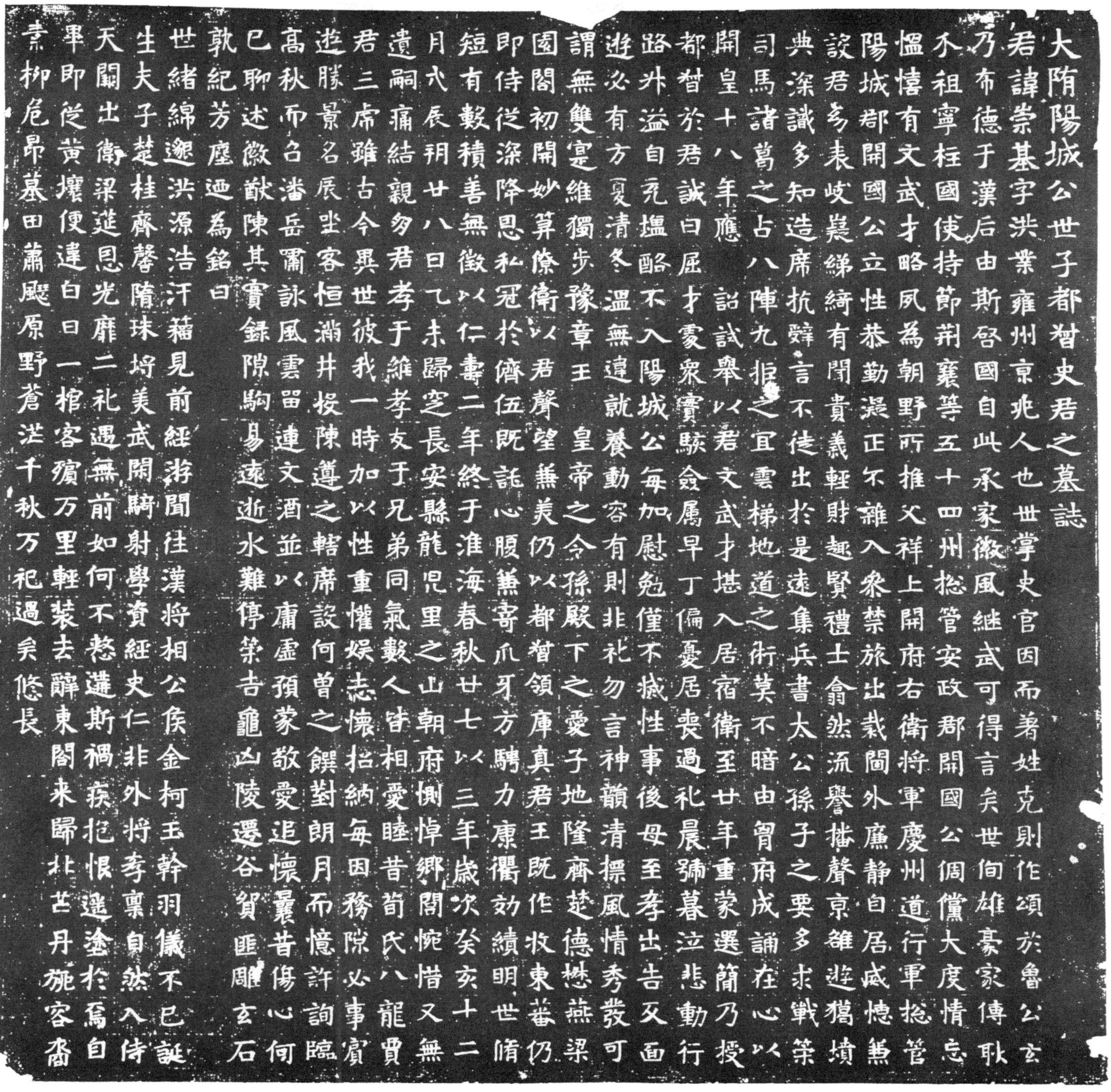

大隋陽城公世子都督史君之墓誌
君諱崇基字洪業雍州京兆人也世掌史官因而著姓克則作頌於魯公玄
乃布德于漢后由斯啓國自此承家徽風繼武可得言矣世向雄豪家傳耿
介祖寧柱國使持節荊襄等五十四州揔管安政郡開國公倜儻大度情忘
慍喜有文武才略風為朝野所推父祥上開府右衛將軍慶州道行軍揔管
陽城郡開國公立性恭勤淑正不雜入衆禁旅出裁閫外薦靜自居咸德無
設君爰表岐嶷綈綺有聞貴義輕財趣賢禮士翕然流譽播聲京雒遊獵墳
典深識多知造席抗辯言不徒出於是遠集兵書太公孫子之要多求戰策
司馬諸葛之占八陣九拒之宜雲梯地道之術莫不暗由胸府成誦在心以
開皇十八年應詔試舉以君文武才堪入居宿衛至廿年重蒙選簡乃授
都督於君誠曰屈才處衆實駭僉屬早丁偏憂居喪過禮晨號暮泣悲動行
路外溢自兗塩酪不入陽城公每加慰勉僅不滅性事後母至孝出告反面
遊必有方夏清冬溫無違就養動容有則非禮勿言神韻清摽風情秀發可
謂無雙寔維獨步豫章王　皇帝之令孫殿下之愛子地隆齊楚德懋燕梁
園閣初開妙算僚衛以君聲望兼美仍以都督領庫真君王既作牧東蕃仍
即侍從深降恩私冠於儕伍既託心腹兼寄爪牙方騁力康衢効績明世脩
短有數積善無徵以仁壽二年終于淮海春秋廿七以三年歲次癸亥十二
月戊辰朔廿八日乙未歸窆長安縣龍児里之山朝府惻悼鄉閭惋惜又無
遺嗣痛結親友君孝于維孝友于兄弟同氣數人皆相愛睦昔荀氏八龍貫
君三虎雖古今異世彼我一時加以性重懽娛志懷招納每因務隙必事賓
遊勝景名辰坐客恒滿井投陳遵之轄席設何曾之饌對朗月而憶許詢臨
高秋而名潘岳屬詠風雲留連文酒並以庸虛預蒙敬愛追懷曩昔傷心何
已聊述徽猷陳其實錄隙駒易遠逝水難停筮吉龜凶陵遷谷貿匪雕玄石
孰紀芳塵迺為銘曰
世緒綿邈洪源浩汗藉見前經游聞往漢將相公侯金柯玉幹羽儀不已誕
生夫子楚桂齊馨隋珠埒美武閑騎射學資經史仁非外獎孝稟自然入侍
天閫出衛梁蕃恩光靡二禮遇無前如何不慭遘斯禍疾抱恨遐塗於焉自
畢即從黃壤便違白日一棺容殯万里輕裝去辭東閣來歸北芒丹旐容裔
素柳危昂墓田蕭颯原野蒼茫千秋万祀過矣悠長

五七　隋史崇基墓誌

大隋陽城公世子都督史君（崇基）之墓誌

高寬均五十一釐米。二十九行，行二十九字。

仁壽二年（六〇二）卒。年二十七歲。仁壽三年（六〇三）十二月二十八日葬。

大隋故延安郡因城縣令李明府墓誌
君諱世洛字阿師隴西狄道人也宗親表胄可略而言其先累世
重光啓周秦於初漢瓊根寶葉移不朽於大隋祖瓌周武威太守
甘州刺史授命天庭誠心奉國考伽儀同三司車騎將軍海内傳
名波留宇宙君稟氣隆於川岳英聲被於星漢慈仁積著德播山
河性識驚美談嘆善草隸愛林泉幼挺珪璋之輝壯負風雲之氣
昂藏不群消散自得隱跡鄉閭召爲周之下士以君恩類冬光威
同夏日朝恒假寐信不宿言官歷數年授右監門校尉其年轉任
右武候府司馬加帥都督于時西戎自空遠亂干戈我
皇憐彼黔黎奉命撫化以君武略邁於張僚雄毅超於許褚是用
勝茲上將統此熊羆 詔爲行軍總管府長史兵驅一至革面承
風雲騎鑾臨廓清荒野群臣咳其奇 上稱其美矣孟之返殿
軍後豈雪其功馮將軍立於戎前詎宣其力斯之効矣史籍明焉
轉授延安郡因城縣令守卿儉於當時追清風於往代舒孝德以
治心希五聽以察獄惠必理民志同水鏡何謂禍無凶善壽不擇
賢夢感兩楹疾因二豎春秋五十有三在任薨沒民哀滿路似喪
慈親慟絶臨軒痛哉何及以大業五年十二月十六日葬於京兆
郡長安縣遭郿鄉高陽原界乃爲墳顧世子德瑜丁重酷烈殆將
滅性山側窮廬陵墳積土昔王祥喪親方茲懷愧美詩事毋見此
有慙鄉黨異其奇苶祑稱其至矣嗚呼哀哉延陵寶劍無復再用
之期項籍雖鶩詎有重攀之日陽臺陌上永絶嘉賓筆下留書徒
盈箱篋芳園樹裏寧復知春空内英聲方今絶矣嗚呼不已刻誌
爲銘 寂冕登朝咸英即世豪哲五陵才過六藝茂實奇峯迴然
天際皎皎夫子千年掩滯空留劒氣徒有餘名何時無世世不時
經悽悽隴首颼颼松聲一爲墳壤永作佳城

五八　隋李世洛墓誌

大隋故延安郡因城縣令李明府（世洛）墓誌

高寬均五十釐米。二十五行，行二十五字。卒年五十三歲。大業五年（六〇九）十二月十六日葬。

隋奮武尉尚書給事郎周君墓誌銘
君諱良字根然京兆長安人也揚州刺史龍需之孫
驃騎將軍洪興之子九牧之鼎圖金範而不窮三代
之書録嘉猷而備志既已失紉尚抽啟之苗周末下
車方受周之土自茲以降因用氏焉可謂源峻流長
根深葉茂者也君生關隴之地得鸞鳳之毛武自天
然文非師授弱冠之歲即預戎行挺劍彎弓殲賊定
亂大象之末羣凶競興君於利州有勳蒙授師都督
開皇八年任尚書給事郎開皇十四年遷幽州總管
管府司兵參軍事君[illegible]登華省乃作百揆指模出贊
名蕃便為六條經緒恒福謙無驗輔德有[illegible]開皇十
六年遘疾亡於京宅春秋卌夫人衛氏盛族良家有
儀有容明詩明禮蘭賢依德乃儷夫君以此春花同
彼風燭粵以大業七年四月十八日合葬[illegible]京兆郡
大興縣義陽鄉陽原里高陽之原嗚呼哀哉乃為銘
曰
活活長江欝欝貞松[illegible]浪下蔭高峯爽凱良地
乃生芳[illegible]始作家珎終為國寶束帶昇朝結髮從宦
風[illegible]及風化彫散可惜[illegible]冬長埋闇室[illegible]子
臨泉泣血

五九 隋周良墓誌

隋奮武尉尚書給事郎周君（良）墓誌銘

高四十二、寬四十三釐米。二十行，行二十字。

開皇十六年（五九六）卒。年四十歲。大業七年（六一一）四月十八日葬。

公諱重字榮貴隴西人也漢相仲舒之後自下幃服業文
功盛於相時上略舉兵武職光於將世紆青曳紫動玉鳴
金光諸簡策可略言矣祖茂給事中員外步兵校尉陽平
縣令褰幃訟息布政玟風雨迹車流蝗隨境出卒贈交州
刺史父弘萬殿內將軍寧朔將軍安國侯新昌魏太守去
職以行其治酌泉不易其心德備行藏道兼舒卷公業就
東郊名芳西序吐樹蘭於庭吻懸水鏡於心行故得屢降
弓車高才入選授開府參軍 隋任春官府大學洛州武
器子監轉洛州百工監以 隋開皇十年十月五日構疾
孫留卒於江州潯陽縣春秋五十有四大業九年十月十
四月返空雒陽縣崇讓鄉夫人梁氏疎之後也祖 秦州
刺史父治嵩州康城縣丞胡州司戶參軍夫人言唯美令
表四德之顯聞孝感神靈標六行之光著躬儉節用志在
女功以 隋開皇六年六月四日卒於洛州河南縣欽政
鄉春秋卅有五同葬於邙山華原鄉表同穴也昔伯鸞噫
歌之地元凱誌葬之山北望長河南觀嵩岳至如風前鳥
吟月下墳孤空令寶劍之懸終落隨琴之淚乃為銘曰
本之上葉玉美桂芬冠冕自職簪纓茲民出納唯命可否
獨申鏤金授爵鏤簡書勳繼德嗣賢公之無乎汪汪仁行
乱乱史籍語馥樹蘭信敦金石人世何期隙駒掩夕卜
宅邙野長河之前墳荒宿草松闇孤燈空教鶴唳徒令劍
懸自茲成夜幾度千秋

六〇 隋董重墓誌

高寬均四十一釐米。二十二行，行二十二字。開皇十年（五九〇）十月五日卒。年五十四歲。夫人梁氏開皇六年（五八六）六月四日卒。年三十五歲。大業九年（六一三）十月十四日合葬。

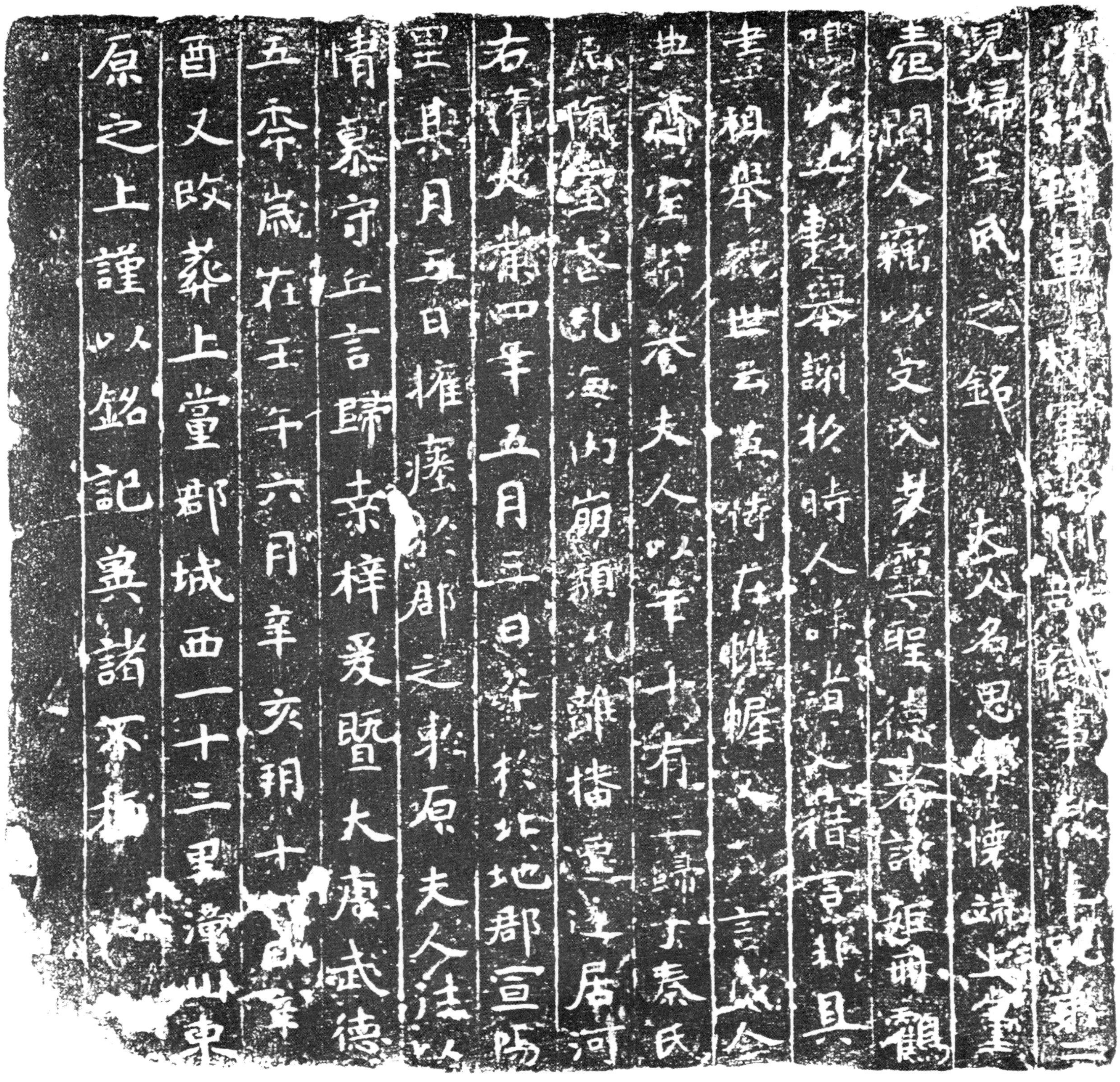

六一　隋王思墓誌

隋故輕車將軍□州部從事秦□□第二兒婦王氏（思）之銘

高寬均三十三釐米。十三行，行十六字。大業四年（六〇八）五月三日卒。五月五日權瘞。武德五年（六二二）六月十一日改葬。

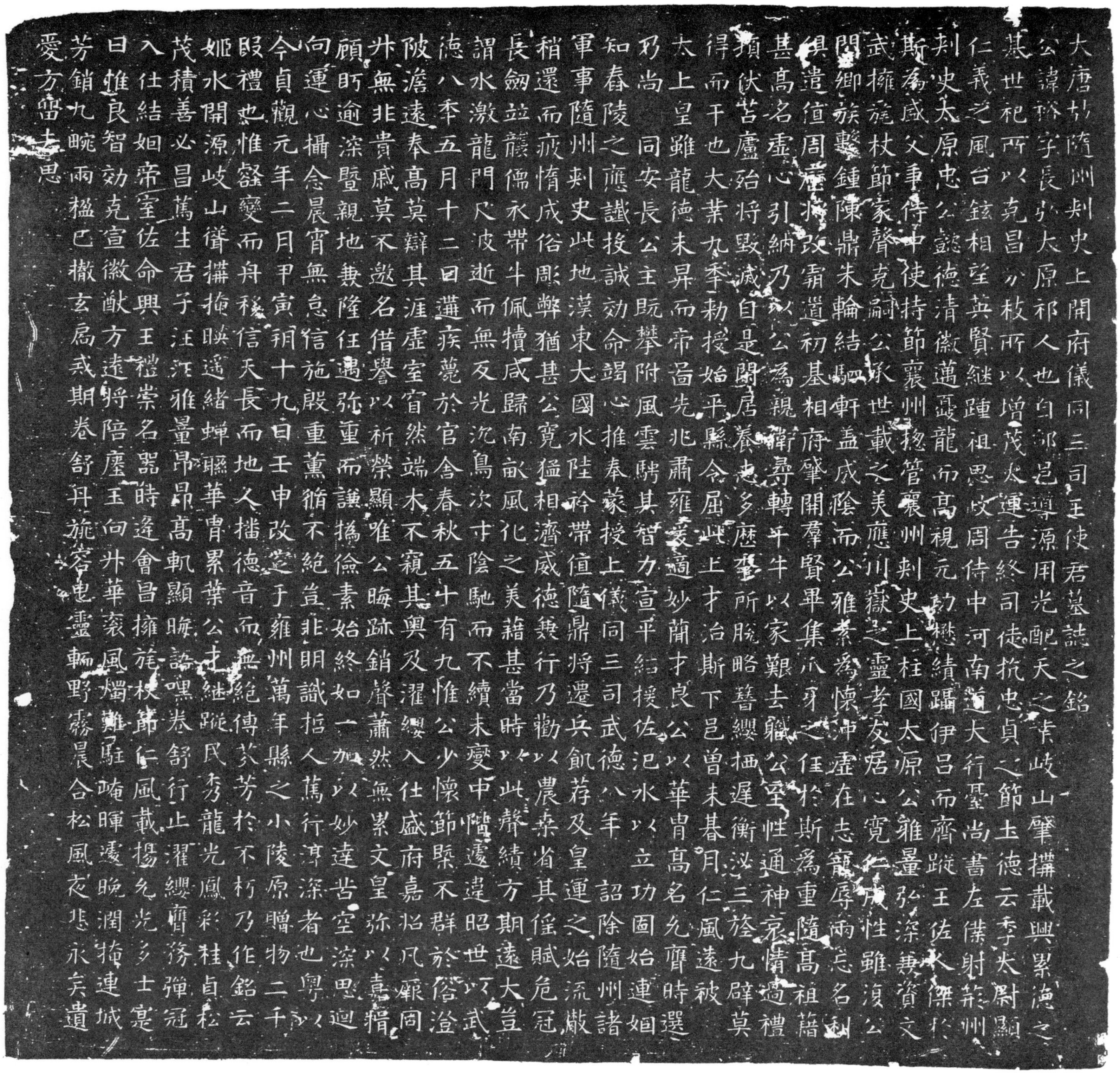

六二 唐王裕墓誌并蓋

大唐故隨州刺史上開府儀同三司王使君（裕）墓誌之銘

高寬均五十七釐米。三十二行，行三十一字。

蓋篆書陽文四行十六字。

武德八年（六二五）五月十二日卒。年五十九歲。貞觀元年（六二七）二月十九日葬。

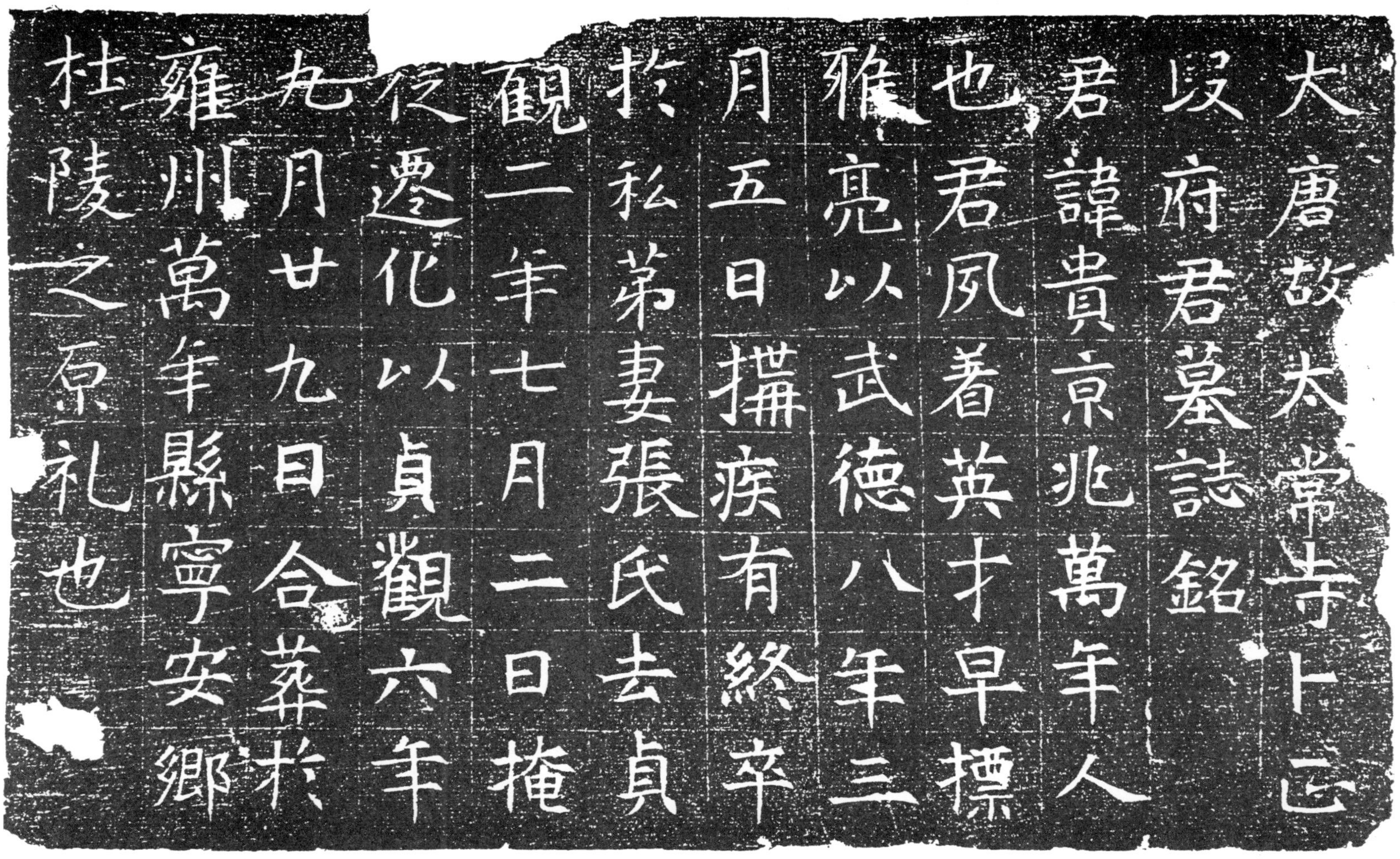
大唐故太常寺卜正
段府君墓誌銘
君諱貴京兆萬年人
也君夙着英才早標
雅亮以武德八年三
月五日攝疾有終卒
於私第妻張氏去貞
觀二年七月二日掩
從遷化以貞觀六年
九月廿九日合葬於
雍州萬年縣寧安鄉
杜陵之原礼也

六三 唐段貴墓誌

大唐故太常寺卜正段府君（貴）墓誌銘

高十七、寬二十七釐米。十二行，行八字。武德八年（六二五）三月五日卒。夫人張氏貞觀二年（六二八）七月二日卒。貞觀六年（六三二）九月二十九日合葬。

隨故導官署令柳君之墓誌銘
君諱則字成象河東解人也祖慶魏尚書左右僕射平
齊公考旦隨太常少卿黃門侍郎新城公君即新城公
之第二子也起家隨獻皇后挽郎除朝散郎後授左武
衛府騎曹參軍尋改為司農寺導官署令詔使東藩在
塗遇患以隨大業十一年十月四日薨於滎陽郡時年
卅有七惟君器量清高性識明敏藝兼文武容止可觀
既有絕人之材未加超等之用反於卑位朝野傷之即
以其年十月廿五日權殯東都之北原夫人賀若氏海
陵公誼之孫大都督祥之長女也姿質婉麗禮度可師
敬甚梁鴻之妻悲深杞梁之婦因感氣疾不復自治那
期雖終同歸泉壤以武德四年四月七日薨於洛州時
年卅九別殯墳東始將二紀君長子奭等並幼丁荼蓼
仁孝自天擗傷久容之心敢畢思歸之志粵以大唐
貞觀十年十一月十六日奉迎神柩還京合葬於雍州
萬年縣少陵鄉穎川府君之塋次乃為銘曰
冑周肇運曲阜派分公侯繼美卿相傳芳挺生俊乂
[illegible]逸群行存巖穴志邁風雲德藝風稱寵光未顯方[illegible]
[illegible]境器[illegible]斯展禍生非意身跡俱殄既日去亡終乖興[illegible]
[illegible]孀妻感深交[illegible]盛年昔孫寵壤今共泉扃野[illegible]落
[illegible]鴻連[illegible]名[illegible]同播王[illegible]雙栢

六四 隋柳則墓誌

隋故導官署令柳君（則）之墓誌銘

高寬均四十二釐米。二十一行，行二十一字。

大業十一年（六一五）十月四日卒。年三十七歲。十月二十五日權葬。夫人賀若氏武德四年（六二一）四月七日卒。年三十九歲。貞觀十年（六三六）十一月十六日合葬。

隨故參軍宮府君墓誌銘 并序
君諱惠字伏愛太原人也若夫社土開基位列光於周世
受符作牧妙譽馳於漢朝台鉉相承簪纓繼軌煥乎圖史
可略言焉祖房魏開府儀同三司萊州刺史才稱棟幹名
顯當時父國齊廣年縣令齊州長史器標瑚璉芳流後葉
君稟氣溫恭率性仁孝風度淹雅器局凝深加以該覽群
經兼苞眾藝固能道存衡泌聲馳魏闕齊咸陽王斛律武
都國朝名將莫與爲倫僚采之選無非俊傑乃名君爲行
參軍事禮接殊重冠絕當時暨乎隨初告歸鄉里靜安閭
巷養志丘園方當克享百年光膺五福豈謂逝川不息以
符仲尼之歎佳城遽開遂奄滕公之室以大業十年九月
十一日終於新安私第春秋六十有七夫人頴川陳氏風
儀秀朗體皃端華四德聿脩六行光備偕老同穴共歸泉
壤粵以貞觀十年十一月十六日合葬於邙山之陽有子
行基志性淳孝追軌曾閔悲岵屺之哽絕履霜雪而增思
式鐫景行乃爲銘曰
清源皎潔遐冑蟬聯將軍武力牧守民傳飛聲騰實耀後
光前門襲冠冕世載英賢承家之祉爰誕若人萊山奇寶
漢水名珎禮義天植溫恭自身如松挺操如竹含筠濯纓
筮仕委質登朝名冠莫府寵異群僚騰驤千里軒翥九霄
翻辭榮利高矣遠超西轡不停東川遽逝偕老同穴共歸
山際白日何期玄泉永閉休哉令譽芳流後世

六五　隋宮惠墓誌并蓋

隋故參軍宮府君（惠）墓誌銘并序

高寬均四十六釐米。二十二行，行二十二字。

蓋篆書陽文二行四字。

大業十年（六一四）九月十一日卒。年六十七歲。貞觀十年（六三六）十一月十六日合葬。

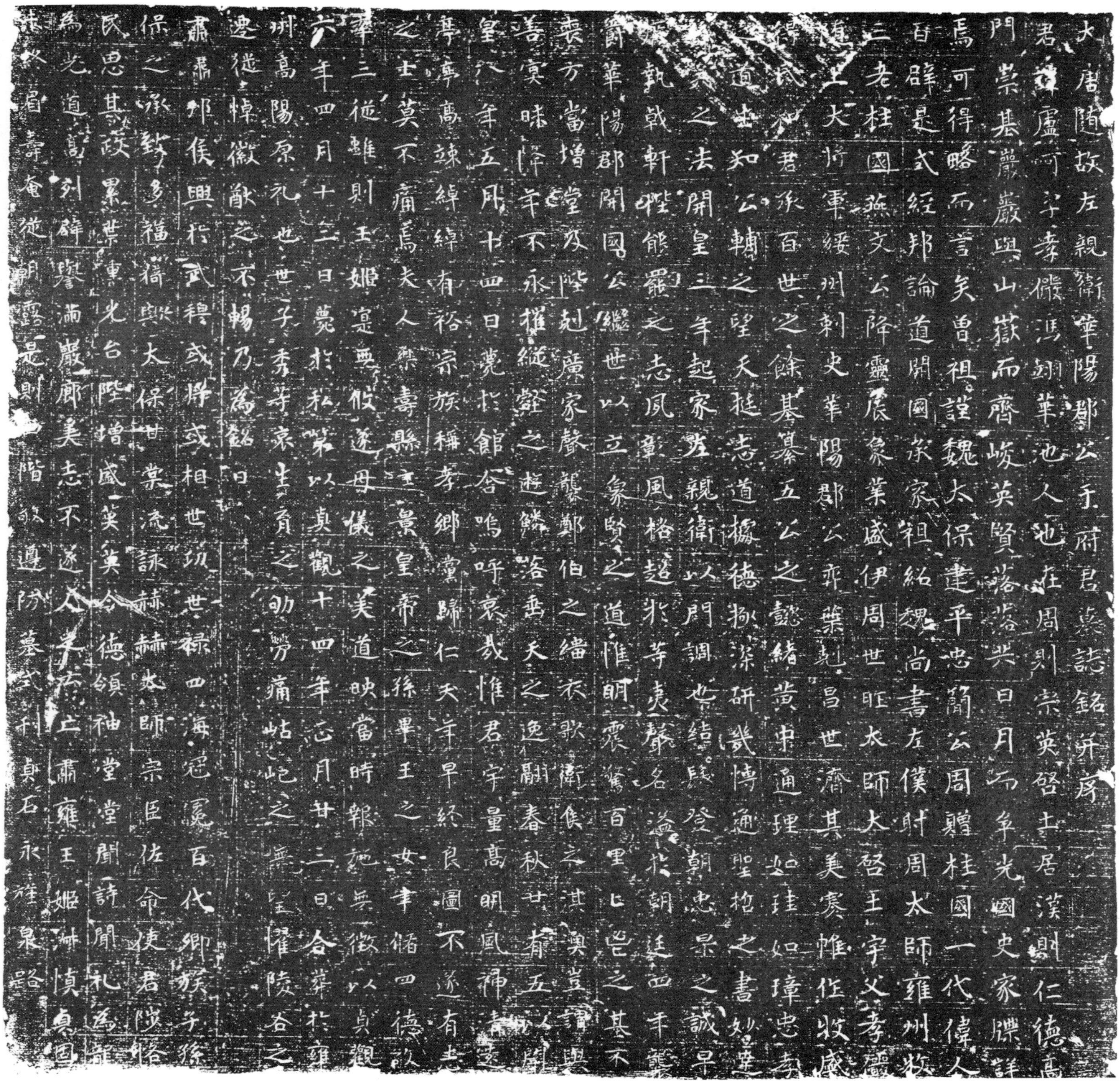

六六　隋于盧呵墓誌

大唐隋故左親衛華陽郡公于府君（盧呵）墓誌銘并序

高寬均五十九釐米。二十六行，行二十六字。

開皇八年（五八八）五月十四日卒。年二十五歲。夫人貞觀六年（六三二）四月十二日卒。貞觀十四年（六四〇）正月二十三日合葬。

六七 隋王贇墓誌

隋故武賁郎將王君（贇）墓誌

高五十六、寬五十五釐米。三十一行，行三十二字。

大業十一年（六一五）八月卒。年五十歲。

貞觀十四年（六四〇）十月二十一日葬。

注：一人兩誌。另誌見本書頁七五。

六八　隋郭毅墓誌并蓋

高七十七、寬七十二釐米。二十六行，行三十一字。

蓋篆書陽文二行四字。

大業九年（六一三）九月二十六日卒。年七十歲。貞觀十四年（六四〇）十一月九日葬。

六九 隋鄭孝昂墓誌

隋朝散大夫鄭君（孝昂）墓誌銘

高寬均三十六釐米。二十一行，行二十字。

貞觀十六年（六四二）五月十四日卒。

年五十九歲。六月六日葬。

七〇　唐辛儉墓誌并蓋

大唐故朝請大夫太子中允辛府君（儉）墓誌銘并序

高寬均四十四釐米。二十七行，行二十七字。

蓋篆書陽文四行十六字。

貞觀十八年（六四四）八月十二日卒。年五十九歲。貞觀二十年（六四六）十一月二日葬。

七〇

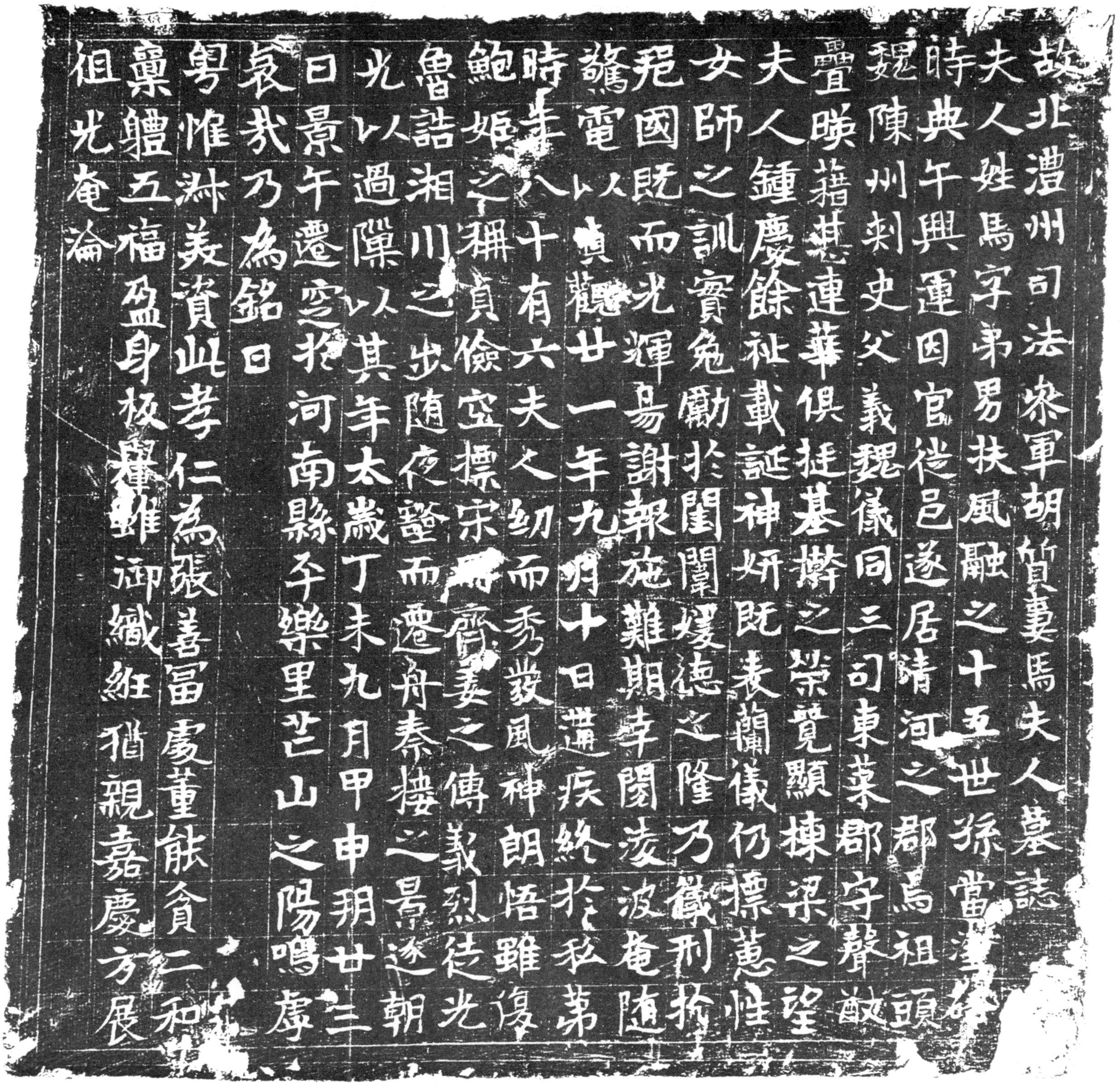

七一 唐胡質妻馬弟男墓誌并蓋

故北澧州司法參軍胡質妻馬夫人（弟男）墓誌

高寬均三十六釐米。十八行，行十八字。

蓋篆書陽文三行九字。

貞觀二十一年（六四七）九月十日卒。年八十六歲。九月二十三日葬。

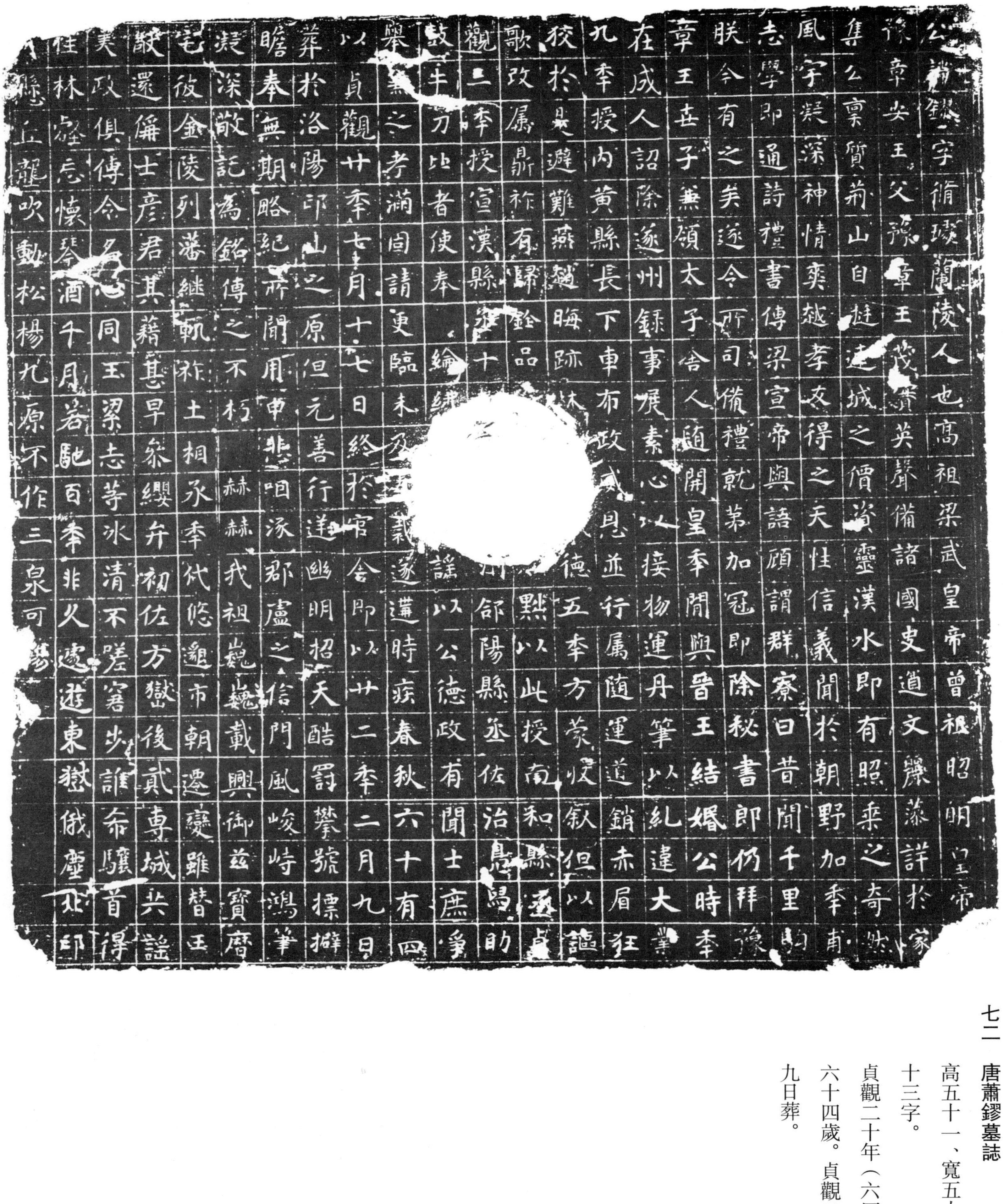

七二　唐蕭鏐墓誌

高五十一、寬五十釐米。二十三行，行二十三字。貞觀二十年（六四六）七月十七日卒。年六十四歲。貞觀二十二年（六四八）二月九日葬。

七三　唐朱子玉妻楊氏墓誌并蓋

大唐故朱子玉妻楊夫人墓誌銘

高寬均四十五釐米。二十二行，行二十二字。

蓋篆書陽文三行六字。

朱子玉開皇十四年（五九四）四月十九日卒。夫人楊氏永徽元年（六五〇）三月二十四日卒。年八十二歲。四月十七日合葬。

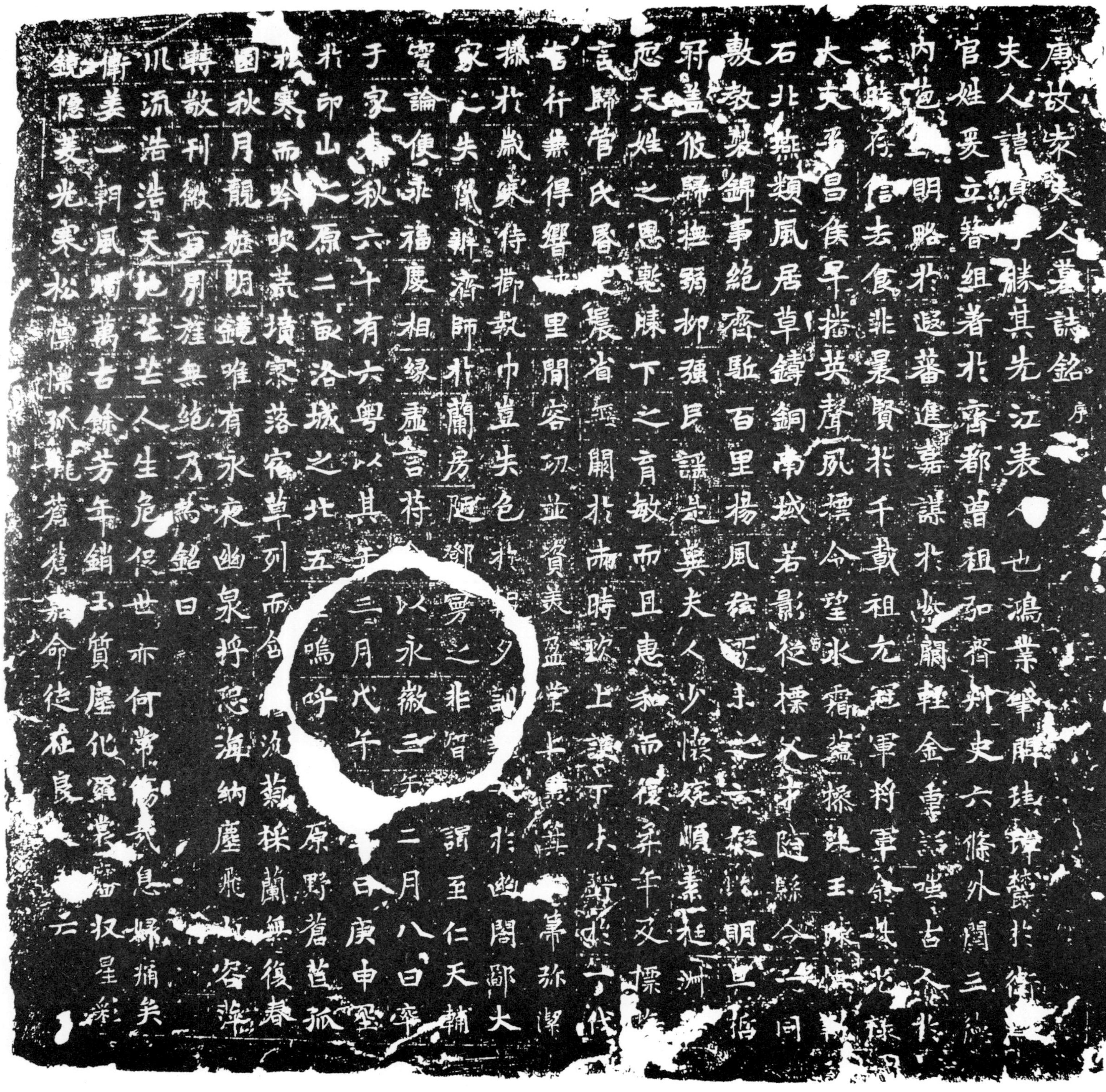

七四　唐袁貞墓誌

唐故袁夫人（貞）墓誌銘序

高寬均五十三釐米。二十三行，行二十二字。

永徽三年（六五二）二月八日卒。年六十六歲。三月三日葬。

七五

隋王贇墓誌

隋故武賁郎將王君（贇）墓誌銘并序

高寬均五十八釐米。三十五行，行三十五字。

永徽六年（六五五）二月二日遷葬。

注：一人兩誌。另誌見本書頁六七。

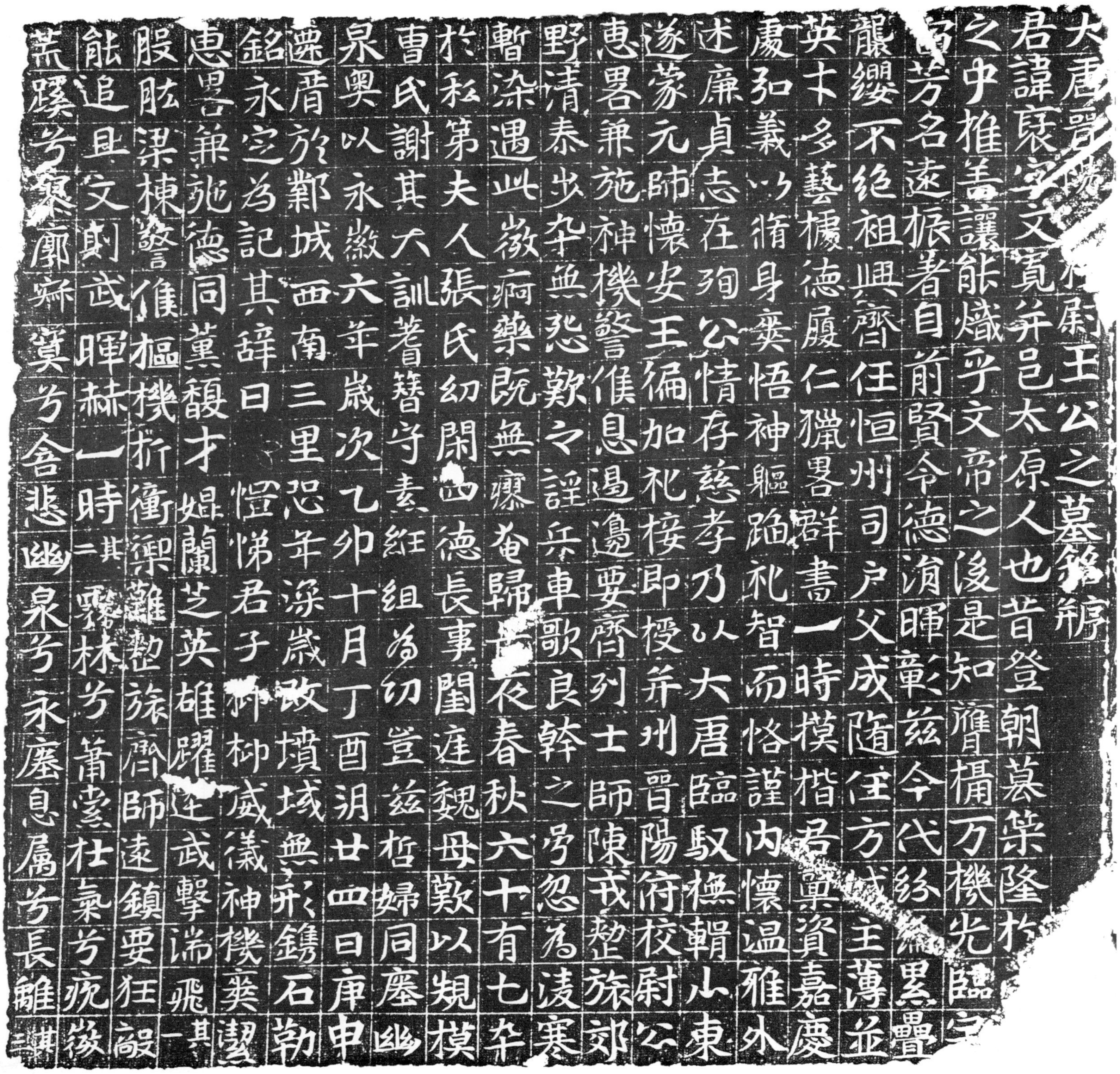

七六　唐王褒墓誌

大唐晉陽府校尉王公（褒）之墓銘并序

高寬均四十六釐米。二十一行，行二十一字。

卒年六十七歲。永徽六年（六五五）十月二十四日葬。

大唐故左領軍將軍原州都督上柱國汶川男趙公墓誌銘并序
公諱順字孝祖南陽人也原夫纂系綿遠崇基峻極瑶池西譙奉神
而恢宗常山北臨爵寶符而建國豈直平原侍士睽六國以稱雄京兆
能官冠三王而擅美煥乎前載可略而言曾祖義齊特進行臺左丞徐
州諸軍事徐州刺史祖達齊陳州刺史隋廣州刺史父隆隋監門校尉
罨池府鷹揚郎將或道光之爵振纓冕於巖廊或德邁天工摛旌麾於
方牧文經武略疊矩重規遠綏不刊之書近詳耆舊之說公龍章降祉
鳳穴呈姿騰秀氣於齠年綜□知於綺日詞鋒電□翻杪風飛磊砢架
於和松朗濯倅於荀王隋起家鷹揚郎將屬炎運□□黑山雲擾□潛
暉未發戢翼俟時望紫氣而尋真候黃星而擇主　聖人有作委質
彼歸初任齊任進馬車騎武德九年改授山泉府左別將尋轉藍田府
統軍職典六戎任參八校勤誠著於奉上威惠彰於率下朝有嘉焉超
登近侍乃遷右翊衛中郎將復轉武停府折衝尋又除右監門府中郎
將俄遷左領軍守將軍改兼將軍永徽初加左領軍將軍上柱國汶川
縣開國男食邑三百戶執戈丹陛警衛文棍慶溢直茅榰參刑馬懸旌
北代已勒燕然之文華蓋東巡仚奉云亭之禮穹旻何爽才明奄謝以
顯慶元年十二月廿二日薨於京第春秋七十
聖上軫惟舊之情深鼓鼙之思爰加縟禮有冠彝章下
詔贈使持節都督原會慶等三州諸軍事原州刺史以顯慶二年歲次
丁巳二月己未朔二日庚申葬於咸陽縣之洪渡川禮也舟壑既遷桑
田或變式銘泉戶用紀風聲銘曰
常山北峙叢臺南宅派緒公侯跡光磐石年代悠緬簪裾烏弈挺生問
望寔惟珪璧武帳腰鞬文棍執戟德音傍暢聲華遠藉始振垂天先摧
翾翮既離館宇方安窀穸鬱鬱青松悠悠紫陌雲愁隴暗霜凝草白一
背昭途空悲過客
蒲州司戶趙弘濟製文　文林郎萬文韶刻字
故吏前記室參軍石利賓書

七七　唐趙順墓誌

大唐故左領軍將軍原州都督上柱國汶川男趙公（順）墓誌銘并序

蒲州司户趙弘濟製文。文林郎萬文韶刻字。故吏前記室參軍石利賓書。

高五十八、寬五十七釐米。二十七行，行二十七字。

顯慶元年（六五六）十二月十二日卒。年七十歲。顯慶二年（六五七）二月二日葬。

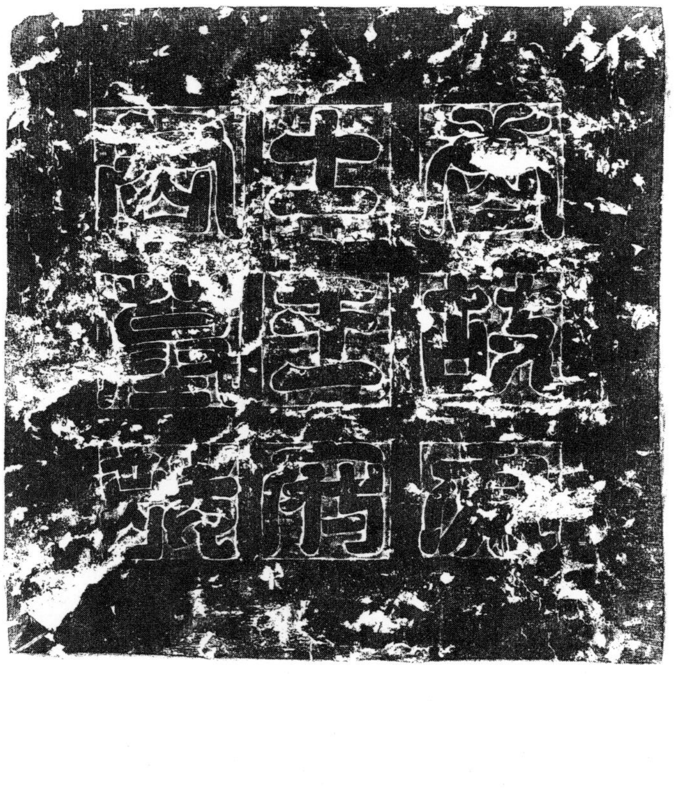

七八 唐王行通墓誌并蓋

唐故王君（行通）墓誌銘并序

高五十八、寬五十九釐米。二十六行，行二十六字。

蓋篆書陽文三行九字。

顯慶二年（六五七）三月二十日卒。年五十六歲。四月二十七日葬。

七九　唐趙瓚墓誌并蓋

唐故前廓州達化縣令趙君（瓚）墓誌銘

高寬均四十三釐米。二十二行，行二十二字。

蓋篆書陽文三行九字。

顯慶元年（六五六）九月四日卒。年八十歲。顯慶二年（六五七）十一月十二日葬。

大唐故處士倪君墓誌銘并序
君諱素字貞河南洛陽人也其先漢太尉寬之後原
夫裂壤開基肇增遂播因封啓姓卒著華宗若乃曜
棘光槐錫金振玉固以流芳纂緒繼美纓裾寧止張
葬傳榮何鉤累盛而已曾祖預齊州長史祖凝兗州
司馬逸足纔騁俊聲逾劭父琬澧州司功德高在詠
調下增悲君挺秀孤標騰芬靡雜父黨歸其高士通
人許其宏[illegible]崐岑但窺虹璧之美知遊溯瀨因
測鱗波之際既而浪志遺物登心獨善揭玄津而藻
瑩澮以理以嬉娛海靜[illegible]風神步月則逸響與
金飈共遠飛光與玉[illegible]暉逍遙淡泊之場放曠煙
霞之外冀所[illegible]令問令望一丘一壑者也豈意輔仁
爽驗與善愆期美疢怨留良木斯壞烏呼哀哉顯慶
三年十月六日薨於里第春秋七十有六粤以淇年
十一月五日遷窆於洛[illegible]崇義鄉禮也恐壑從夜舟
草荒晨隧用刊懿範乃作銘云其詞曰
道者遐祉德融遠慶玉潤[illegible]暉金渾累𤥝其一顯允君
子光啓厥初瀾深志曠鑒澈神虛其二天昧輔仁奄殲
良士一去華屋長歸蒿里其三光遲隴月色慘松煙敬
翠琬誌美玄泉其四

八〇　唐倪素墓誌

大唐故處士倪君（素）墓誌銘并序

高寬均五十五釐米。二十行，行二十字。

顯慶三年（六五八）十月六日卒。年七十六歲。十一月五日葬。

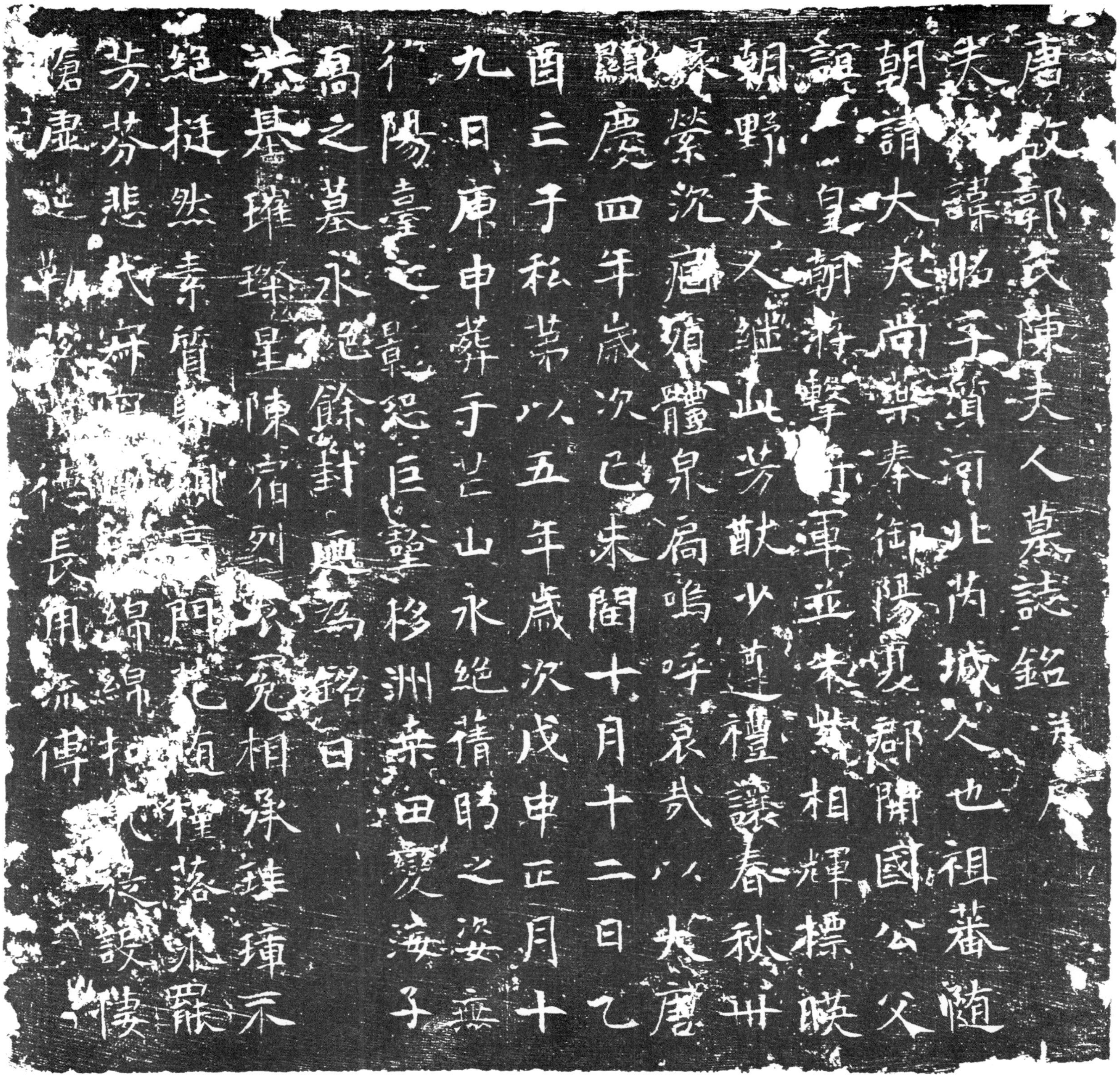

八一 唐郭夫人陳昭墓誌

唐故郭氏陳夫人（昭）墓誌銘并序

高寬均三十六釐米。十五行，行十五字。顯慶四年（六五九）閏十月十二日卒。年三十歲。顯慶五年（六六〇）正月十九日葬。

八二　唐宋越墓誌

大唐故處士宋府君（越）墓誌銘并序

高寬均三十三釐米。十八行，行十七字。顯慶五年（六六〇）三月二十三日卒。四月三日葬。

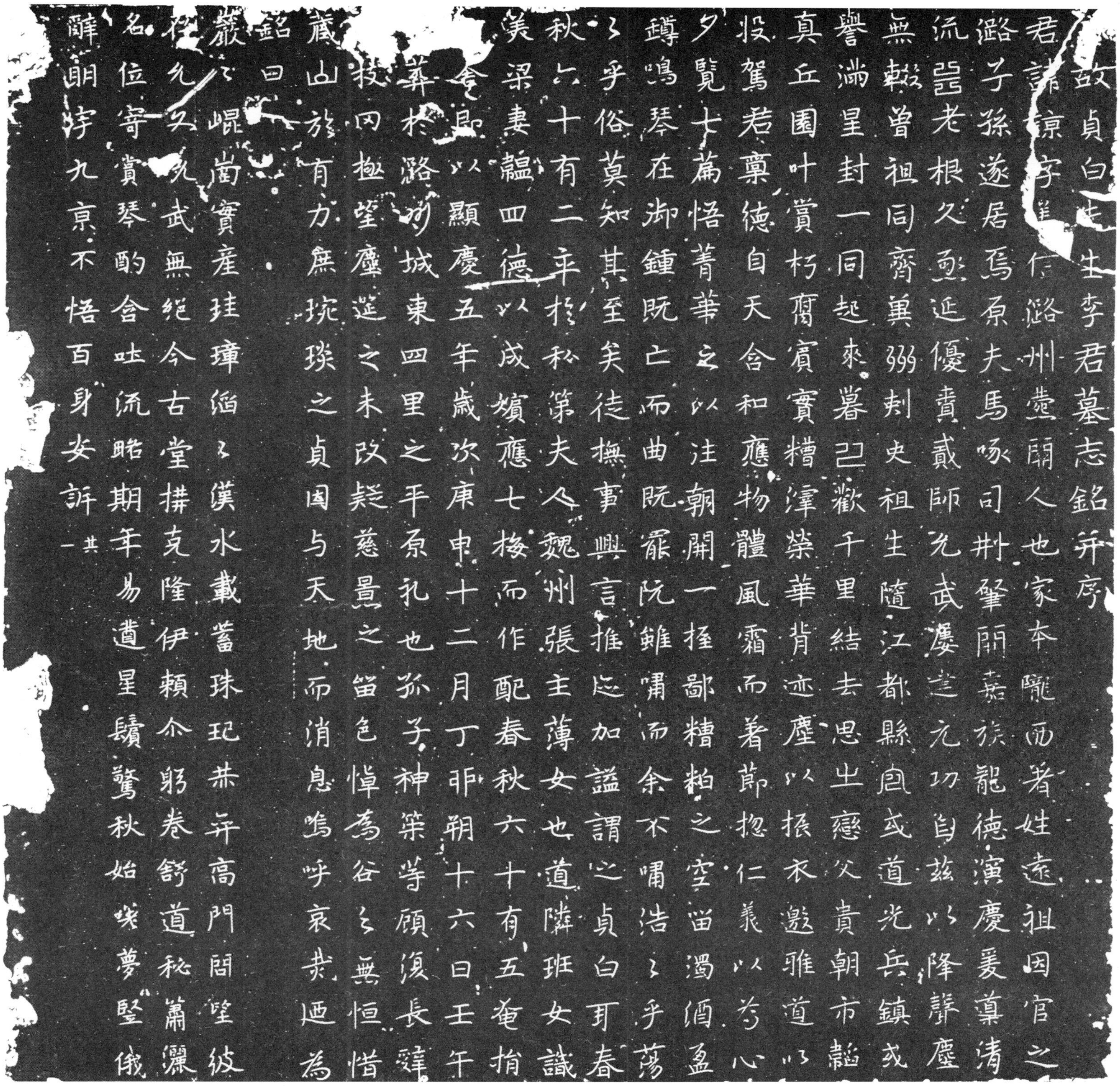

八三　唐李諒墓誌并蓋

唐故貞白先生李君（諒）墓志銘并序

高寬均七十三釐米。二十二行，行二十三字。

蓋篆書雙鈎三行八字。

卒年六十二歲。顯慶五年（六六〇）十二月十六日葬。

八四 唐盧習善墓誌并蓋

大唐故監察御史盧君（習善）墓誌銘并序

高寬均六十五釐米。三十一行，行三十一字。

蓋篆書陽文二行四字。

貞觀四年（六三〇）十二月卒。年三十七歲。顯慶六年（六六一）二月十九日葬。

八五　唐王德表墓誌并蓋

大唐故使持節淄州諸軍事淄州刺史上護軍王君（德表）墓誌銘并序

國子祭酒彭陽公令狐棻撰。

高寬均五十九釐米。三十六行，行三十五字。

蓋篆書陽文五行二十五字。

顯慶五年（六六〇）十一月二日卒。年七十二歲。顯慶六年（六六一）二月十九日葬。

大唐故朝請大夫呂君夫人王氏墓誌
夫人姓王氏瓚屬雍州長安縣根系乃并州太原之
苗裔也夫人英姿特秀雅志虛沖四德備於初笄三
從表於作配弘箴女則歸於呂氏之門作訓閨閫伯
姫未娼其德光彩輝乎漢水溫潤越於荊蘂豈唯玆
朗明珠抑亦神凝瑩水明鑒回果體解苦空積善餘
資擅衆德本家葉人榛之敏讓棗懷橘之聰貴賤同
欽親踈齊一[illegible]使家盈百萬無改寒松之心雖曰女
人志越丈夫[illegible]名言可記如玉如金細有克曩之
奇夙蘊他心之智愷恭緯潔明略經懷屬逸景於短
晨奄沈淪於長夜時隨雷速忽競遷神臨歎逝川歲
不我與夫人春秋八十有一以龍朔二年二月三日
卒於懷遠私第斯庵矣悲可哀乎人慟傷懷無不
悽感即以其月十日與父同合葬於城西細柳原其
地也東瞻京邑流水相輝北眺昆明滄波滉瀁西有
誓灃難駐歎望無常南俯高陽同駈蟻蟻標陳難盡
可略而言勒石題文以為頌曰
夫人稟志餝行雍容神風外朗淑德內融慶延靡効
輔德無從忽隨電謝奄入玄宮其幽闇昏燧窮泉郊
外條同萬古俄傾一代杜月虛懸彫雲徒藹魂神雖
往英聲未沫

唐故呂
君夫人
王氏銘

八六　唐呂夫人王氏墓誌并蓋

大唐故朝請大夫呂君夫人王氏墓誌

高四十、寬四十一釐米。二十一行，行二十字。

蓋篆書三行九字。

龍朔二年（六六二）二月三日卒。年八十一歲。二月十日葬。

八七

唐蕭弘義墓誌

大唐泉州長樂縣令蕭君（弘義）墓誌

高寬均五十九釐米。二十五行，行二十六字。

龍朔二年（六六二）閏七月四日卒。年六十六歲。麟德元年（六六四）十一月二日葬。

八八　唐韋整墓誌

大唐故司稼正卿韋公（整）墓誌之銘并序

高寬均五十九釐米。三十四行，行三十五字。

麟德二年（六六五）正月十九日卒。年六十三歲。夫人杜氏貞觀十一年（六三七）八月二十三日卒。年三十一歲。十月葬。

麟德二年二月十日合葬。

八九　唐安夫人康勝墓誌

唐陪尉安君故夫人康氏（勝）墓誌銘

高寬均四十一釐米。十五行，行十六字。

麟德二年（六六五）閏三月二十五日卒。年六十九歲。四月八日葬。

九〇　唐翟皎妻楊氏墓誌

大唐故翟君（皎）楊夫人之誌銘

高四十、寬三十九釐米。二十三行，行二十三字。

乾封元年（六六六）八月二十三日卒。年七十八歲。九月三日葬。

大唐故上柱國薛君墓誌銘并序
君諱德師京兆人也七葉仕漢蟬冕藹其光華
五代相韓忠貞播其朝列清芬嗣乎緗籍懿德
垂乎金石祖考並操履嚴明機神警晤器宇高
簡泉石栖心包學海之英靈表人群之領袖丘
園養素糠粃流俗君承家蕙葉繼體靈根俊器
絕倫英飈獨舉汾晉之地三篋詞其神聰幽并
之閒百發擅其弧天痛乎景命不永奄逐閱川
乾封元年十一月廿四日終於私第春秋五十
有七夫人康氏十二月五日卒於私第春秋卌
有九即以其年十二月廿九日合葬於原
礼也嗣子 等痛尺波之電謝慨陟岵之無
騰恐陵谷之屢遷勒風徽於泉路其銘曰
鴻緒浮天緜源梧地孝友為宰貂蟬入侍蘭菊
開芬瑚璉叶器塵榻徒設賓階虛位其一霜氣曉
凜月魄宵懸草荒蹊露松寒桂煙魚燈稍黯鳥
旐初翩窀臺三閉魂冤九泉其二

九一

唐薛德師墓誌并蓋

大唐故上柱國薛君（德師）墓誌銘并序

高寬均四十四釐米。十七行，行十八字。

蓋篆書三行九字。

乾封元年（六六六）十一月二十四日卒。

年五十七歲。夫人康氏十二月五日卒。

年四十九歲。十二月二十九日合葬。

九二　唐王德表妻辛媛墓誌

大唐故使持節淄州刺史王府君（德表）夫人隴西郡君辛氏（媛）墓誌銘并序

高寬均二十九釐米。二十二行，行二十三字。

總章元年（六六八）七月十八日卒。年六十七歲。十月十九日葬。

九三 唐杜敬同妻韋苕華墓誌并蓋

大唐故中書舍人鴻臚少卿東陽郡開國公杜府君（敬同）夫人襄武郡君韋氏（苕華）墓誌銘并序

高五十七、寬五十八釐米。三十三行，行三十四字。

蓋篆書陽文三行九字。

總章元年（六六八）九月三日卒。年五十三歲。總章二年（六六九）二月二十三日葬。

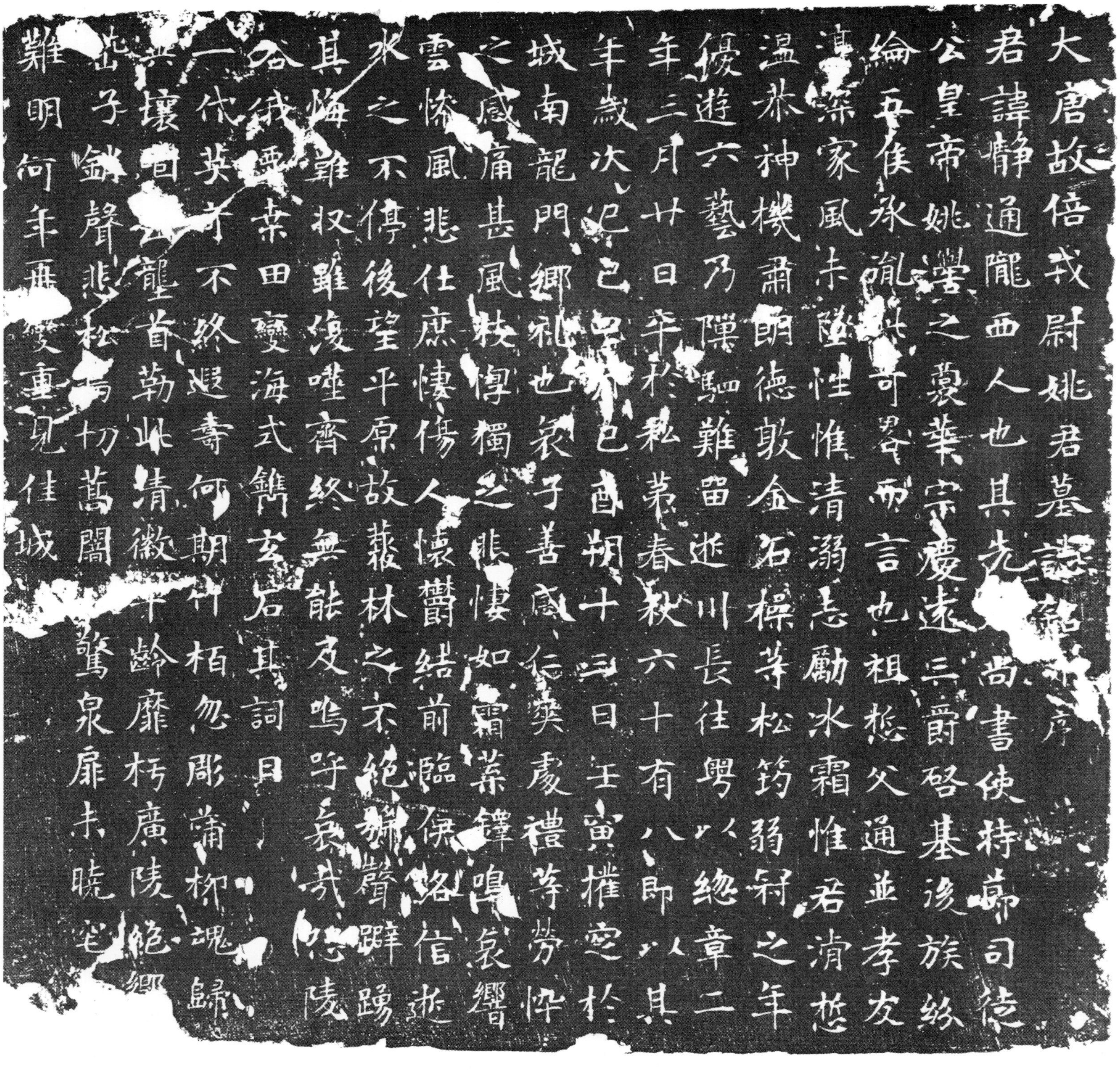

九四 唐姚靜通墓誌并蓋

大唐故倍〔陪〕戎尉姚君（靜通）墓誌銘并序

高寬均四十二釐米。十九行，行十八字。

蓋篆書陽文二行四字。

總章二年（六六九）三月二十日卒。年六十八歲。四月十三日葬。

九五

唐宋劉師墓誌

唐故宋君（劉師）墓志銘并序

高寬均五十六釐米。二十六行，行二十七字。

總章三年（六七〇）正月十日卒。年五十五歲。二月二十七日葬。

大唐故尚書右丞韋府君妻河東郡君裴夫人墓誌銘并序

唐故河
東裴夫
人墓誌

九六　唐韋悰妻裴貞墓誌并蓋

大唐故尚書右丞韋府君（悰）妻河東郡君裴夫人（貞）墓誌銘并序

高寬均四十六釐米。三十一行，行二十八字。

蓋三行九字。

卒年五十三歲。咸亨元年（六七〇）十一月三日合葬。

九七 唐陳冲墓誌并蓋

唐故右衛勳衛陳君（冲）墓誌銘并序

高三十九、寬四十釐米。二十二行，行二十四字。

蓋篆書三行九字。

咸亨元年（六七〇）十月八日卒。年二十九歲。十一月二十一日葬。

九八　唐彭旼墓誌并蓋

唐故陳州苑丘縣丞柱國彭君（旼）墓誌銘并序

高寬均六十釐米。二十六行，行二十六字。

蓋篆書陽文二行四字。

卒年四十三歲。咸亨二年（六七一）正月十一日葬。

九九 唐鄭道墓誌

大唐故陪戎副尉鄭君（道）墓誌銘并序

高四十七、寬四十八釐米。二十行，行二十字。

咸亨二年（六七一）六月十五日卒。年四十三歲。七月十二日葬。

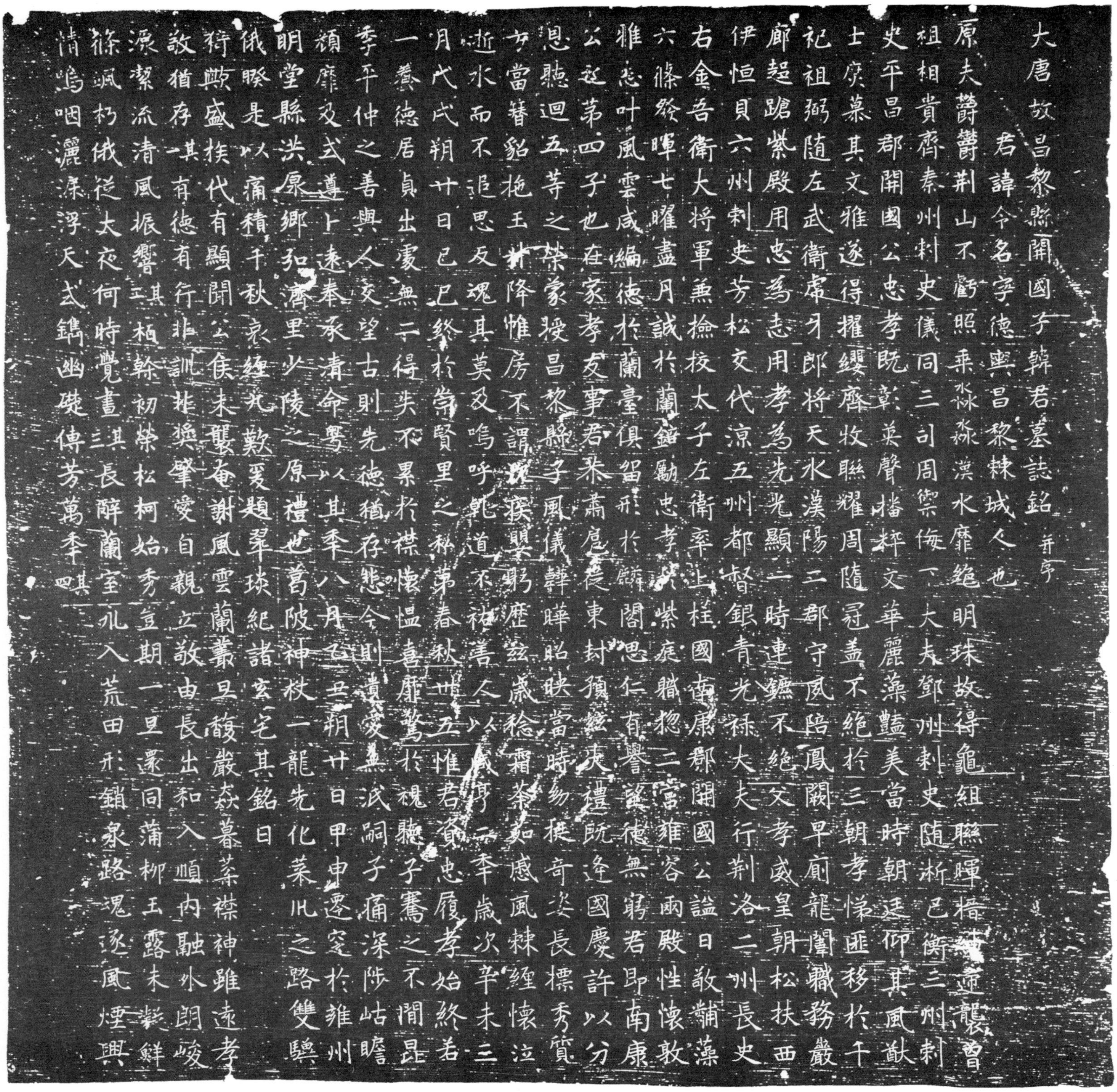

一〇〇 唐韓令名墓誌

大唐故昌黎縣開國子韓君（令名）墓誌銘并序

高寬均七十四釐米。二十七行，行二十九字。

咸亨二年（六七一）三月二十日卒。年三十五歲。八月二十日葬。

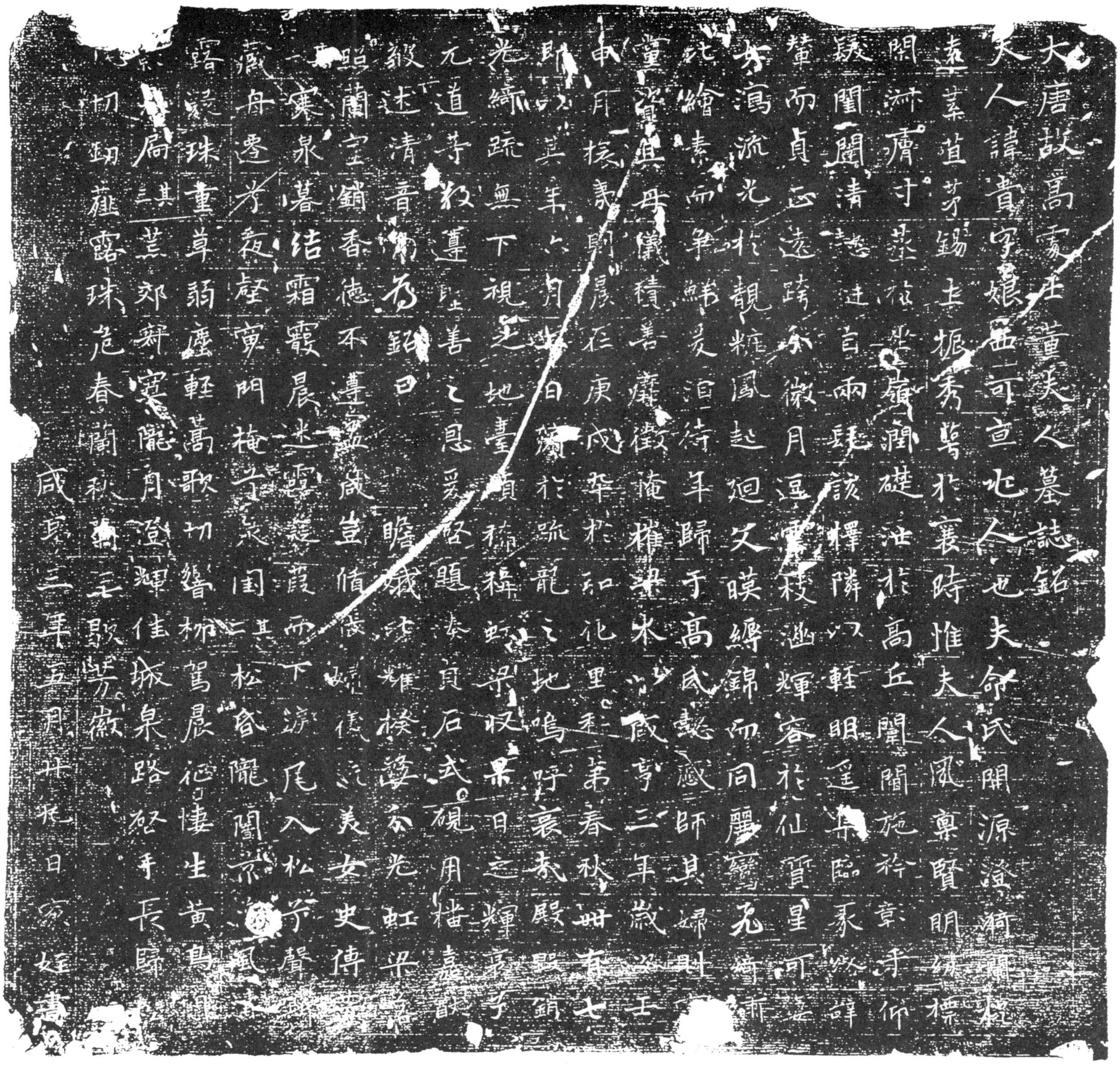

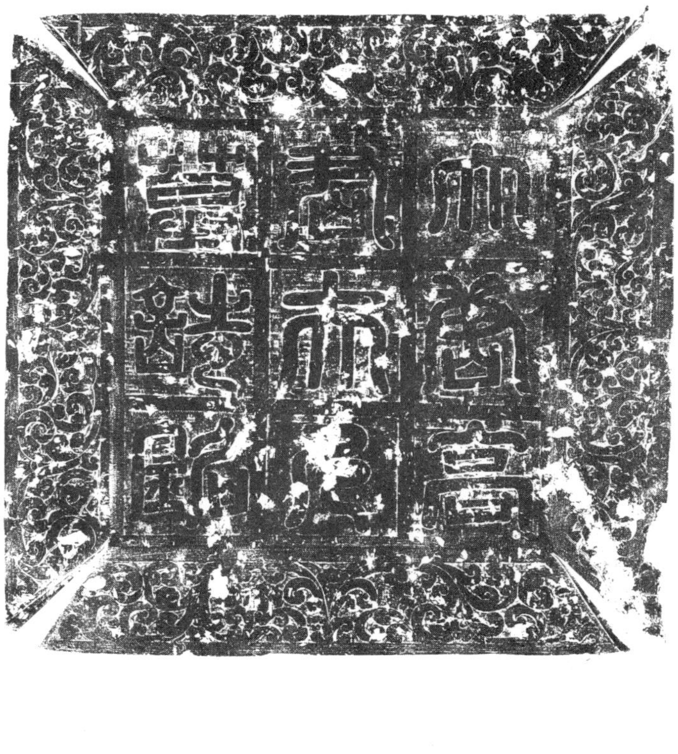

一〇一 唐高夫人董貴墓誌并蓋

大唐故高處士董夫人（貴）墓誌銘

咸亨三年（六七二）五月二十九日家姪書。

高寬均四十四釐米。二十一行，行二十一字。

蓋篆書陽文三行九字。

咸亨三年夷則月（七月）庚戌（二十一日）卒。年四十七歲。六月二日葬。

注：卒於夷則月（七月）庚戌（二十一日）而葬於六月二日。二者必有一誤。從誌文書於五月二十九日看，當卒於五月前。

大唐故
韋夫人
墓誌銘

一〇二 唐杜温妻韋三從墓誌并蓋

大唐益州大都督府功曹參軍杜温亡妻韋夫人（三從）墓誌銘并序

高五十三、寬五十二釐米。三十行，行三十一字。

蓋篆書三行九字。

咸亨三年（六七二）六月八日卒。年三十四歲。咸亨四年（六七三）二月二十八日葬。

一〇三 唐張胤墓誌

大唐故張君（胤）墓誌銘并序

高寬均四十八釐米。二十五行，行二十五字。

乾封元年（六六六）十一月七日卒。年七十四歲。咸亨四年（六七三）八月二日葬。

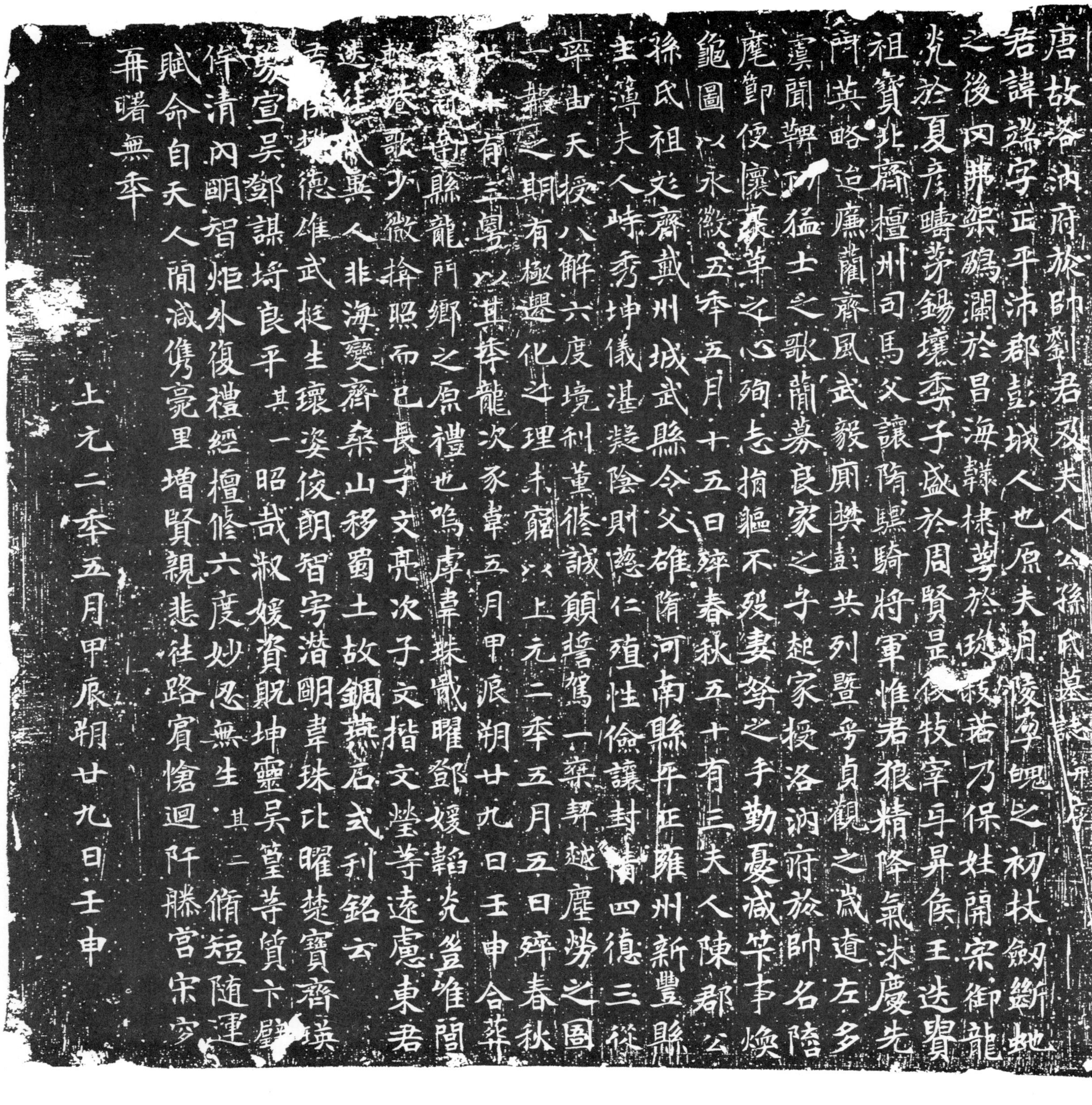

一〇四　唐劉端與夫人公孫氏墓誌并蓋

唐故洛汭府旅帥劉君（端）及夫人公孫氏墓誌并序

高寬均六十六釐米。二十三行，行二十四字。

蓋篆書三行九字。

永徽五年（六五四）五月十五日卒。年五十三歲。夫人公孫氏上元二年（六七五）五月五日卒。年七十三歲。五月二十九日合葬。

一〇五 唐李文獻墓誌

大唐故蒙授朝散大夫李君（文獻）墓誌銘并序

高寬均七十五釐米。二十五行，行二十五字。

咸亨三年（六七二）三月三日卒。年八十三歲。上元三年（六七六）正月二十二日葬。

唐故李公夫人武德縣君張氏墓誌銘并序
君諱貞其先南陽人也祖雲父君才並雄
姿岳鎮雅量泉渟思玄之勝蜀可尋傳物
之芳規不沫君素閑四德風茂三從始彰
從閫之奇終就板輿之致既而龍渙加
我鴻恩及物土元紀歲式標崇義之鄉
儀鳳司年還封武德縣豈謂石窌方賜
政及生榮香冢俄沉遂歸冥漠以永隆元
年十月卅日終於私第春秋八十有二即
以其年十一月十九日葬於邙山之陽禮
也恐桂仙長往卒移天而上月麻姑儻至
觀變海之生塵陵谷不徽猷且滅敢憑
泉扃紀林風其詞曰
朱天曜景白水澂瀾有美無度體靜神安
石窌荐賞銅池輟歡奄辭李徑空餘蒿歎

一〇六　唐李夫人張貞墓誌并蓋

唐故李公夫人武德縣君張氏（貞）墓誌銘并序

高寬均三十六釐米。十五行，行十六字。

蓋篆書二行四字。

永隆元年（六八〇）十月三十日卒。年八十二歲。十一月十九日葬。

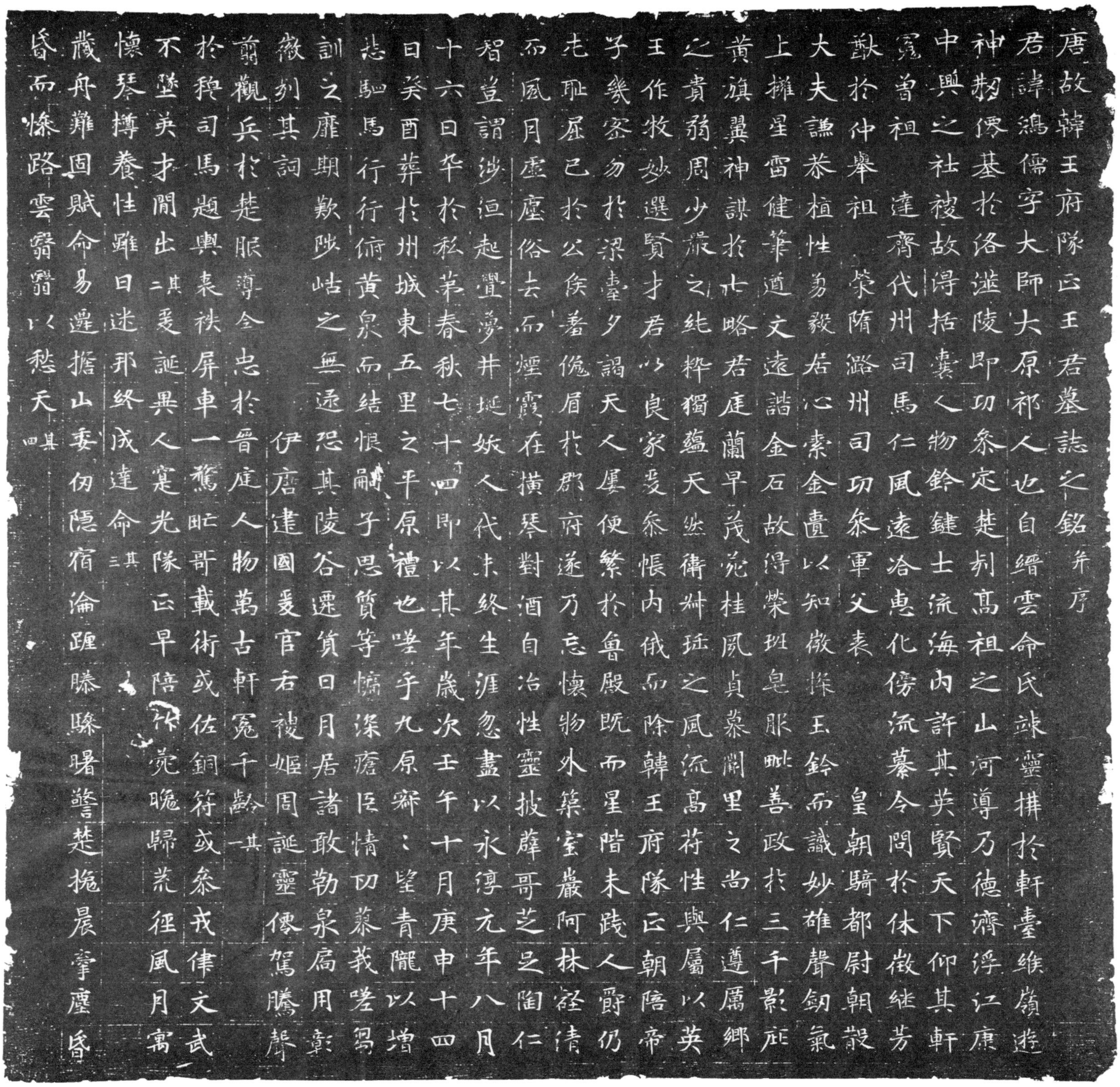

一〇七 唐王鴻儒墓誌

唐故韓王府隊正王君（鴻儒）墓誌之銘并序

高寬均七十六釐米。二十六行，行二十六字。

永淳元年（六八二）八月十六日卒。年七十四歲。十月十四日葬。

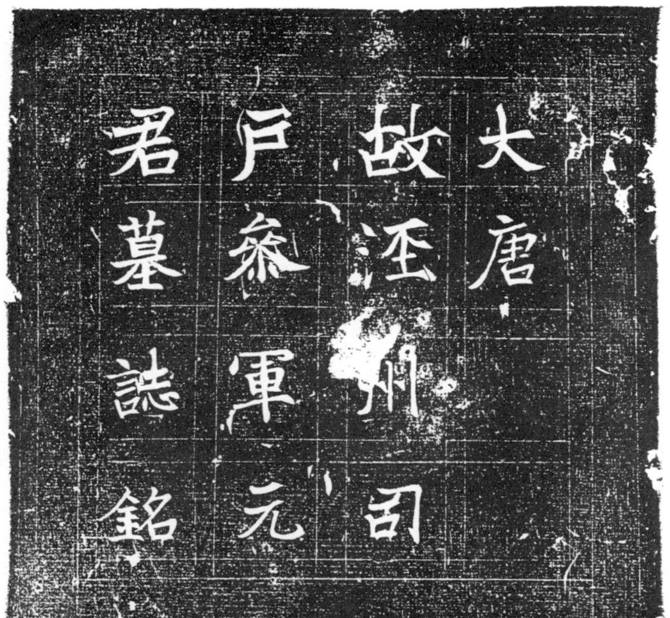
大唐
故涇州司
戶參軍元
君墓誌銘

一〇八 唐元昭墓誌并蓋

大唐故涇州司户參軍事元君（昭）墓誌銘并序

高三十五、寬三十四釐米。二十三行，行二十五字。

蓋四行十四字。

永淳二年（六八三）正月一日卒。年六十一歲。正月十八日葬。

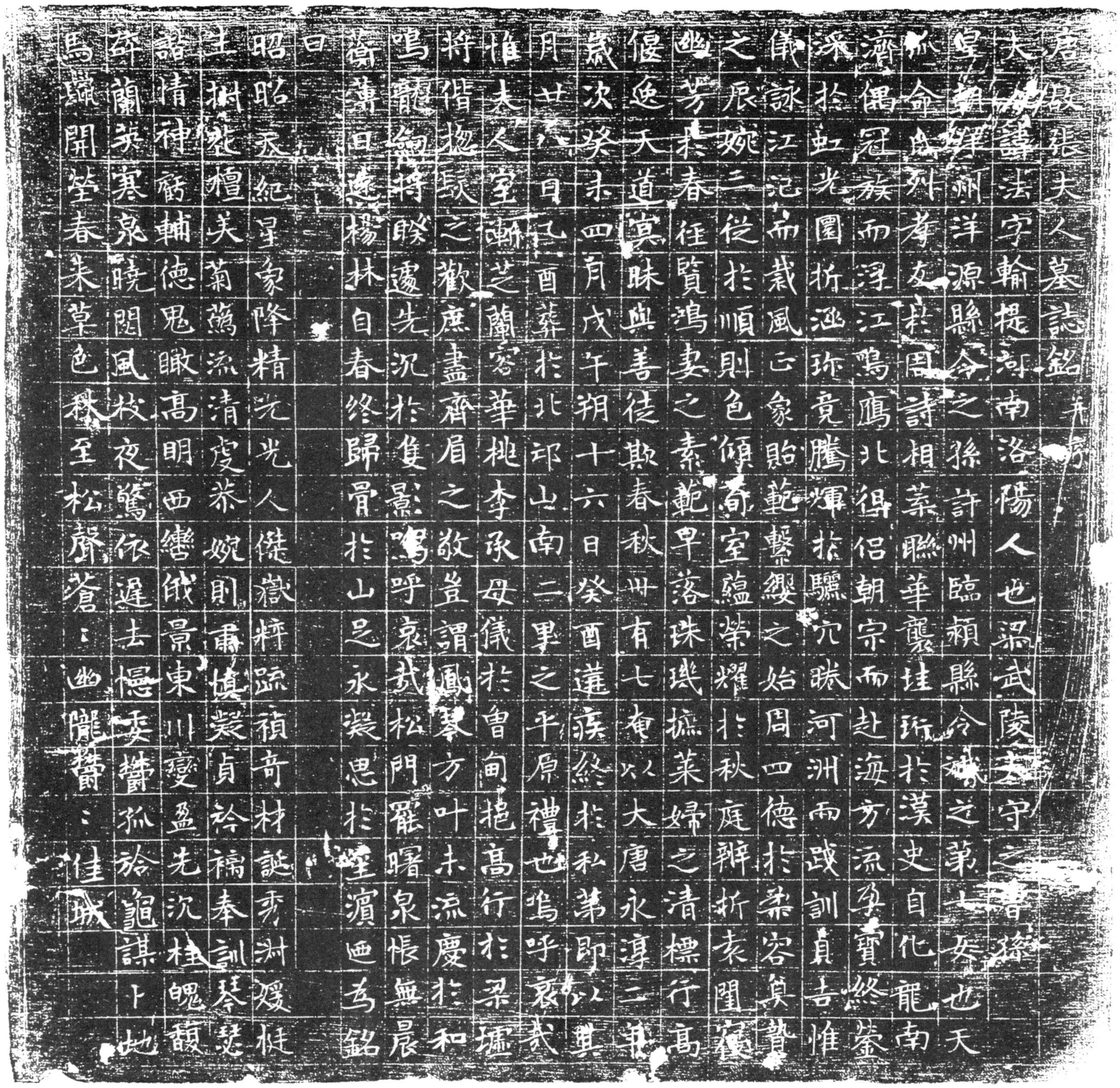

一〇九 唐張法墓誌并蓋

唐故張夫人（法）墓誌銘并序

高四十三、寬四十四釐米。二十二行，行二十三字。

蓋篆書二行四字。

永淳二年（六八三）四月十六日卒。年三十七歲。四月二十八日葬。

一一〇 唐盧夫人李靜儀墓誌并蓋

唐故御史范陽盧府君夫人隴西李氏（靜儀）墓誌銘并序

高寬均三十九釐米。二十二行，行二十三字。

蓋篆書四行十六字。

卒年五十二歲。垂拱元年（六八五）二月八日葬。

唐故雍州富平縣右武候宜昌府折衝墓誌
君諱節字懷[illegible]河南洛陽人漢長沙太傅誼之後也其先發系開基西周爵其
曾擢苴第錫社東魯建封三武連聲播清風而自遠七輿方軒勝躍而無沬至
若蘭芬玉振之采搢紳冠蓋之華故以簡冊詳焉此可略而言也曾祖軌[illegible]征
廣將軍步兵校尉車騎將軍金紫光祿大夫使持節徐州諸軍事徐州刺史含章
秀出載德挺生服冕乘軒國華人望祖思彥齊北荊州長史新城伊陽二郡太
守安北將軍洛陽大守隨安州刺史茂範清規聲高一代建[illegible]分竹榮冠兩朝
父敬道隨滁州司法參軍雍州戶曹　皇朝雍州櫟陽令通議大夫地是名家
人稱夫子抑揚雅俗雕繪士林君稟河岳之精受雷霆之氣幼標俊朗早擅雄
聲霞疊之基發千尋而直上方寸之地澄萬頃而難測鵬圖六月先騰擊水之
姿鶴鳴九皋即播聞天之響隨輝禰齊王府庫真曳裾兔苑奉筆[illegible]巖名董允
歸選衆彼在儀屬有隨失馭君子道銷漢途多逐廢之人天下缺瞻烏之望
皇家握圖撫運出震膺期撲紅綾於炎崐拯蒼生於沸鼎君素懷武畧鳳奉龍
禎識護野之黃星驗中陽之兆使用能陵雲扈鳳截海[illegible]鯨騎扇之典有歸茂
功之賞斯及授朝散大夫左二營軍副華州弘仁府別將左武衛靜福府果毅
右武候宜昌府折衝都尉總三軍而作戴玉鈐資善戰之功縮千夫而為長金
草畫捍城之勳爪牙寄重聲實攸歸用簡　帝心遐迴天睠詔公永豐倉大使
九年備豫五服扮輪監督有方出納惟允永惟共理實為當仁既而十影難留
尺波易往東川瑞廉方登槐衮之榮門致巢鳥遷掩蒿泉之魄以永徽五年九
月九日　薨於公館夫人元氏帝緒延華陰精校德行光圖史禮備蘋蘩忽比
鳳梧委琴柯而半死竟如龍劍偶神物而俱沈春秋六十三即以垂拱元年歲
[illegible]乙酉二月丁丑朔廿六日遷厝於維氏王仙鄉之平原禮也嗣子宣州司倉
[illegible]福善顧復之恩終天長奪風樹之感畢代無追永顧徽猷已勒先賢之傳式
[illegible]貞石思弘不朽之資敬詮友人敢為銘曰岐山峻極嬀水靈長合元[illegible][illegible]族
徙粲芳異人間出勁翮來翔功參鳳起迹邁鷹揚萬包武略獨擅文場帝思俾
文義屬惟良棟梁斯折琴瑟俱亡魂遊朝嶺神歸夜堂泉扃一掩[illegible]帳虛涼雙
魂永祔千秋未央
垂拱元年二月廿六日

一一一　唐賈節墓誌并蓋

唐故雍州富平縣右武候宜昌府折衝（賈節）墓誌

高寬均四十九釐米。二十八行，行三十字。

蓋篆書陽文二行四字。

永徽五年（六五四）九月九日卒。垂拱元年（六八五）二月二十六日葬。

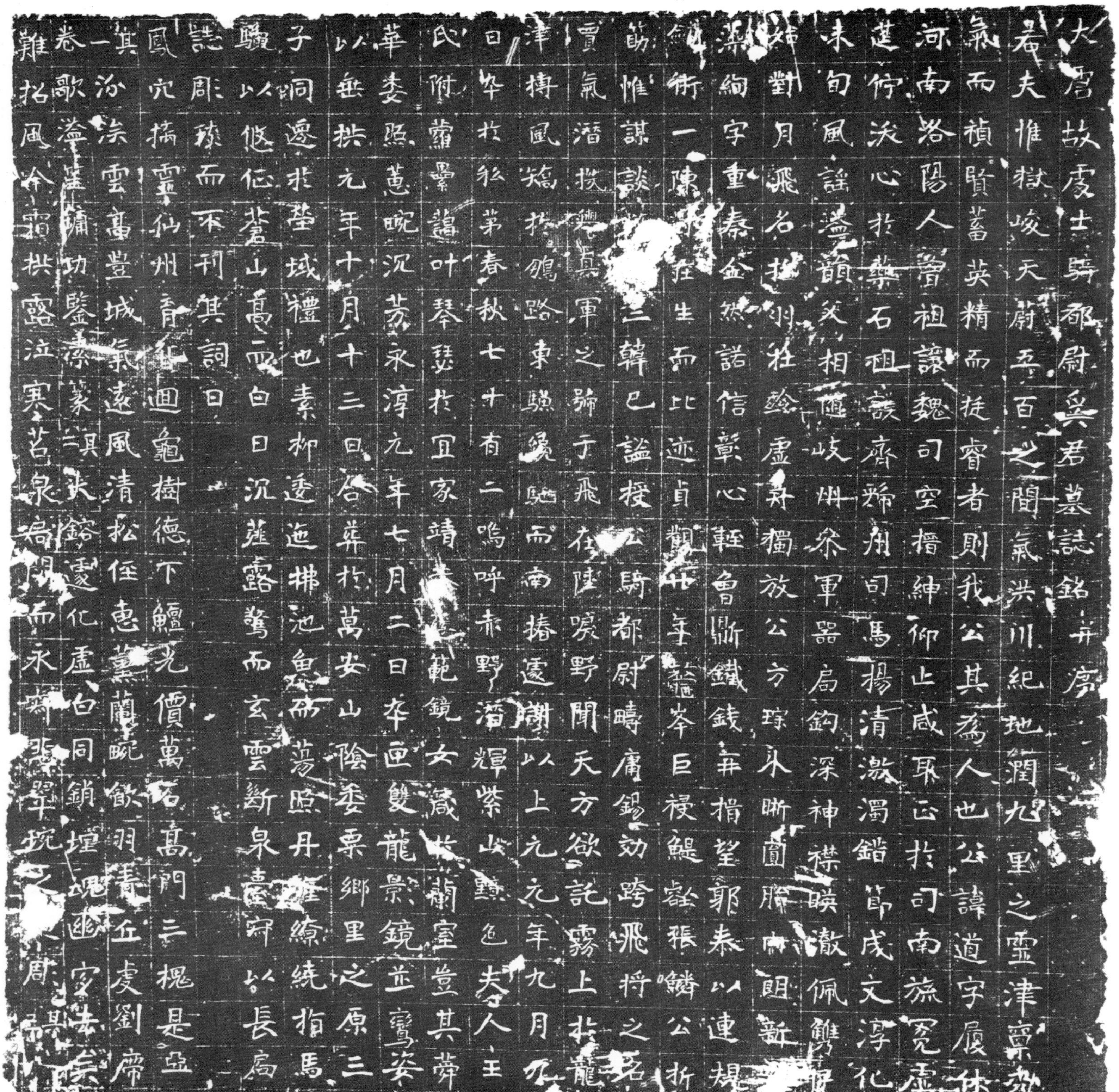

一一二　唐奚道墓誌并蓋

大唐故處士騎都尉奚君（道）墓誌銘并序

高五十三、寬五十二釐米。二十三行，行二十四字。

蓋篆書陽文二行四字。

上元元年（六七四）九月九日卒。年七十二歲。夫人王氏永淳元年（六八二）七月二日卒。垂拱元年（六八五）十月十三日合葬。

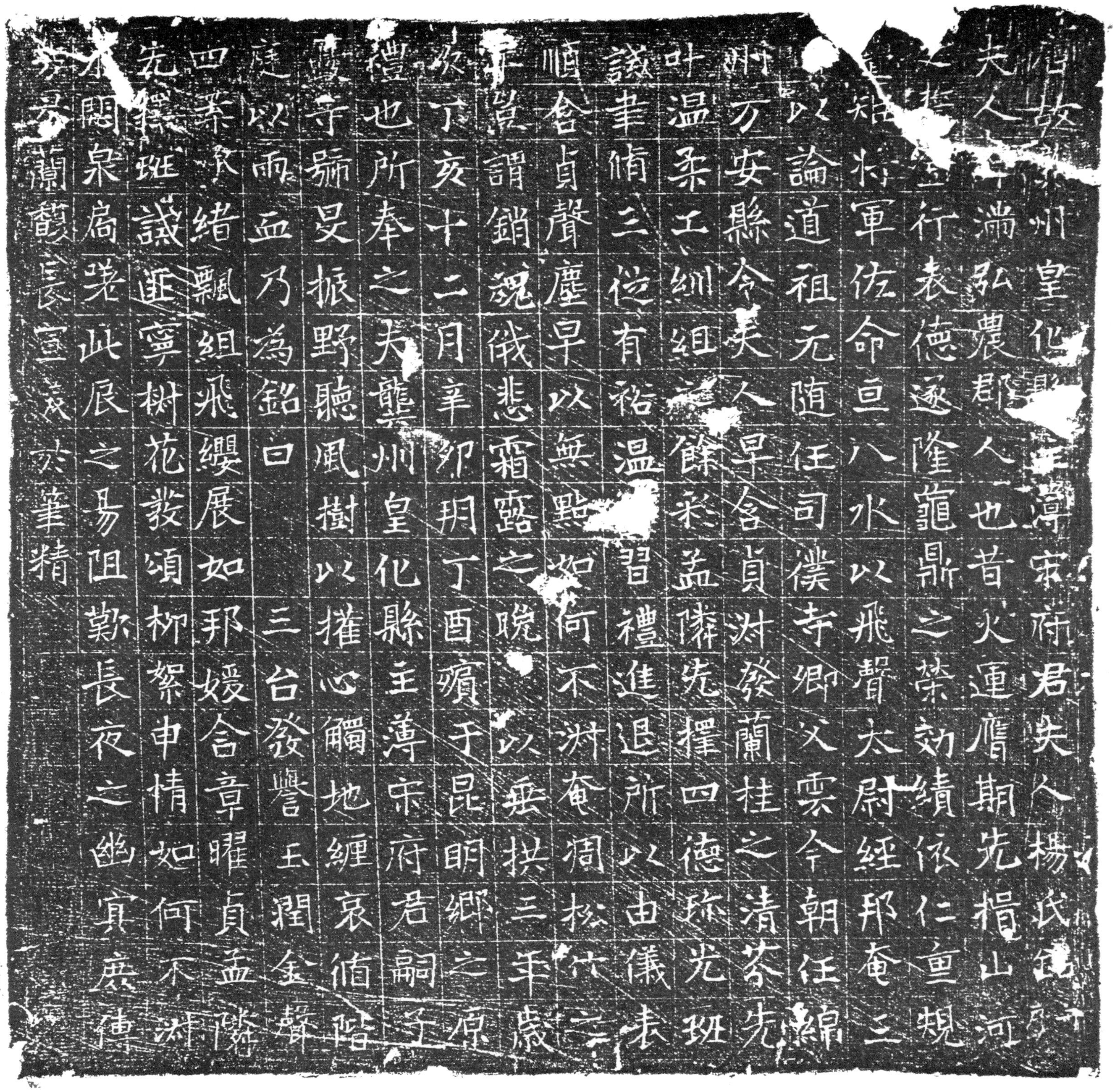

一一三

唐宋夫人楊滿墓誌

唐故龔州皇化縣主簿宋府君夫人楊氏（滿）銘并序

高寬均三十釐米。十八行，行十八字。

垂拱三年（六八七）十二月七日葬。

一一四　唐李禕墓誌

唐故李君（禕）墓誌銘

高寬均六十六釐米。二十六行，行二十六字。

李禕卒年六十五歲。夫人王氏卒年七十三歲。二弟濟卒年六十三歲。二弟夫人馮氏卒年五十三歲。三弟仔卒年五十三歲。三弟夫人宋氏卒年七十三歲。三夫妻於垂拱四年（六八八）正月二日合葬。

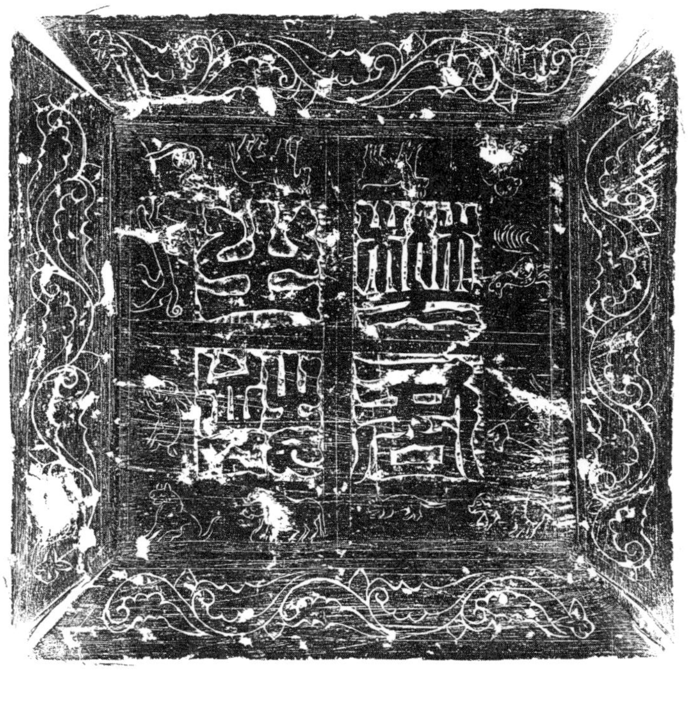

一一五 唐樊昭與夫人魏氏墓誌并蓋

唐故處士樊君（昭）并夫人魏氏墓誌銘并序

高寬均四十三釐米。二十五行，行二十五字。

蓋篆書陽文二行四字。

咸亨元年（六七〇）四月二十九日卒。年四十九歲。夫人魏氏垂拱四年（六八八）七月二十四日卒。年六十四歲。歲次戊子景辰朔（九月或十一月）二十七日合葬。

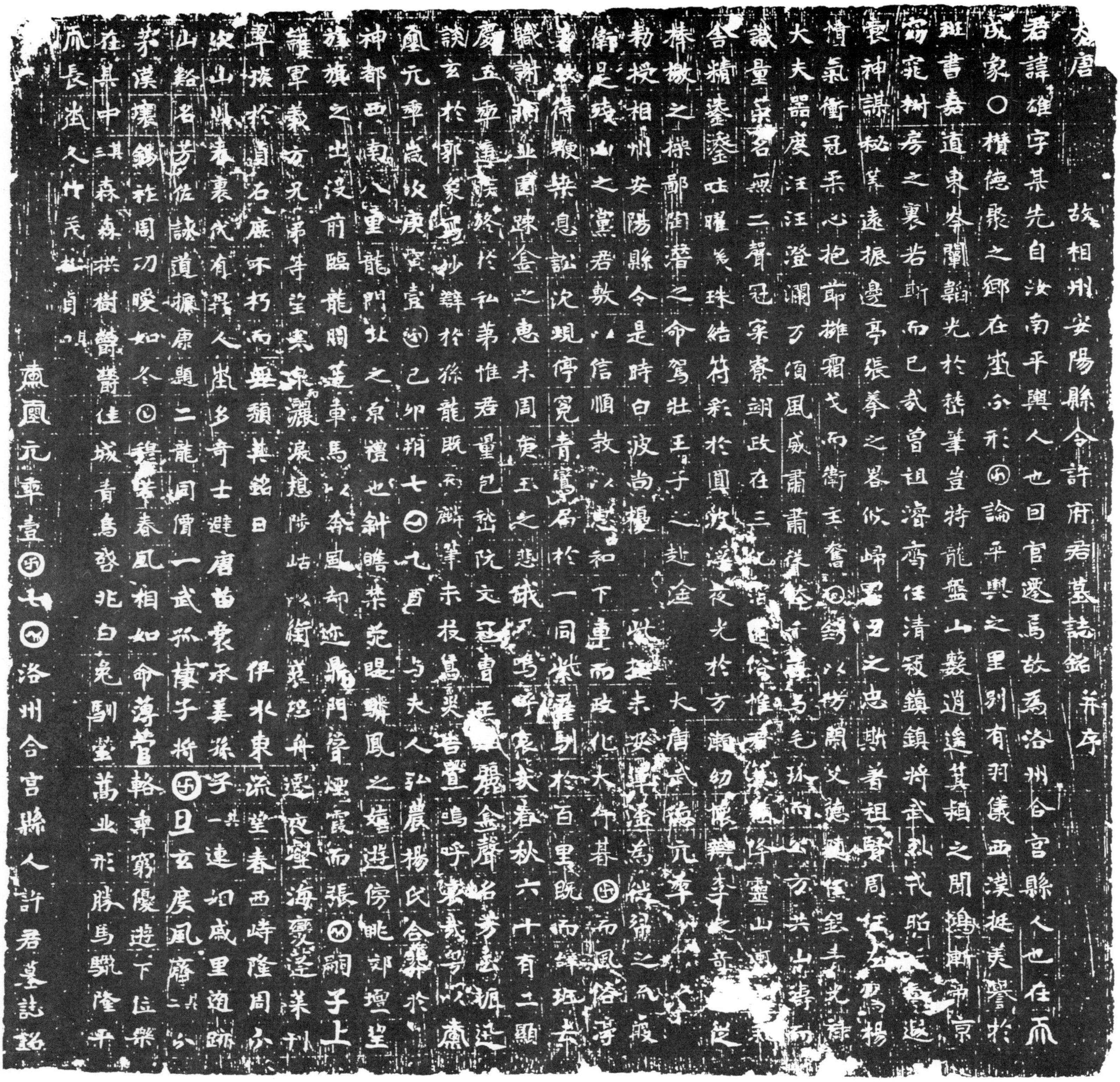

許君
誌銘

一一六　唐許雄墓誌并蓋

大唐故相州安陽縣令許府君（雄）墓誌銘并序

高寬均五十釐米。二十八行，行二十八字。

蓋篆書二行四字。

顯慶五年（六六〇）卒。年六十二歲。載初元［二］年（六九〇）一月七日合葬。

大唐載初元年歲次庚
寅八月甲辰朔十一日甲
寅婺州蘭溪縣明丞故
妻趙郡李氏殯於洛州
合宮縣平樂鄉李村東
三里內東有孝子大墳

一一七 唐明丞妻李氏墓誌

高寬均三十七釐米。六行，行九字。

載初元〔二〕年（六九〇）八月十一日葬。

注：孝子大墳即唐高宗子李弘恭陵。

一一八　唐張容墓誌并蓋

高寬均三十九釐米。十七行，行十七字（誌邊另刻字一行半）。

蓋篆書陽文二行六字。

載初元〔二〕年（六九〇）三月二十八日卒。年六十八歲。天授二年（六九一）正月十二日合葬。

一一九　唐蕭珪墓誌并蓋

唐故朝散大夫濮州長史蘭陵蕭府君（珪）墓誌銘并序

第二子（蕭）發暉撰。第三子（蕭）令忠書。

高七十一、寬七十二釐米。三十四行，行三十四字。

蓋篆書陽文四行十六字。

開耀元年（六八一）十二月十四日卒。年六十七歲。天授二年（六九一）十月十二日合葬。

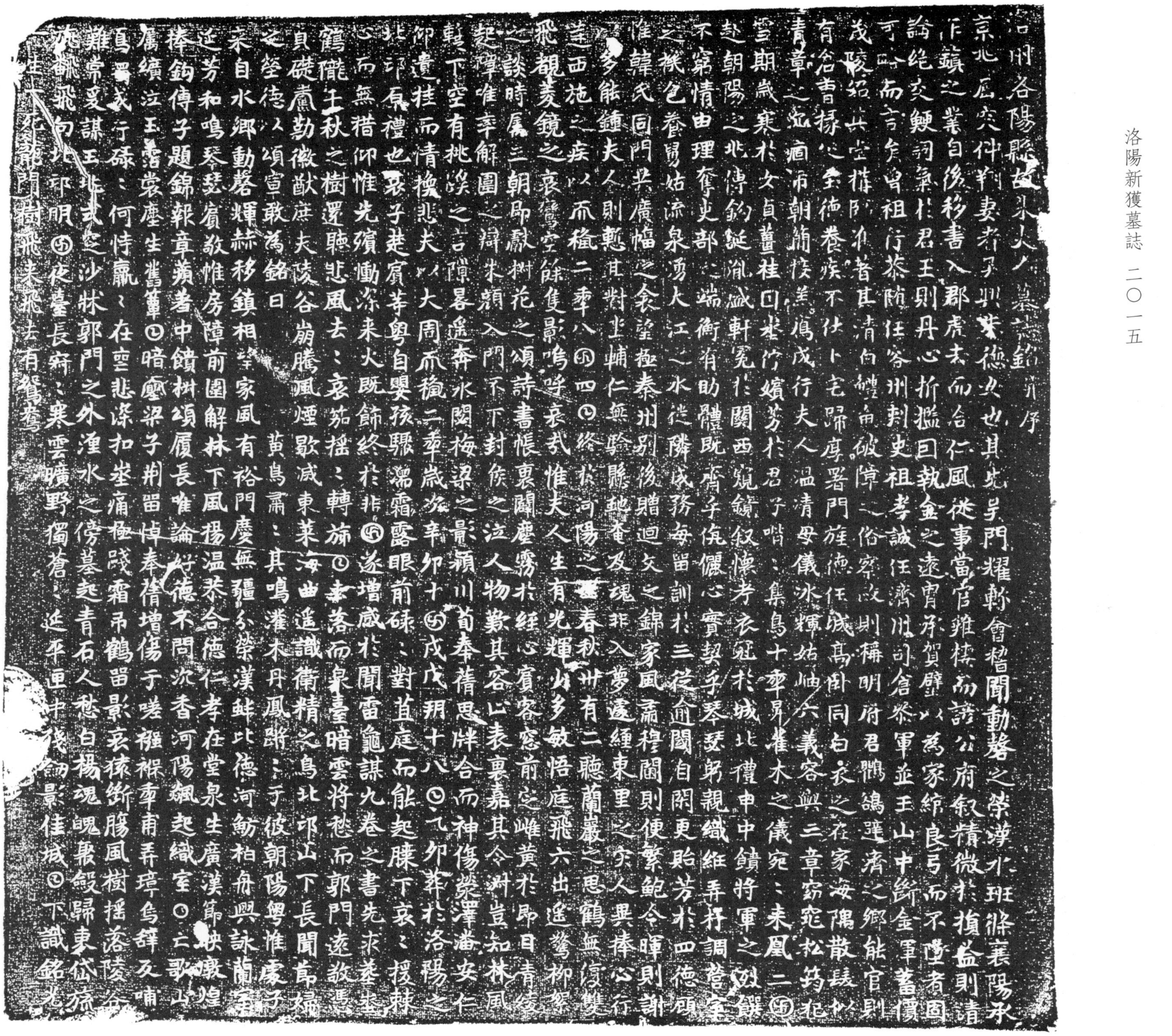

一二〇 唐屈突仲翔妻朱氏墓誌

洛州洛陽縣故朱夫人墓誌銘并序

高寬均五十九釐米。三十三行，行三十四字。

天授二年（六九一）八月四日卒。年三十二歲。十月十八日葬。

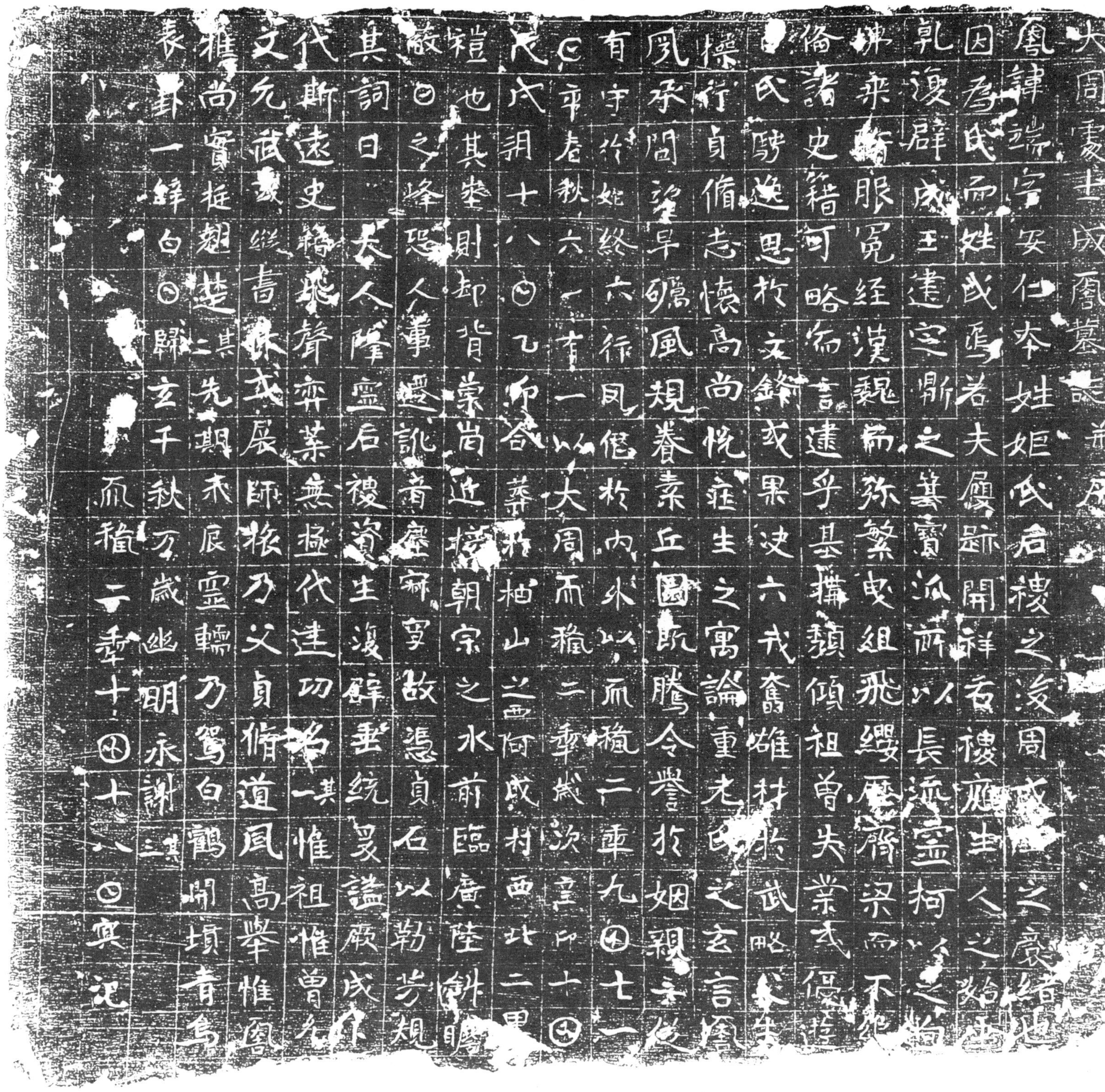

一二一

唐成端墓誌并蓋

大周處士成君（端）墓誌并序

高四十二、寬四十三釐米。二十行，行二十一字。

蓋二行四字。

天授二年（六九一）九月十一日卒。年六十一歲。十月十八日合葬。

大周故大唐邊君墓誌銘并序
君諱楨字士幹本金城郡之英族八代祖文禮任陳留太守
子孫因家焉細史備諸鮮克一二曾祖肅察孝廉擢第為郡
功曹祖昭出太學以濟南郡司户書佐遷淯州淯陽縣令張
氏家庭永庇銅鈎之祉雷門亂曹恒傳寶劍之暉父昂風骨
挺生天姿秀出林苞三俊誠海内之權豪藝韞六奇諒山東
之英妙頃隨經盧齋鷲塵軫扇翟庠侯坐知鉊穀守洛口之
而倉蒲山公行窺問鼎逼東周之大寶昂以首傑寔難逋逭
乃被迫為事又典司戎凡諸成敗多所籌畫既而惟桑更
而淹留敗井還甘望梁城而慷慨懷生眷業便為
鞏洛人焉君才慧匪常風規獨立言談扶俗矯教驚人跡混
流浮罔滯譬之術心超出處惟凝淡泊之懷高謝王侯鶴
書於三駕長齊鳩杖終登於一命既而長河不息
白日奄盡垂拱三年十一月七日即代壽八十七夫人樂安
孫氏雲柯結族星派疏源衣冠出於門閥禮教生於庭闈扶
風狂固之妹不隆家聲陳留董祀之妻能傳父業若姿宛尉
蕙性爭閑對鵷鸞於鏡中和琴瑟於堂上五福保南山之壽
夜壑俄遷百身傾西日之悲風條未靜天授二年七月廿八
日即代壽八十五粵以天授三年歲次壬辰臘月丁酉朔廿
四日合葬於鞏縣城東五里之山原祔於舊塋銘曰
邁夫且良邁妻禹賢咸知道寔共保天年瑶池碧浪玉樹金
鈿言歸江北用紹河西衣冠遞襲禮樂相傳其人不朽厥道
逾堅荒郊秘景拱木流煙式藏銘於萬隧將有紀於桑田

邊君
墓誌

一二一　唐邊楨墓誌并蓋

大周故大唐邊君（楨）墓誌銘并序

高寬均五十四釐米。二十三行，行二十三字。

蓋篆書陽文二行四字。

垂拱三年（六八七）十一月七日卒。年八十七歲。夫人孫氏天授二年（六九一）七月二十八日卒。年八十五歲。天授三年（六九二）臘月二十四日合葬。

一二三 唐楊基墓誌并蓋

唐故常吉府左果毅楊府君（基）墓誌銘并序

四門博士王□撰。猶子上騎都尉嚴懷貞書之。

高三十六、寬三十五釐米。二十三行，行二十三字。

蓋篆書三行九字。

麟德二年（六六五）五月十日卒。年六十三歲。夫人嚴氏天授二年（六九一）十月五日卒。年七十五歲。長壽二年（六九三）二月十三日合葬。

大周故秦君墓誌銘文并序
夫以玄鳥嶽精栩顓頊之苗裔散秦川而流流稱圖
卦以屬邑於是赤斂清塵枝分葉遠祖睹公職封
上黨太守可謂擢幹千尋承休百代君諱成字義就
本□□風新興標望隨除茲郡今爲壺關縣人也曾
祖□任平遥縣令　祖祥任清漳縣丞並振鴻才於
百里調下頑臨削已贍貧犢生仍弃押馴童於三異
製錦九仞經史裹傳詎繁簡牘君以□國婚賞拔荔
林泉□迹拖紳开芝稅屈怡神養志釋教居心亦謂
靈草畫天神香未及春秋六十有二延載元年五月廾
三日卒於私第夫人王氏春秋卌有六淪光彩褰質□
逝魂魄豈謂歲篤將疲掩從窀穸嗣子元襲等昊而
閉柩　夫人郭
氏鄭□高門聯族德行斐然豈謂不終遐壽儀從風
燭男□指等專精嗟指孝感通神三□斐言隨肝灑
血鳴呼哀哉粤以延載元年歲次甲午六月癸丑朔
九日□□合葬於壺關城東北三里東□崤嶺吐納
烟霞西望平原卷舒雲霧卜茲宅兆建茲高墳恐石
變山移鐫碑永固其詞曰　哀哀嗣子孫孫靡託泣孝未松
光落漣進沸鳥門通翠鶴魂兮永去空悲塵閣

一二四　唐秦成墓誌

大周故秦君（成）墓誌銘文并序

高寬均四十五釐米。二十行，行二十字。

延載元年（六九四）五月二十三日卒。

年六十二歲。六月九日合葬。

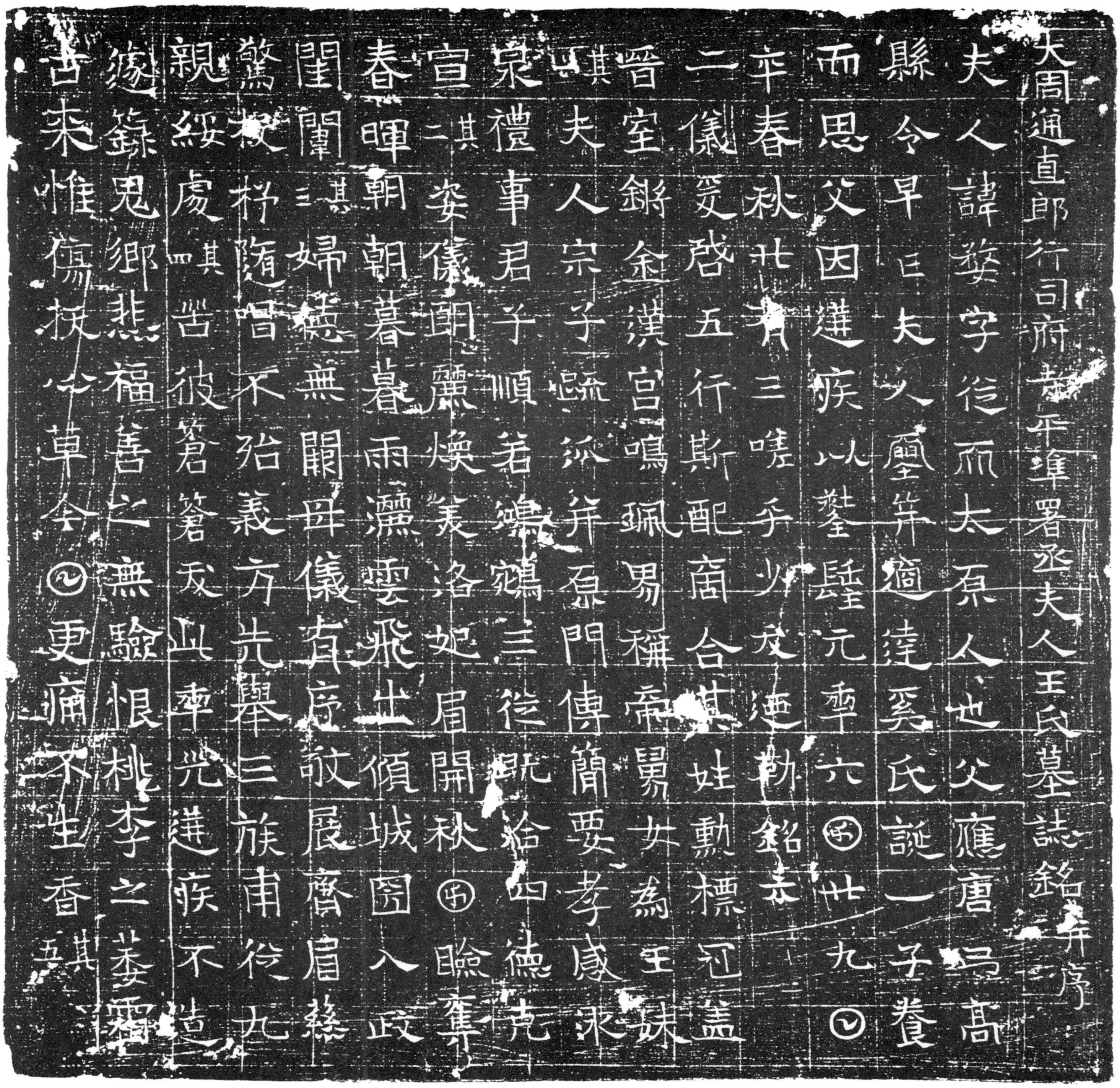

大周故
王夫人
墓誌銘

一二五　唐達奚夫人王婺墓誌并蓋

大周通直郎行司府寺平準署丞夫人王氏（婺）墓誌銘并序

高寬均三十三釐米。十六行，行十六字。

蓋篆書三行九字。

證聖元年（六九五）六月二十九日卒。年二十三歲。

大周唐故處士蓋君墓誌銘并序
君諱義信貝郡廣宗人也門傳冠冕代馭軒
軺祖祢因官遂家於鄴曾祖隨魏潯陽公祖
壽隨任故鄴城太守父達唐　制魏齊州長
史並林高杞梓德並琳瑯譽重九江聲震千
里君早謝榮利志樂林泉未極賞於西園奄
歸冤於東岱大唐咸亨三年四月廿八日卒
於私第夫人常氏大周天冊萬歲元年歲次
乙未九月十七日寢疾而終即以其年九月
廿八日合葬於故鄴城西南五里之平原禮
也其子同思恐陵谷遷易冀無傳故勒斯
文期於不朽其詞曰
宗移貝郡職茬鄴城門傳冠冕代襲簪纓惟
君守素志不希榮觀魚得性狎鳥遊情慶移
三樂疊結兩楹歡娛共盡伉儷同傾荒涼臺
榭聞寂階庭松風蕭索隴月清明奄從休死
永謝勞生

一二六　唐蓋義信墓誌

大周唐故處士蓋君（義信）墓誌銘并序

高寬均五十九釐米。十七行，行十七字。

咸亨三年（六七二）四月二十八日卒。

夫人常氏天册萬歲元年（六九五）九月十七日卒。九月二十八日合葬。

大周瀛州鄭縣丞王君墓誌銘并序
君諱玄策太原祁人也宗因卜洛族茂並淮晉氏南遷共鶤鵾
而並運周圖北列與鴻鴈而俱來南北兩朝多推世禄祖曽累
善咸登近侍曽祖貴梁千牛驃騎大将軍開府儀同三司懷昌
縣開國公祖顯宗周左親衛隨江陵郡丞蜀王府長史父才唐
邛州臨邛盧州合肥戎州僰道郴州郴縣等四縣令白茅分社
仍資大樹之名月桂凝秋幾接平臺之賞銅章熏列晨羊息計
絃歌繞奏春雉方馴君漸染芝蘭便煩詩禮文行忠信宣慈惠
和動静必幾於道造次不忘於義弱冠以明經擢第較龍蓄思
稍開通德之門枳棘安卑府就徒勞之務解褐相州林慮縣主
薄遷申州義陽縣主薄瀛州鄭縣丞仕優而學方窮倚相之書
政在養人屢盡公孫之恵惜乎而才英偉管公明位極府丞仁
道不遥馬少遊情甘郡掾牽絲舊邑遺愛空存樹旐荒郊将帰
誰與嗚呼哀哉粤以長壽二年七月十四日終于濟源縣之里
第春秋六十有七夫人南陽樊氏即以神功元年歲次申酉十
月甲子朔廿一日合葬於河陽縣西韓城鄉之原禮也君
忠為令德孝乃而經極閨門之道盡公家之利善乎自晦故無
得而稱者降年不永而道何知有孝虔温等毀極寅門憂深杞
圖瞻慕義而瀝血想藥棘而崩心潘岳為文聊承樂廣之言王
戎死孝熏鶩劉毅之詞敢圖芳烈式旌神道其銘曰
王高得道駕鶴淩虚粤惟英族實稟仙儲衣冠弈世鍾鼎帰餘
分珪錫壤王門曳裾其一爰有猗人命世而起磥硌多節昂昂千
里而不與年時無貴仕曽臺未半而止其二邙山右轉德水
東流安仁邑洛陽舊周謀龜謀筮幽白楊悲風何颾
較龍劒合霰松秋連崗兮壘壘玄夕兮悠悠其三

一二七 唐王玄策墓誌

大周瀛州鄭縣丞王君（玄策）墓誌銘并序

高五十五、寬五十八釐米。二十五行，行二十四字。

長壽二年（六九三）七月十四日卒。年六十七歲。神功元年（六九七）十月二十一日合葬。

一二八　唐樊夫人竇字墓誌并蓋

大周前中散大夫檢校同州長史樊君故妻美陽縣君竇氏（字）墓誌銘并序

高寬均五十五釐米。二十九行，行二十九字。

蓋篆書三行九字。

聖曆元年（六九八）正月一日卒。年三十九歲。一月十一日葬。

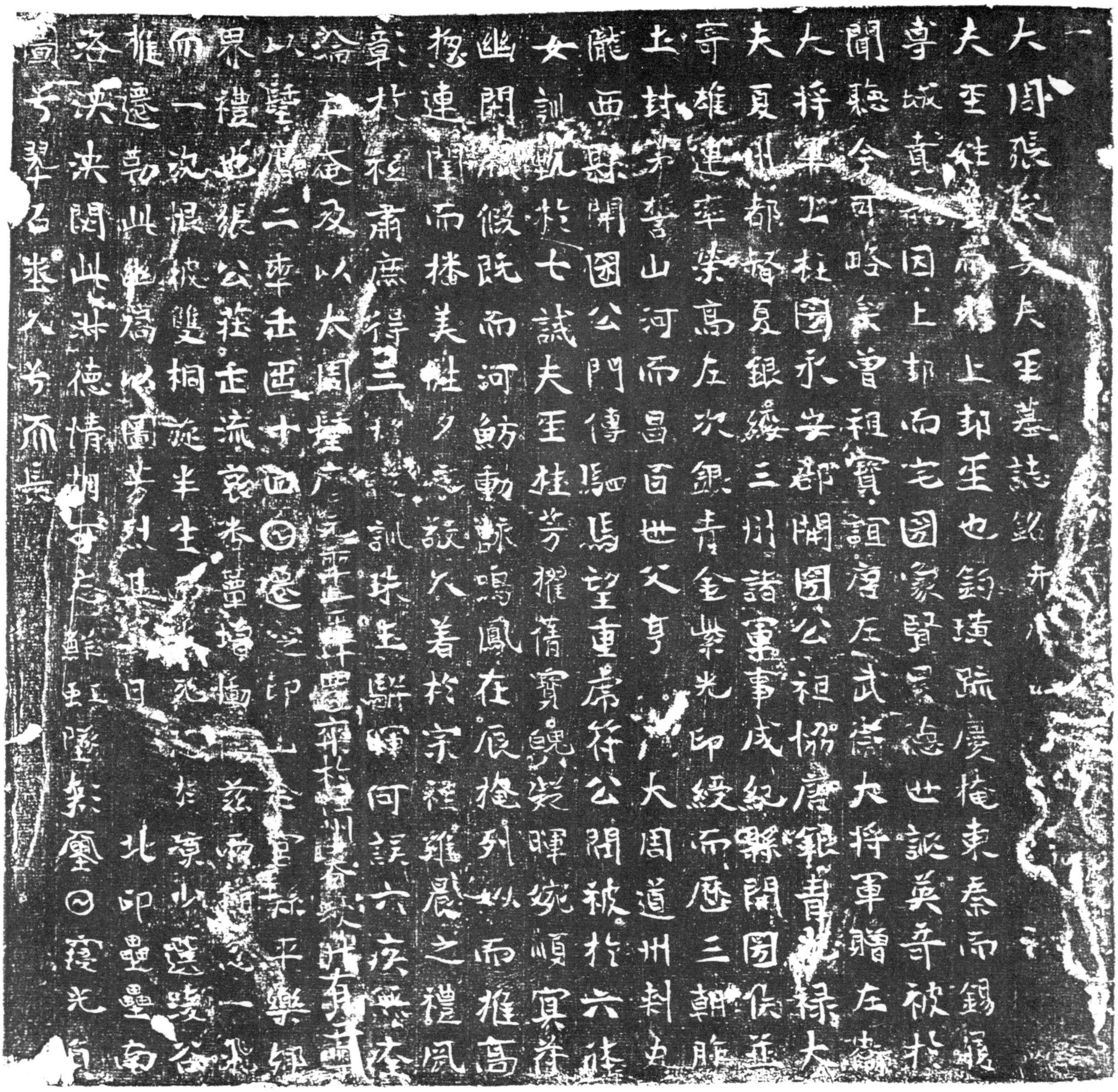

大周姜
夫人墓
誌之銘

一二九　唐張夫人姜氏墓誌并蓋

大周張氏姜夫人墓誌銘并序

高寬均五十五釐米。二十行，行二十字。

蓋三行九字。

聖曆元年（六九八）一月二十四日卒。年二十二歲。聖曆二年（六九九）正月十四日葬。

一三〇　唐王招墓誌

太原王君（招）墓誌

扶風斑□□□撰。

高寬均四十四釐米。隸書，二十二行，行二十一字。

長壽二年（六九三）卒。年四十七歲。夫人皇甫氏聖曆元年（六九八）卒。年四十四歲。聖曆二年（六九九）八月九日葬。

一三一

唐趙本道墓誌并蓋

大周故晉王府執仗趙君（本道）墓誌銘并序

朝議郎行考功員外郎陽廉撰。

高五十三、寬五十二釐米。二十八行，行二十九字。

蓋雙鈎三行九字。

卒年四十一歲。夫人于氏卒年二十一歲。

聖曆二年（六九九）八月九日合葬。

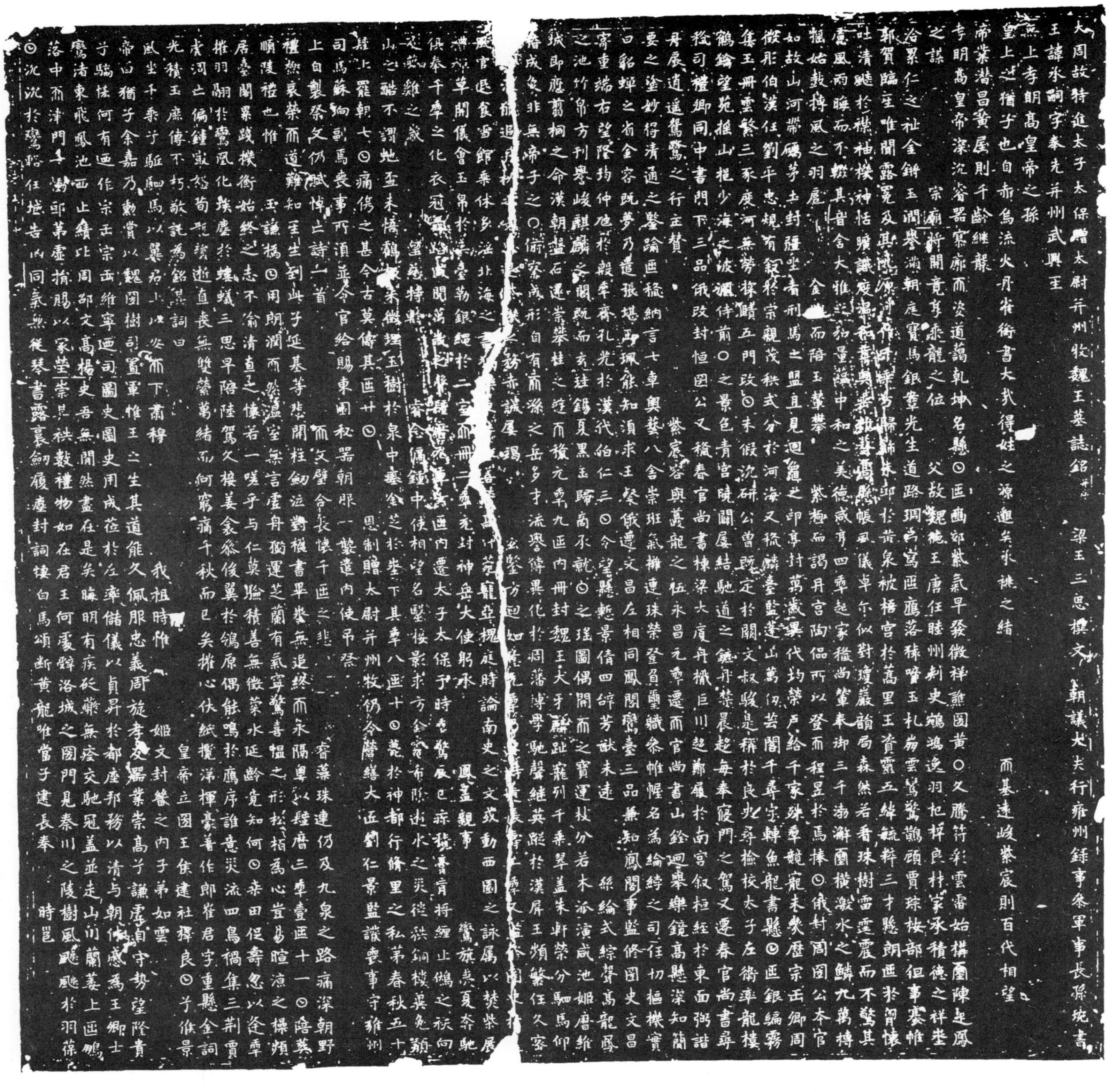

一三二　唐武承嗣墓誌

大周故特進太子太保贈太尉并州牧魏王（武承嗣）墓誌銘并序

梁王（武）三思撰文。朝議大夫行雍州録事參軍事長孫琬書。

高一百一十五、寬一百一十六釐米。四十五行，行四十五字。

聖曆元年（六九八）八月十日卒。年五十歲。聖曆三年（七〇〇）一月十一日葬。

大周故
弘農楊
君墓誌

一三三 唐楊弘嗣墓誌并蓋

大周故殷王執仗楊府君（弘嗣）墓誌銘并序

高四十七、寬四十六釐米。二十八行，行二十九字。

蓋篆書三行九字。

聖曆三年（七〇〇）一月二日卒。年六十三歲。三月二十三日葬。

一三四 唐張惟直墓誌

大周南陽郡清河公張君（惟直）墓誌銘

其銘書太州下邽縣前麟臺書手蔺元琛。高寬均五十一釐米。二十一行，行二十一字。

聖曆元年（六九八）五月九日卒。夫人李氏久視元年（七〇〇）七月一日卒。十月五日合葬。

一三五 唐王德徹墓誌并蓋

大周故太中大夫行會州司馬王府君（德徹）墓誌銘并序

高寬均六十八釐米。三十八行，行三十八字。

蓋篆書五行十八字。

聖曆三年（七〇〇）二月一日卒。年七十九歲。久視元年（七〇〇）十月五日葬。

一三六　唐郭信墓誌

周故郭公（信）墓誌文并序

高寬均八十八釐米。二十九行，行二十九字。

總章二年（六六九）卒。年六十二歲。

久視元年（七〇〇）十一月十日葬。

一三七 唐高乙德墓誌

周冠軍大將軍行左清道率府頻陽折衝都尉高乙德墓誌并序

高寬均三十八釐米。二十一行，行二十一字。石背文字十二行，行十二字。聖曆二年（六九九）二月八日卒。年八十二歲。大足元年（七〇一）九月二十八日合葬。

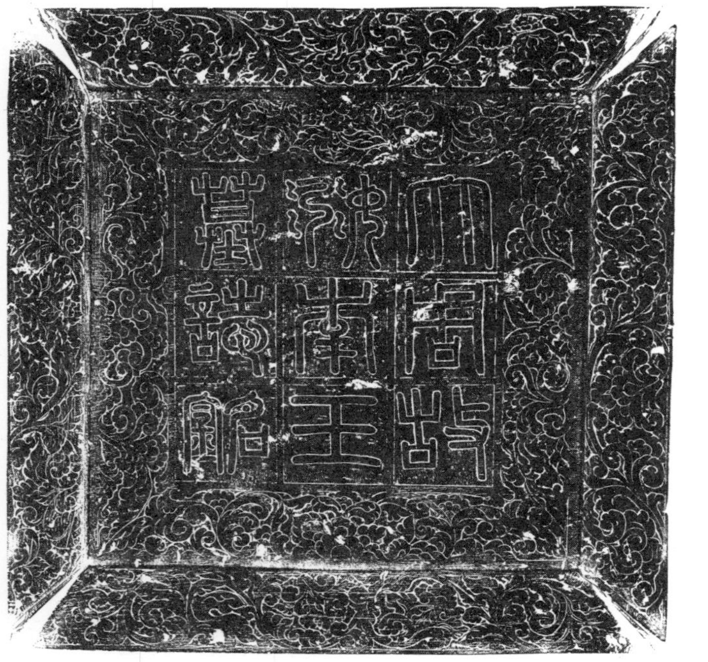
大周故
汝南王
墓誌銘

一三八　唐李隆悌墓誌并蓋

大周故汝南郡王（李隆悌）墓誌

高寬均七十六釐米。二十三行，行二十四字。

蓋篆書陽文三行九字。

長安二年（七〇二）四月八日卒。年十一歲。四月二十四日葬。

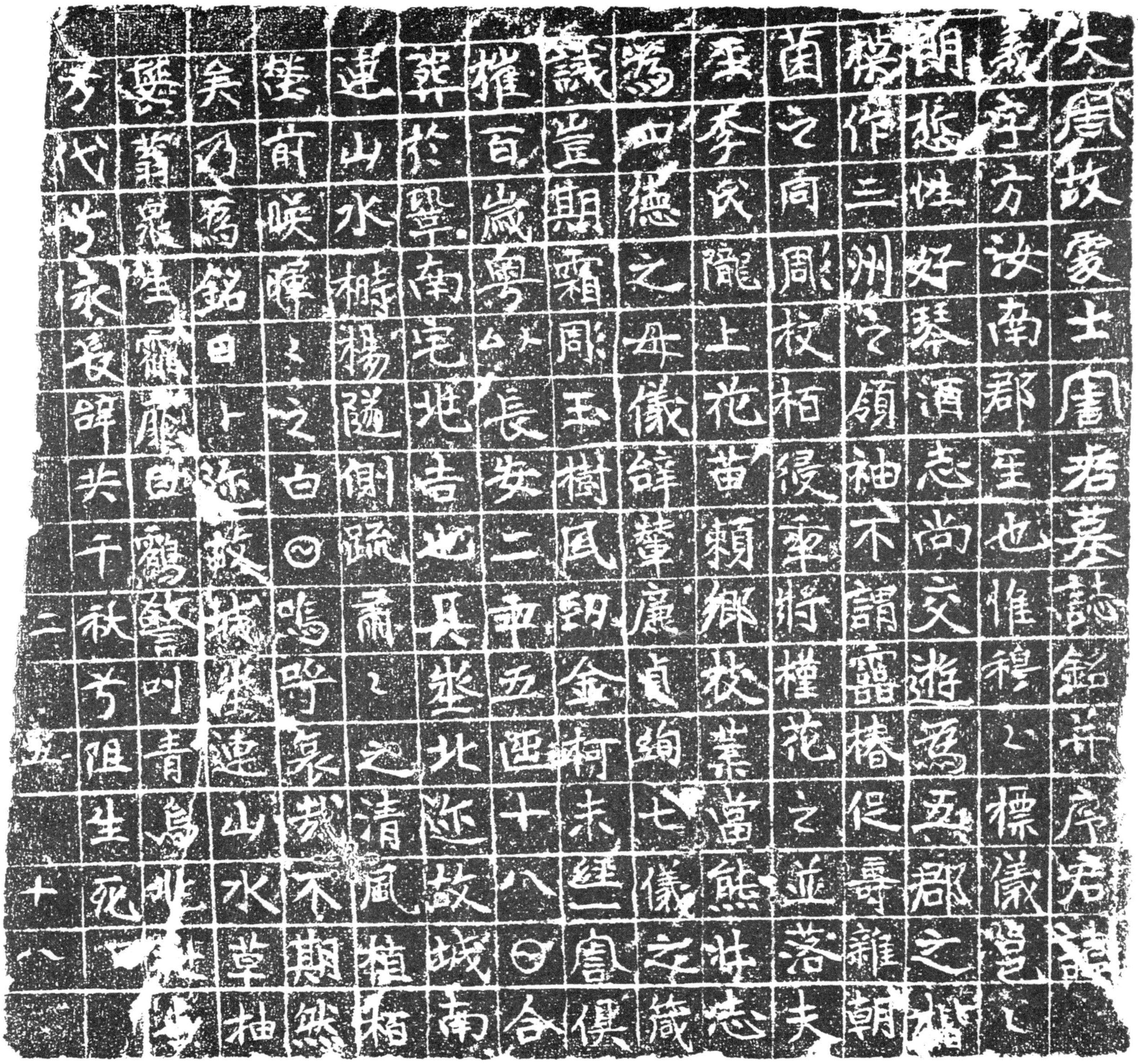

一三九　唐周義墓誌并蓋

大周故處士周君（義）墓誌銘并序

高三十五、寬三十七釐米。十六行，行十五字。

蓋篆書陽文二行四字。

長安二年（七〇二）五月十八日合葬。

一四〇　唐宋欽墓誌

大周故滄州魯城縣丞宋府君（欽）誌銘

高四十七、寬四十六釐米。二十行，行二十一字。

長壽二年（六九三）十月三日卒。年七十二歲。夫人李氏卒年七十八歲。長安二年（七〇二）十一月一日合葬。

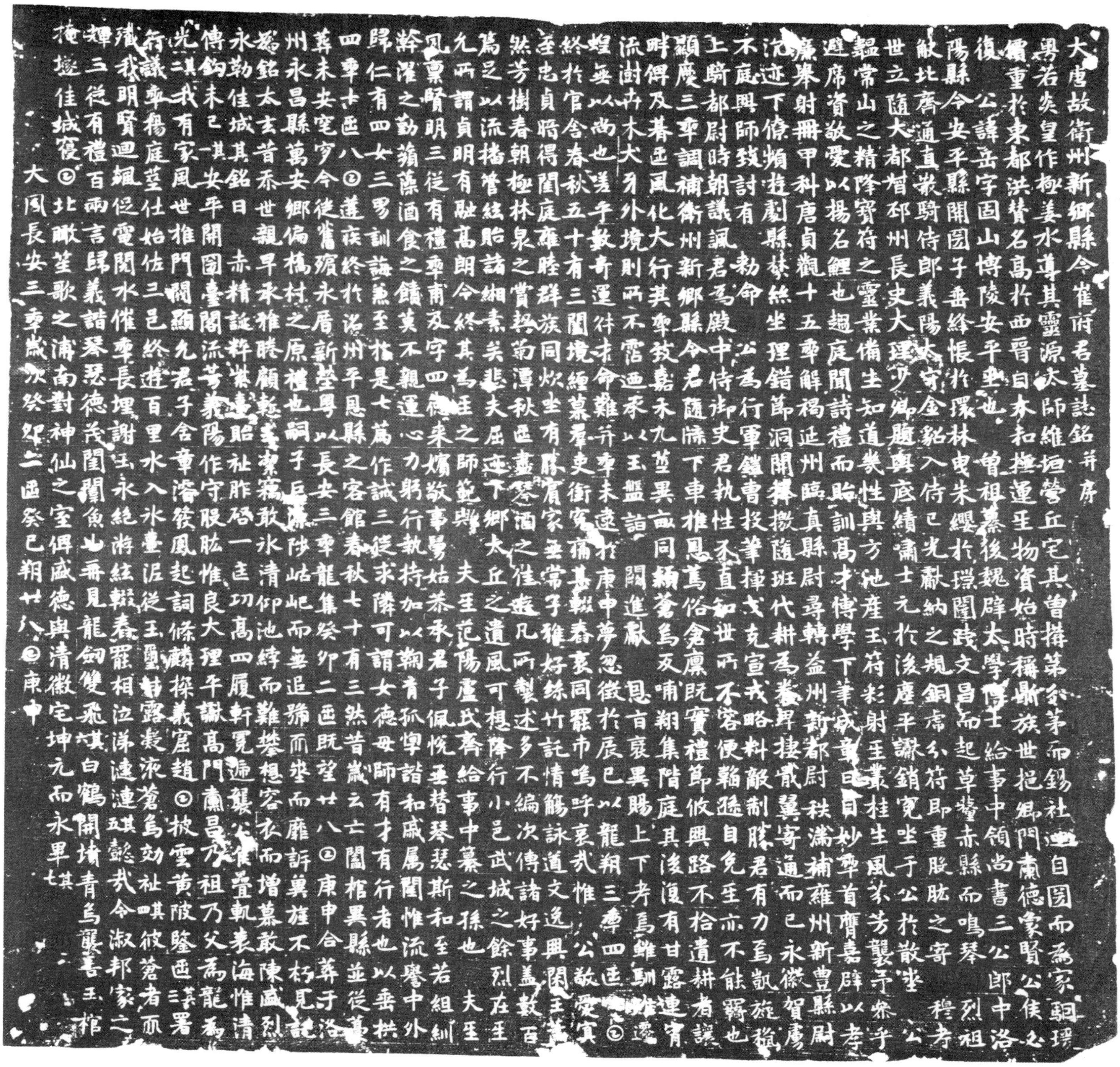

一四一　唐崔岳墓誌并蓋

大唐故衛州新鄉縣令崔府君（岳）墓誌銘并序

高七十一、寬七十二釐米。三十七行，行三十六字。

蓋篆書陽文四行十六字。

龍朔三年（六六三）四月□日卒。年五十三歲。夫人盧氏垂拱四年（六八八）十月八日卒。年七十三歲。長安三年（七〇三）二月二十八日合葬。

大唐故衛
州新鄉縣
令崔府君
墓誌之銘

一四二 唐高盈墓誌

周故處士高府君（盈）墓誌銘并序

高寬均八十五釐米。二十八行，行二十八字。

長安二年（七〇二）五月一日卒。年八十七歲。夫人萬氏延載元年（六九四）九月二十二日卒。年六十四歲。長安三年（七〇三）十月十四日合葬。

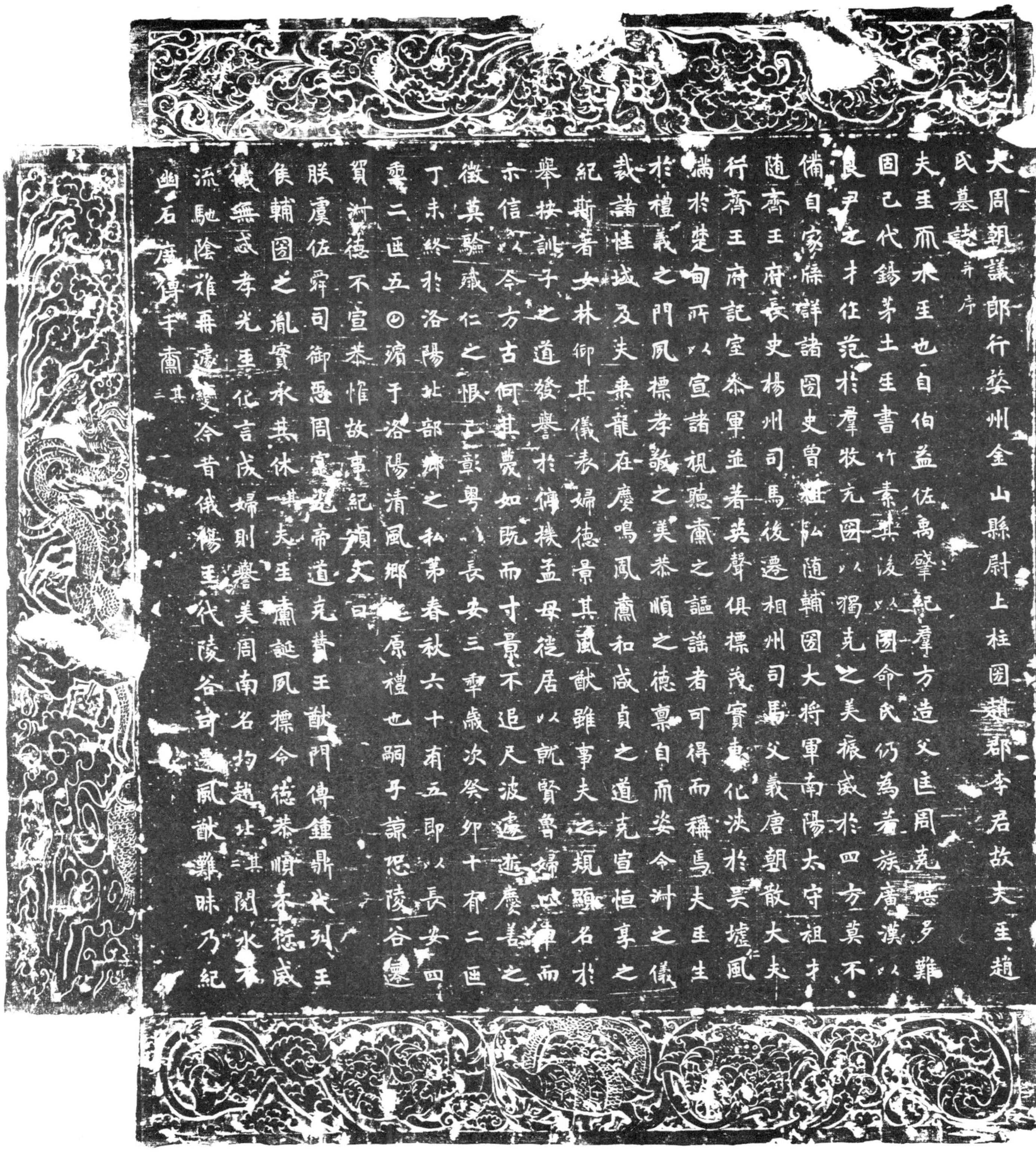

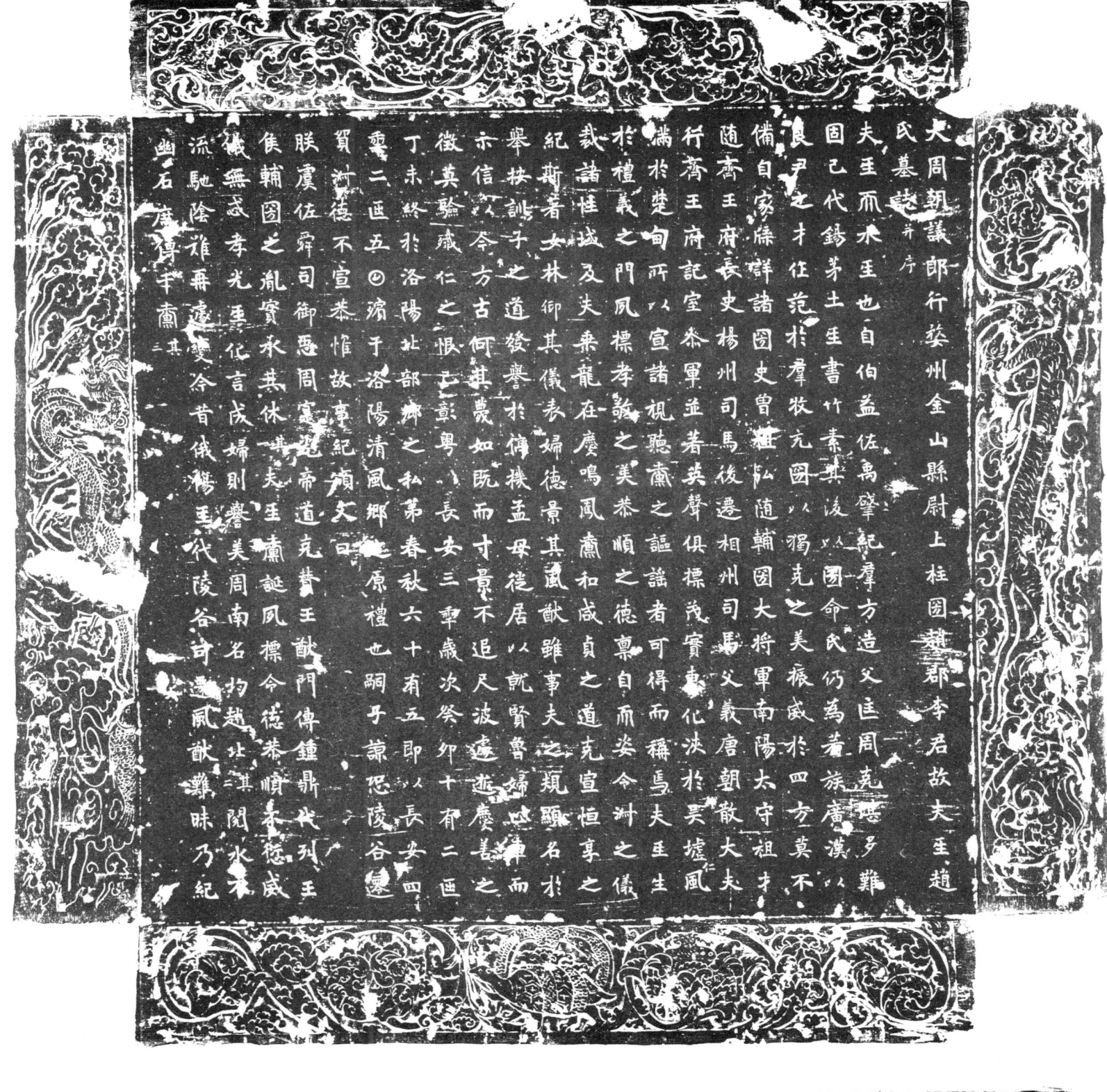

一四三　唐李夫人趙氏墓誌并蓋

大周朝議郎行婺州金山縣尉上柱國趙郡李君故夫人趙氏墓誌并序

高寬均五十八釐米。二十三行，行二十三字。

蓋篆書陽文三行九字。

長安三年（七〇三）十二月丁未卒。年六十五歲。長安四年（七〇四）二月五日葬。

注：《二十史朔閏表》及《唐代的曆》均以長安三年十二月朔戊午。《金石與唐代曆日》以該月朔丁巳，其月均無丁未。

大唐故朝散大夫宣州秋浦縣令許府君夫人周氏
墓誌并序
夫人汝南人也粤若建國命氏碩庸鴻閥家有籍世
有史可略而載曾祖才卿齊平南將軍武昌公祖懷
義唐東宮率并州司馬延軌周銀青光祿大夫唐榮
二州刺史並冀土恢武人望國楨用能錫受茅土亮
采司牧世德不隕貽祉後[illegible]夫人幼而淨恭長而[illegible]
[illegible]動合箴訓言成禮則昔穡蓮襄門鸞居內政躬執
絲纂以供滫瀡虔心蘩蘋藻事蒸嘗孝敬始於尊嚴
慈惠成於訓下若爲如[illegible]千偈方便法門勤千受持
精詣匪理湛閑寵辱志卑謙敷愛在於睦親傳施
期於濟物邦族仰止閭內具瞻宜期神[illegible][illegible][illegible]錫
遐春豈圖奄降鞠凶中年即世春秋卌六神龍元年
四月六日終於夏縣官舍越以二年歲次景午十二
月二日遷祔邙山舊塋禮也有子景先等昊天罔極
陟屺長號泣血窮泉顧圖慈訓太僕御監修國史河
間劉憲當朝良史海內知名敬託幽詞用傳不朽
姬周盛緒婆頹高門好諧琴瑟德茂蘋蘩主夫有裕
銅墨位尊訓子成式文儒道存二族以光九親胥悅
譽隆內範年悲中析禮申祔葬神安同穴唯[illegible]孝思
終天永結

一四四　唐許夫人周氏墓誌

大唐故朝散大夫宣州秋浦縣令許府君夫人周氏墓誌并序

高寬均四十五釐米。二十一行，行二十字。神龍元年（七〇五）四月六日卒。年三十六歲。神龍二年（七〇六）十二月二日葬。

一四五

唐趙文皎墓誌

大唐故左金吾衛將軍襄武縣開國男趙府君（文皎）墓誌銘并序

高寬均五十九釐米。二十九行，行二十八字。

景龍二年（七〇八）正月五日卒。年八十五歲。二月二十日合葬。

一四六　唐李禮墓誌

大唐故游擊將軍上柱國李君（禮）墓誌銘并序

表外甥吏部常選彭城劉昂撰。

高五十四、寬五十五釐米。二十七行，行二十六字。

景龍四年（七一〇）五月七日卒。年五十二歲。五月二十二日葬。

一四七　唐路勵節墓誌

大唐故洛州鞏縣令路府君（勵節）墓誌銘并序

猶子婿鄭州滎澤縣令裴懷貴撰。

高寬均六十一釐米。二十七行，行二十七字。

總章二年（六六九）十二月二十七日卒。年五十一歲。景雲二年（七一一）八月十八日合葬。

一四八　唐劉禕之墓誌

大唐故中書侍郎同中書門下三品昭文館學士臨淮縣開國男贈中書令劉氏先府君（禕之）墓誌銘并序

嗣子潤州司法參軍（劉）揚名等謹述。

高寬均八十八釐米。三十八行，行三十八字。

垂拱二年（六八六）八月十二日卒。年五十七歲。夫人裴氏聖曆元年（六九八）九月二十八日卒。年五十六歲。景雲二年（七一一）九月二十五日葬。

唐故崔君墓誌銘并序

一四九　唐崔悊墓誌

唐故崔君（悊）墓誌銘并序

高六十、寬五十九釐米。二十行，行二十字。

景雲元年（七一〇）十二月卒。年八十二歲。景雲二年（七一一）十月十四日合葬。

一五〇 唐吴揚吾墓誌

大唐故國子博士豪州諸軍事豪州刺史吴君（揚吾）墓誌銘并序

高五十九、寬六十釐米。二十七行，行二十八字。

景龍三年（七〇九）十月一日卒。年八十九歲。夫人桓氏神龍三年（七〇七）七月二十七日卒。年八十二歲。景雲二年（七一一）十一月十九日合葬。

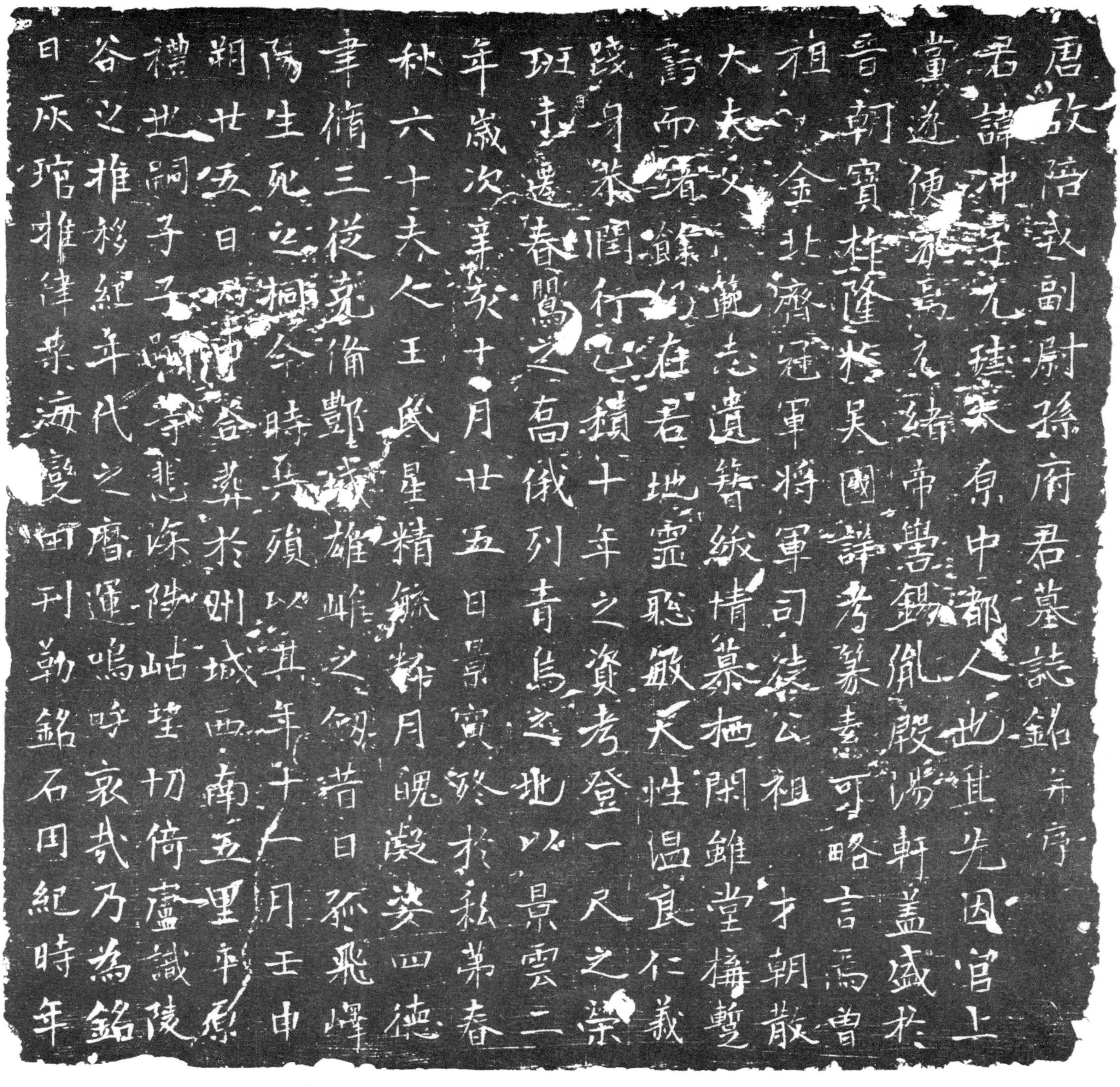
唐故陪戎副尉孫府君墓誌銘并序
君諱沖字元瑾[illegible]京中都人也其先因官上
黨遂便家焉元緒帝嚳錫胤殷湯軒蓋盛於
晉朝寶祚隆於吳國諱考纂書可略言焉曾
祖[illegible]金北齊冠軍將軍司徒公祖才朝散
大夫文[illegible]範志遺簪紱情慕栖閑雖堂構[illegible]
韻而緒[illegible][illegible]在君地靈聰敏天性溫良仁義
踐身恭閏行[illegible]積十年之資考登一尺之榮
班[illegible]遷春鶯之高儀列青烏茲地以景雲二
年歲次辛亥十月廿五日景寅終於私第春
秋六十夫人王氏星精[illegible]耀月魄凝姿四德
聿脩三從克備鄴城雄雌之劍昔曰孤飛嶧
陽生死之桐[illegible]時兵殞以其年十一月壬申
朔廿五日[illegible][illegible]合葬於明城西南五里平原
禮也嗣子子[illegible]等悲深陟岵望切倚廬識陵
谷之推移紀年代之曆運嗚呼哀哉乃為銘
曰灰琯推律桑海變田刊勒銘石因紀時年

一五一

唐孫沖墓誌

唐故陪戎副尉孫府君（沖）墓誌銘并序

高寬均四十四釐米。十七行，行十七字。景雲二年（七一一）十月二十五日卒。年六十歲。十一月二十五日合葬。

大唐前恒州司功參軍蕭君妻李氏墓誌銘并序
夫人隴西狄道人也九代祖晉涼武昭王暠六代祖魏
左僕射沖高祖孝諧隨襄州總管絳郡公曾祖亮左千
牛祖知順父元恭正議大夫大理寺少卿判東都吏部
侍郎兼掌選事奕世稱貴煥乎史策累葉載德藹彼油
緗夫人長自高門少聞禮則行敦肅敬非教於公宮德
表言容豈聞於師氏及三星在戶百兩將迎之既言歸
宜其家室怡聲下氣奉蘋蘩以姑嫜悅其仁孝姒娣欽
其輯睦雖呂榮之勤憂奉養孟光之躬親舉案何以過
也自飛鳳和鳴久申於好合維熊匪吉無聞於繼代年
踰知命忽而有娠中外相慶將嗣賢達豈乎將誕奄然
俱往曹娥一逝豈唯奉倩神傷林氏雙終實甚武標之
痛粵以太極元年歲次壬子二月庚戌朔終于洛陽縣
立行坊之私第春秋卌三嗚呼桃李無春永絕華萼之
色芝蘭不秀長無靃靡之榮對玉匣而增悲想珠光而
結歎即以其月十五日甲寅瘞於河南縣平樂鄉北邙
山禮也山形趾彼感白鶴而來祥地勢風烟興青烏而
協兆乃為銘曰 齊圖淑令秉禮貞吉亡既歸我成其家
室宜彼姑嫜諧此琴瑟鳴珮有年弄璋無日夢蘭忽徵
佩韘指慶舉宗稱賀將繼賢聖誕既不育身亦殞命武
標痛心奉倩傷性邙山直上瀍澗斜連玄堂永夜白日
何年隴照明月松凝瞑烟千生此送流慟潛然

大唐故
李氏墓
誌之銘

一五二 唐蕭夫人李氏墓誌并蓋

大唐前恒州司功參軍蕭君妻李氏墓誌銘并序

高四十一、寬四十二釐米。二十二行，行二十一字。

蓋篆書三行九字。

太極元年（七一二）二月一日卒。年四十三歲。二月十五日葬。

一五三 唐王令望墓誌

唐故朝散大夫新州司户王君（令望）墓誌銘并序

江州司馬扶風馬擇撰。

高六十七、寬六十八釐米。二十二行，行二十二字。

景雲二年（七一一）十月卒。先天元年（七一二）十月二十五日葬。

一五四 唐李護墓誌

唐故上騎都尉吏部常選李府君（護）墓誌銘并序

高七十五、寬七十六釐米。二十六行，行二十六字。

開元二年（七一四）三月一日卒。年六十五歲。十一月六日合葬。

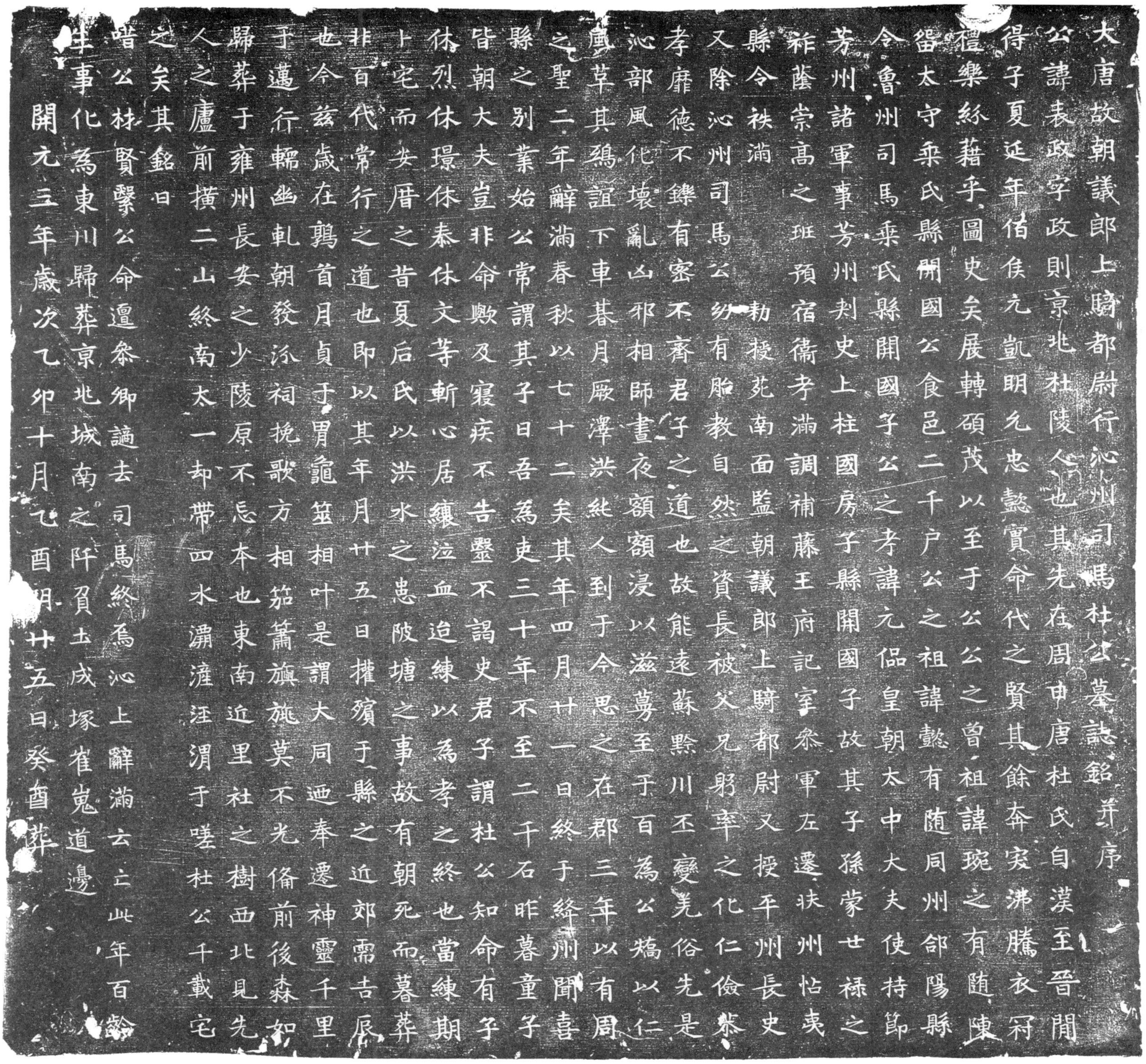

大唐故朝議郎上騎都尉行沁州司馬杜公墓誌銘并序
公諱表政字政則京兆杜陵人也其先在周申唐杜氏自漢至晉閒
得子夏延年偖侯元凱明允忠懿實命代之賢其餘奔宊沸騰衣冠
禮樂紛藉乎圖史矣展轉碩茂以至于公公之曾祖諱琬之有隨陳
留太守乘氏縣開國公食邑二千户公之祖諱懿有隨同州郃陽縣
令魯州司馬乘氏縣開國子公之考諱元偘皇朝太中大夫使持節
芳州諸軍事芳州刺史上柱國房子縣開國子故其子孫蒙世祿之
祚蔭崇高之班預宿衛孝滿調補藤王府記室參軍左遷扶州怙夷
縣令秩滿　勑授苑南面監朝議郎上騎都尉又授平州長史
又除沁州司馬公紛有胎教自然之資長被父兄躬率之化仁儉恭
孝靡德不鑠有密不齊君子之道也故能遠蘇黔川丕變羌俗先是
沁部風化壞亂凶邪相師晝夜額額浸以滋蔓至于百為公犒以仁
風草其鵶謳下車朞月厥澤洪紲人到于今思之在郡三年以有周
之聖二年辭滿春秋以七十二矣其年四月廿一日終于絳州聞喜
縣之別業始公常謂其子曰吾為吏三十年不至二千石昨暮童子
皆朝大夫豈非命歟及寢疾不告釁不謁史君子謂杜公知命有子
休烈休璟休泰休文等斬心居纏泣血追練以為孝之終也當練期
卜宅而安厝之昔夏后氏以洪水之患陂塘之事故有朝死而暮葬
非百代常行之道也即以其年月廿五日權殯于縣之近郊需吉辰
也今茲歲在鶉首月貞于胃龜筮相叶是謂大同迺奉遷神靈千里
于邁行輀幽軋朝發汾祠挽歌方相笳簫旟旐莫不光倫前後森如
歸葬于雍州長安之少陵原不忘本也東南近里社之樹西北見先
人之廬前横二山終南太一却帶四水灞滻涇渭于嗟杜公千載宅
之矣其銘曰
嗜公林賢鑿公命遭參卿謫去司馬終為沁上辭滿云亡此年百齡
生事化為東川歸葬京北城南之阡負土成塚崔嵬道邊
開元三年歲次乙卯十月乙酉朔廿五日癸酉葬

一五五　唐杜表政墓誌并蓋

大唐故朝議郎上騎都尉行沁州司馬杜公（表政）墓誌銘并序

高寬均五十九釐米。二十七行，行二十六字。

蓋篆書三行九字。

聖（曆）二年（六九九）四月二十一日卒。年七十二歲。四月二十五日權葬。

開元三年（七一五）十月二十五日葬。

大唐故
杜府君
墓誌銘

大唐故雍州明堂縣尉贈懷州長史司馬府君墓誌銘并序

唐故司
馬府君
墓誌銘

一五六　唐司馬邵墓誌并蓋

大唐故雍州明堂縣尉贈懷州長史司馬府君（邵）墓誌銘并序

高寬均八十八釐米。隸書，二十九行，行三十四字。

蓋篆書陽文三行九字。

調露元年（六七九）六月三日卒。年五十五歲。開元三年（七一五）十月二十六日葬。

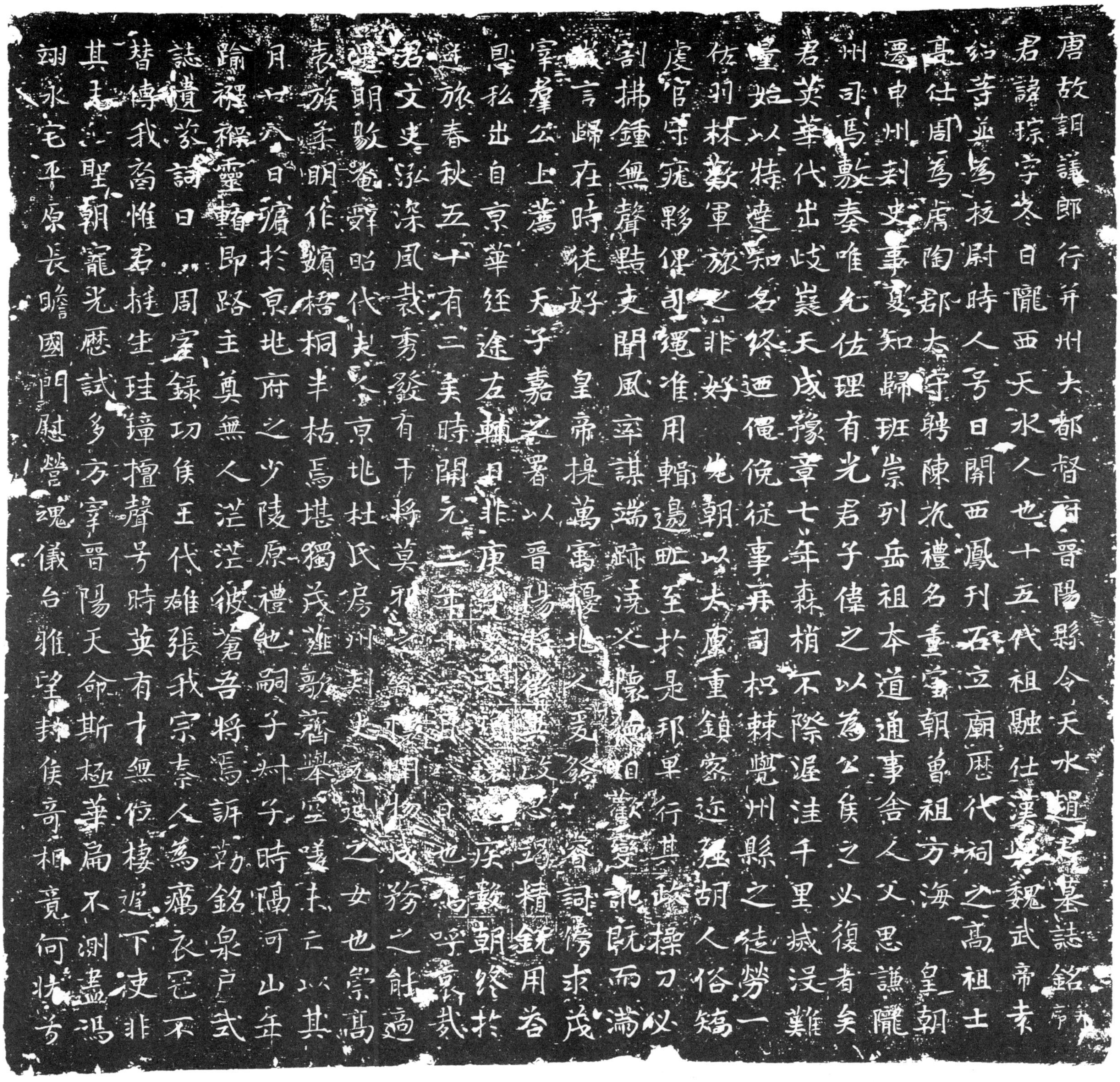

一五七　唐趙琮墓誌并蓋

唐故朝議郎行并州大都督府晉陽縣令天水趙君（琮）墓誌銘并序

高五十四、寬五十三釐米。二十四行，行二十四字。

蓋篆書三行九字。

開元三年（七一五）十一月八日卒。年五十二歲。十一月二十八日葬。

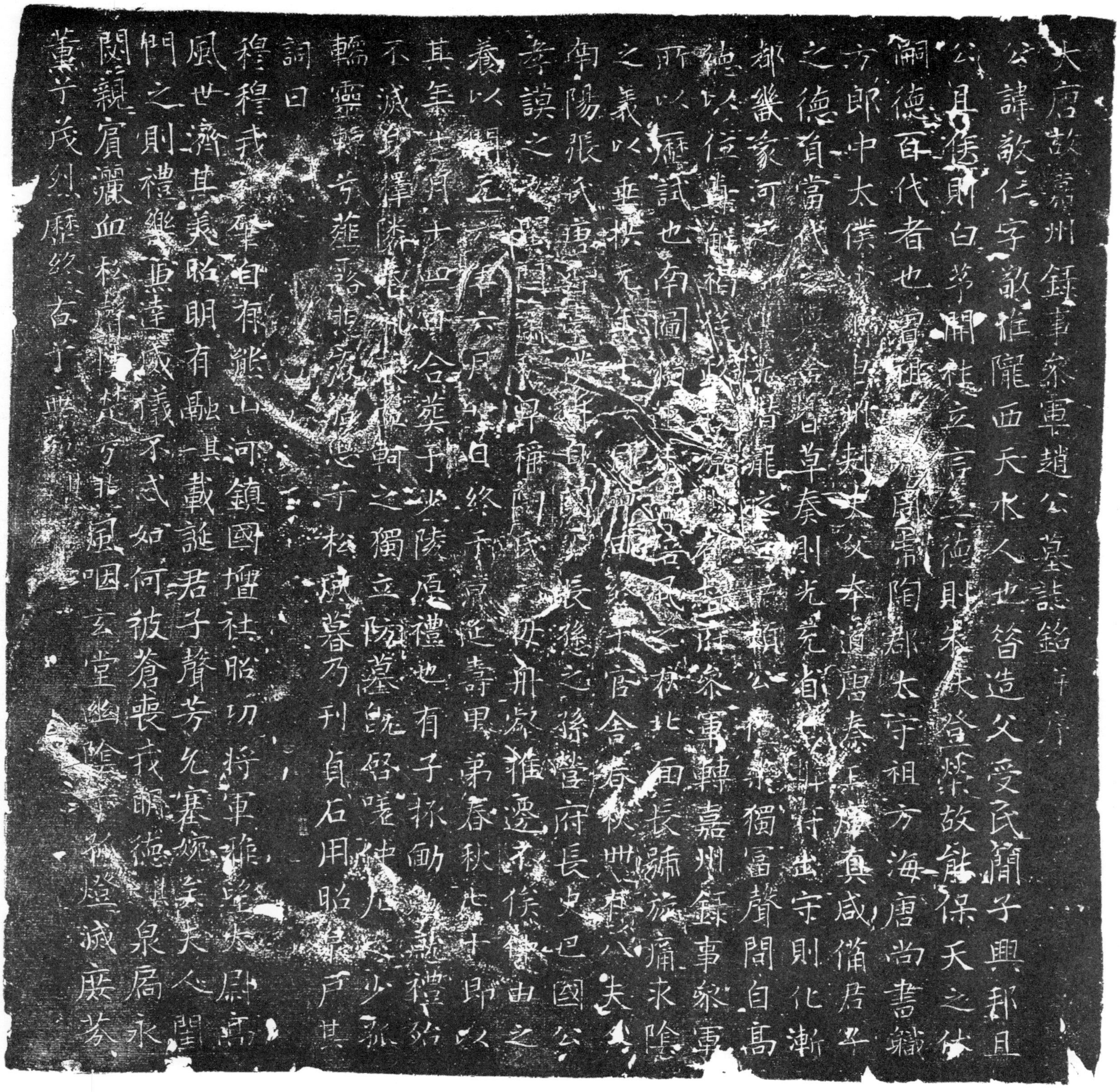
大唐故嘉州録事參軍趙公墓誌銘并序

唐故嘉
州録事
參軍趙
墓誌

一五八　唐趙敬仁墓誌并蓋

大唐故嘉州録事參軍趙公（敬仁）墓誌銘并序

高寬均四十七釐米。二十二行，行二十三字。

蓋四行十二字。

垂拱元年（六八五）十一月四日卒。年四十八歲。夫人張氏開元六年（七一八）六月二十日卒。年七十歲。十月十四日合葬。

一五九　唐鄭夫人孔果墓誌并蓋

大唐滎陽鄭處士妻孔氏（果）墓誌銘并序

高寬均三十五釐米。十七行，行十七字。

蓋篆書三行九字。

開元七年（七一九）四月六日卒。年三十三歲。開元八年（七二〇）二月十四日葬。

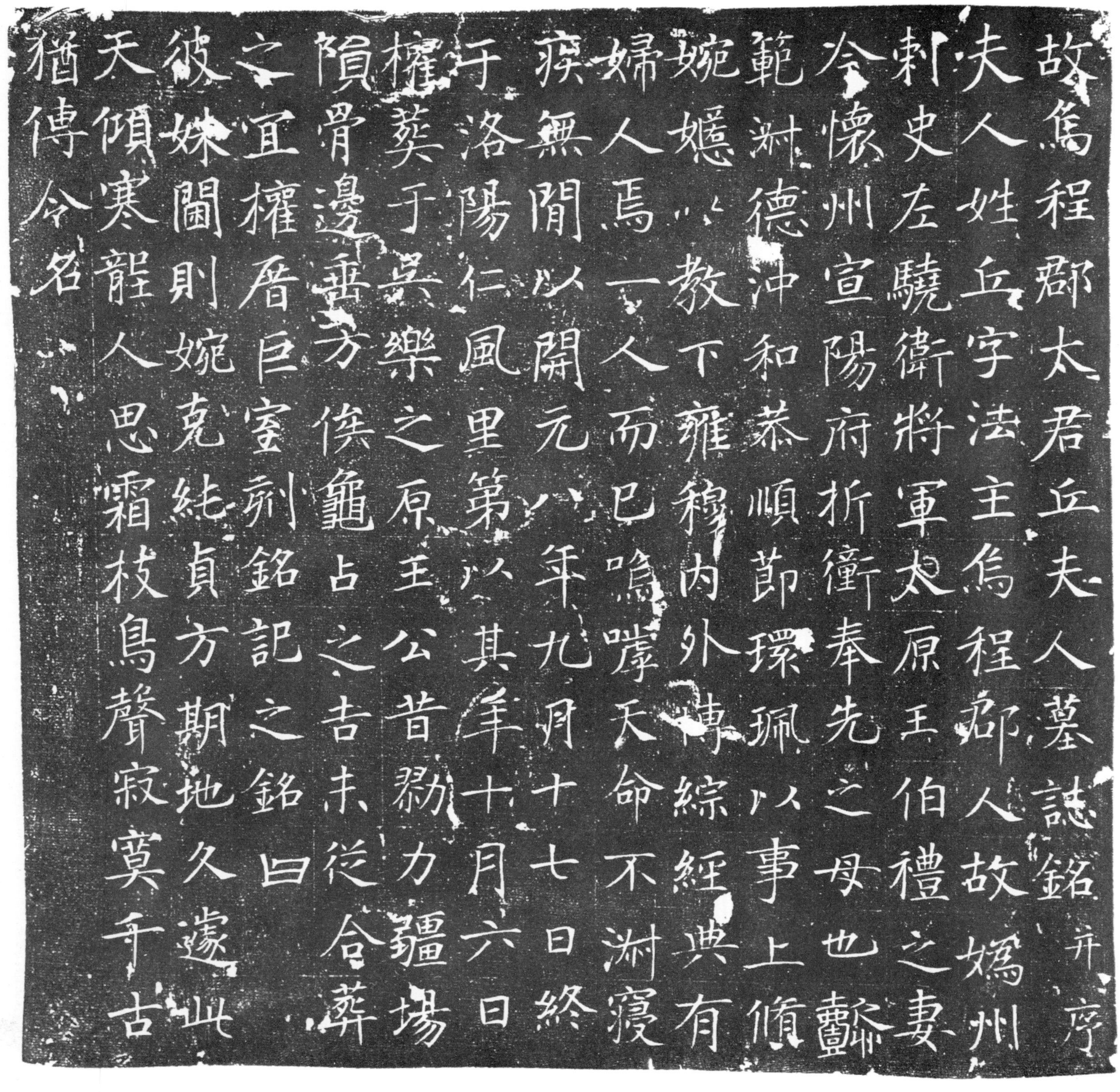
故烏程郡太君丘夫人墓誌銘并序
夫人姓丘字法主烏程郡人故嬀州
刺史左驍衛將軍太原王伯禮之妻
今懷州宣陽府折衝奉先之母也鄰
範淑德沖和恭順節環珮以事上脩
婉孄以教下雍穆内外博綜經典有
婦人焉一人而已嗚嘑天命不淑寢
疾無間以開元八年九月十七日終
于洛陽仁風里第以其年十月六日
權葬于吳樂之原王公昔勠力疆場
隕骨邊垂方俟龜占之吉未從合葬
之宜權厝巨室刻銘記之銘曰
彼姝闔則婉克純貞方期地久遽此
天傾寒龍人思霜枝鳥聲寂寞千古
猶傳令名

大唐故
丘夫人
墓誌銘

一六〇 唐王伯禮妻丘法主墓誌并蓋

故烏程郡太君丘夫人（法主）墓誌銘并序

高三十九、寬三十八釐米。十五行，行十四字。

蓋篆書三行九字。

開元八年（七二〇）九月十七日卒。十月六日葬。

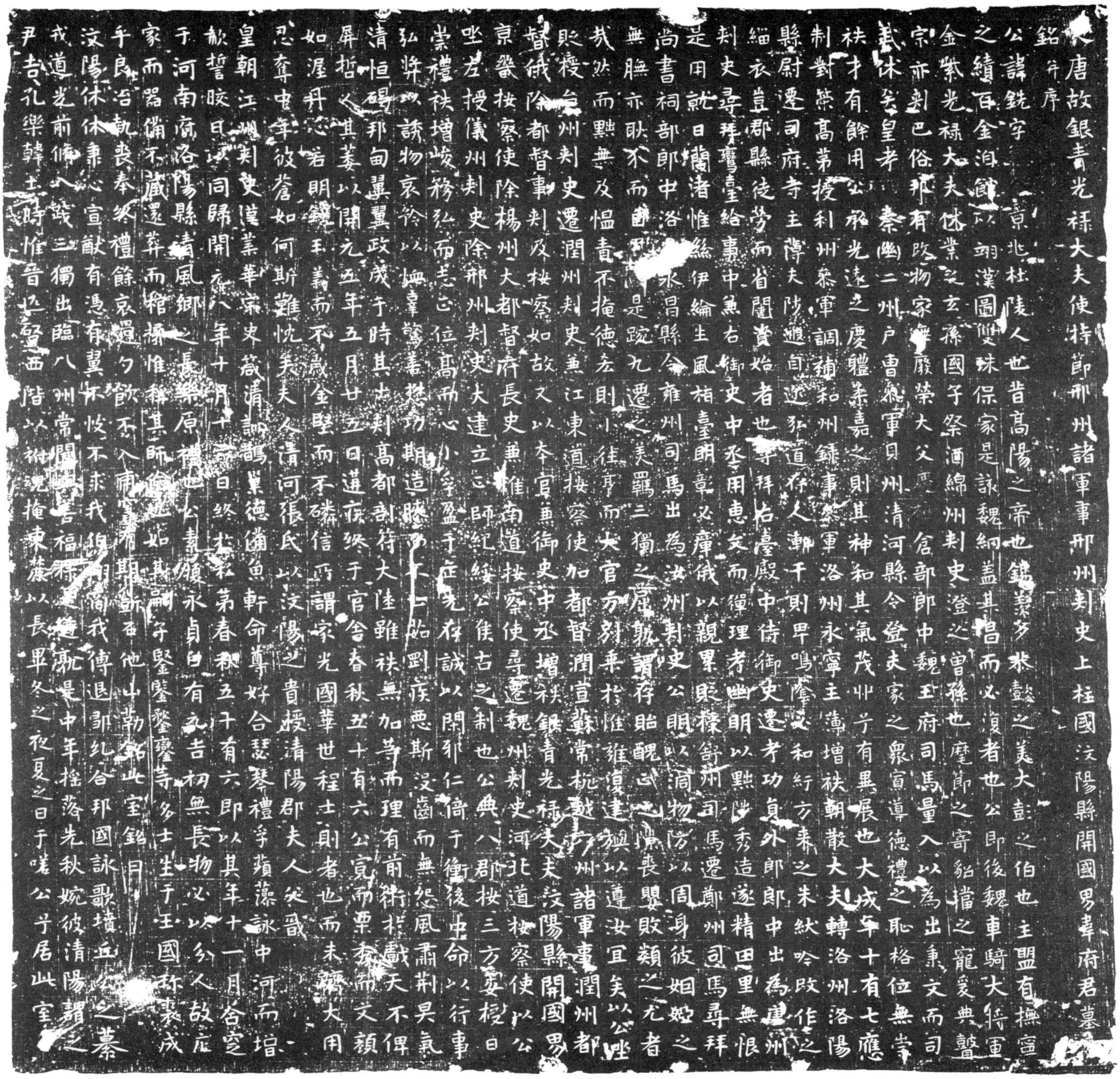

一六一

唐韋銑墓誌

大唐故銀青光禄大夫使持節邢州諸軍事邢州刺史上柱國汝陽縣開國男韋府君（銑）墓誌銘并序

高寬均六十三釐米。三十四行，行三十五字。

開元五年（七一七）五月二十五日卒。年五十六歲。夫人張氏開元八年（七二〇）十月十六日卒。年五十六歲。十一月合葬。

一六二 唐樊偘偘墓誌

大唐故太中大夫使持節都督梁鳳興洋等四州諸軍事守梁州刺史上柱國南陽樊公（偘偘）墓誌銘并序

朝議郎行秘書省秘書郎博陵崔尚撰。男（樊）恒書，時年一十六。

高寬均八十六釐米。三十一行，行三十一字。

開元七年（七一九）十一月二十七日卒。年六十二歲。夫人韋氏聖曆二年（六九九）十二月十六日卒。年二十八歲。開元九年（七二一）二月七日合葬。

一六三 唐丁元裕墓誌并蓋

大唐故使持節集州諸軍事集州刺史上柱國清河丁公（元裕）誌石文并序

男（丁）羽客撰序。丹陽甘思齊書序。

（丁）羽客書銘并蓋篆。

高寬均六十八釐米。三十二行，行三十二字。

蓋篆書陽文三行九字。

開元八年（七二〇）十一月一日卒。年五十七歲。開元九年（七二一）二月二十五日葬。

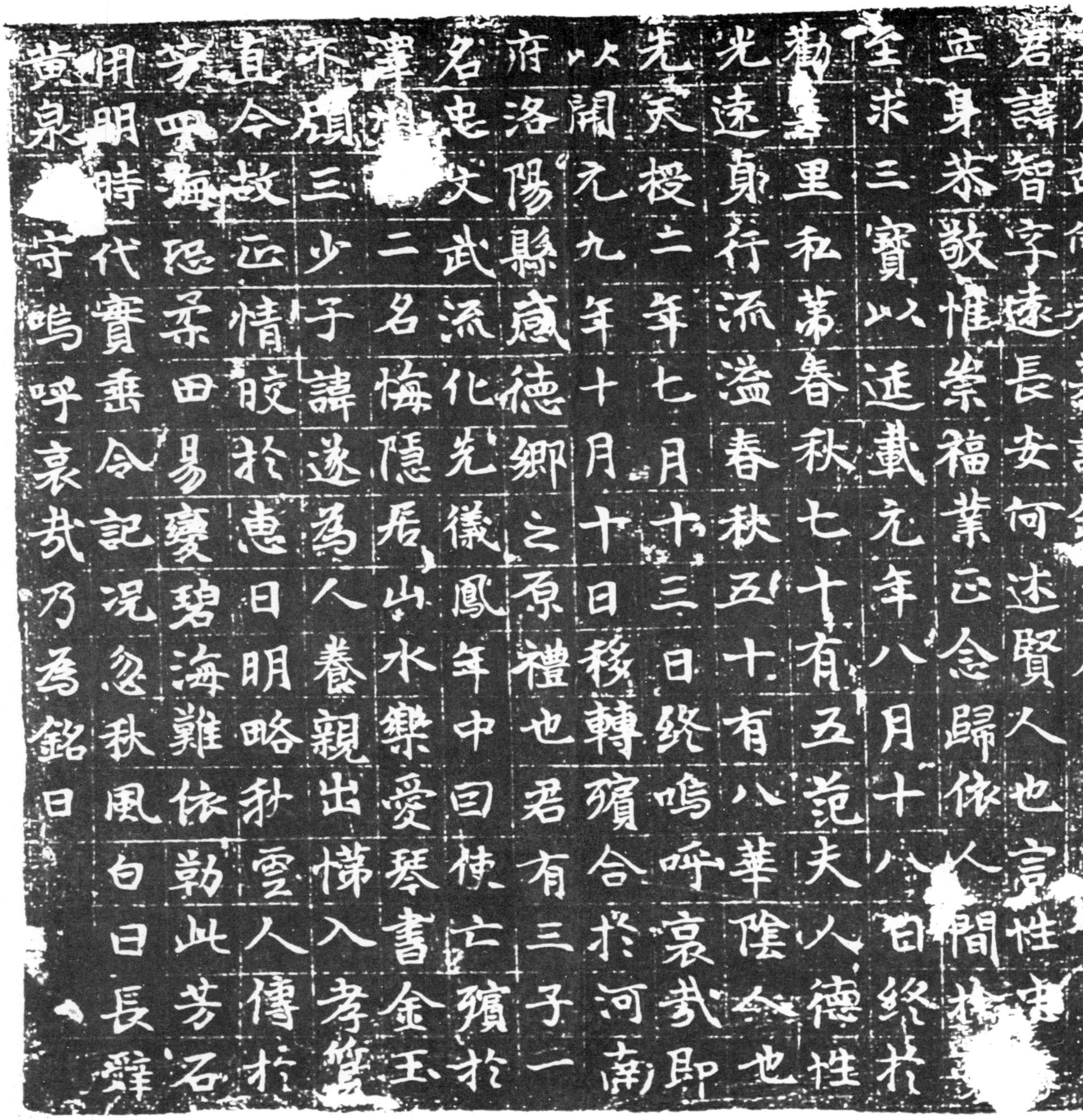
大唐故何君墓誌銘并序
君諱智字遠長安何述賢人也言性忠
立身恭敬惟崇福業正念歸依人間推[illegible]
重求三寶以延載元年八月十八日終於
勸善里私第春秋七十有五范夫人德性
光遠貞行流溢春秋五十有八華陰人也
先天授二年七月十三日終嗚呼哀哉即
以開元九年十月十日移轉殯合於河南
府洛陽縣感德鄉之原禮也君有三子一
名忠文武流化先儀鳳年中曰使亡殯於
業[illegible]二名悔隱居山水樂愛琴書金玉
不[illegible]三少子諱遂為人養親出悌入孝篤
直令故正情貽於惠日明略秋雲人傳於
芳四海怨桑田易變碧海難依勒此芳石
用明時代寶垂令記況忽秋風白日長辭
黄泉守嗚呼哀哉乃為銘曰

大唐故
何府君
墓誌銘

一六四　唐何智墓誌并蓋

大唐故何君（智）墓誌銘并序

高寬均三十釐米。十六行，行十六字。

蓋篆書三行九字。

延載元年（六九四）八月十八日卒。年七十五歲。夫人范氏天授二年（六九一）七月十三日卒。年五十八歲。開元九年（七二一）十月十日合葬。

唐故濟州陽穀縣丞盧府君誌銘并序
公諱思順字公子涿郡范陽人也自呂望封齊高奚食菜代有
著姓爵為廿家曾祖懷仁神農郡守祖彥卿 皇朝東宮學士
父方壽并州榆次縣丞並龍躍鳳鳴川渟岳峙故鄉尚在已表
德於先賢盛業必傳載流芳於後業公榆次府君第三子也生
而聰明幼挺岐嶷強學以待問脩辭以立誠口無擇言行有餘
力解褐任鄆州壽張縣丞轉濟州陽穀縣丞久棲卑位頻佐列
蕃梁棟既歎於勞人趙溫豈安於雌伏方當振刷雲翮騰摩天
階未縮南圖之翰遽戢西崦之晷道之不行子罕言命以大足
元年七月七日遘疾終於鄭州中牟縣之別業春秋六十有七
夫人清河崔氏齊開府參軍晏之孫 皇海州[illegible]仁主簿公瑶
之女稟柔嘉之德生禮義之門輔佐君子載宜家室道悠運促
物在人非以久視元年六月十日終於鄭州中牟縣之私第享
年五十有[illegible]有子長曰瞻前太子校書次曰履讓前淄[illegible]參軍
陟怙無依昊天罔極仲由之祿恨不逮於榮親高柴之[illegible]空
[illegible]於泣血宅遷東士北在西階雖異及周之文允得合[illegible]之義
師以開元九年十月十一日合葬於河南府緱氏縣通谷[illegible]
平原禮也不還謂達何必首丘有德是傳式茲銘石詞曰
[illegible]揆我祖累載徽猷既分四嶽復建營丘家曰避難德表封[illegible]
[illegible]葉世濟其休其一倬彼君子黃中通理德以象賢學而成
言行無擇詞華獨美施於有政[illegible]之柔矣其二[illegible]成九德[illegible]重
[illegible]傾始屈卑位翻摧令名風吟薤曲月照松塋一絕龍影長悲
鳳聲其三且有如賓作嬪廿[illegible]昔悲異壤今則同穴焉援早孤高
紫泣血白日長閑幽泉永[illegible]其四

一六五　唐盧思順墓誌

唐故濟州陽穀縣丞盧府君（思順）墓誌銘并序

高四十八、寬四十九釐米。二十四行，行二十四字。

大足元年（七〇一）七月七日卒。年六十七歲。夫人崔氏久視元年（七〇〇）六月十日卒。年五十□歲。開元九年（七二一）十月十一日合葬。

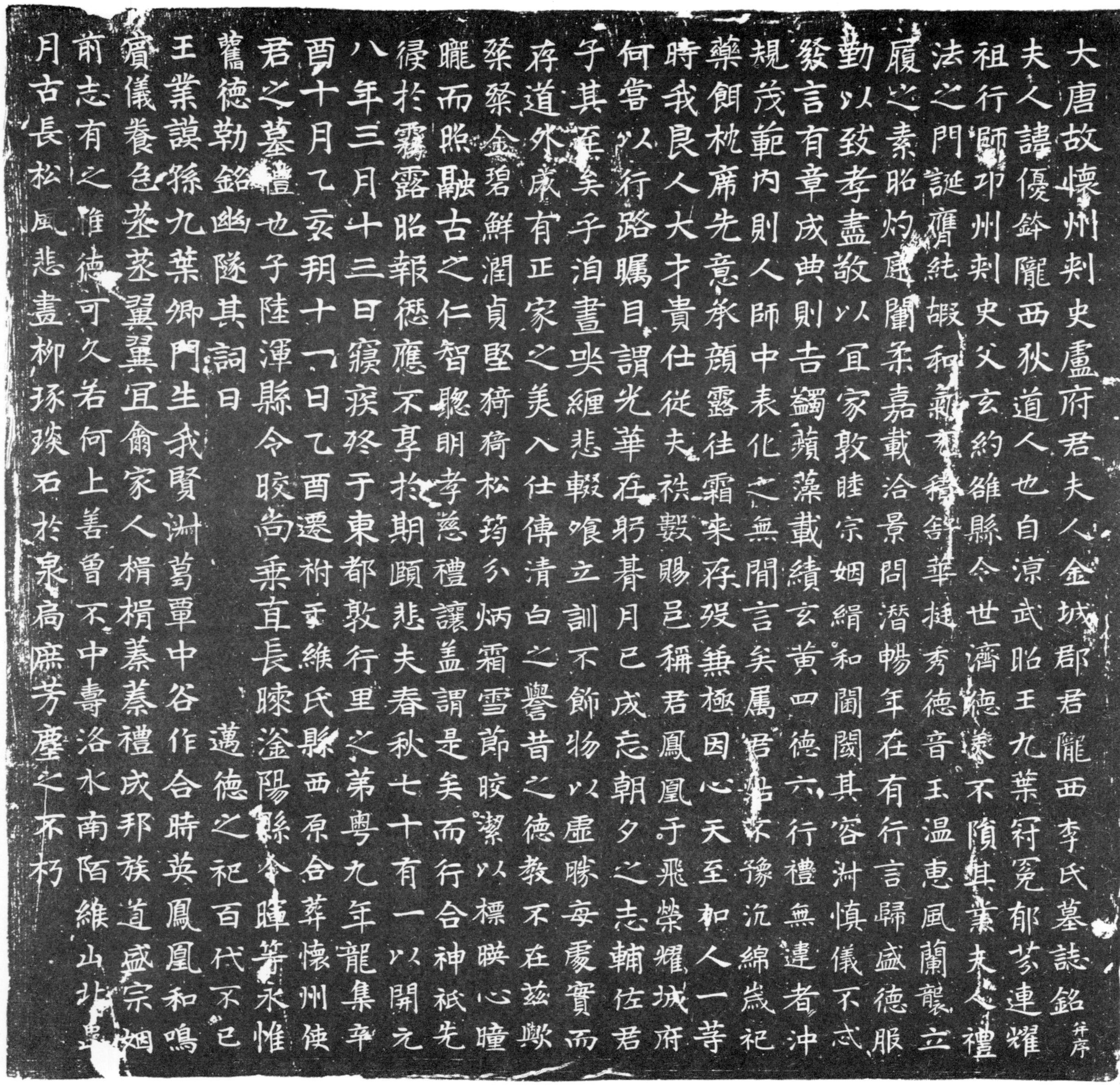
大唐故懷州刺史盧府君夫人金城郡君隴西李氏墓誌銘并序
夫人諱優鉢隴西狄道人也自涼武昭王九葉冠冕郁芬連耀
祖行師邛州刺史父玄約雒縣令世濟德業不隕其業夫人禮
法之門誕膺純嘏和氣積斜華挺秀德音玉溫惠風蘭襲立
履之素昭灼庭闈柔嘉載洽景問潛暢年在有行言歸盛德服
勤以致孝盡敬以宜家敦睦宗姻緝和閨閫其容淑慎儀不忒
發言有章成典則吉蠲蘋藻載績玄黃四德六行禮無違者沖
規茂範內則人師中表化之無間言矣屬君出宰豫沉綿歲祀
藥餌枕席先意承顏露往霜來存歿兼極因心天至知人一等
時我良人大才貴仕從夫祿數賜邑稱君鳳凰于飛榮耀城府
何嘗以行路屬目謂光華在躬朞月已成忘朝夕之志輔佐君
子其在矣乎洎晝哭緬悲輟飡立訓不飾物以虛勝每處實而
存道外成有正家之美入仕傳清白之譽昔之德教不在茲歟
棨棨金碧鮮潤貞堅猗猗松筠分炳霜雪節皎潔以標映心瞳
朧而照融古之仁智聰明孝慈禮讓蓋謂是矣而行合神祇先
侵於霧露昭報愆應不享於期頤悲夫春秋七十有一以開元
八年三月十三日寢疾終于東都敦行里之第粤九年龍集辛
酉十月乙亥朔十一日乙酉遷祔于維氏縣西原合葬懷州使
君之塋禮也子陸渾縣令皎尚乘直長晾滏陽縣令暉等永惟
舊德勒銘幽隧其詞曰 邁德之祀百代不已
王業謨孫九葉卿門生我賢淑葛覃中谷作合時英鳳凰和鳴
賓儀養色荎荎翼翼宜爾家人榾榾蓁蓁禮成邦族道盛宗姻
前志有之惟德可久若何上善曾不中壽洛水南陌緱山北與
月古長松風悲晝柳琢琰石於泉扃庶芳塵之不朽

一六六 唐盧夫人李優鉢墓誌

大唐故懷州刺史盧府君夫人金城郡君隴西李氏（優鉢）墓誌銘并序

高寬均六十釐米。二十四行，行二十四字。

開元八年（七二〇）三月十三日卒。年七十一歲。開元九年（七二一）十月十一日合葬。

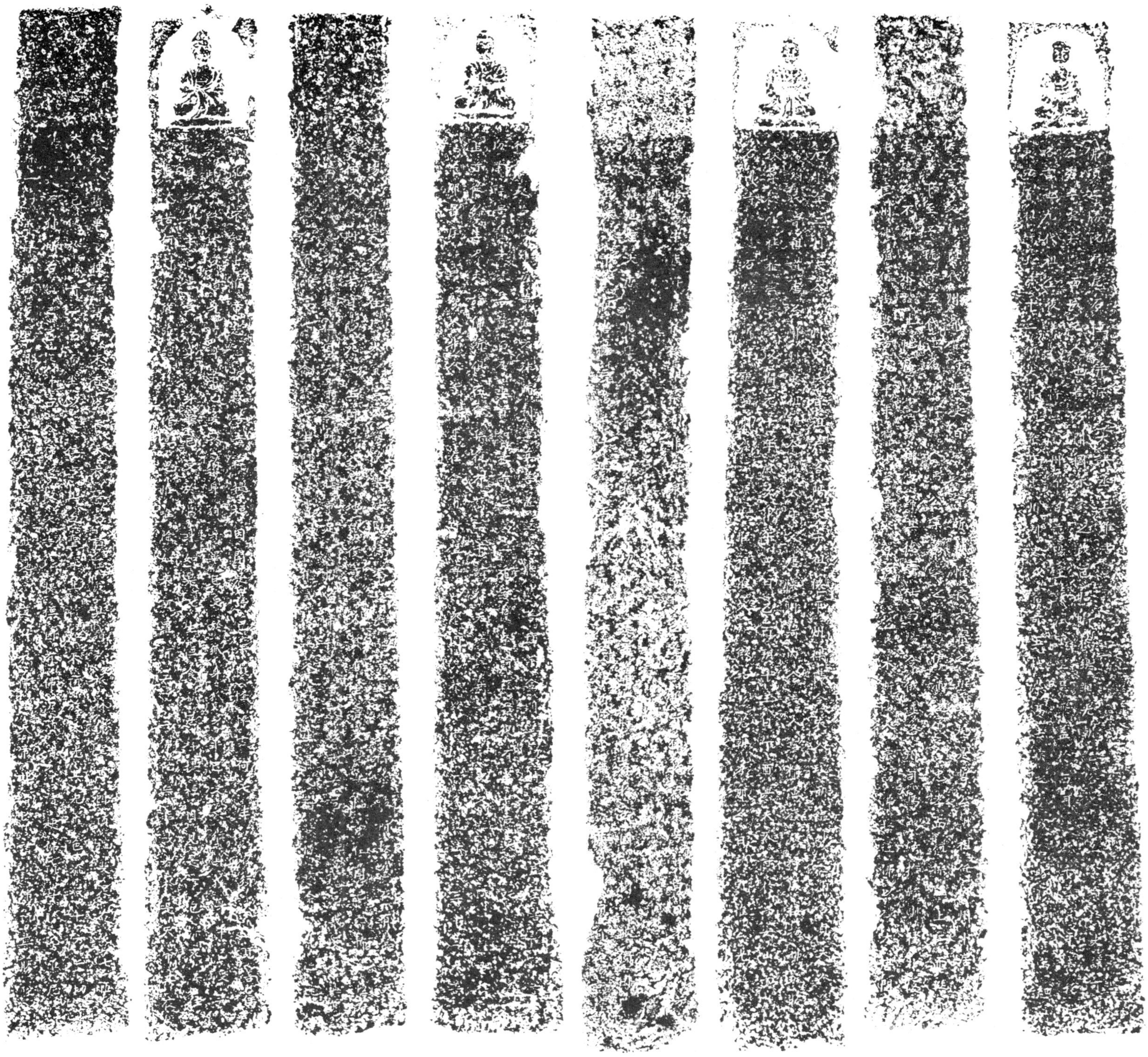

一六七 佛頂尊勝陀羅尼石幢贊并序

大樂丞王維書。

幢石八面柱形。高一百七十釐米，上寬十四、下寬十七釐米。三十二行，行三十八字。

開元十年（七二二）四月十三日。

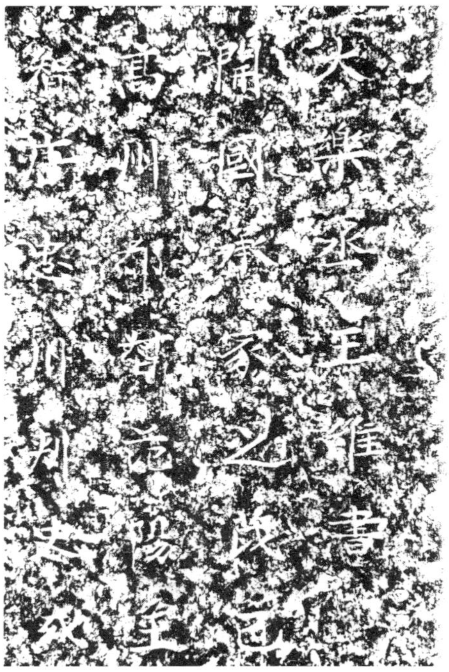

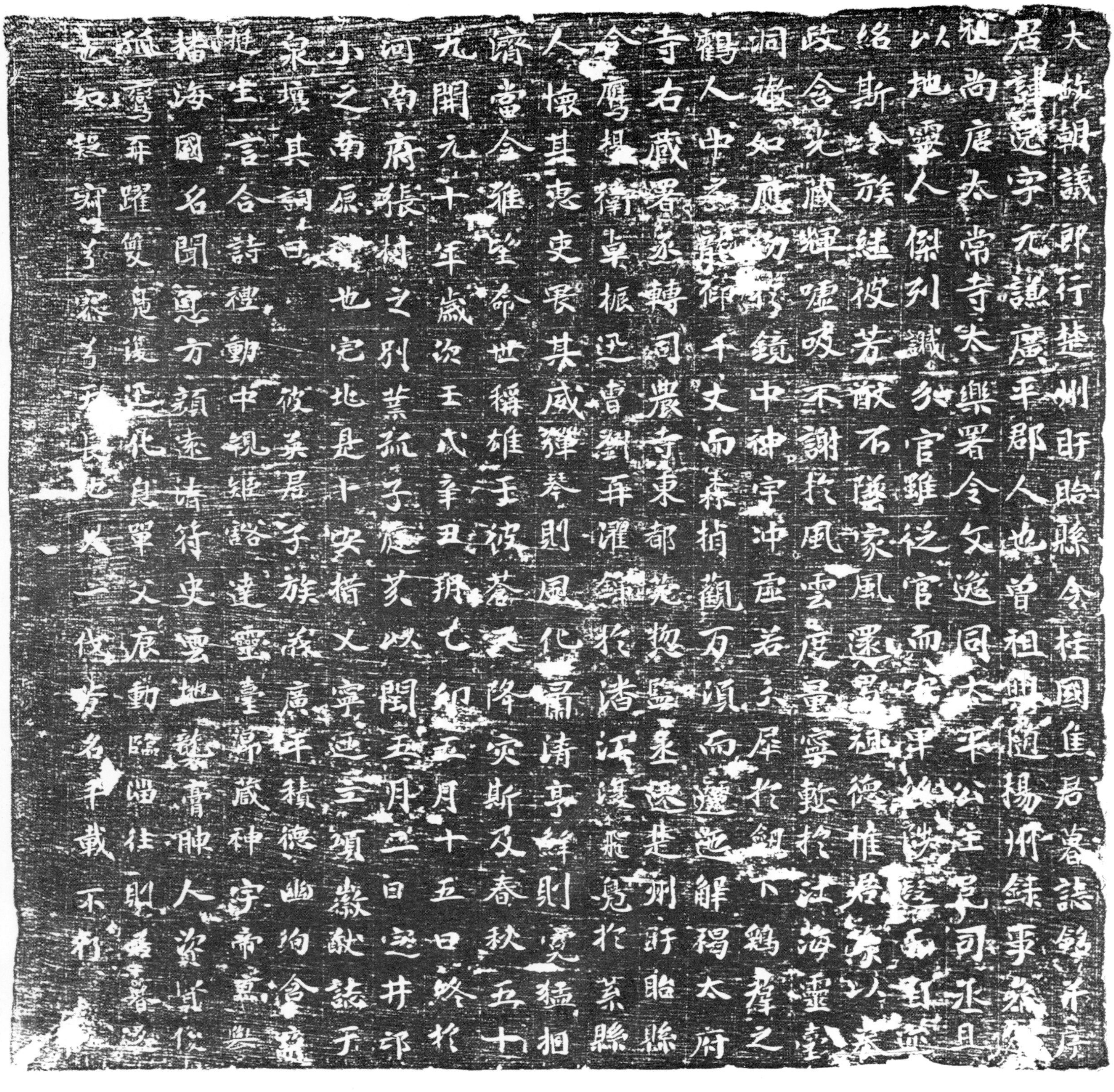

一六八　唐焦逸墓誌并蓋

大（唐）故朝議郎行楚州盱眙縣令柱國焦君（逸）墓誌銘并序

高寬均四十一釐米。二十行，行二十一字。

蓋篆書三行九字。

開元十年（七二二）五月十五日卒。年五十九歲。閏五月二日葬。

一六九　唐竇舜舜墓誌并蓋

大唐嗣趙王故妃竇氏（舜舜）墓誌銘并序

高寬均五十四釐米。二十七行，行二十七字。

蓋篆書三行九字。

開元十年（七二二）十月十二日卒。年四十三歲。十一月二十九日葬。

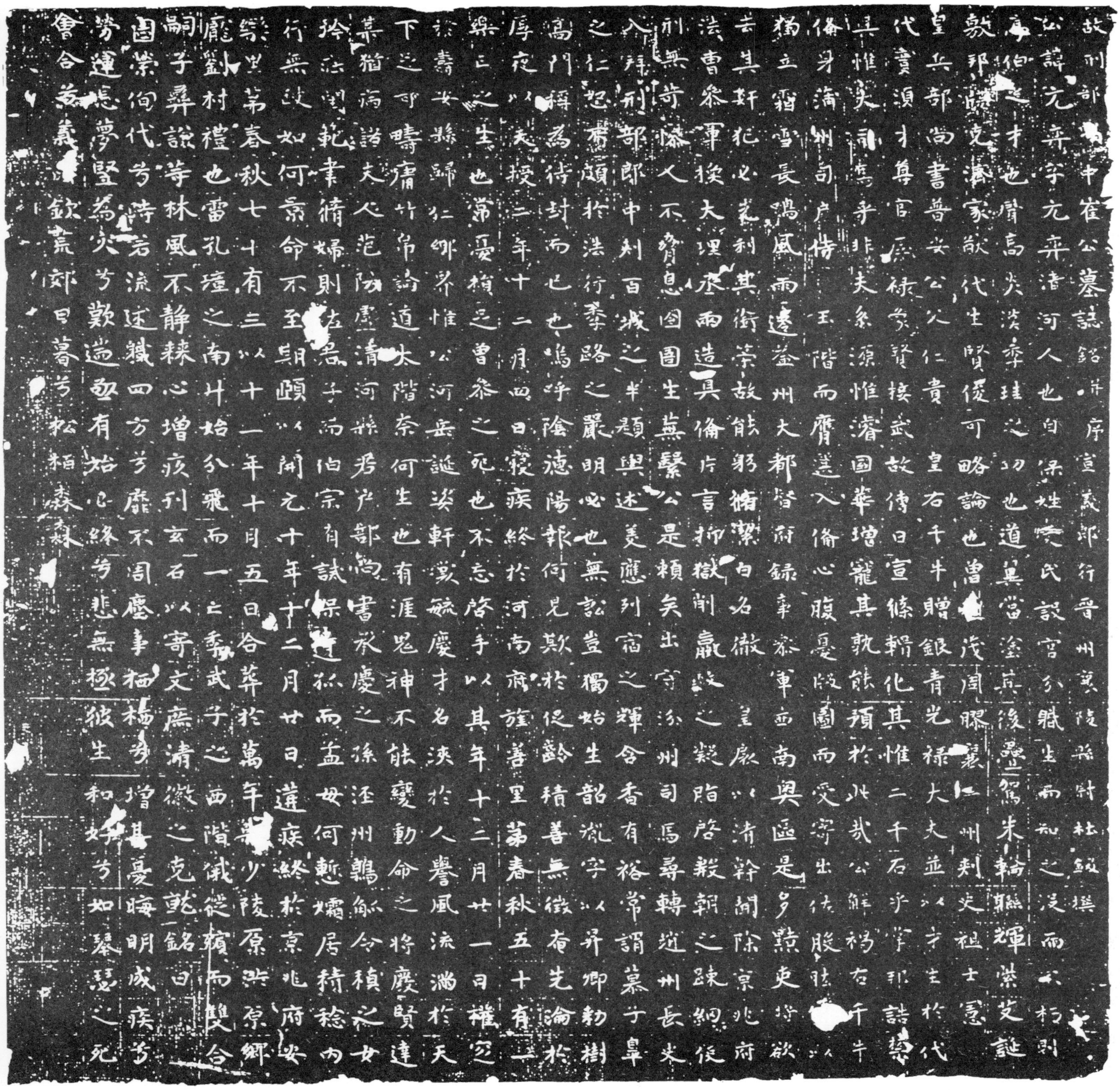

一七〇　唐崔元弈墓誌并蓋

故刑部郎中崔公（元弈）墓誌銘并序

宣議郎行晉州襄陵縣尉杜鈒撰。

高寬均五十九釐米。二十八行，行二十九字。

蓋篆書三行九字。

天授二年（六九一）十二月四日卒。年五十一歲。十二月二十一日權葬。夫人盧氏開元十年（七二二）十二月二十日卒。年七十三歲。開元十一年（七二三）十月五日合葬。

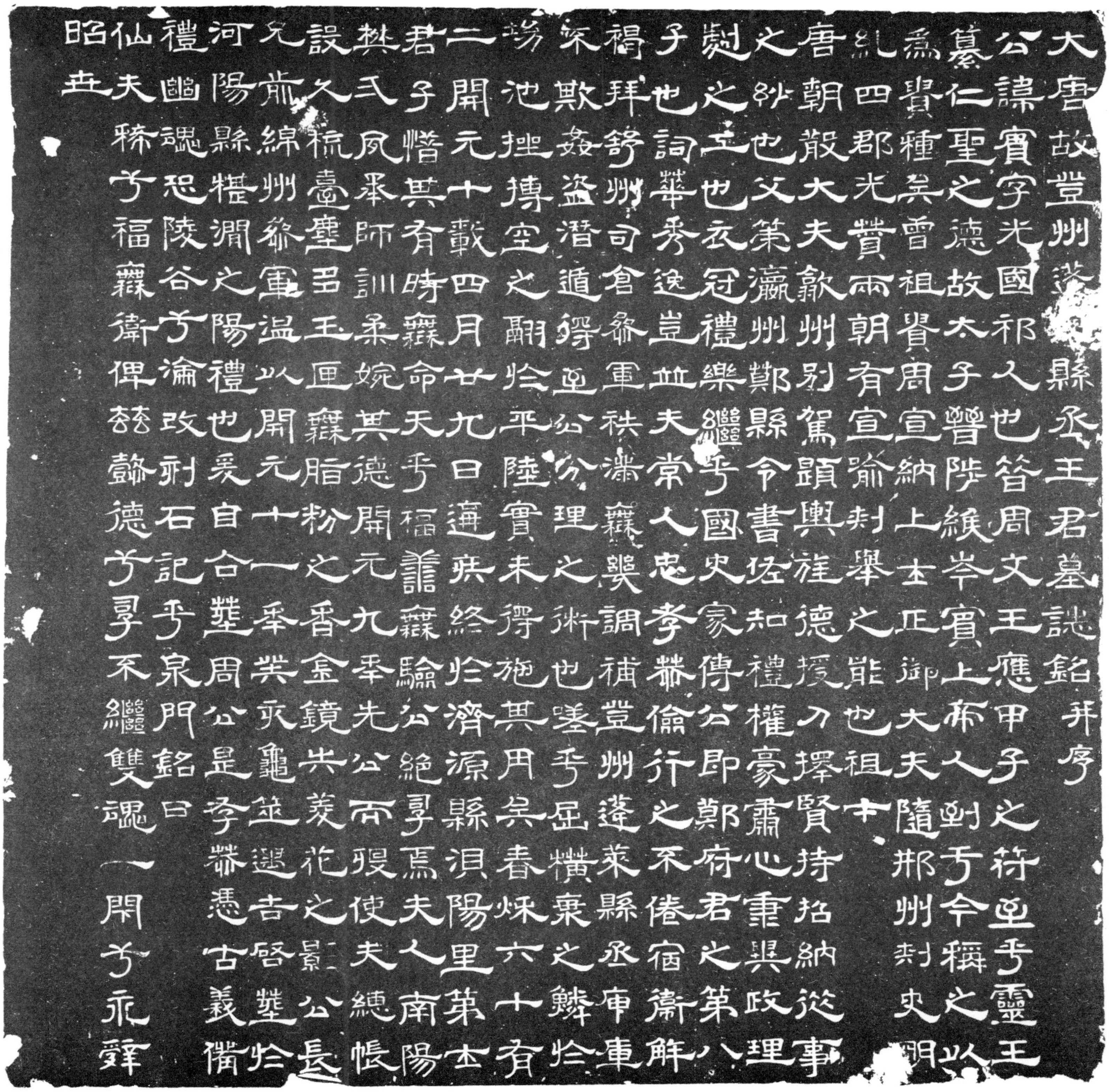

一七一

唐王賓墓誌

大唐故登州蓬萊縣丞王君（賓）墓誌銘并序

高寬均五十一釐米。隸書，二十一行，行二十二字。

開元十年（七二二）四月二十九日卒。年六十二歲。開元十一年（七二三）葬。

大唐故濟州盧縣令袁公墓誌銘并序
君諱愔字恂汝南人也故兗州都督緯之曾孫祖故
周王府典軍諱生貝州司法處福之仲子昔在炎漢
累葉台衡洎乎典午聞居方伯盛德之後代有仁賢
公萑襲純嘏含章光大生而瓌傑長實温恭資忠信
以立身執柔謙以守道學不師受墳素畢精書乃天
成草隸兼妙弱歲孝廉擢第補相州參軍轉齊州司
士參御之職妙擇於材華士司之官務先於靜慎公
臨下以簡御衆以寬廉讓之風所居則化遷濟州盧
縣令綏之固存蠲虐去暴邑乃無訟穀則有年濁河
之南欽惠訓者咸若滄海之右聞清風而景從且寢
疾彌留降年不永享年五十七以開元十一年六月
四日終於盧縣官舍宣尼未沒先夢奠於兩楹晉后
將終竟流災於二豎以開元十二年十一月四日窆
於河南府龍門山之西原禮也嗚呼長安宅家光振
嗣子痛風枝之不靜悲陟岵而無依思讚芳猷銘諸
金石詞曰
於穆君子風儀允咸學優從政綬服斯章作宰河縣
視人如傷降年不永今也則亡魂依罩洛柩返惟桑
壟煙彌漫泉大禁黃蒿古誰在悲風白楊

一七二　唐袁愔墓誌

大唐故濟州盧縣令袁公（愔）墓誌銘并序

高寬均六十釐米。二十行，行二十字。開元十一年（七二三）六月四日卒。年五十七歲。開元十二年（七二四）十一月四日葬。

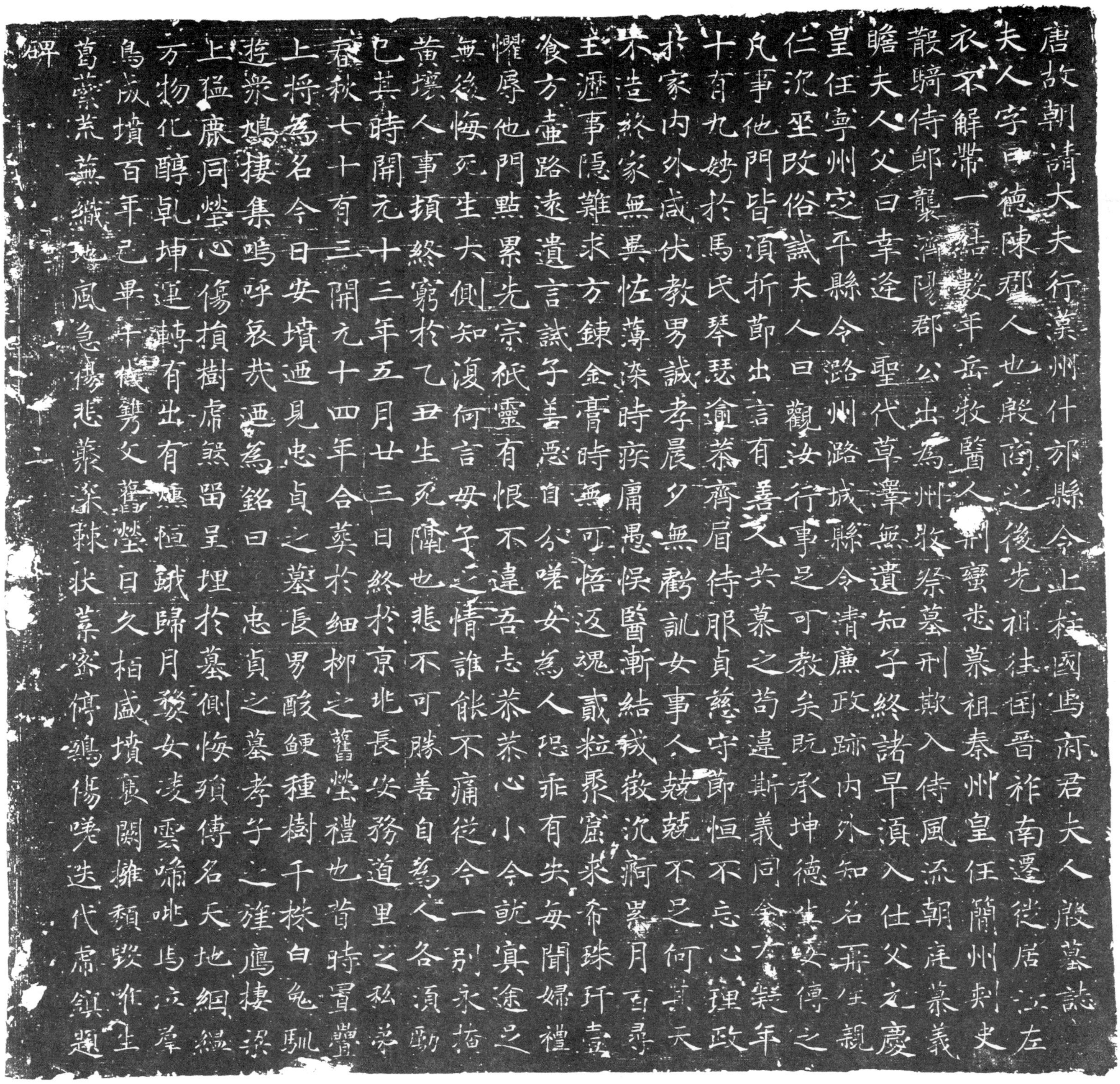

唐故馬
府君夫
人墓誌

一七三　唐馬夫人殷日德墓誌并蓋

唐故朝請大夫行漢州什邡縣令上柱國馬府君夫人殷（日德）墓誌

高寬均六十二釐米。二十五行，行二十五字。

蓋篆書三行九字。

開元十三年（七二五）五月二十三日卒。年七十三歲。開元十四年（七二六）合葬。

一七四　唐裴友直妻封氏墓誌

有唐平原夫人墓誌銘并序

著作郎吕向撰。宋儋書。

高四十五、寬四十六釐米。二十四行，行二十四字。

開元十四年（七二六）八月十七日卒。年五十七歲。開元十五年（七二七）二月二十九日葬。

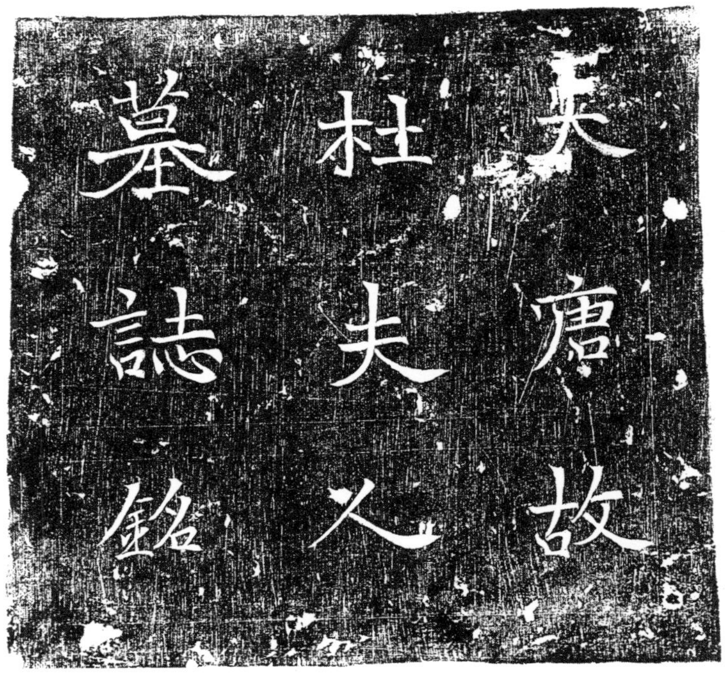
大唐故
杜夫人
墓誌銘

一七五　唐杜氏墓誌并蓋

[大]唐朝散大[夫]行益州蜀縣令故夫人京兆杜氏墓誌

高寬均四十二釐米。二十四行，行二十四字。

蓋三行九字。

載初二年（六九〇）七月二十四日卒。年二十七歲。開元十五年（七二七）九月三日葬。

唐故杜
府君夫
人墓誌

一七六　唐杜表政妻裴氏墓誌并蓋

大唐沁州司馬杜府君（表政）夫人裴氏墓誌銘并序

登仕郎行坊州鄜城縣尉韋璞玉撰。

高寬均四十五釐米。二十一行，行二十一字。

蓋篆書三行九字。

開元十四年（七二六）六月二十一日卒。年[九]十一歲。六月權葬。開元十五年（七二七）九月三日還葬。

一七七 唐賀拔裕墓誌并蓋

大唐故左威衛長史河南賀拔府君（裕）墓誌銘并序

高五十點五、寬五十二點五釐米。二十六行，行二十七字。

蓋篆書三行九字。

永淳二年（六八三）五月十一日卒。權葬。夫人崔氏開元五年（七一七）七月十四日卒。開元十五年（七二七）十月五日合葬。

大唐故
賀拔府
君墓誌

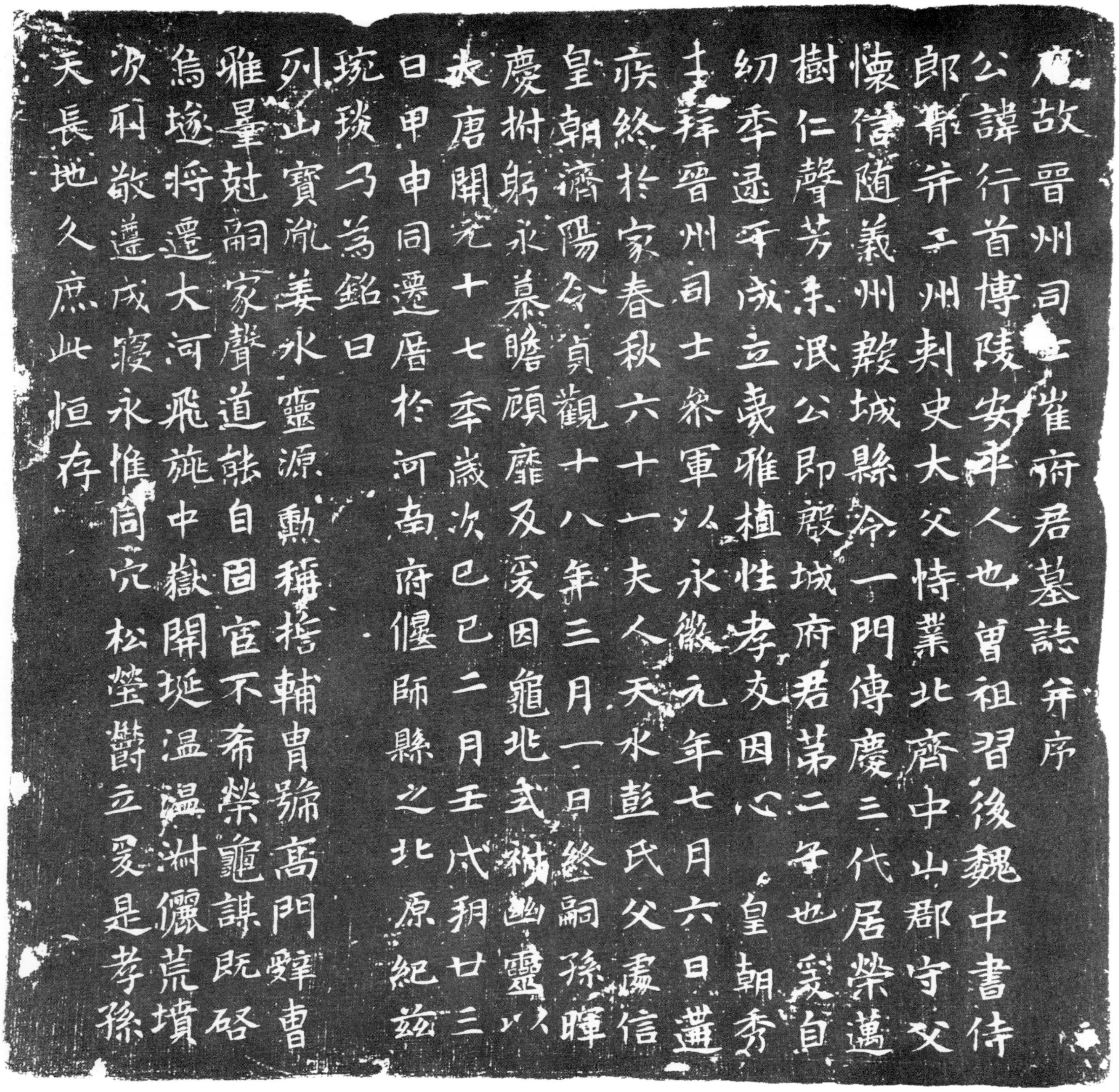
唐故晉州司士崔府君墓誌并序
公諱行首博陵安平人也曾祖習後魏中書侍
郎祖并州刺史大父恃業北齊中山郡守父
懷信隨義州穀城縣令一門傳慶三代居榮邁
樹仁聲芳未泯公即穀城府君第二子也爰自
幼年逮乎成立秉雅植性孝友因心皇朝秀
才拜晉州司士參軍以永徽元年七月六日薨
疾終於家春秋六十一夫人天水彭氏父處信
皇朝濟陽令貞觀十八年三月一日終嗣孫暉
慶拊躬永慕瞻顧靡及爰因龜兆式祔幽靈以
大唐開元十七年歲次己巳二月壬戌朔廿三
日甲申同遷厝於河南府偃師縣之北原紀茲
琬琰乃爲銘曰
列山寶胤姜水靈源勳稱搢輔胄號高門辭曹
雅量魁嗣家聲道能自固宦不希榮龜謀既啓
爲遂將遷大河飛旆中嶽開埏溫溫淑儷荒墳
次列敬遷成寢永惟同穴松塋鬱立爰是孝孫
天長地久庶此恒存

一七八　唐崔行首墓誌

唐故晉州司士崔府君（行首）墓誌并序

高寬均三十五釐米。十八行，行十八字。永徽元年（六五〇）七月六日卒。年六十一歲。夫人彭氏貞觀十八年（六四四）三月一日卒。開元十七年（七二九）二月二十三日合葬。

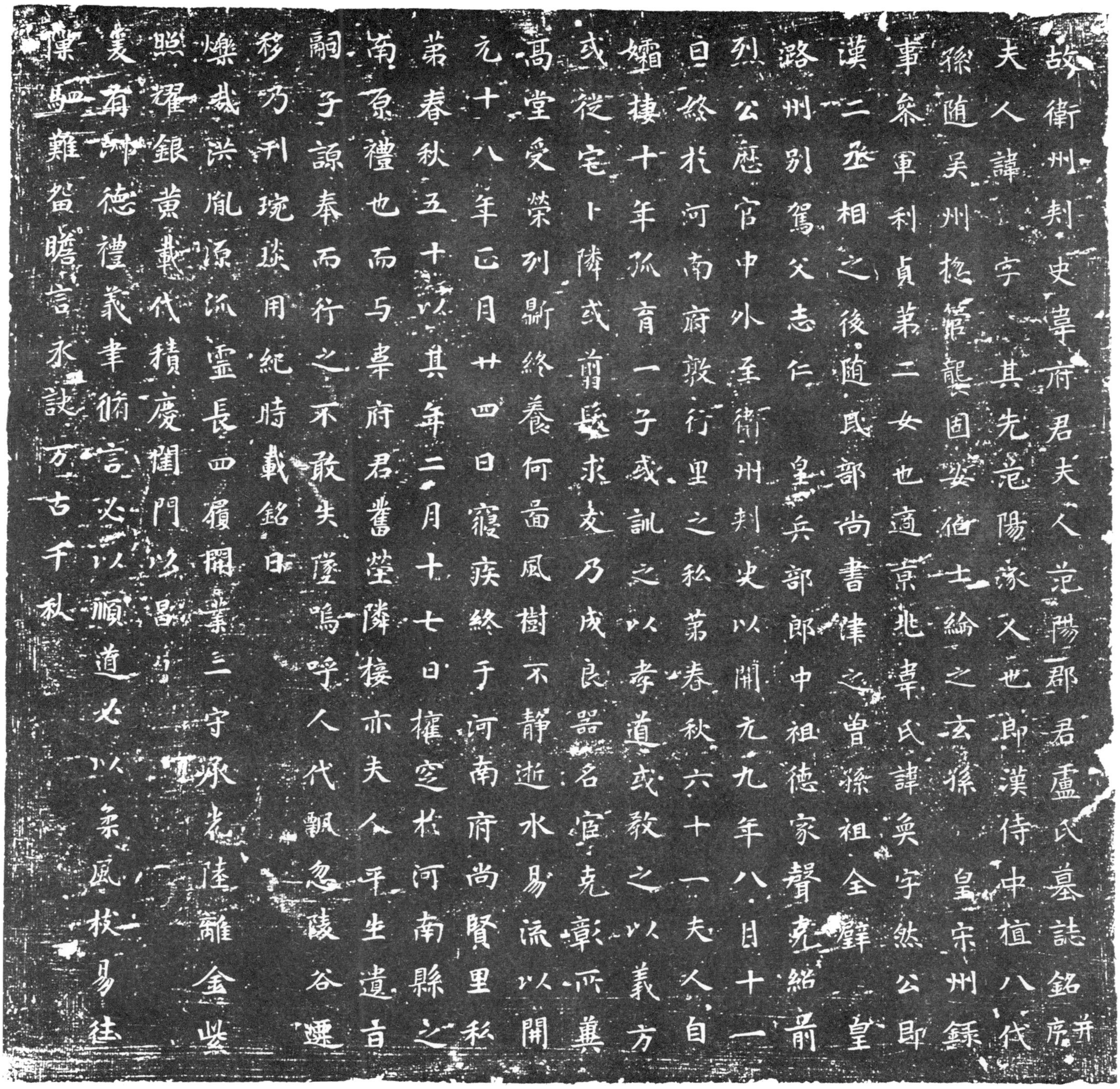

一七九　唐韋奂妻盧氏墓誌并蓋

故衛州刺史韋府君（奂）夫人范陽郡君盧氏墓誌銘并序

高寬均四十七釐米。二十行，行二十字。蓋篆書三行九字。

韋奂開元九年（七二一）八月十一日卒。年六十一歲。夫人盧氏開元十八年（七三〇）正月二十四日卒。年五十歲。二月十七日葬。

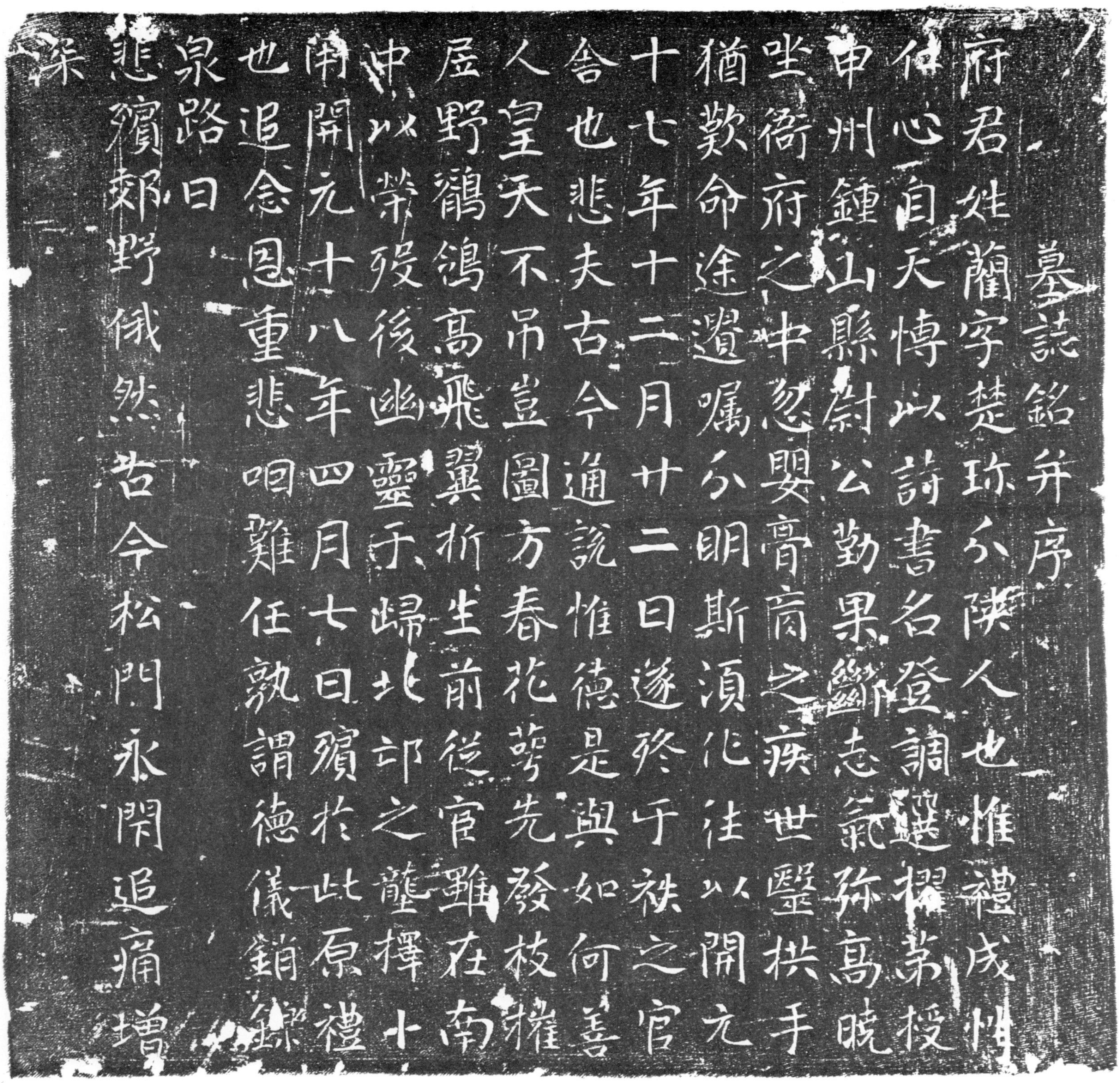

墓誌銘并序
府君姓蘭字楚珎分陝人也惟禮成性
仁心自天博以詩書名登調選擢第授
申州鍾山縣尉公勤果斷志氣弥高晚
坐衛府之中忽嬰膏肓之疾世醫拱手
猶歎命途邅囑分明斯須化往以開元
十七年十二月廿二日遂終于袂之官
舍也悲夫古今通說惟德是與如何善
人皇天不弔豈圖方春花萼先發枝摧
屋野鶺鴒高飛翼折生前從宦雖在南
中以榮殁後幽靈于歸北邙之隴擇十
閈開元十八年四月七日殯於此原禮
也追念恩重悲咽難任孰謂德儀銷鑠
泉路曰
悲殯郊野儀然昔今松門永閉追痛增
深

大唐故
蘭府君
墓誌銘

一八〇 唐蘭楚珎墓誌并蓋

（蘭楚珎）墓誌銘并序

高寬均三十釐米。十六行，行十五字。

蓋篆書三行九字。

開元十七年（七二九）十二月二十二日卒。開元十八年（七三〇）四月七日葬。

一八一

唐劉希墓誌

大唐劉君（希）墓誌之銘

高寬均五十四釐米。二十二行，行二十二字。

開元十四年（七二六）四月卒。年六十六歲。開元十八年（七三〇）四月十八日葬。

蔡夫人墓誌銘并序
聞夫古先淑媛宜其家室史載鳴鳳之徵詩
河魴之欲王中饋者繼於此焉夫人字善善唐
揚州江平府別將之女世累高德家遵休風夔
彼慶餘光此淑問夫其蘊儀藻裕濯思斟和質
以玉鮮氣以蘭茂信獨立於時矣年十九歸于
簡氏始稱令女名章君子之門終以賢妻義遠
梁鴻之室自結姻數載舉按成規謹而事夫無
窺婦德數之以如賓期之以偕老嗟乎天豈其
德而不與其壽奄然弃世二宗無光以開十九
年八月廿八日終于懷仁坊私第春秋廿有六
九月十四日葬于洛陽建春門東感德鄉高村
東南之原禮也洛川之南伊水之北吉晨良卜
於斯擇得乃為銘曰
奉蒿詎問亨地猶躡金閨已閉玉棺新開脂粉
無用琴箏可惜一去高堂九泉長夕冥田漠寞
墳壠巍巍一旦桃李千秋綺羅韶儀永靜樹懿
滅多有生必死傷如之何

一八二 唐簡夫人蔡善善墓誌

蔡夫人（善善）墓誌銘并序

高寬均三十六釐米。十八行，行十八字。

開（元）十九年（七三一）八月二十八日卒。年二十六歲。九月十四日葬。

大唐故雲麾將軍左監門衛將軍上柱國趙國公長孫府君墓誌銘并序

大唐故
長孫府
君墓誌

一八三 唐長孫元翼墓誌并蓋

大唐故雲麾將軍左監門衛將軍上柱國趙國公長孫府君（元翼）墓誌銘并序

高七十四、寬七十二釐米。三十行，行三十三字。

蓋篆書三行九字。

開元十一年（七二三）八月九日卒。年六十九歲。九月二十三日葬。夫人崔氏開（元）二十年（七三二）四月十一日卒。十月十六日祔葬。

注：舊誌磨後又刻。

一八四　唐趙夫人楊麗墓誌并蓋

唐嵐州趙長史妻故楊夫人（麗）墓誌銘并序

高寬均四十二釐米。十六行，行十六字。蓋篆書三行九字。

開元二十年（七三二）十二月十八日卒。年六十七歲。開元二十一年（七三三）正月七日葬。

唐故右領軍兵曹馬府君墓誌銘并序
維唐故扶風馬公光璆歲卌有九罷職於河南
私第開元廿一載癸酉夏六月廿五日東首
歸終其年十二月廿八日葬于河陽縣韓城鄉
之三泉里禮也惟公承累仁之令緒襲積德之
靈苗昭灼勳庸光暎圖史則我烈曾贈洺州長
史奕烈祖銀青光祿大夫安府都督九府烈考
正議大夫安府都督堯麾之世業累德已業重
光四賢公英邁自天允重氣使以忠易為志用
義然為己任年十五以門胄任右千牛袟滿授
右領軍兵曹叅軍以公事左授陵州司戶十九
年改授鄭府戶曹叅竟不之任無何丁安州府
君艱藥棘在容柴病弥載眼竟遂成沉痼不起
所疾公以太夫人在堂痛不終養臨危淚恨哀
切賓御設不忘孝嗚呼哲人嗣子鵾禮過成人
有足哀者銘曰
白璧明珠匪邦之珍聞義能斷吾見斯人如何
不壽早世𨽻淪于嗟馬公獨不痕瑑孤石芳塵
窮塵地久天長德弥新

唐故馬府君墓誌銘

一八五　唐馬光璆墓誌并蓋

唐故右領軍兵曹馬府君（光璆）墓誌銘并序

高寬均三十二釐米。十九行，行十八字。蓋篆書三行九字。

開元二十一年（七三三）六月二十五日卒。年三十九歲。十二月二十八日葬。

一八六　唐張仁倫墓誌

大唐故昌州帶方府果毅輕車都尉南陽張公（仁倫）墓誌并序

高五十一、寬五十釐米。二十二行，行二十三字。咸亨三年（六七二）八月二十九日卒。年五十歲。開（元）二十二年（七三四）八月十四日合葬。

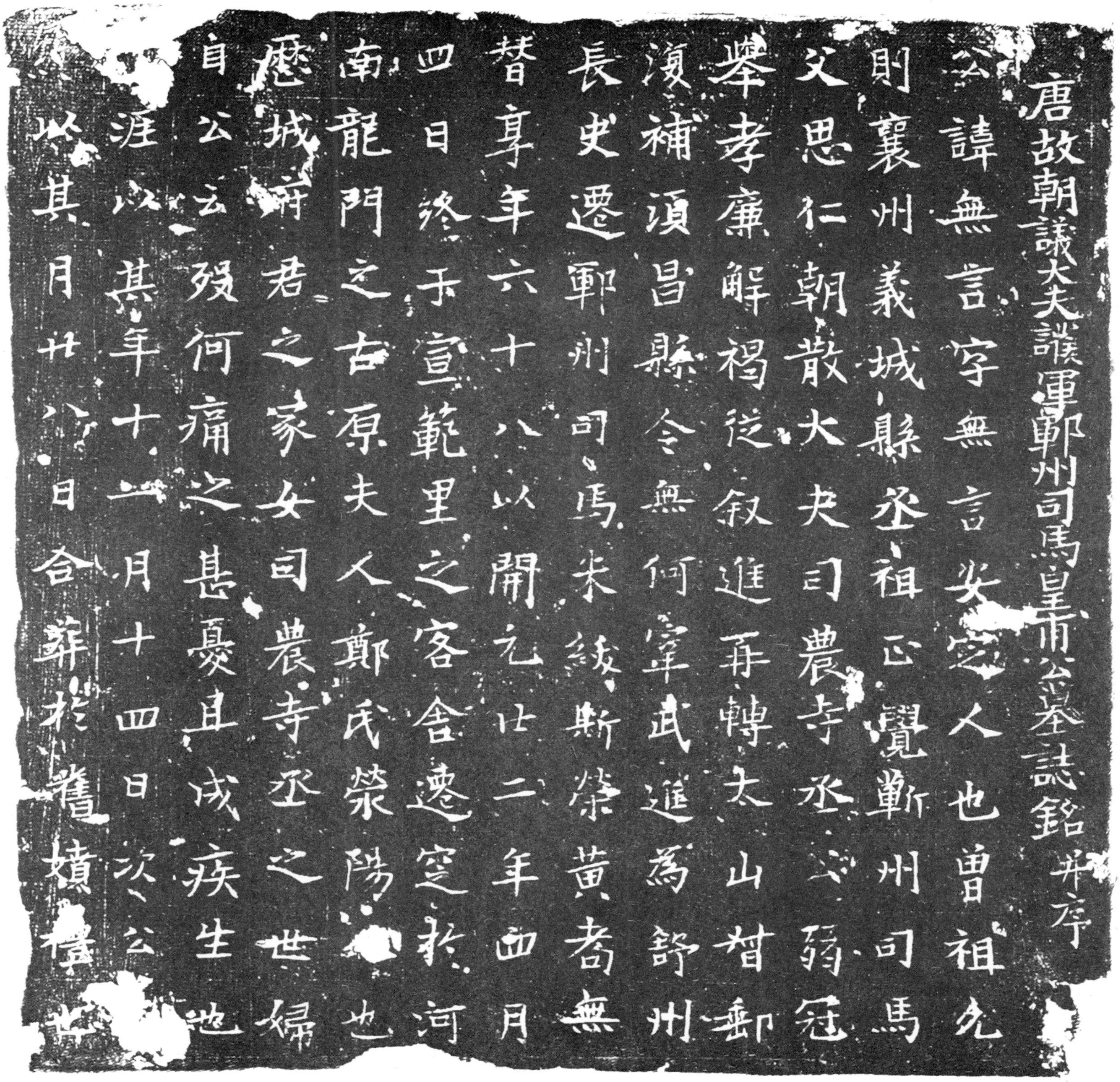
唐故朝議大夫護軍鄆州司馬皇甫公墓誌銘并序
公諱無言字無言安定人也曾祖允
則襄州義城縣丞祖正覽蘄州司馬
父思仁朝散大夫司農寺丞公弱冠
長史遷鄆州司馬朱紱斯榮黄耇無
替享年六十八以開元廿二年四月
四日終于宣範里之客舍遷窆於河
南龍門之古原夫人鄭氏滎陽也

唐故皇
甫府君
墓誌銘

一八七　唐皇甫無言墓誌并蓋

唐故朝議大夫護軍鄆州司馬皇甫公（無言）墓誌銘并序

高寬均三十一釐米。十四行，行十四字。

蓋三行九字。

開元二十二年（七三四）四月四日卒。年六十八歲。夫人鄭氏十一月十四日卒。十一月二十八日合葬。

一八八 唐趙勖墓誌

大唐故趙府君（勖）墓誌之銘并序

高三十二、寬三十三釐米。二十行，行二十字。

開元四年（七一六）九月十三日卒。年六十四歲。夫人沐氏開（元）二十三年（七三五）十二月卒。十二月二十一日合葬。

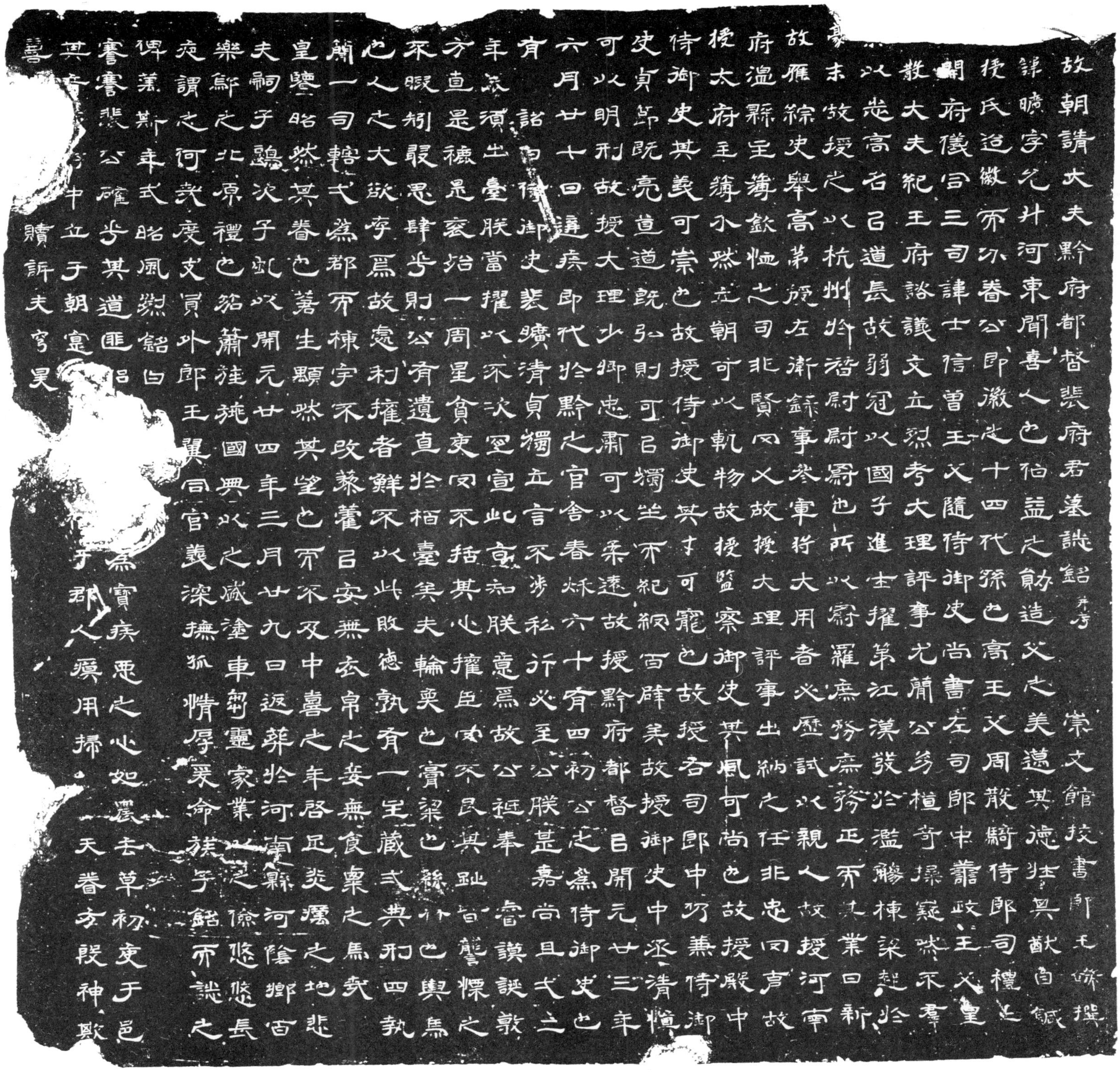

大唐故
裴府君
墓誌銘

一八九　唐裴曠墓誌并蓋

唐故朝請大夫黔府都督裴府君（曠）墓誌銘并序

崇文館校書郎王端撰。

高七十一、寬七十二釐米。隸書，二十八行，行二十八字。

蓋篆書三行九字。

開元二十三年（七三五）六月二十七日卒。年六十四歲。開元二十四年（七三六）三月二十九日葬。

注：一人兩誌。另誌見本書頁二〇一。

一九〇 唐王守信墓誌并蓋

大唐故雲麾將軍右驍衛大將軍汾西郡開國伯上柱國内供奉王府君（守信）墓誌銘并序

孤子王懷忠書記。

高寬均七十三釐米。二十五行，行二十五字。

蓋三行九字。

開元二十六年（七三八）四月二十七日卒。年四十九歲。閏八月六日葬。

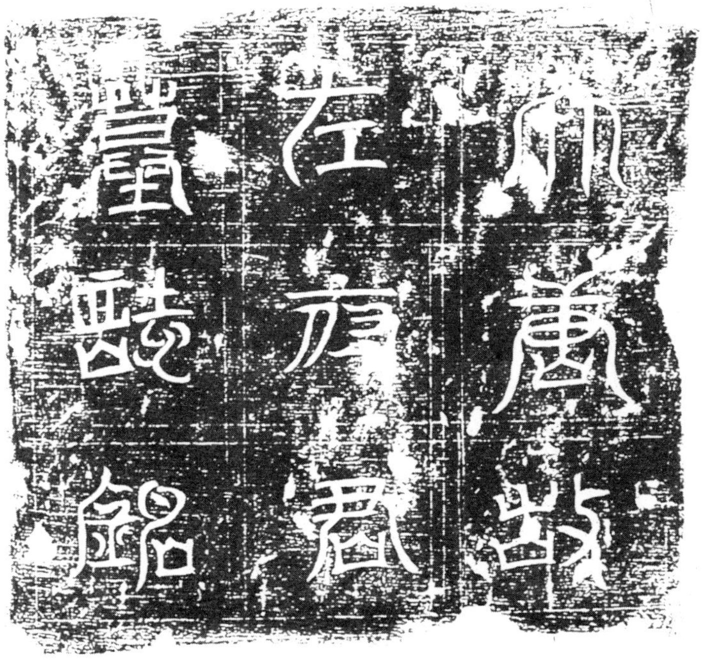
大唐故
左府君
墓誌銘

一九一

唐左適墓誌并蓋

故黃州司馬齊郡左府君（適）墓誌并序

王杲撰。

高寬均三十釐米。十九行，行二十字。

蓋篆書三行九字。

開元十八年（七三〇）三月三十日卒。年六十三歲。夫人崔氏開元二十六年（七三八）十二月四日卒。年五十二歲。開元二十七年（七三九）四月十二日合葬。

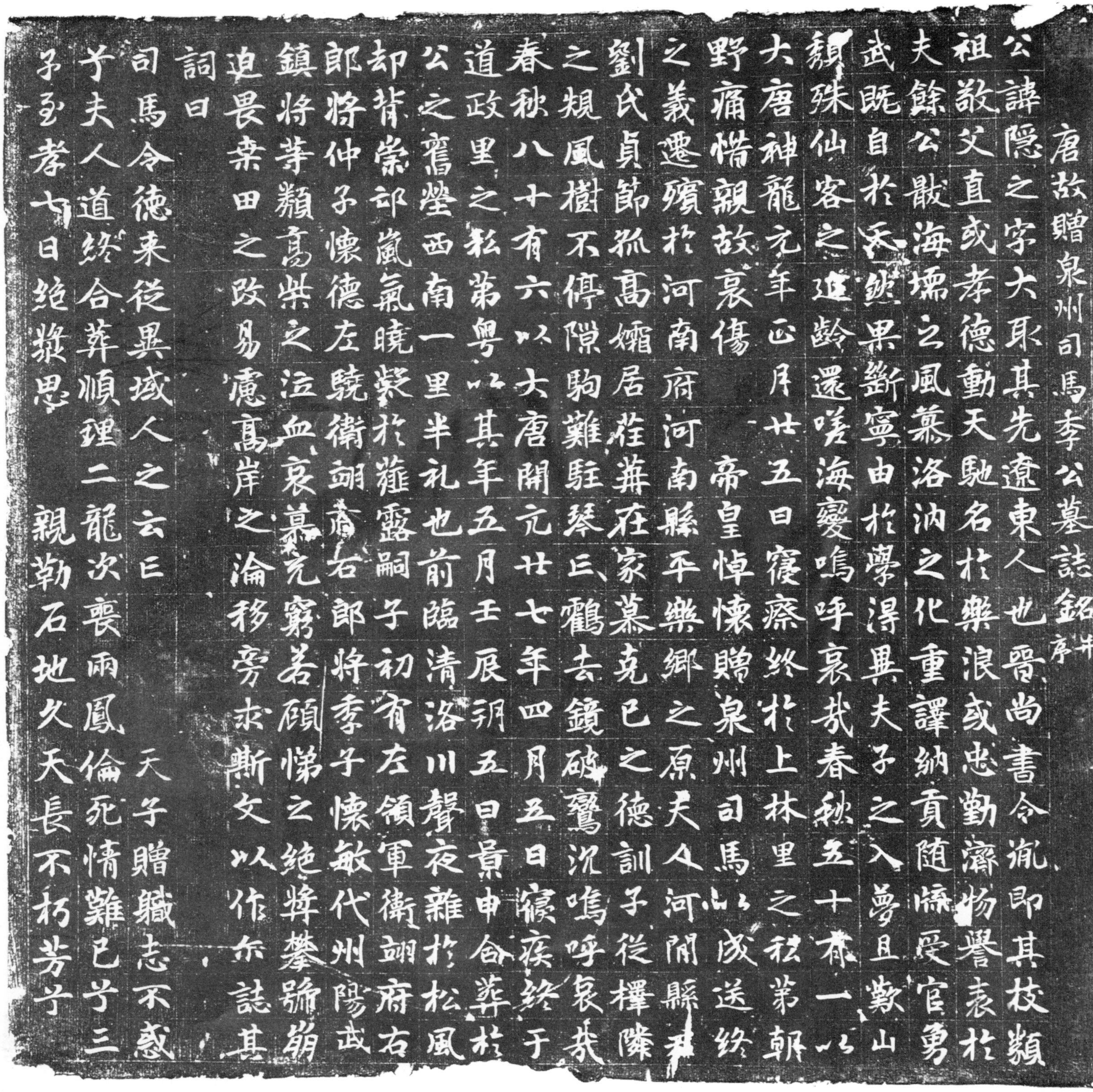
唐故贈泉州司馬李公墓誌銘并序
公諱隱之字大取其先遼東人也晉尚書令流即其枝類
祖敬父直或孝德動天馳名於樂浪或忠勤濟物譽表於
夫餘公散海壖之風慕洛汭之化重譯納貢隨牒受官勇
武既自於天然果斷寧由於學得異夫子之入夢且歎山
頹殊仙客之遐齡還嗟海變嗚呼哀哉春秋五十有一以
大唐神龍元年正月廿五日寢疾終於上林里之私第朝
野痛惜親故哀傷　帝皇悼懷贈泉州司馬以成送終
之義遷殯於河南府河南縣平樂鄉之原夫人河閒縣君
劉氏貞節孤高孀居荏苒在家慕克己之德訓子從擇隣
之規風樹不停隙駒難駐琴亡鶴去鏡破鸞沉嗚呼哀哉
春秋八十有六以大唐開元廿七年四月五日寢疾終于
道政里之私第粵以其年五月壬辰朔五日景申合葬於
公之舊塋西南一里半禮也前臨清洛川聲夜雜於松風
却背崇邙嵐氣曉凝於薤露嗣子初有左領軍衛翊府右
郎將仲子懷德左驍衛翊府右郎將季子懷敏代州陽武
鎮將等類高柴之泣血哀慕充窮若顔悌之絶漿攀號崩
迫畏桑田之改易慮高岸之淪移旁求斯文以作茲誌其
詞曰
司馬令德來從異域人之云亡　天子贈職志不惑
兮夫人道終合葬順理二龍次喪雨鳳倫死情難已兮三
子至孝七日絶漿思　親勒石地久天長不朽芳兮

大唐故
李府君
墓誌銘

一九二　唐李隱之墓誌并蓋

唐故贈泉州司馬李公（隱之）墓誌銘并序

高寬均四十八釐米。二十二行，行二十二字。

蓋篆書三行九字。

神龍元年（七〇五）正月二十五日卒。年五十一歲。夫人劉氏開元二十七年（七三九）四月五日卒。年八十六歲。五月五日合葬。

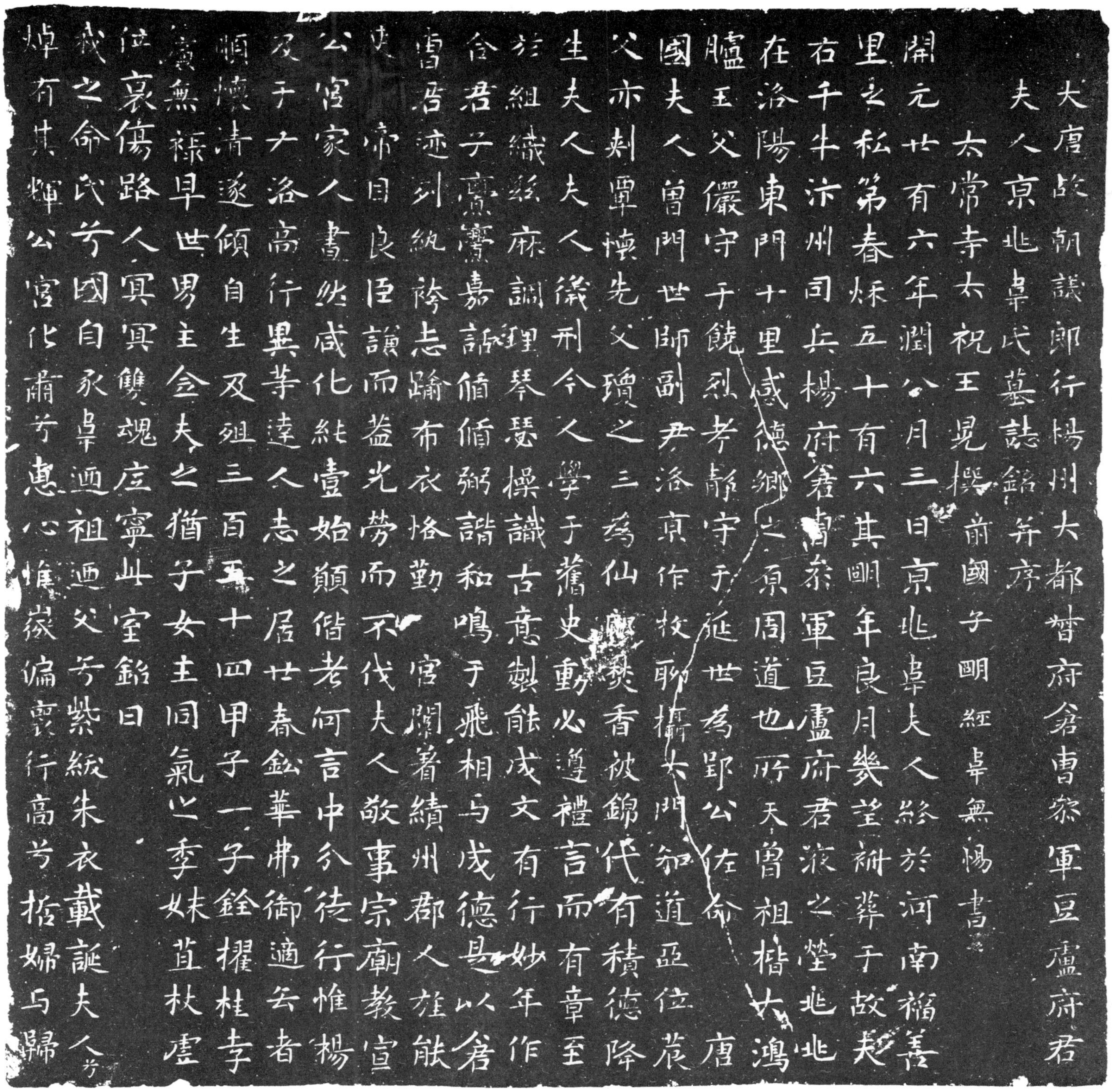
大唐故朝議郎行揚州大都督府倉曹參軍豆盧府君
夫人京兆韋氏墓誌銘并序
太常寺太祝王晃撰 前國子明經韋無惕書
開元廿有六年閏八月三日京兆韋夫人終於河南福善
里之私第春秋五十有六其明年良月幾望祔葬于故夫
右千牛汴州司兵揚府倉曹參軍豆盧府君液之塋北邙
在洛陽東門十里感德鄉之原周道也所天曾祖楷大鴻
臚王父儼守于饒烈考靜守于延世為郢公佐命唐
國夫人曾門世師副尹洛京作牧聯櫛大門知道亞位蕃
父亦剋覃懷先父瓊之三為仙香被錦代有積德降
生夫人夫人儀刑令人學于舊史動必遵禮言而有章至
於組織絲麻調理琴瑟操識古意剋能成文有行妙年作
合君子齋齊嘉猷循循弼諧和鳴于飛相與成德是以倉
曹居迹列納䂓志躡布衣恪勤宮闈著績州郡人推能
吏帝曰良臣讓而益光勞而不伐夫人敬事宗廟教宣
公宮家人盡然咸化紀壹始顛偕老何言中分德行惟楊
及于大洛高行異等達人志之居廿春鉛華弗御適去者
順懷清遂傾自生及殂三百五十四甲子一子銓擢桂李
賓無祿早世男主含夫之猶子女主同氣之季妹苴杖虛
位哀傷路人冥冥雙魂庭寧此室銘曰
我之命氏兮國自豕韋迺祖迺父兮紫綬朱衣載誕夫人兮
焯有其輝公宮化肅兮惠心惟嶷編褒行高兮搢婦與歸

一九三 唐豆盧液妻韋氏墓誌并蓋

大唐故朝議郎行揚州大都督府倉曹參軍豆盧府君（液）夫人京兆韋氏墓誌銘并序

太常寺太祝王晃撰。前國子明經韋無惕書。

高寬均五十九釐米。二十二行，行二十二字。

蓋篆書三行九字。

開元二十六年（七三八）閏八月三日卒。年五十六歲。開元二十七年（七三九）良月（十月）十四日葬。

唐故豆盧府君墓誌銘

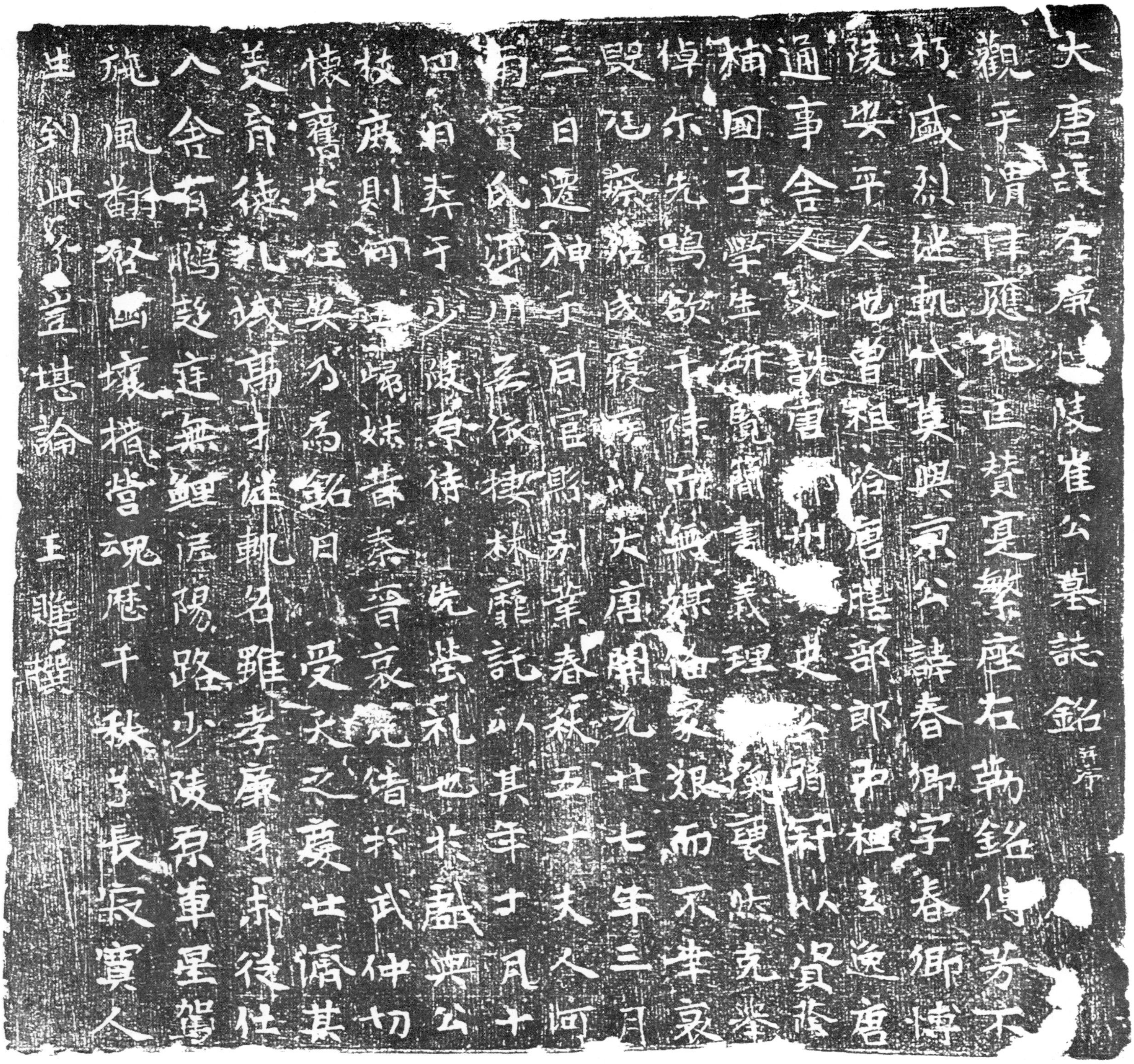

一九四　唐崔春卿墓誌并蓋

大唐故孝廉博陵崔公（春卿）墓誌銘并序

王贍撰。

高寬均三十三釐米。十七行，行十七字。

蓋篆書三行九字。

開元二十七年（七三九）三月三日卒。年五十歲。十月十四日葬。

一九五

唐元贍墓誌

唐故朝散大夫侍御史駕部員外郎冀州司馬元府君（贍）墓誌銘并序

高六十、寬五十九釐米。隸書，二十七行，行二十八字。

永徽四年（六五三）九月二十四日卒。

開元二十七年（七三九）十月二十六日葬。

大唐故
席府君
墓誌銘

一九六　唐席子産墓誌并蓋

大唐故申州長史上柱國襄烏氏郡公安定席公（子産）誌石文并序

高寬均八十四釐米。二十行，行二十九字。

蓋篆書三行九字。

上元二年（六七五）四月六日卒。年七十二歲。夫人尉氏開元三年（七一五）十一月二十五日卒。開元二十七年（七三九）十月二十六日合葬。

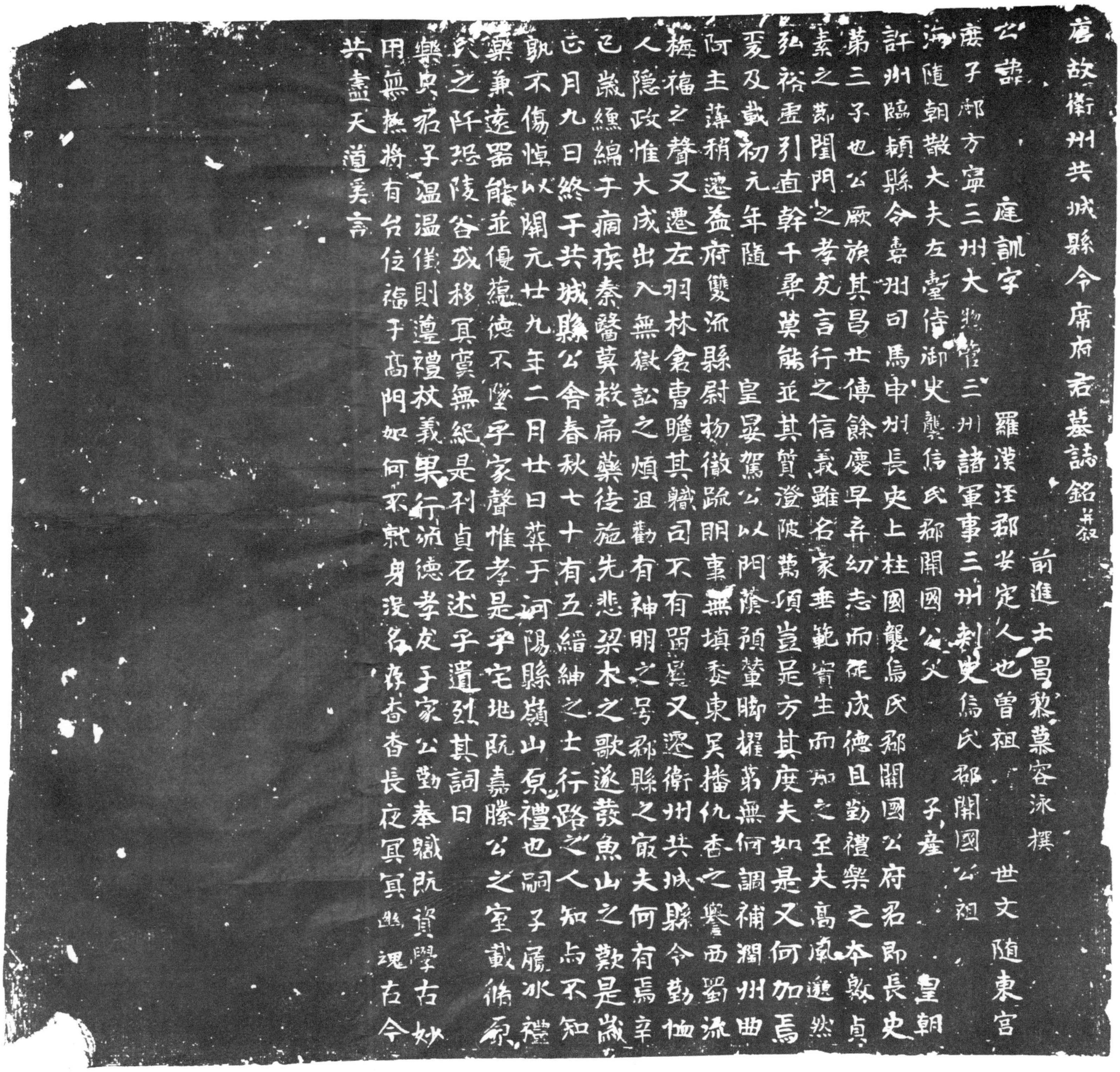

一九七　唐席庭訓墓誌并蓋

唐故衛州共城縣令席府君（庭訓）墓誌銘并叙

前進士昌黎慕容泳撰。

高六十九、寬七十二釐米。二十一行，行二十九字。

蓋篆書三行九字。

辛巳歲（開元二十九年）（七四一）正月九日卒。年七十五歲。二月二十日葬。

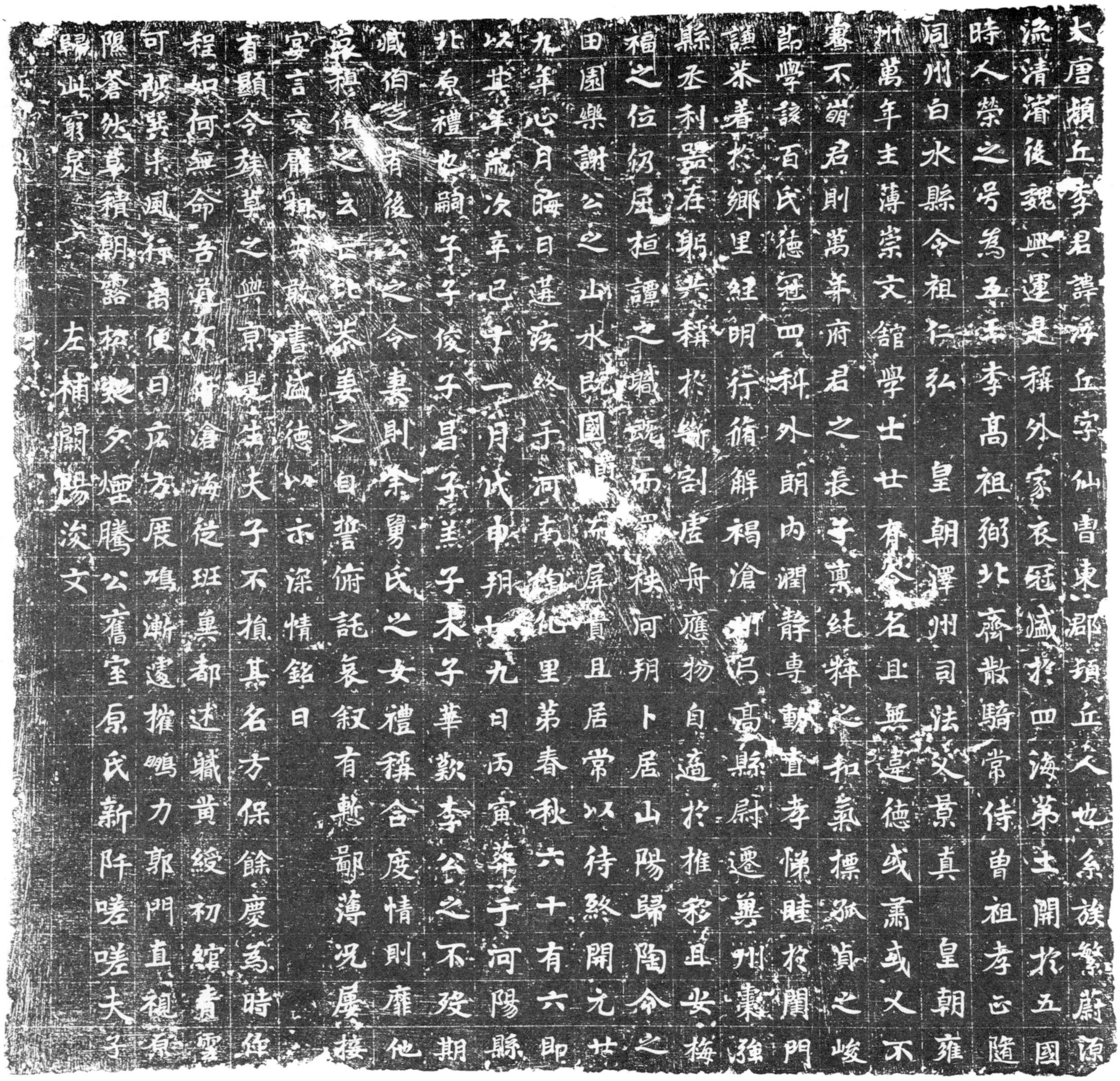

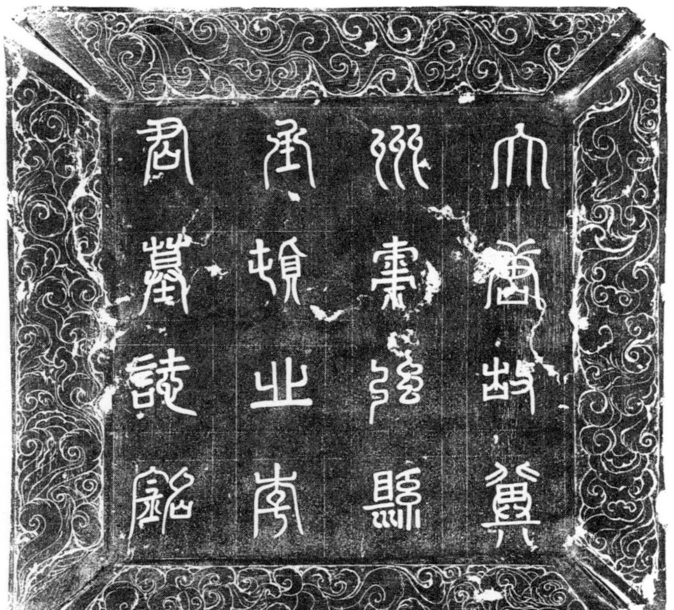

一九八　唐李浮丘墓誌并蓋

左補闕陽浚文。

高寬均六十釐米。二十二行，行二十三字。

蓋篆書四行十六字。

開元二十九年（七四一）正月三十日卒。年六十六歲。十一月十九日葬。

一九九　唐馬玄義墓誌并蓋

大唐故正議大[夫][五]府都督馬府君（玄義）陰堂銘并序

高寬均六十釐米。二十四行，行二十六字。

蓋篆書三行九字。

開元中卒。年七十二歲。夫人楊氏卒年八十歲。天寶元年（七四二）五月合葬。

大唐故
馬府君
墓誌銘

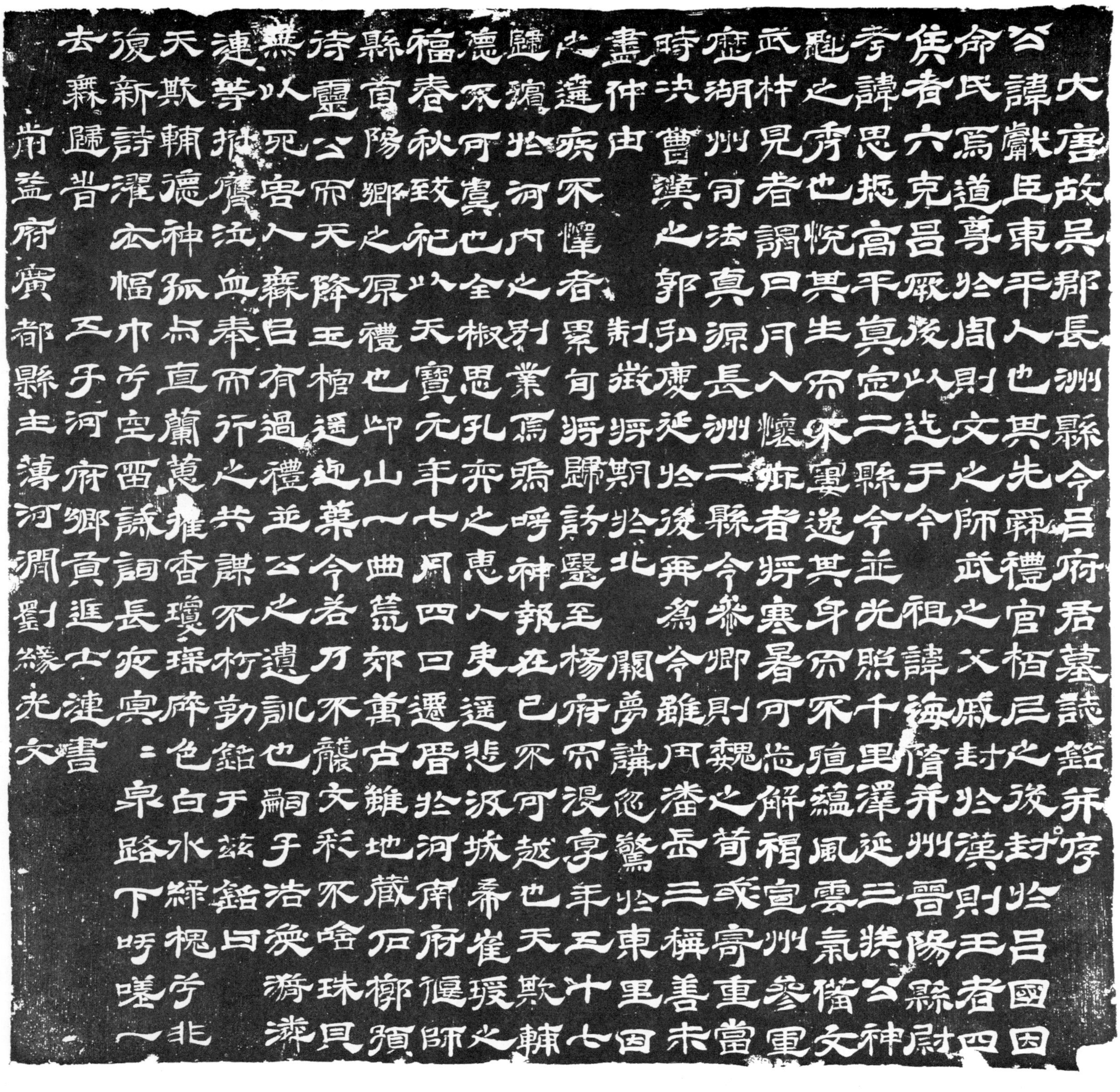

二〇〇 唐呂獻臣墓誌

大唐故吴郡長洲縣令吕府君（獻臣）墓誌銘并序

五子河府鄉貢進士（吕）漣書。前益府廣都縣主簿河澗劉緣光文。

高寬均五十五釐米。隸書，二十二行，行二十二字。

卒年五十七歲。天寶元年（七四二）七月四日葬。

二〇一

唐裴曠墓誌

御史中丞大理少卿贈高平郡太守河東裴公（曠）墓誌銘并叙

朝請郎前行京兆參軍趙郡李吉甫譔。前湖州司馬張誠書。

高六十九、寬七十釐米。三十行，行二十九字。

開元二十三年（七三五）夏六月□□卒。年六十四歲。開元二十四年（七三六）歸葬。天寶初朝廷又贈高平太守。

注：一人兩誌。另誌見本書頁一八九。

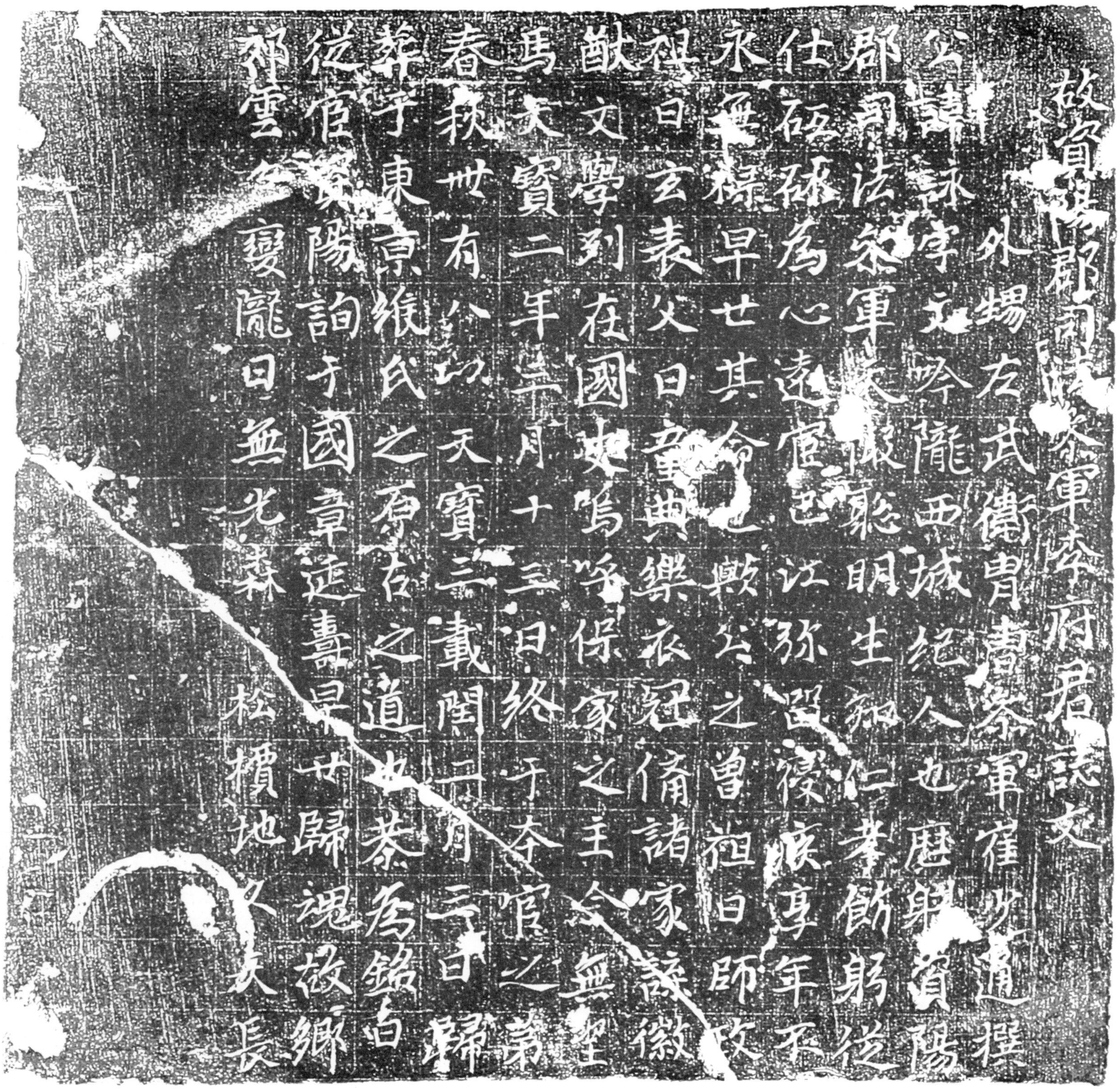

大唐故
李府君
墓誌銘

二〇二　唐李詠墓誌并蓋

故資陽郡司法參軍李府君（詠）誌文

外甥左武衛胄曹參軍崔少通撰。

高寬均三十一釐米。十三行，行十六字。

蓋篆書三行九字。

天寶二年（七四三）三月十三日卒。年四十八歲。天寶三載（七四四）閏二月三日葬。

唐故
王府君
墓誌銘

二〇三　唐王曜墓誌并蓋

唐故右衛郎將太原王府君（曜）墓誌銘并序

前太原府法曹陳利見撰。子婿左廂押引駕長上滎陽鄭蕚書。

高四十五、寬四十六釐米。二十三行，行二十三字。

蓋篆書三行九字。

天寶三載（七四四）卒。年四十五歲。

天寶四載（七四五）二月二十一日葬。

李夫
人志

二〇四　唐蕭希信與夫人李氏墓誌并蓋

唐故滎澤縣尉蕭府君（希信）兼夫人李氏祔墓誌銘并序

元子（蕭）閑撰。

高寬均四十四釐米。二十二行，行二十三字。

蓋二行四字。

開（元）十九年（七三一）五月二十日卒。年五十三歲。六月權葬。夫人李氏天寶三載（七四四）十一月六日卒。年六十六歲。天寶四載（七四五）十月十二日合葬。

唐故通川郡東鄉縣丞宋君墓誌
君諱和仲廣平人也玄乙遺卵寔建成湯之烈白
茅錫社肇興微啓之宗歷漢魏而彌芳逮周隋而
益習代榮朱紱煥乎青史高祖欽道北齊黃門侍
郎曾祖德敏仕隋新安縣令歸唐授金紫光禄大
夫祖處務濮陽郡司功參軍君幼而
穎悟器宇宏深有獨立之標蘊雄奪之色弱冠入
仕授左親衛 玉階近侍銅壺夜永勿懈抱其清
範親族嘉其茂懿才高命薄竟爲黃綬所欺晚調
補通川東鄉縣丞三巴獷俗一同毗贊政芳製錦
化叶翔鸞秩終還京未逾時月頹齡遂往今古邈
然奄以天寶四載孟秋十六日終於私第春秋六
十有九粤以其載十月十三日權窆於景山之南
原礼也君嘗誡諸子曰何翔衛漳惟桑之念伊瀍
帝里孝思之業魂而有識何所不之吾殁其卜宅
于茲胤子等痛深罔極泣血漣如慕
以從命恐桑田碧海高岸爲谷敬題芳石迺作銘
云 蒼蒼者天杳杳重泉南鄰少室北接芝田嵩
嶽草樹 帝宅風煙千秋万古永閟通賢

大唐故
宋府君
墓誌銘

二〇五 唐宋和仲墓誌并蓋

唐故通川郡東鄉縣丞宋君（和仲）墓誌

高寬均三十五釐米。十九行，行十九字。

蓋三行九字。

天寶四載（七四五）孟秋（七月）十六日卒。年六十九歲。十月十三日葬。

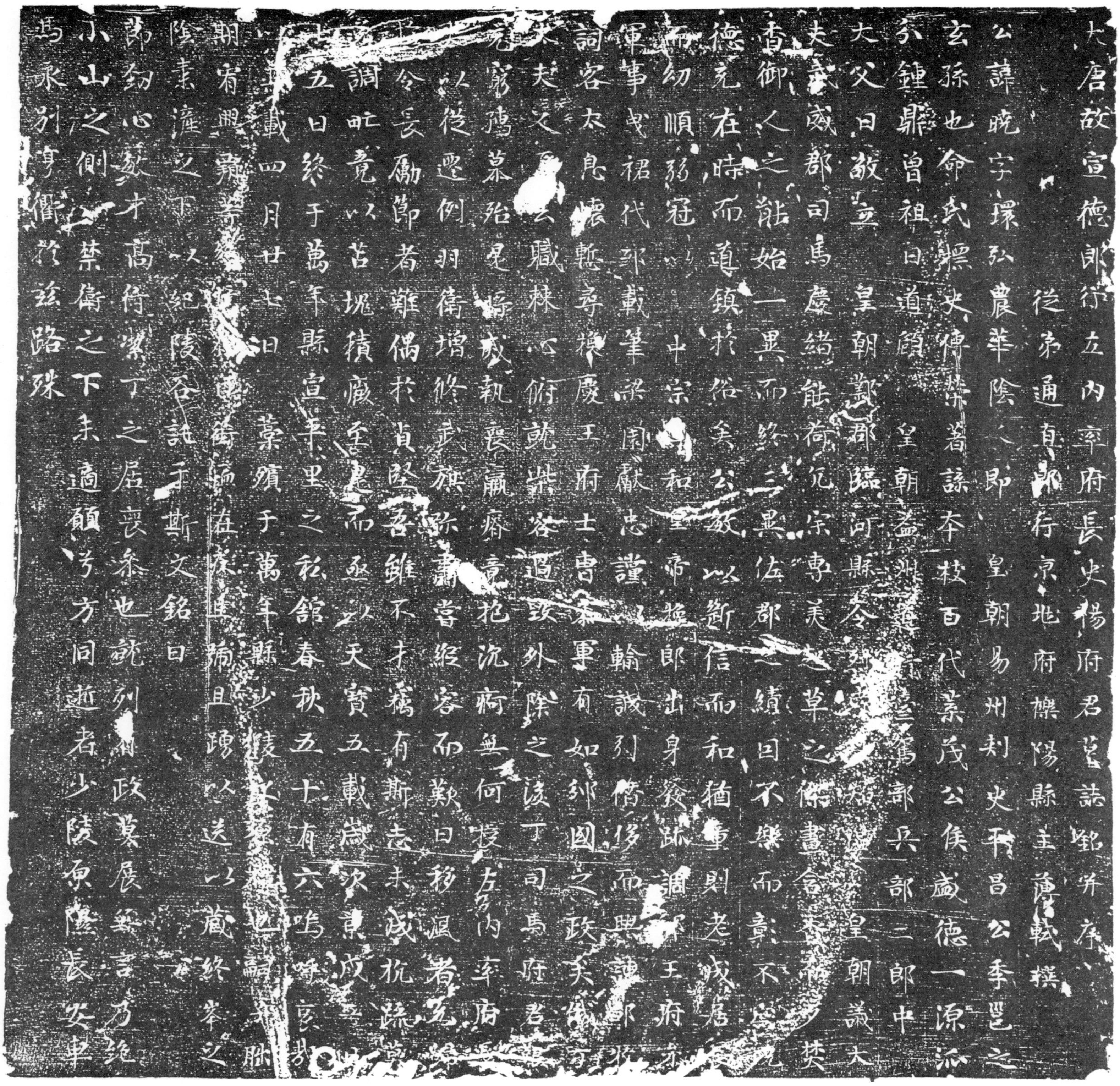

大唐故
楊府君
墓誌銘

二〇六　唐楊曉墓誌并蓋

大唐故宣德郎行左内率府長史楊府君（曉）墓誌銘并序

從弟通直郎行京兆府櫟陽縣主簿（楊）軾撰。

高寬均五十釐米。二十四行，行二十四字。

蓋篆書三行九字。

天寶五載（七四六）二月十五日卒。年五十六歲。四月二十七日葬。

二〇七 唐劉同墓誌

唐故東萊太守劉府君（同）墓誌銘并叙

高五十九、寬六十釐米。二十九行，行二十九字。

天寶四載（七四五）六月二十二日卒。年五十八歲。天寶五載（七四六）五月二十一日葬。

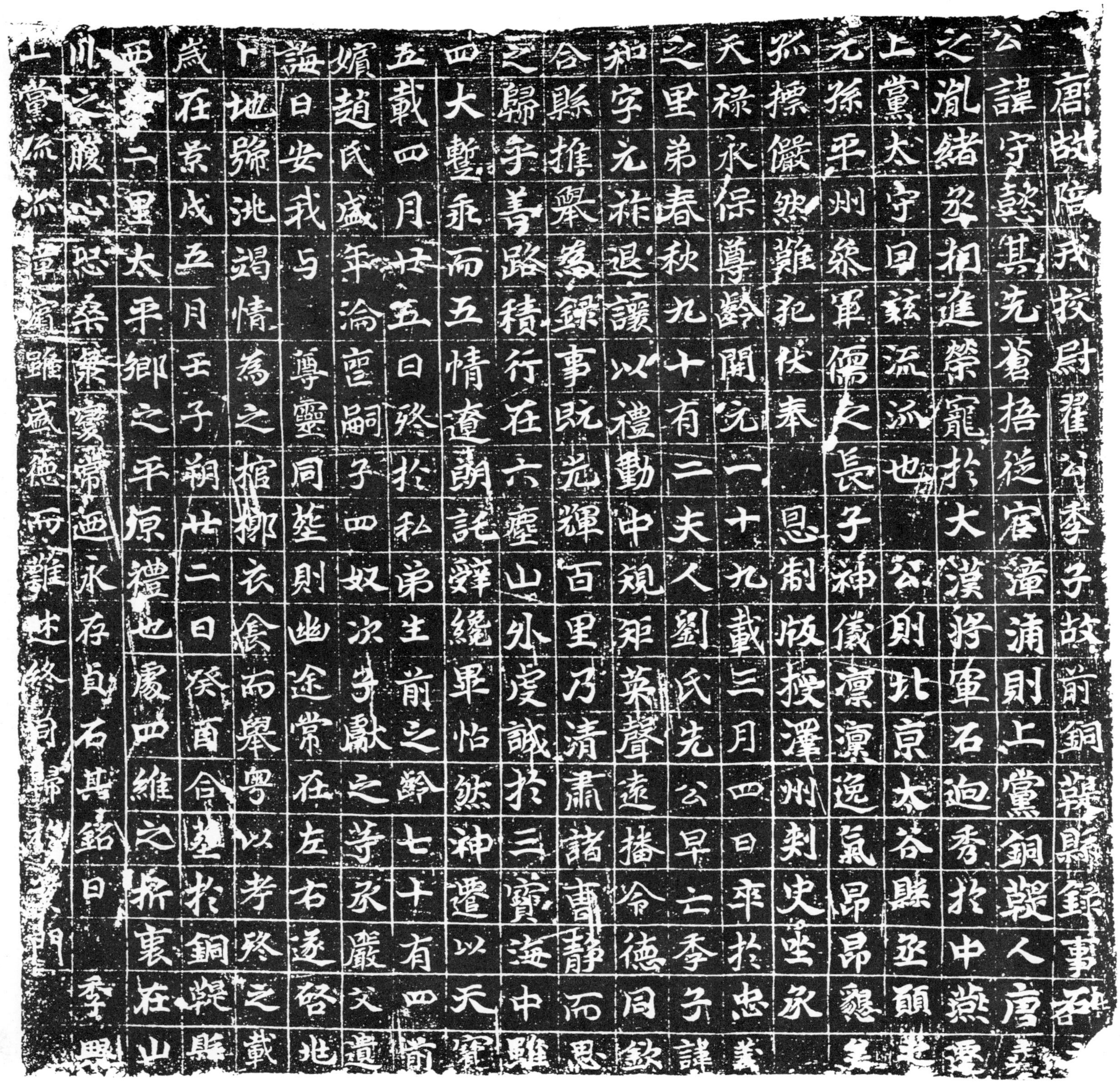
唐故陪戎校尉翟公季子故前銅鞮縣録事石[illegible]
公諱守懿其先蒼梧從宦漳浦則上黨銅鞮人唐[illegible]
之胤緒[illegible]相進榮寵於大漢將軍石迴秀於中嶽[illegible]
上黨太守因玆流派也　公則北京太谷縣丞頤[illegible]
元孫平州叅軍儒之長子神儀凜凜逸氣昂昂懇[illegible]
孫摽儼然難犯伏奉　恩制版授澤州刺史坐家
天禄永保尊齡開元一十九載三月四日卒於忠義
之里第春秋九十有二夫人劉氏先　公早亡季子諱
知字元祚退讓以禮動中規矩英聲遠播令德同欽
合縣推舉爲録事既光輝百里乃清肅諸曹静而思
之歸乎善路積行在六塵山外虔誠於三寶海中雖
四大暫乖而五情遣朗託辭纏累怡然神遷以天寶
五載四月廿五日終於私第生前之齡七十有四前
嬪趙氏盛年淪[illegible]嗣子四奴次子獻之等承嚴父遺
誨曰安我与　尊靈同塋則幽途常在左右遂啓兆
卜地歸洮竭情爲之棺槨衣衾而舉學以孝終之載
歲在景戌五月壬子朔廿二日癸酉合葬於銅鞮縣
西[illegible]二里太平鄉之平原禮也處四維之折裏在山
川之腹恐桑[illegible]變常迺永存貞石其銘曰　季[illegible]
上黨流派章寵雖盛德而難述終自歸於[illegible]門

二〇八　唐翟守懿與季子翟知墓誌

唐故陪戎校尉翟公（守懿）季子（翟知）故前銅鞮縣録事石□

高寬均五十八釐米。二十行，行二十字。開元十九年（七三一）三月四日卒。年九十二歲。季子（翟知）天寶五載（七四六）四月二十五日卒。年七十四歲。五月二十二日合葬。

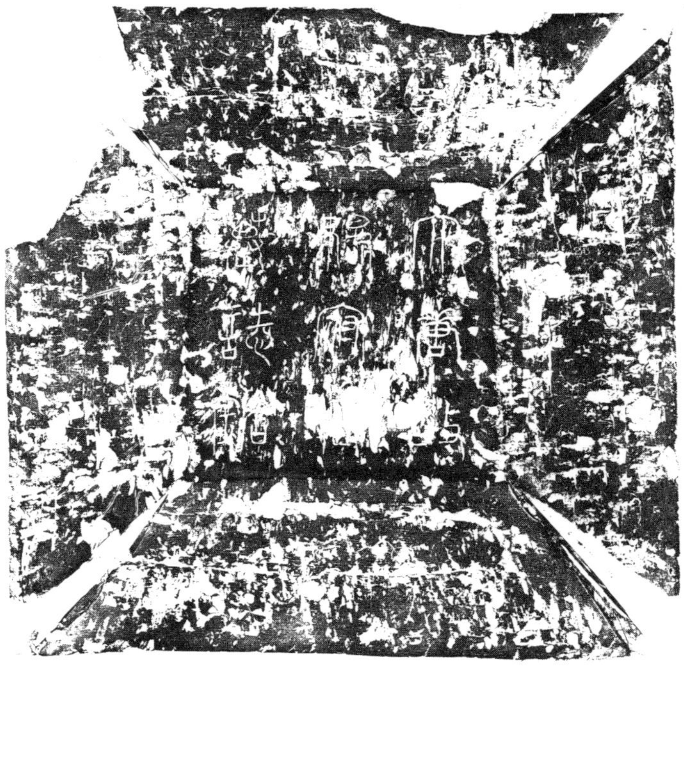

二〇九　唐陽承訓墓誌并蓋

唐故寧遠將軍守左衛京兆府高思府折衝都尉上柱國陽公（承訓）墓誌銘并序

高寬均六十釐米。二十三行，行二十三字。

蓋篆書三行九字。

天寶七載（七四八）八月二十一日卒。年五十歲。十二月六日合葬。

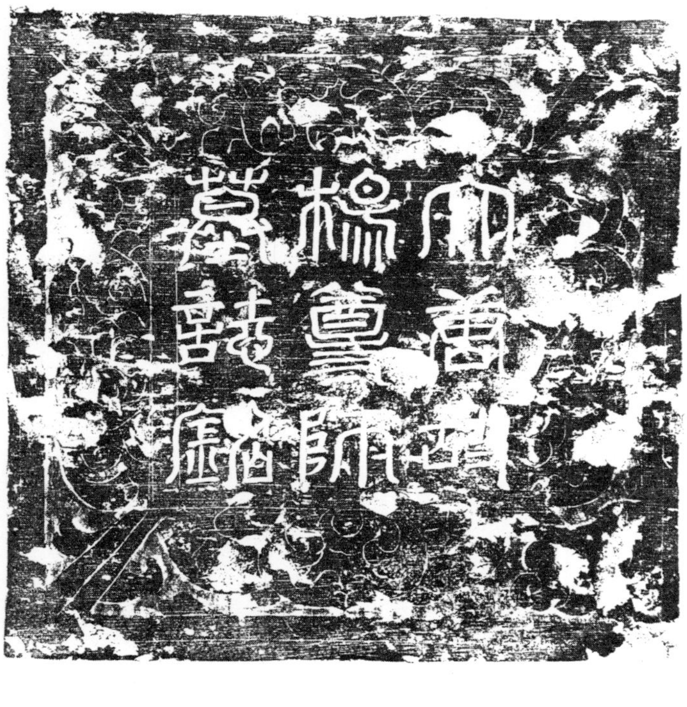

二一〇　唐楊真一墓誌并蓋

唐故淑妃玉真觀女道士楊尊師（真一）墓誌銘并序

高寬均六十一釐米。二十七行，行二十七字。

蓋篆書三行九字。

天寶八載（七四九）六月二十四日卒。年五十八歲。八月十日葬。

唐故銀青光祿大夫延王傅上柱國李公墓誌文并序
司封員外郎崔寓撰
從孫左金吾衛兵曹參軍鐭書
高丘白雲綿綿我祖谷谿大賢也崇明德以被人　老聃至聖也託靈根而指樹詒厥鴻
胄克生　我公公諱齊之字齊之隴西人
我開元皇帝四從姪　我相國晉公五從兄五代祖　太祖景皇帝　高祖亮追封鄭王
烈考神通淮安郡王　高祖神堯皇帝堂弟昔烏玉開聖龍圖授　我戡定山河奄有寓縣
而執殳前路者白馳之中分為檝濟川對黄魚之盛躍折珪列土而勳庸爛焉拜開府儀同三司
行臺尚書左僕射司空公謚曰靖　大父孝銳洛岳壇州七星垂存分　國之憂　孝璟
皇朝散大夫作㨫龍傲壽城主黨為邦之耀屬運否道消鼎命中阻幅裂宗黨剪焉離析乃遷於
播州終焉天寶初以公之貴追贈弘農太守夫能尊其親莫崇乎美號為贈之大寶在乎嘉名丕
休哉　公青雲器宇黄金然諾杖義崇德安仁體道游海而誰測其廣瞻山而但覩其峻初筮始
州從事暨　中宗紹興龍飛鳳迅八荒更開於日月　九重霈作於雷雨溫惠黎庶敦和親
戚特授眉衛二州司功凜然有澄清之志景雲初授左衛率府長史仍特加朝散大夫遷左衛長
史被斯皇之紱懷通侯之印出光州長史入為城門郎復為蘄州別駕在官丁太夫人憂廬於墓
側生則極養隣母每同於雙鯉歿則哀感門人長廢於蓼莪聞於　天矣除安州長史　制授書
紉二州別駕無何除黎州南州刺史改沂州刺史時河南採訪戶部侍郎宋遙欲移置泗州特以
善政聞除泗州刺史公乃闡洙泗之風交水陸之冨化行而敦俗混厚星歲而編錄殷繁遂奏成
二州有　制精擇宗臣鎮撫江永由是除公東陽太守居二歲有娀僧者執左道以疑衆大訛竇
越人募難圖之不可除也至使驚走夏統迷醉季咸雖古之生在立三分形易狼未足佐也公
省括而取多方誘之不崇朝而羅之罪之矣　帝用嘉之　綸言褒美　儲后諸王及諸宗
子朝廷百寮等並上表陳賀以為榮不出於　睿圖公克副於　聖意由是　大君有命編於
國籍洎天寶元載　制除新平郡太守所邠去股肱之近甸天連東井地擁西河非公族高標不
居也下車而中和之頌作是用入為延王傅文皇每思於賈誼武帝竟重於周昌尋加銀青光祿
大夫朱戟森門黄金横帶公瓊昆玉友其廉不億荀氏賈門莫之伉也季弟齊物河南尹堂弟齊
古國子祭酒暐中書舍人兼檢校禮部侍郎曄庫部郎中旿贊善大夫而日晏羅朝鵷鷺成列鷄
鳴入覲羔鴈為行盛矣哉公遺迹自身垂憲乃後絲乎孝悌重之仁和有媚居之妹撫弱子而纏
縕焉公祿利不充分甘絕少由衷之極內外稱之且出則易衣而家無常子食雖併日而室有遺
孫君子以為難矣嘗以永終譽其有常吉豈　昊天不傭大運無爰抔虵成疾既去瑟而徹
悲巢鷩為災遷安時而處順嗚呼哀哉春秋六十九以天寶八載閏六月十四日永宴息於京兆
府咸寧縣平康里之私第嗚呼哀哉以九載正月十九日遷窆於京城東南鳳栖原袝大塋之側
遵周制也車則留行泰鴻顛冝城之第馬之不進滕公獲都門之揶悲夫夫人范陽盧氏先公而
亡權葬於萬年縣龍首鄉夫人河南元氏亦先公而逝權葬於京城東南禮也鳳凰同沒隻鶴仍
孫寶劍皆沈雙龍未合嗚呼哀哉公有子長曰惟岳大理評事次曰闓左金吾兵曹闢右金吾
錄事閬左衛率府兵曹惟㦬左清道率府倉曹惟徵涼王府參軍等皆人之龍也子春絕飲高柴
泣血皇皇不及如慕如疑哀以誄之盡愛之道也銘曰
玄元鴻冑宁代濟其美　作牧為傅子晉金垂紫　彼蒼不傭子殲我良士
痛乎哀哉子不可贖矣　松門一閉乎千萬祀
天寶九載歲次庚寅正月辛卯朔廿九日己酉
杜朏刻字

大唐故
李府君
墓誌銘

二一一

唐李齊之墓誌并蓋

唐故銀青光祿大夫延王傅上柱國李公（齊之）墓誌文并序

司封員外郎崔寓撰。從孫左金吾衛兵曹參軍（李）鐭書。杜朏刻字。

高寬均九十釐米。三十八行，行三十七字。

蓋篆書三行九字。

天寶八載（七四九）閏六月十四日卒。年六十九歲。天寶九載（七五〇）正月十九日葬。

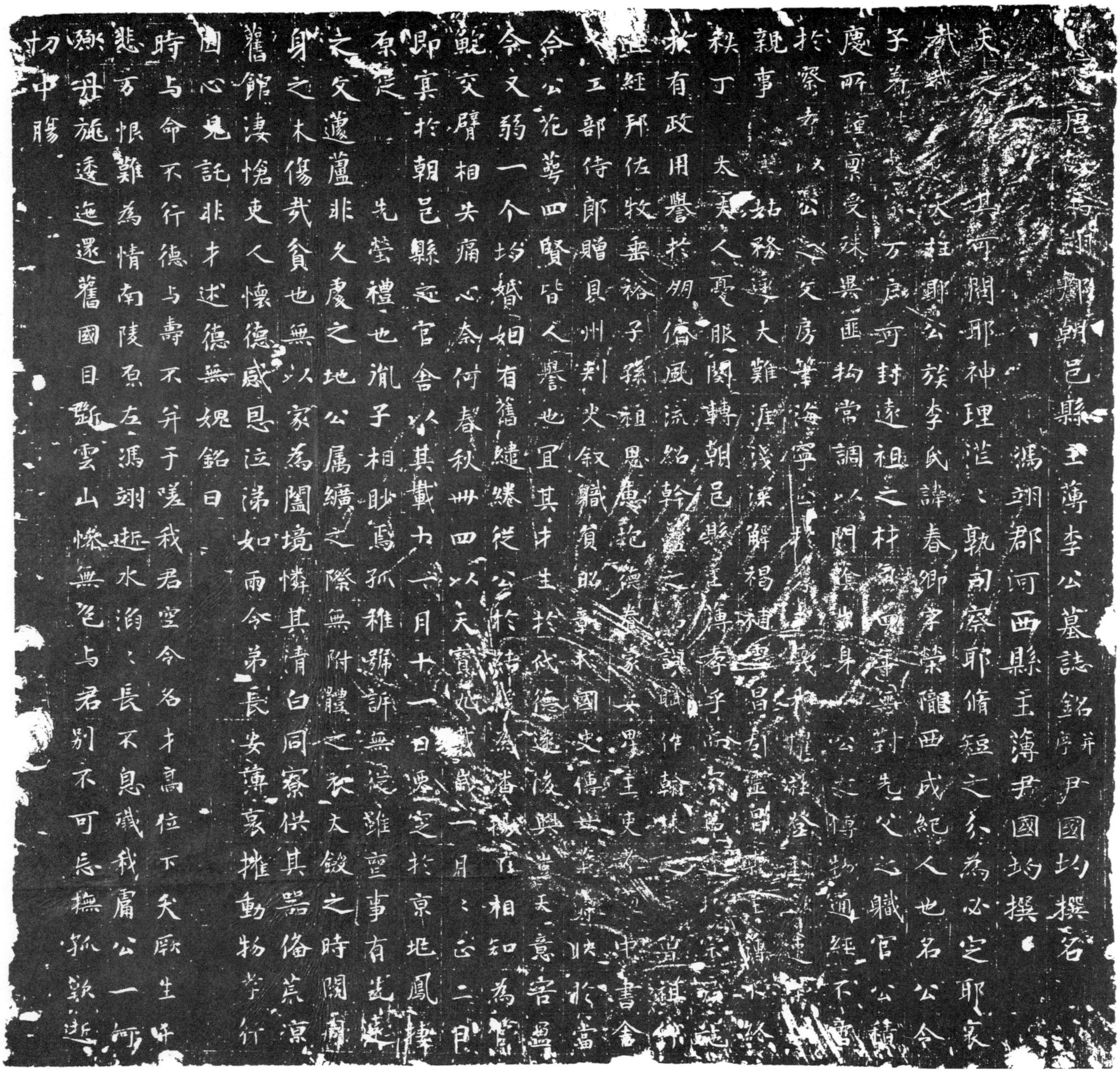

二一二 唐李春卿墓誌

大唐故馮翊郡朝邑縣主簿李公（春卿）墓誌銘并序

尹國均撰。

尹國均撰名。馮翊郡河西縣主簿尹國均撰。

高寬均五十五釐米。二十五行，行二十五字。

天寶九載（七五〇）一月二日卒。年四十四歲。十一月十一日葬。

二一三　唐明夫人嚴挺之墓誌并蓋

明氏嚴夫人（挺之）墓誌并序

高五十三、寬五十五釐米。二十八行，行二十七字。

蓋篆書三行九字。

天寶十載（七五一）六月十三日卒。十月二十四日葬。

二一四 唐李日就妻竇氏墓誌并蓋

魏郡頓丘縣尉隴西李日就故夫人河南竇氏墓誌銘并序

高寬均四十五釐米。十九行，行二十字。

蓋篆書三行九字。

天寶十一載（七五二）閏三月十二日卒。

年二十四歲。閏三月二十三日葬。

二一五　唐明暹墓誌并蓋

故廣平郡洺水縣令明府君（暹）墓誌銘并序

太室山人歐陽瑶撰。姪廣文館進士（明）晤微書。

高六十四、寬六十六釐米。三十二行，行三十二字。

蓋篆書三行九字。

天寶十一載（七五二）二月十三日卒。年六十四歲。夫人嚴氏卒年四十八歲。天寶十二載（七五三）十月六日合葬。

二一六　唐韓損之墓誌

大唐故朝議郎行陝郡平陸縣丞昌黎韓府君（損之）墓誌銘

外甥中山劉孟卿叙。

高寬均三十五釐米。二十六行，行二十七字。

天寶十四載（七五五）十二月十八日卒。年六十九歲。十二月二十九日葬。

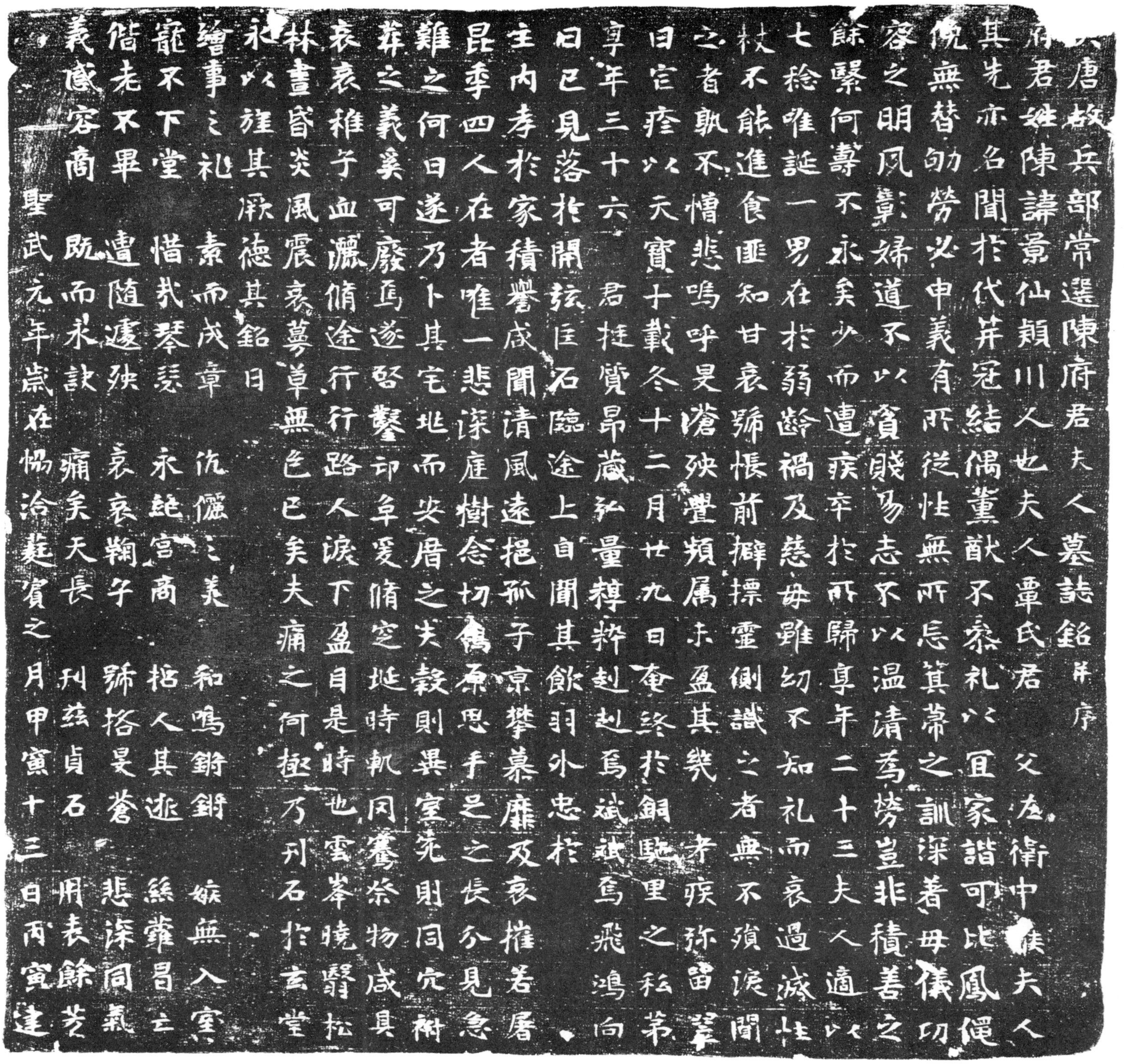

二一七 唐陳景仙與夫人覃氏墓誌并蓋

大唐故兵部常選陳府君（景仙）夫人墓誌銘并序

高寬均三十八釐米。二十四行，行二十四字。

蓋篆書三行九字。

天寶十載（七五一）十二月二十九日卒。年三十六歲。夫人覃氏卒年二十三歲。聖武元年（七五六）歲在協洽蕤賓之月甲寅（五月）十三日合葬。

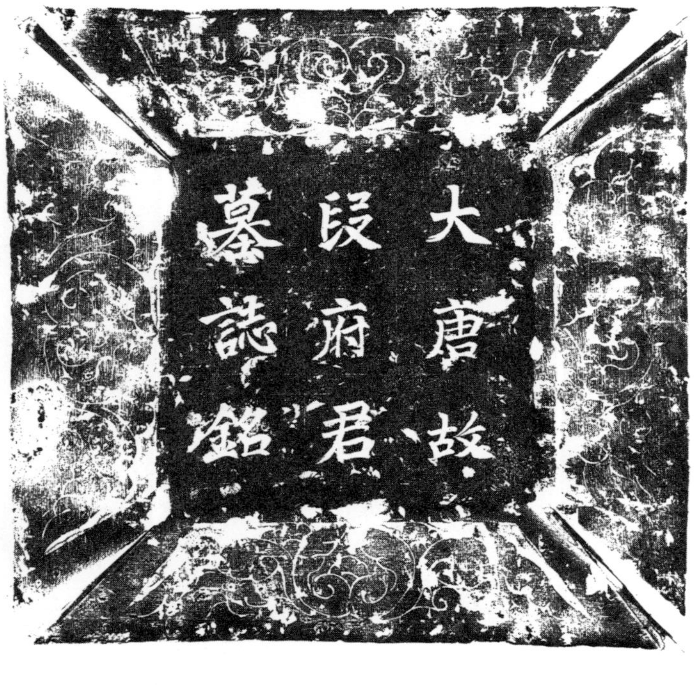
大唐故
段府君
墓誌銘

二一八 唐段延福墓誌并蓋

大唐故武威段府君（延福）墓誌銘并序

高寬均三十六釐米。十九行，行十九字。

蓋三行九字。

天寶十三載（七五四）七月卒。年六十四歲。乾（元）元年（七五八）二月十二日葬。

注：墓誌文自左至右書。

大唐故
韓府君
墓誌銘

二一九 唐韓湜墓誌并蓋

唐故亳州真源縣丞韓公（湜）墓誌銘并序

左庶子權寅獻撰。

高寬均三十六釐米。二十七行，行二十八字。

蓋篆書三行九字。

卒年二十九歲。乾元二年（七五九）二月十二日葬。

二二〇　**唐趙琛墓誌**

唐故朝議郎代州崞縣令趙君（琛）墓誌銘并序

高寬均七十點五釐米。隸書，二十一行，行二十字。

卒年七十歲。乾元二年（七五九）十一月二十二日葬。

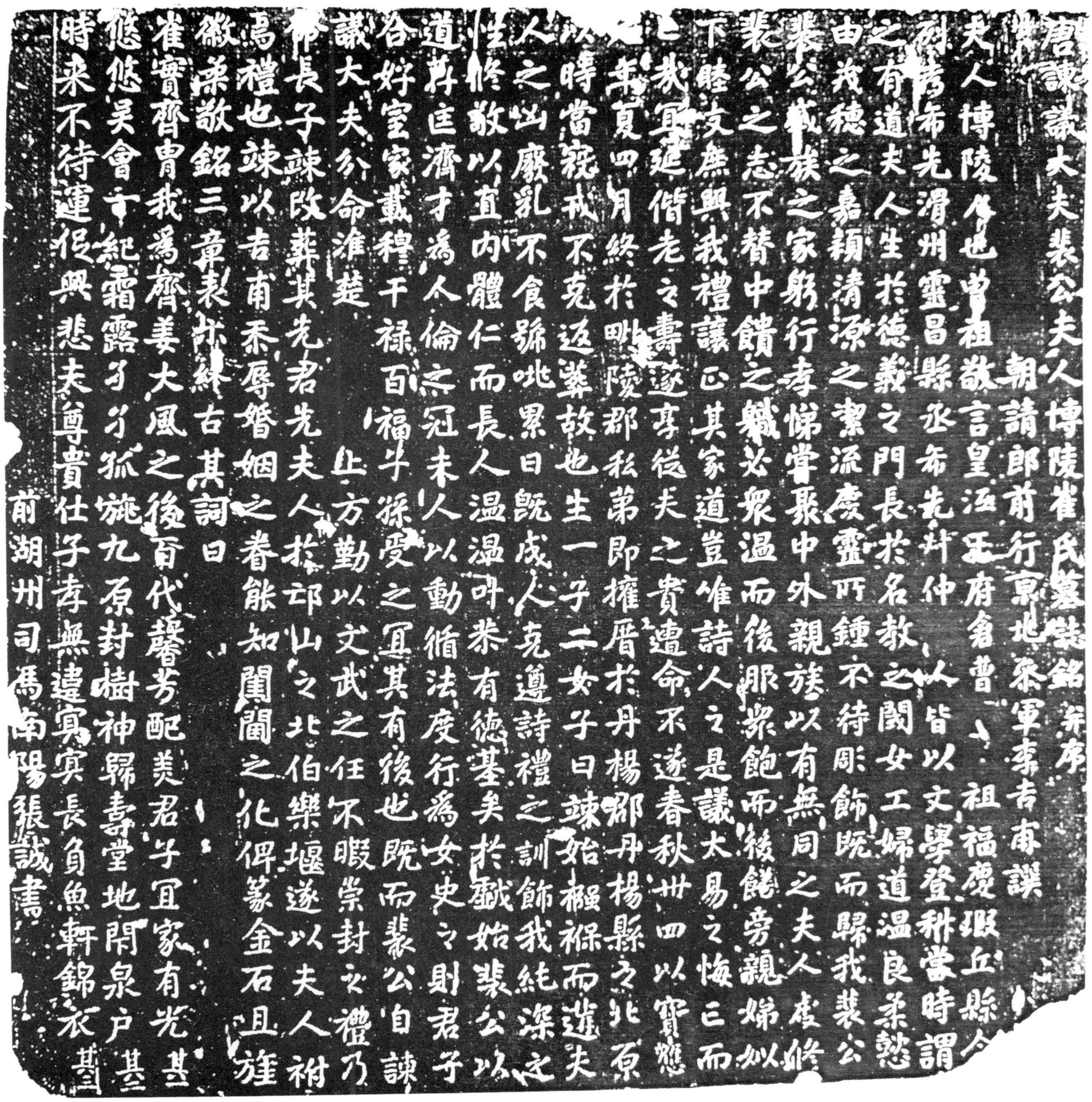

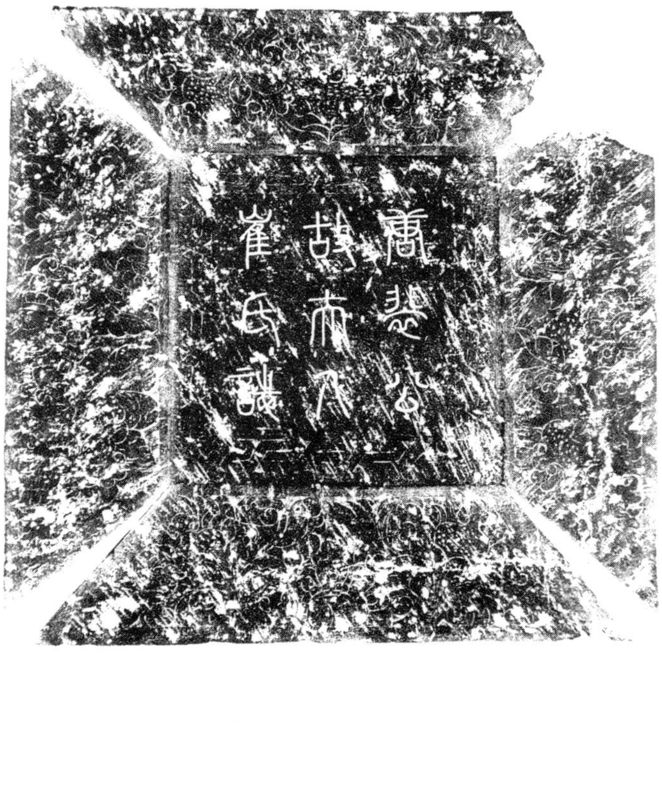

二二一

唐裴夫人崔氏墓誌并蓋

唐諫議大夫裴公夫人博陵崔氏墓誌銘并序

朝請郎前行京兆參軍李吉甫撰。前湖州司馬南陽張誠書。

高寬均五十四釐米。二十四行，行二十五字。

蓋篆書三行九字。

寶應元年（七六二）四月卒。年三十四歲。

大唐故潞州大都督府倉曹參軍廣平宋公墓誌銘并序

二二二

唐宋諆墓誌

大唐故潞州大都督府倉曹參軍廣平宋公（諆）墓誌銘并序

高寬均四十三釐米。十六行，行二十至二十四字不等。

至德元載（七五六）十月卒。年六十四歲。永泰二年（七六六）七月十四日葬。

二二三

唐李浮丘妻張氏墓誌

唐故冀州棗强丞李君（浮丘）故妻清河張夫人墓誌銘并序

大理司直上官初撰。

高四十五、寬四十六釐米。二十行，行二十字。

至德元載（七五六）十月四日卒。年六十五歲。當月權葬。永泰二年（七六六）十一月二十七日遷葬。

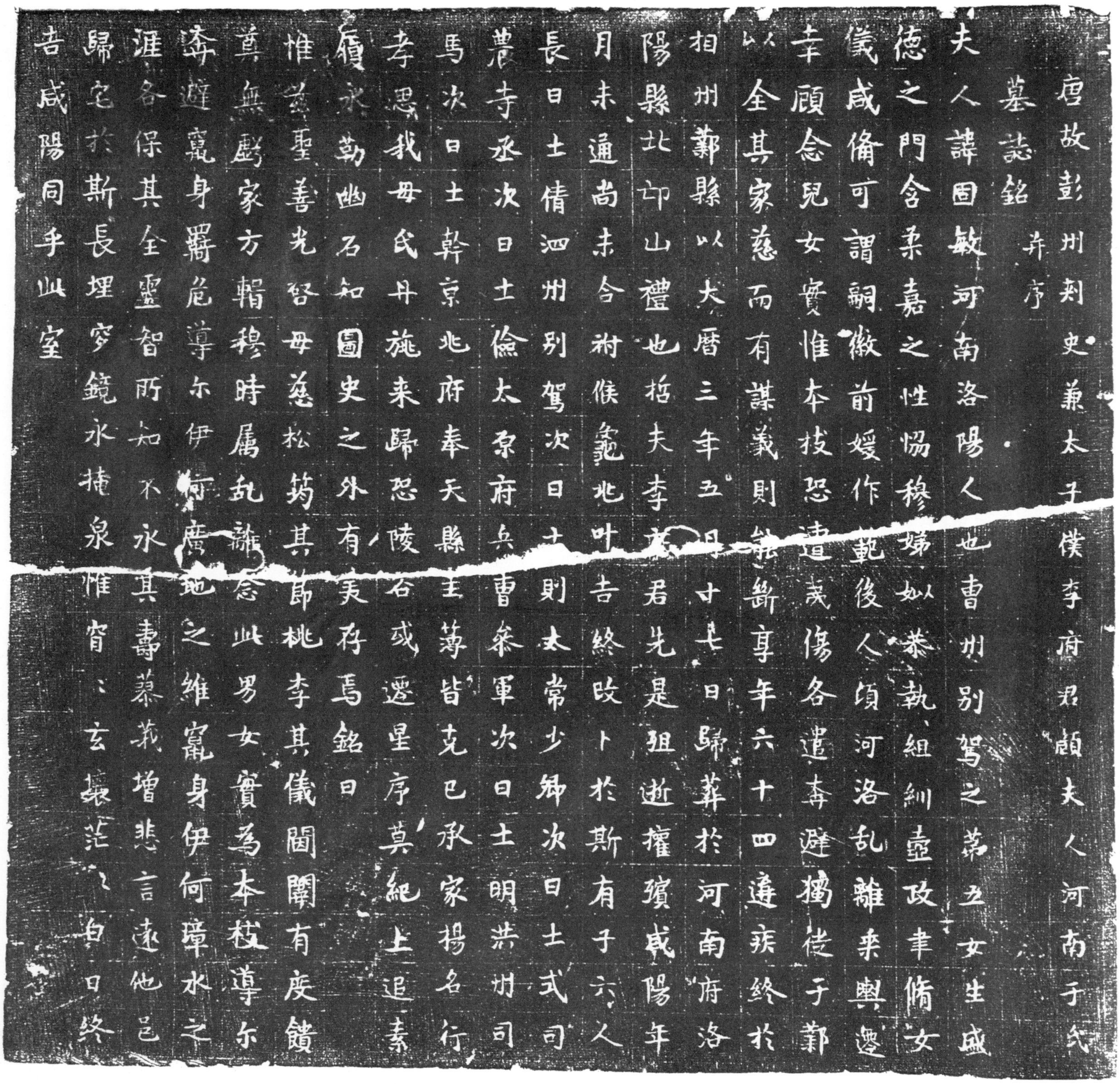
唐故彭州刺史兼太子僕李府君頠夫人河南于氏
墓誌銘并序
夫人諱固敏河南洛陽人也曹州別駕之第五女生盛
德之門含柔嘉之性恊穆娣姒恭執組紃壼政聿脩女
儀咸備可謂嗣徽前媛作範後人須河洛亂離奉輿遷
幸顧念兒女實惟本枝恐遭羨傷各遣奔避獨徒于鄭
以全其家慈而有謀義則能斷享年六十四遘疾終於
相州鄴縣以大曆三年五月廿七日歸葬於河南府洛
陽縣北邙山禮也嗟夫李君先是殂逝權殯咸陽年
月未通尚未合祔倭龜兆叶吉終改卜於斯有子六人
長曰士倩泗州別駕次曰士則太常少卿次曰士式司
農寺丞次曰士倫太原府兵曹參軍次曰士明洪州司
馬次曰士幹京兆府奉天縣主簿皆克已承家揚名行
孝思我母氏丹旐來歸恐陵谷或遷星序莫紀上追素
履永勤幽石知圖史之外有美存焉銘曰
惟慈聖善光昭母慈松筠其節桃李其儀閫閫有度饋
蓴無虧家方帽穆時屬亂離念此男女實爲本枝導尔
奔避寬身羇危導尓伊何廣地之維寬身伊何漳水之
涯各保其全靈智所知不永其壽慕義增悲言遠他邑
歸窆於斯長埋穸鏡永掩泉帷窅窅玄壤茫茫白日終
古咸陽同乎此室

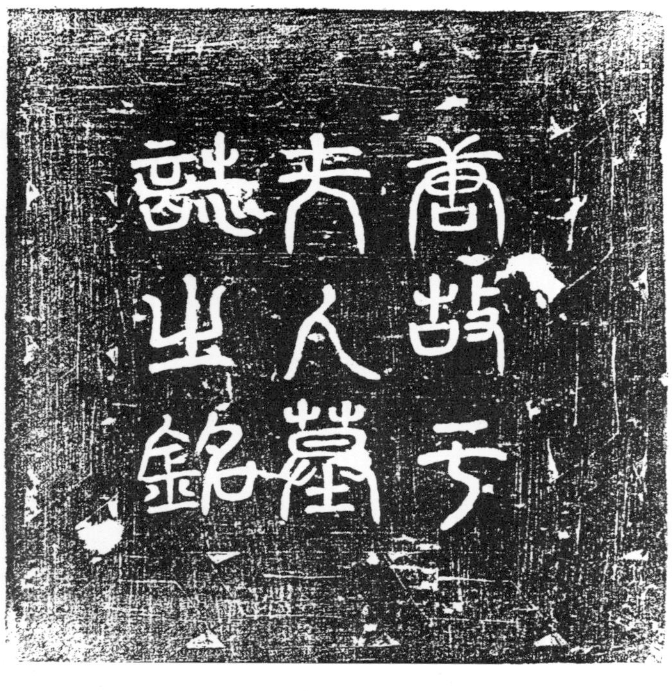
唐故于
夫人墓
誌銘

二二四

唐李頠妻于固敏墓誌并蓋

唐故彭州刺史兼太子僕李府君頠夫人河南于氏（固敏）墓誌銘并序

高寬均四十三釐米。二十一行，行二十一字。

蓋篆書三行九字。

卒年六十四歲。大曆三年（七六八）五月十七日葬。

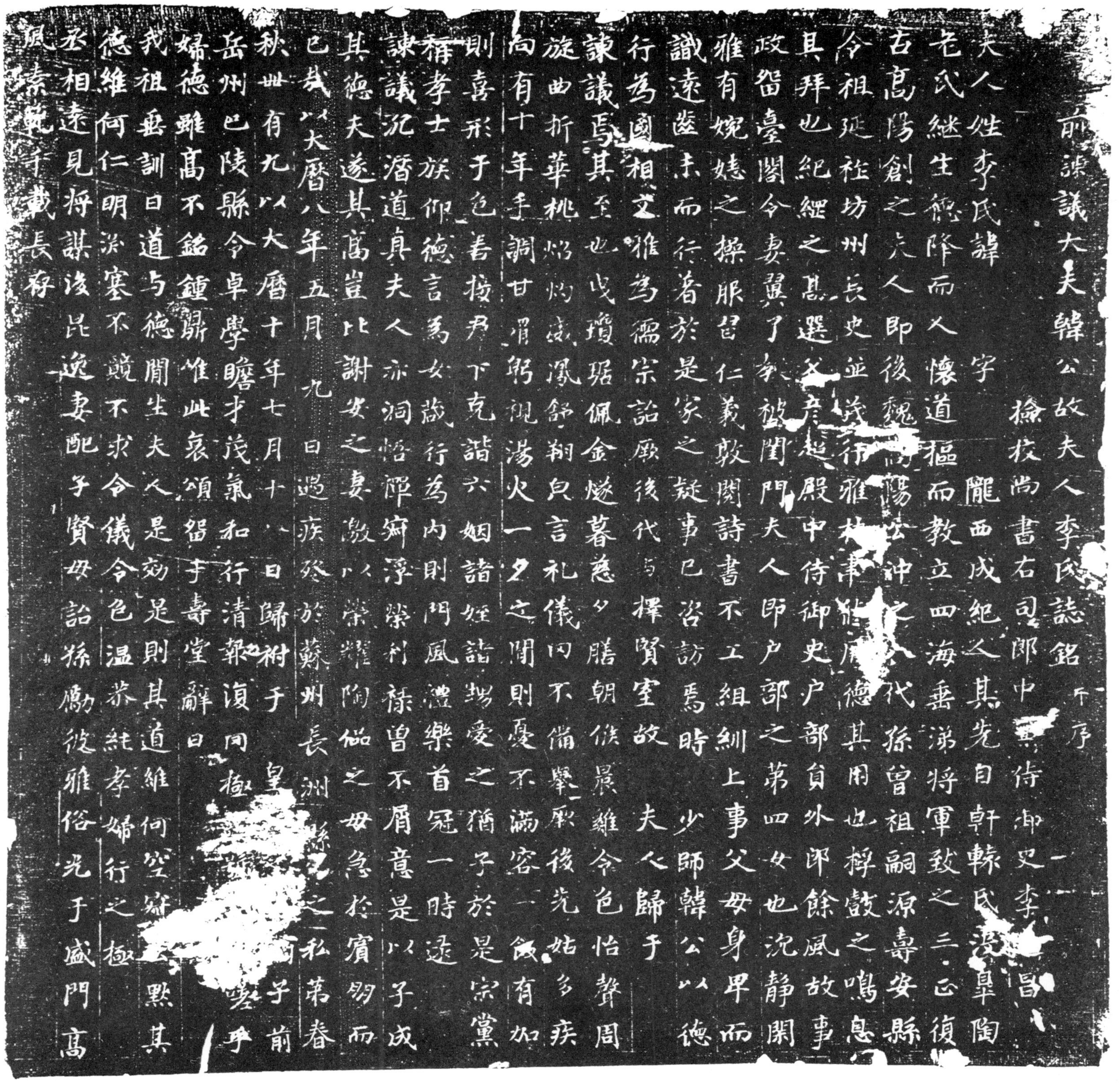

唐韓故
李夫人
墓誌銘

二二五　唐韓汯妻李氏墓誌并蓋

前諫議大夫韓公（汯）故夫人李氏誌銘并序

檢校尚書右司郎中兼侍御史李□昌。

高寬均三十六釐米。二十六行，行二十五字。

蓋篆書三行九字。

大曆八年（七七三）五月九日卒。年四十九歲。大曆十年（七七五）七月十八日葬。

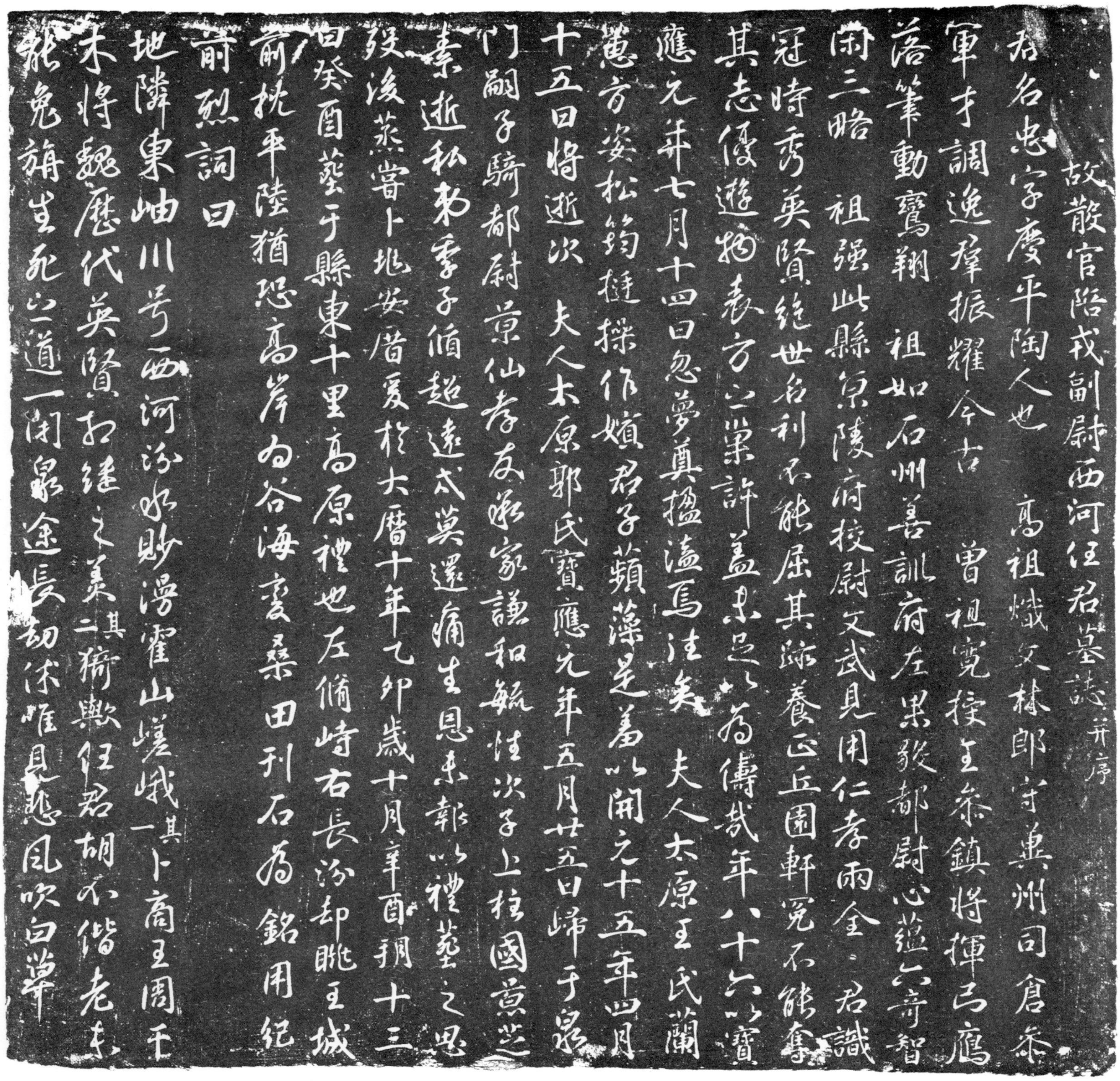
故散官陪戎副尉西河任君墓誌并序
君名忠字慶平陶人也　高祖熾文林郎守冀州司倉參
軍事調逸聲振耀今古　曾祖寬授王參鎮將揮已應
落筆動驚翔　祖如石州善訓府左果毅都尉心蘊六奇智
閑三略　祖强此縣原陵府校尉文武見用仁孝兩全。君識
冠時秀英賢絶世名利不能屈其跡養正丘園軒冕不能奪
其志優遊物表方以業許蓋未足以爲傳哉年八十六以寶
應元年七月十四日忽夢奠楹溘焉往矣　夫人太原王氏蘭
蕙方姿松筠挺操作嬪君子蘋藻是蓋以開元十五年四月
十五日將逝次　夫人太原郭氏寶應元年五月廿五日歸于泉
門嗣子騎都尉景仙孝友承家謙和毓性次子上柱國景芝
素逝私弟季子循超遠未莫還痛生恩未報以禮墓之思
殁後蒸嘗卜兆安厝爰於大曆十年乙卯歲十月辛酉朔十三
日癸酉葬于縣東十里高原禮也左循崎右長汾却眺王城
前枕平陸猶恐高岸為谷海變桑田刊石為銘用紀
前烈詞曰
地隣東岫川号西河汾水盻澇霍山嵯峨其一　下啇王周千
木将魏歷代英賢相繼之美其二　猗歟任君胡不偕老未
能免旃生死之道一閉泉途長劫唯見悲風吹白草

二二六　唐任忠墓誌

故散官陪戎副尉西河任君（忠）墓誌并序

高寬均五十五釐米。十九行，行二十三字。

寶應元年（七六二）七月十四日卒。年八十六歲。夫人王氏開元十五年（七二七）四月十五日卒。夫人郭氏寶應元年五月二十五日卒。大曆十年（七七五）十月十三日葬。

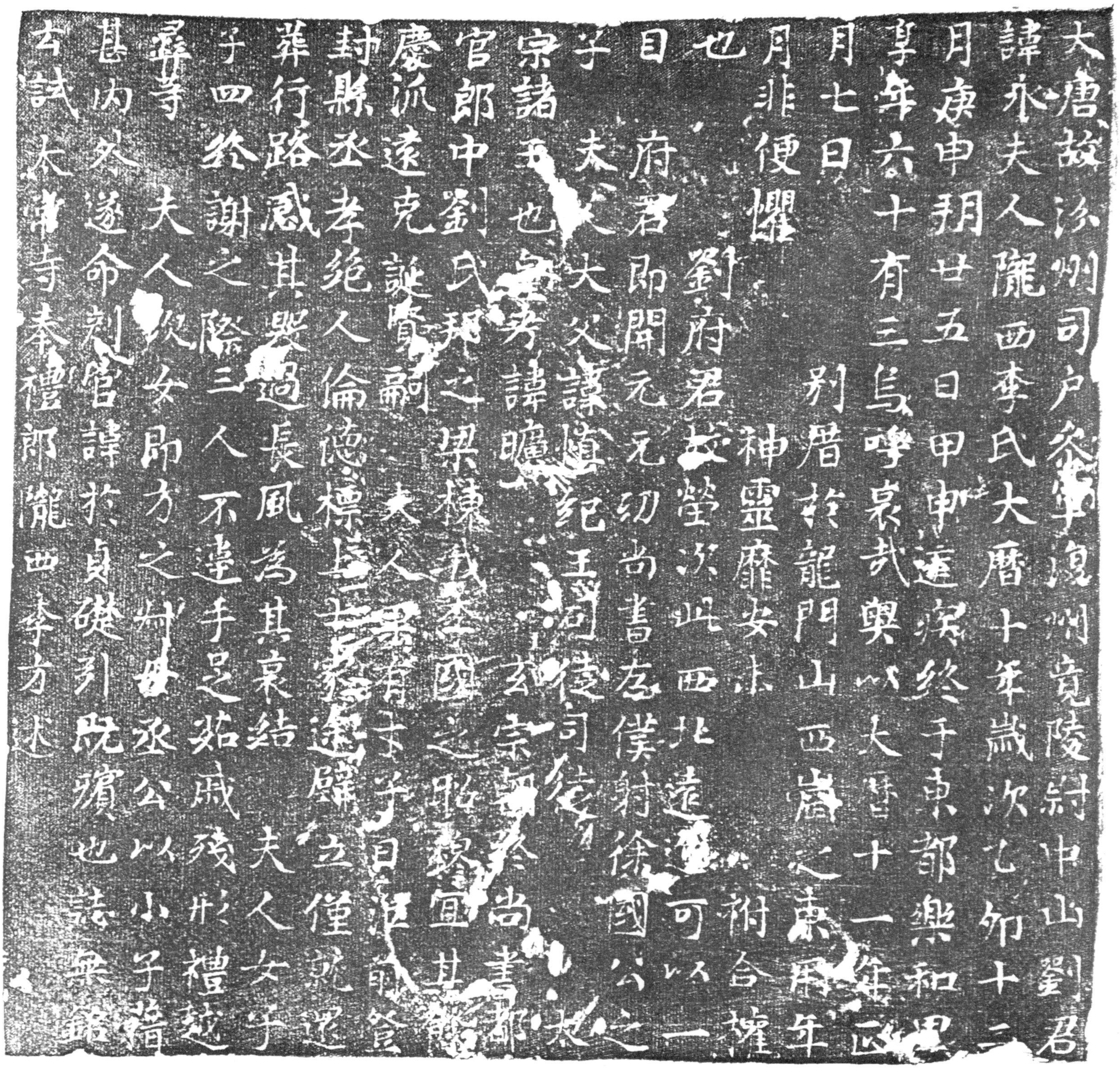

二二七　唐劉永妻李氏墓誌并蓋

試太常寺奉禮郎隴西李方述。

高寬均三十釐米。十八行，行十八字。

蓋篆書三行九字。

大曆十年（七七五）十二月二十五日卒。年六十三歲。大曆十一年（七七六）正月七日葬。

二二八 唐楊綰墓誌并蓋

大唐故中書侍郎同平章事贈司徒楊府君（綰）墓誌

吏部侍郎韋肇撰。水部郎中衛密書。

高六十二、寬六十四釐米。隸書，二十五行，行二十六字。

蓋篆書五行十五字。

大曆十二年（七七七）七月二十日卒。十月七日葬。

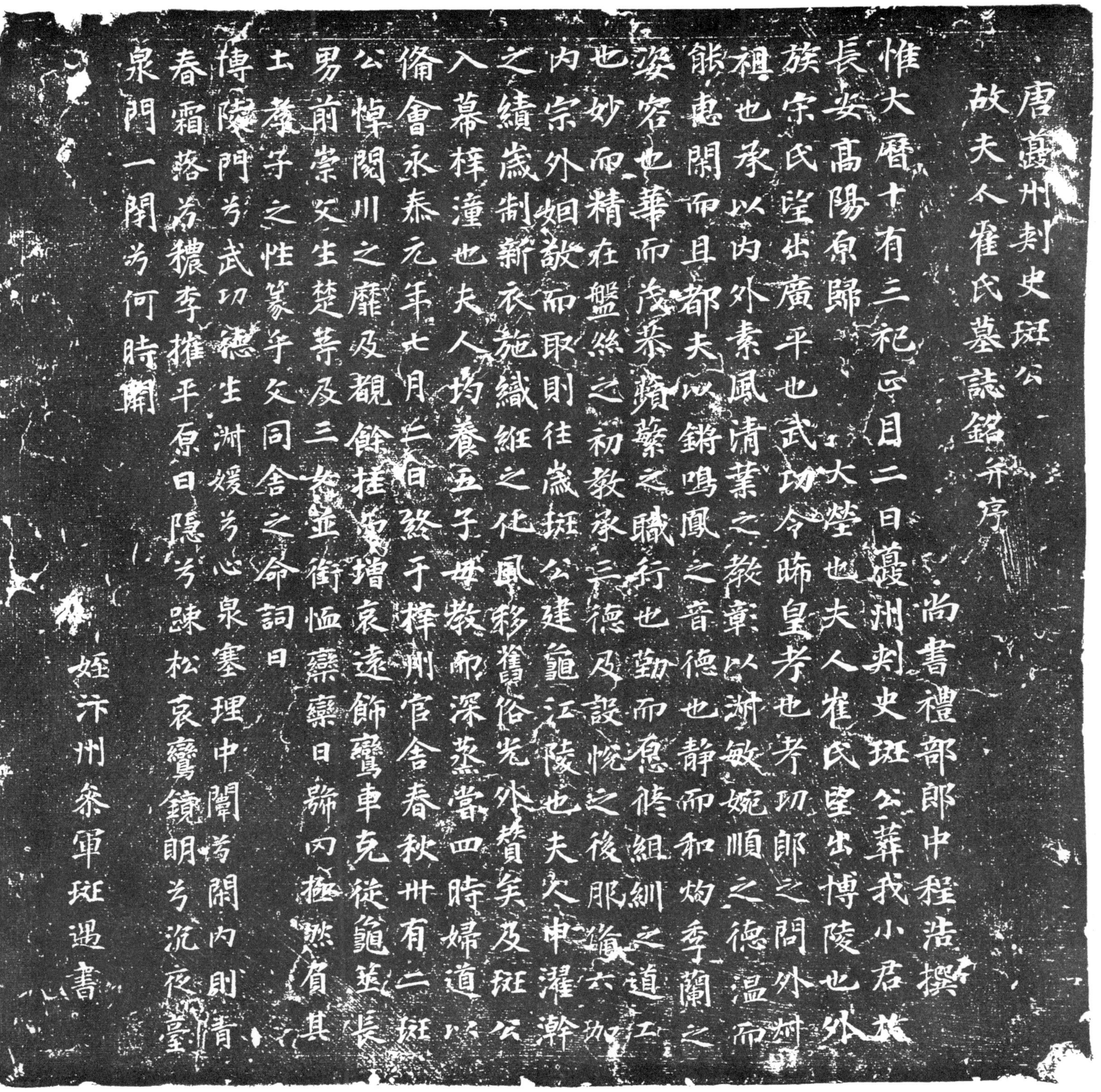
唐夔州刺史斑公
故夫人崔氏墓誌銘并序
尚書禮部郎中程浩撰
惟大曆十有三祀正月二日夔州刺史斑公葬我小君於
長安高陽原歸大塋也夫人崔氏望出博陵也外
族宗氏望出廣平也武功令晞皇考也考功郎之問外[illegible]
祖也承以內外素風清業之教韋以淑敏婉順之德溫而
能惠閑而且都夫以鏘鳴鳳之音德也靜而和灼季蘭之
姿容也華而茂蒸蘋蘩之職行也勤而愿脩組紃之道江
也妙而精在盤絲之初教承三德及設悅之後服箴六加
內宗外姻欽而取則往歲斑公建龜江陵也夫人申濯澣
之績歲制新衣施織紝之化風移舊俗光外贊矣及斑公
入幕梓潼也夫人均養五子母教而深蒸嘗四時婦道以
脩會永泰元年七月二日終于梓州官舍春秋卅有二斑
公悼閱川之靡及覩餘挂而增哀遠飾鸞車克從龜筮長
男前崇文生楚荐及三女並銜恤欒欒日歸內極然省其
土孝子之性篆手父同舍之命詞曰
博陵門兮武功德生淑媛兮心泉塞理中闈兮閑內則青
春霜落兮穠李摧平原日隱兮踈松哀鸞鏡朗兮沉夜臺
泉門一閉兮何時開
姪汴州參軍斑遇書

二二九 唐斑愻妻崔氏墓誌并蓋

唐夔州刺史斑公（愻）故夫人崔氏墓誌銘并序

尚書禮部郎中程浩撰。姪汴州參軍斑遇書。

高四十六、寬四十五釐米。二十一行，行二十二字。

蓋三行九字。

永泰元年（七六五）七月二日卒。年三十二歲。大曆十三年（七七八）正月二日葬。

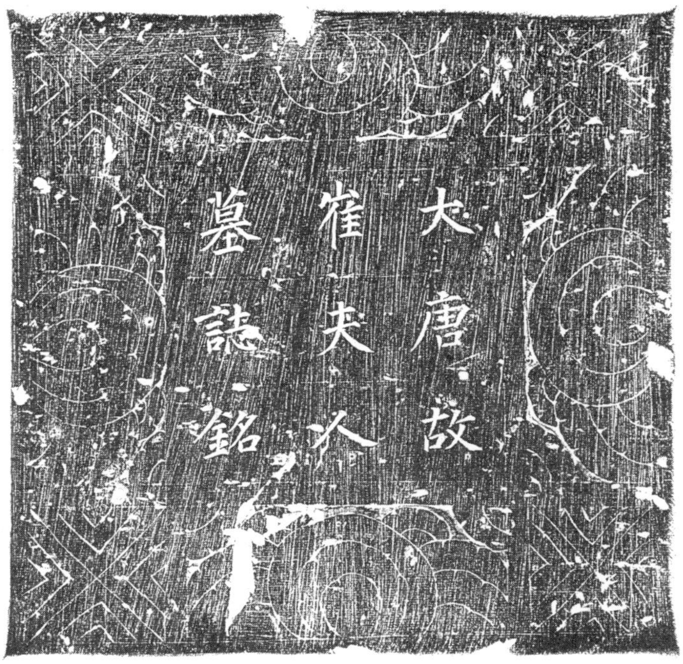
大唐故
崔夫人
墓誌銘

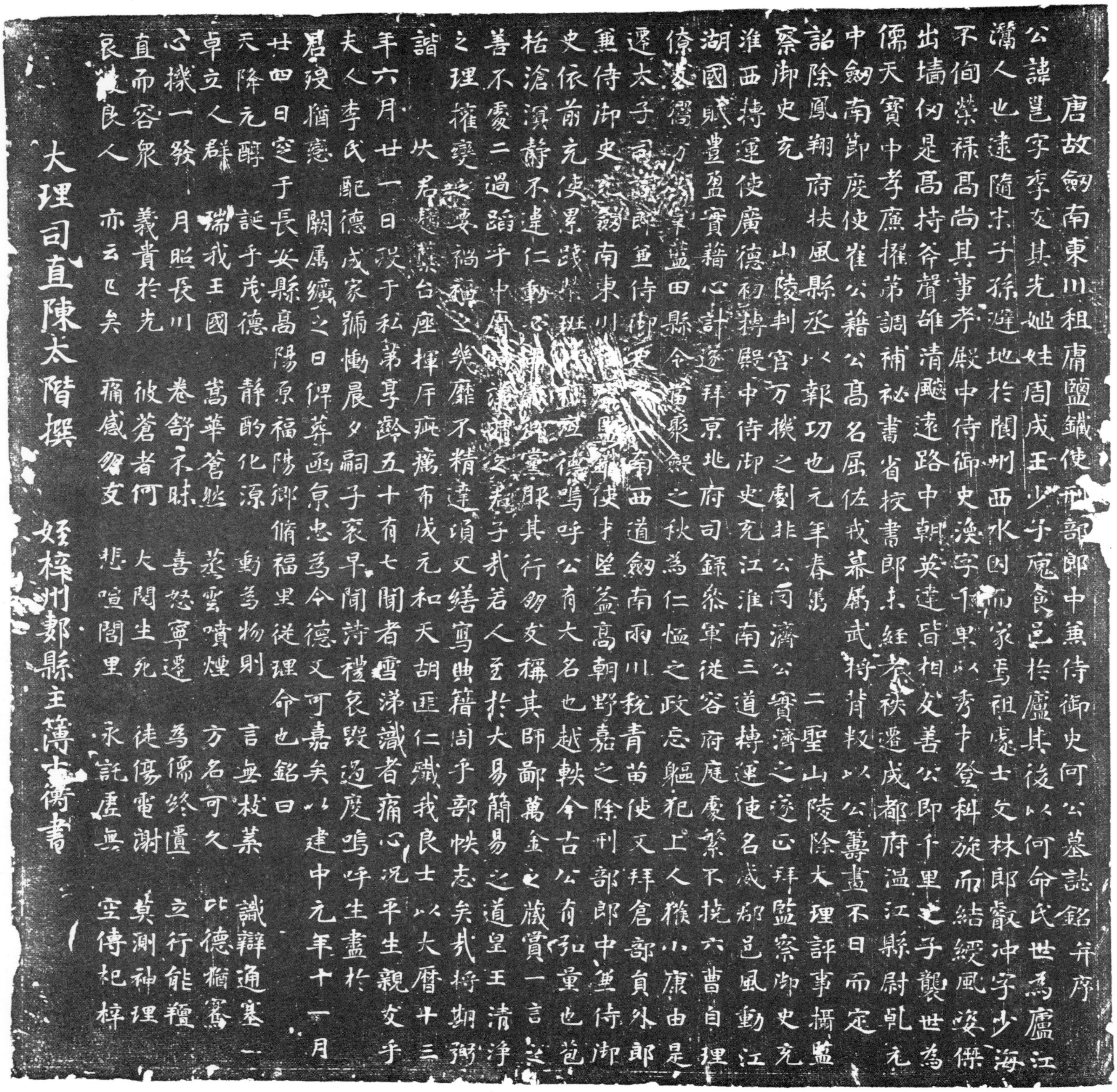

大唐故
何府君
墓誌銘

二三〇　唐何邕墓誌并蓋

唐故劍南東川租庸鹽鐵使刑部郎中兼侍御史何公（邕）墓誌銘并序

大理司直陳太階撰。姪梓州郪縣主簿（何）士衡書。

高五十六、寬五十五釐米。二十九行，行三十字。

蓋三行九字。

大曆十三年（七七八）六月二十一日卒。年五十七歲。建中元年（七八〇）十一月二十四日葬。

二三一

唐論惟貞墓誌并蓋

唐故英武軍使開府儀同三司試太常卿上柱國蕭國公贈靈州大都督論公（惟貞）墓誌銘并序

銀青光禄大夫彭王傅上柱國會稽郡開國公徐浩撰并書。

高六十八、寬六十七點五釐米。三十五行，行三十六字。

蓋篆書四行十二字。

建中二年（七八一）十月九日卒。年五十一歲。十一月三十日葬。

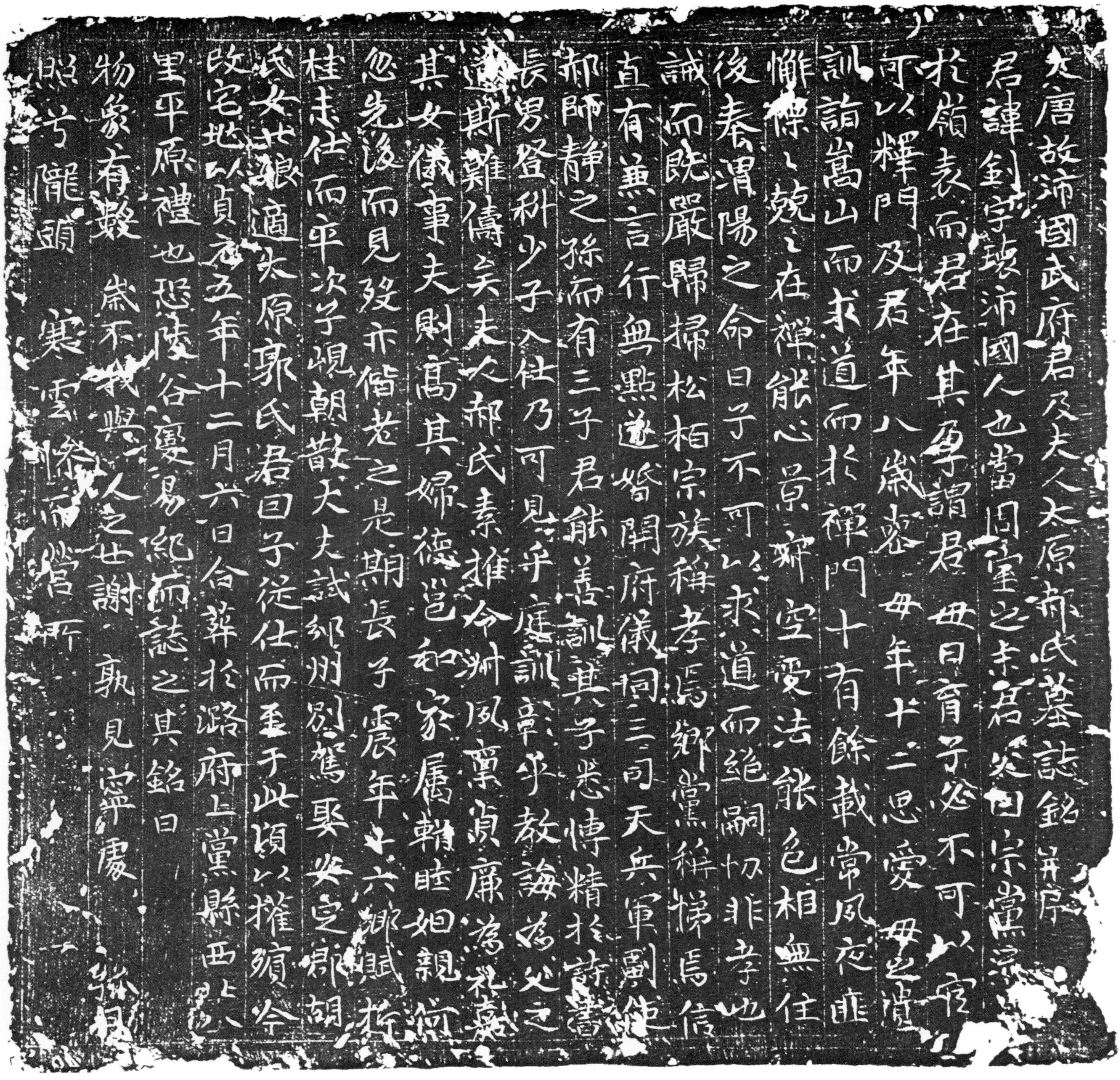
大唐故沛國武府君及夫人太原郝氏墓誌銘并序
君諱釗字瓌沛國人也當周室之末君必因宗黨宗
於嶺表而君在其孕謂君母曰育子必不可以宦
可以釋門及君年八歲喪母年十二思愛母之遺
訓詣嵩山而求道而於禪門十有餘載常夙夜匪
懈慓慓兢兢在禪能心景[illegible]空愛法能色相無住
後奉渭陽之命曰子不可以求道而絕嗣[illegible]非孝也
誡而既嚴歸掃松柏宗族稱孝焉鄉黨稱悌焉信
直有兼言行無點遂婚開府儀同三司天兵軍副使
郝師靜之孫而有三子君能善訓其子悉博精於詩書
長男登科少子入仕乃可見乎庭訓章乎教誨為父之
道斯難儔矣夫人郝氏素推令淑風稟貞廉為禮嘉
其女儀事夫則高其婦德邕和家屬輯睦姻親欽
忽先後而見歿亦偕老之是期長子震年十六鄉賦折
桂未仕而卒次子峴朝散大夫試邠州別駕娶安定郡胡
氏女廿娘適太原郭氏君曰子從仕而至于此頃以權殯今
改宅兆以貞元五年十二月六日合葬於潞府上黨縣西北[illegible]
里平原禮也恐陵谷變易紀而誌之其銘曰
物象有變 歲不我與 人之世謝 孰見寧處 [illegible]
照兮隴頭 寒雲慘而 [illegible]

二三二 唐武釗與夫人郝氏墓誌

大唐故沛國武府君（釗）及夫人太原郝氏墓誌銘并序

高寬均四十二釐米。二十行，行十九至二十四字不等。

貞元五年（七八九）十二月六日合葬。

唐故鄭州陽武縣令鄭府君墓誌銘并序
姪鄭州管城縣令名卿撰
府君諱滔滎陽人也曾祖乹贊京地府金城縣令祖孝本
滄貝二州刺史考倩之華州刺史　府君解褐授潞州長
子縣尉選授河中府參軍授太常寺協律郎授同州司兵參
軍邦伯以能政甄獎奏授本州韓城縣令選授婺州義烏
縣令韓滿調集授陽武縣令歷官七任位登百里所至必聞
寔曰能政解印後屬兩河用兵道路多阻未歸洛邑猶居故
林以興元元年三月十七日寢疾終于陽武之私弟享年五十
三屬李希烈擁逆竊據大梁歲月滋深未獲歸葬以貞元
六年歲次庚午十二月八日遷厝偃師縣亳邑鄉北原輔近
先塋禮也夫人隴西李氏權厝莫知盧氏遭抗州海翻命
隨逝水生人之苦海內共傷窀穸之期祔禮遂闕
遠日俄及良辰不再慮陵谷遷變乃刻石修文
銘曰
[illegible]塋東洛　偃北原　平生令問　雖葬猶存
恭守餘訓　閱禮逾敬　泉路永設　天道寧論
九原封樹　十起懷思　哀纏蔵府　慟哭塋門
顯旌松栢　以謝乹坤

二三三

唐鄭滔墓誌

唐故鄭州陽武縣令鄭府君（滔）墓誌銘并序

姪鄭州管城縣令（鄭）名卿撰。

高寬均三十七釐米。十九行，行十八至二十四字不等。

興元元年（七八四）三月十七日卒。年五十三歲。貞元六年（七九〇）十一月八日葬。

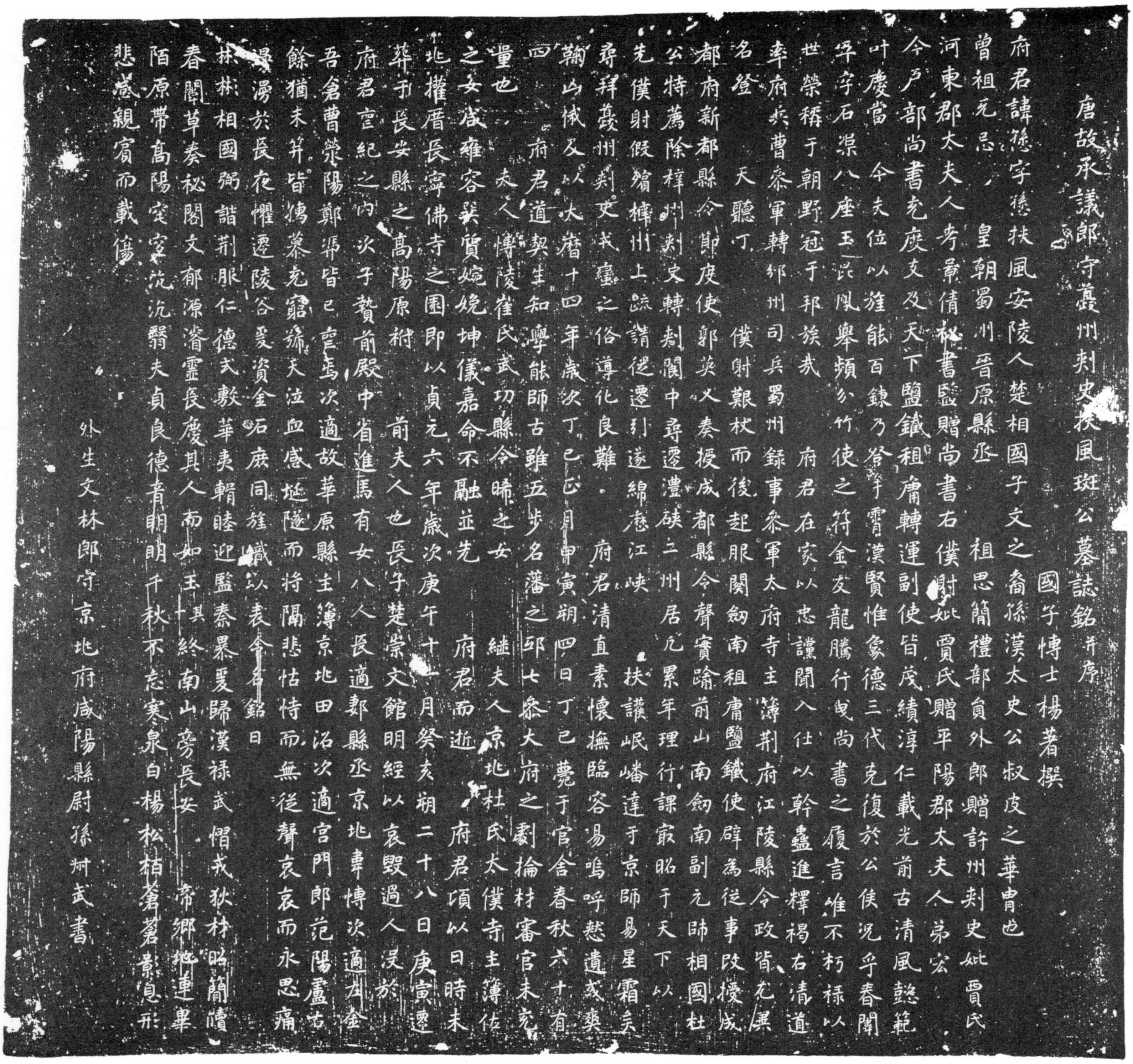

唐故夔
州刺史
班府君
墓誌銘

二三四　唐班愻墓誌并蓋

唐故承議郎守夔州刺史扶風班公（愻）墓誌銘并序

國子博士楊著撰。外甥文林郎守京兆府咸陽縣尉孫叔武書。

高六十一、寬六十三釐米。三十行，行三十二字。

蓋篆書四行十二字。

大曆十四年（七七九）正月四日卒。年六十四歲。貞元六年（七九〇）十一月二十八日葬。

衛國夫
人裴氏
墓誌銘

二二三五

唐李浚妻裴氏墓誌并蓋

大唐嘉州刺史李公（浚）故夫人河東裴氏墓誌銘并序

□□行尚書右丞韓皋撰。

高寬均三十七釐米。二十五行，行二十四字。

蓋隸書三行九字。

貞元六年（七九〇）十月八日卒。年四十四歲。十二月四日葬。

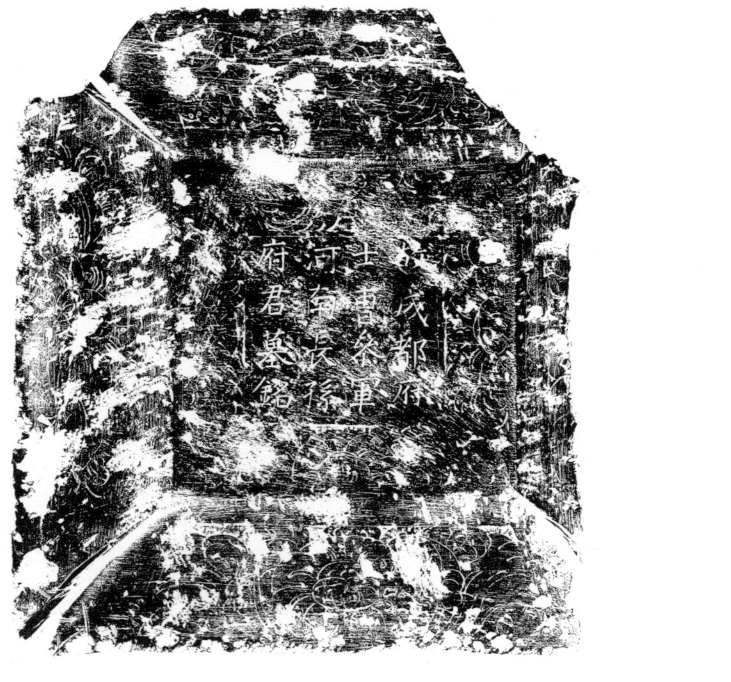

二三六

唐長孫晛墓誌并蓋

大唐故成都府士曹參軍河南長孫府君（晛）墓誌銘并序

朝散大夫行成都府司録參軍賜魚袋韋諷撰。

高四十五、寬四十六釐米。二十五行，行二十六字。

蓋四行十六字。

貞元六年（七九〇）十二月二十日卒。夫人王氏大曆十四年（七七九）十月二十一日卒。夫人崔氏興元元年（七八四）九月五日卒。貞元七年（七九一）四月十日葬。

唐故
劉夫人
墓誌銘

二三七　唐郭夫人劉氏墓誌并蓋

唐故金紫光禄大夫開府同三司行尚書兵部郎中贈秘書少監樂平郡開國公郭府君夫人墓誌銘并序

前太常寺奉禮郎韓卿撰。

高寬均五十二釐米。二十四行，行二十五字。

蓋篆書三行九字。

貞元七年（七九一）三月二十六日卒。貞元八年（七九二）閏十二月二十六日葬。

大唐故盧府君墓誌銘

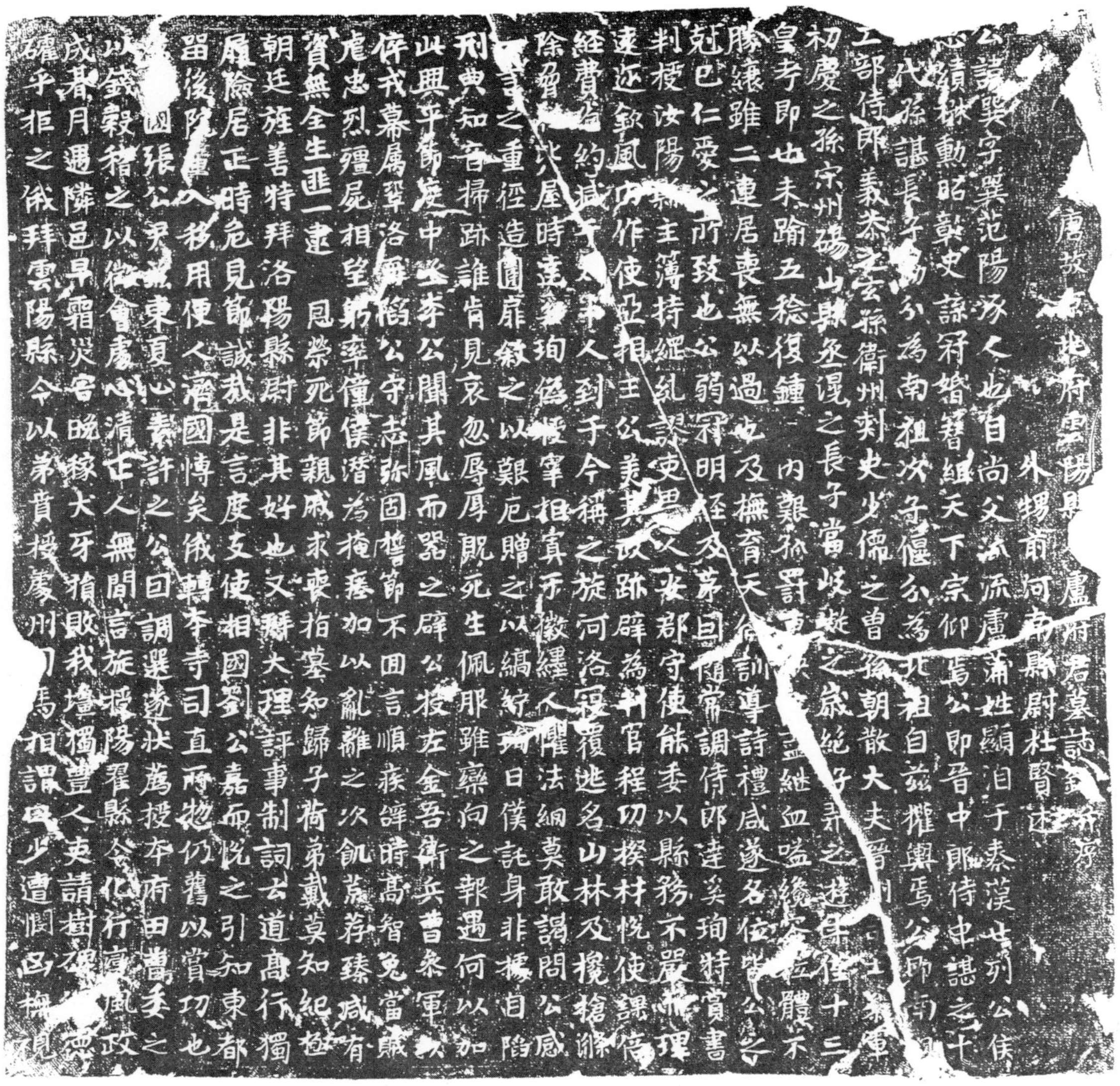

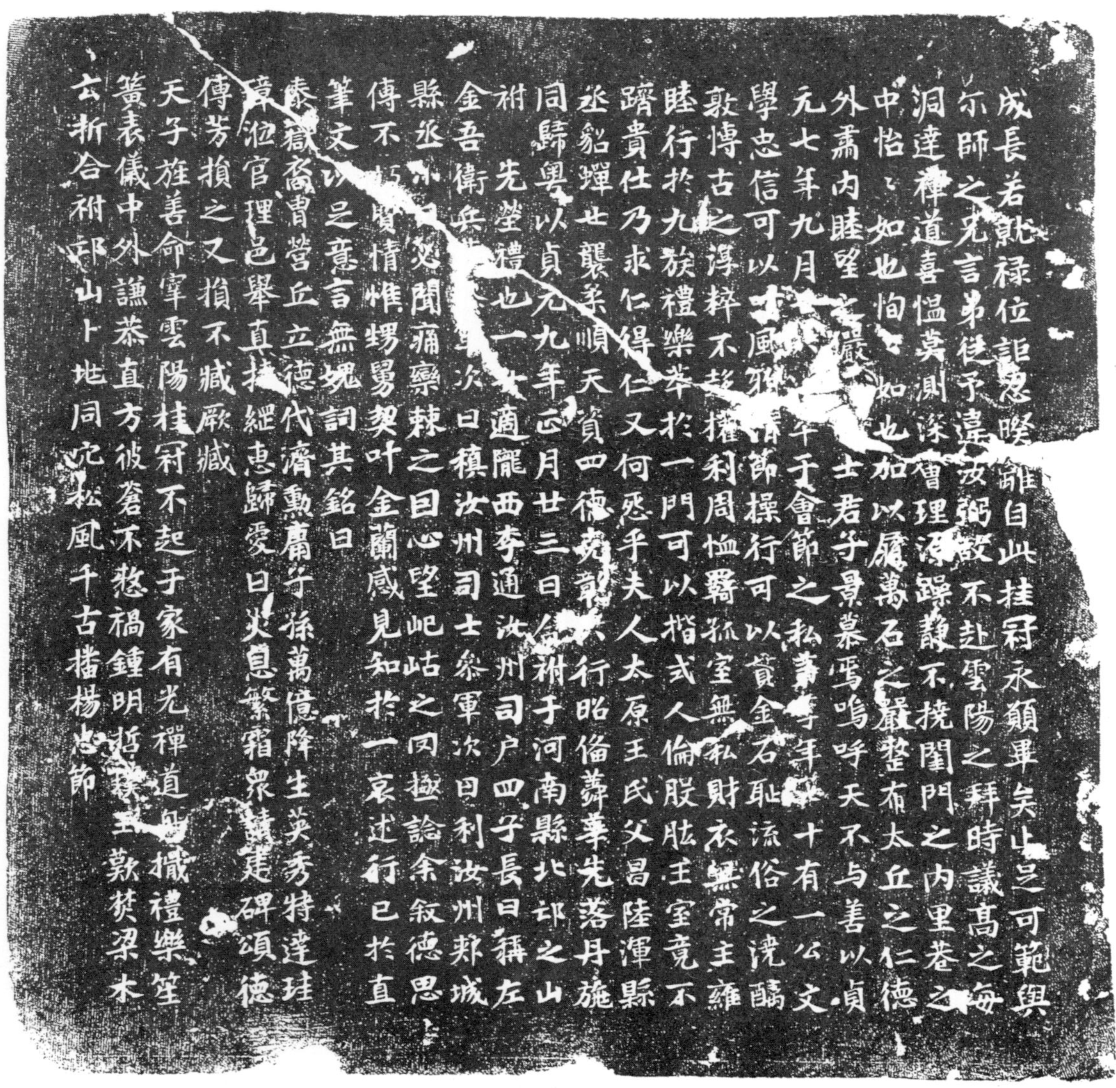

二三八　唐盧巽墓誌并蓋

大唐故京兆府雲陽縣令盧府君（巽）墓誌銘并序

外甥前河南縣尉杜賢述。

高四十五、寬四十四釐米。二十七行，行二十七字。誌蓋背文字二十三行，行二十三字。

蓋篆書三行九字。

貞元七年（七九一）九月二十六日卒。年七十一歲。貞元九年（七九三）正月二十三日葬。

大唐故
崔府君
墓誌銘

二三九　唐崔振墓誌并蓋

唐故濮州司法參軍崔府君（振）墓誌銘并叙

高寬均四十六釐米。二十四行，行二十四字。

蓋三行九字。

貞元九年（七九三）五月十九日卒。年七十歲。五月二十九日葬。

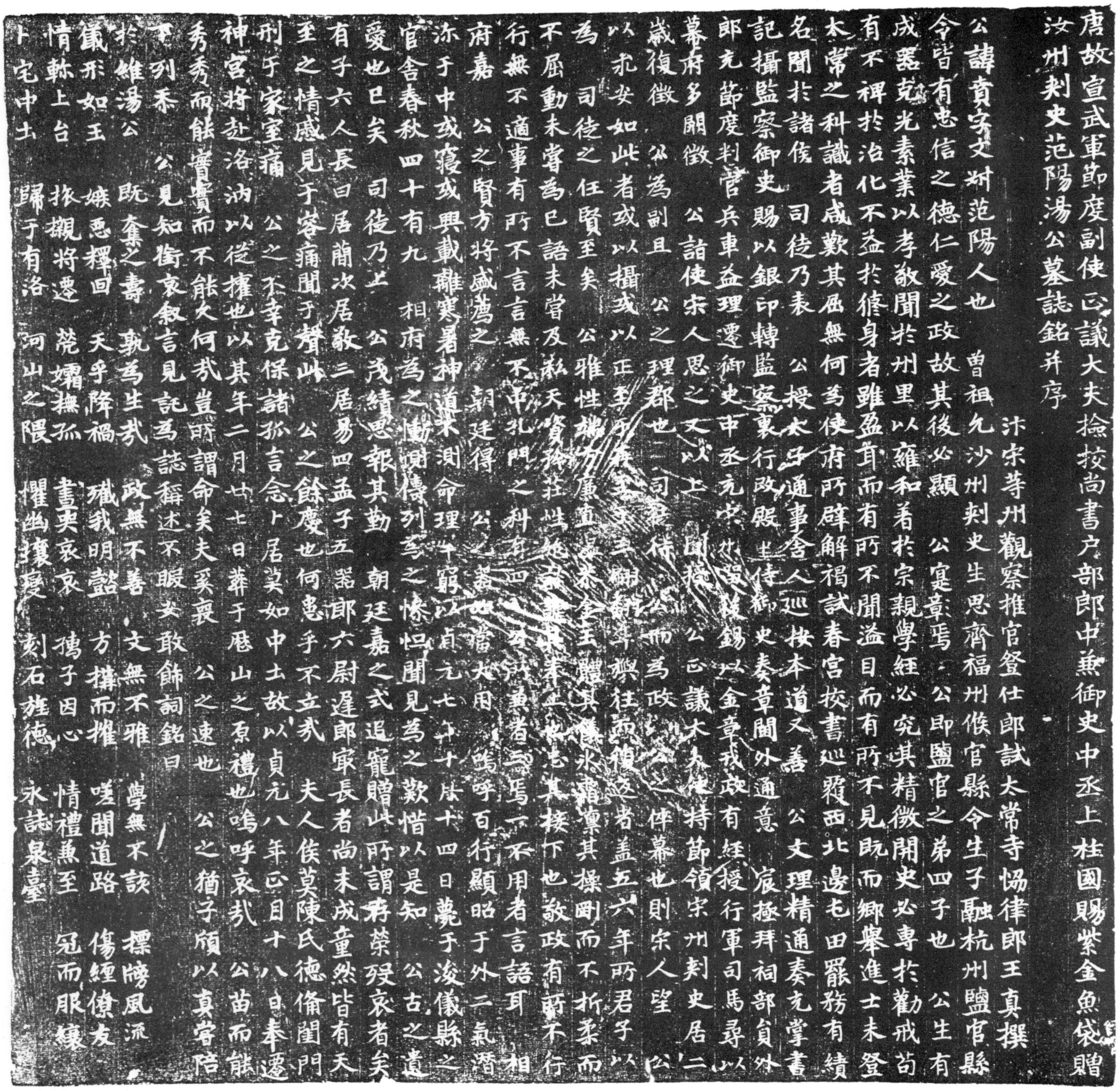

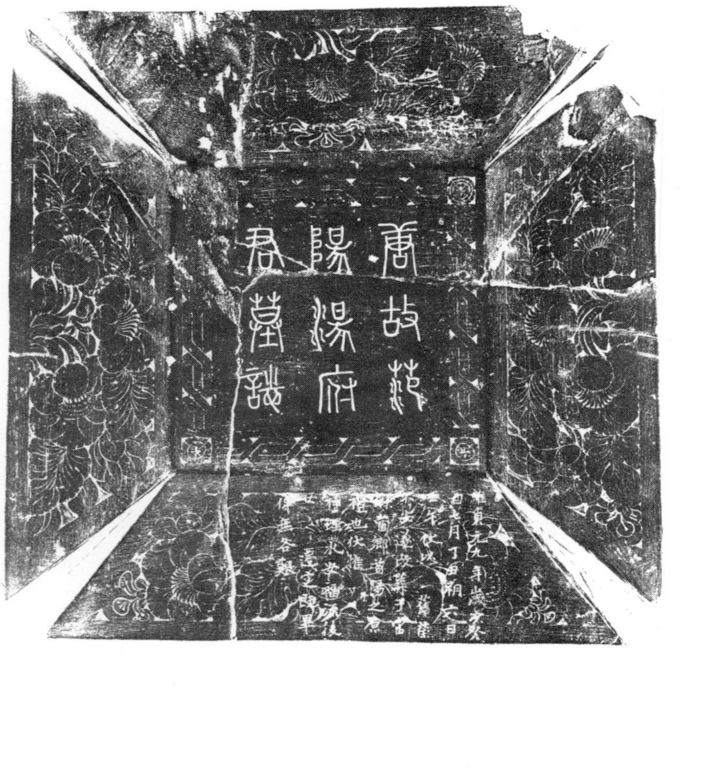

二四〇　唐湯賁墓誌并蓋

唐故宣武軍節度副使正議大夫檢校尚書户部郎中兼御史中丞上柱國賜紫金魚袋贈汝州刺史范陽湯公（賁）墓誌銘并序

汴宋等州觀察推官登仕郎試太常寺協律郎王真撰。

高寬均五十七釐米。三十一行，行三十五字。

蓋篆書三行九字。蓋下刹另有文字九行。

貞元七年（七九一）十月十四日卒。年四十九歲。貞元八年（七九二）二月二十七日葬。貞元九年（七九三）七月六日改葬。

二四一

唐薛夫人吴氏墓誌并蓋

唐秘書省校書郎薛公夫人濮陽吴氏墓誌銘并序

大理評事賜緋魚袋崔德元撰。兄（吴）士矩書。

高寬均四十六釐米。二十三行，行二十三字。

蓋篆書四行十二字。

貞元八年（七九二）九月六日卒。年二十歲。貞元九年（七九三）八月十四日葬。

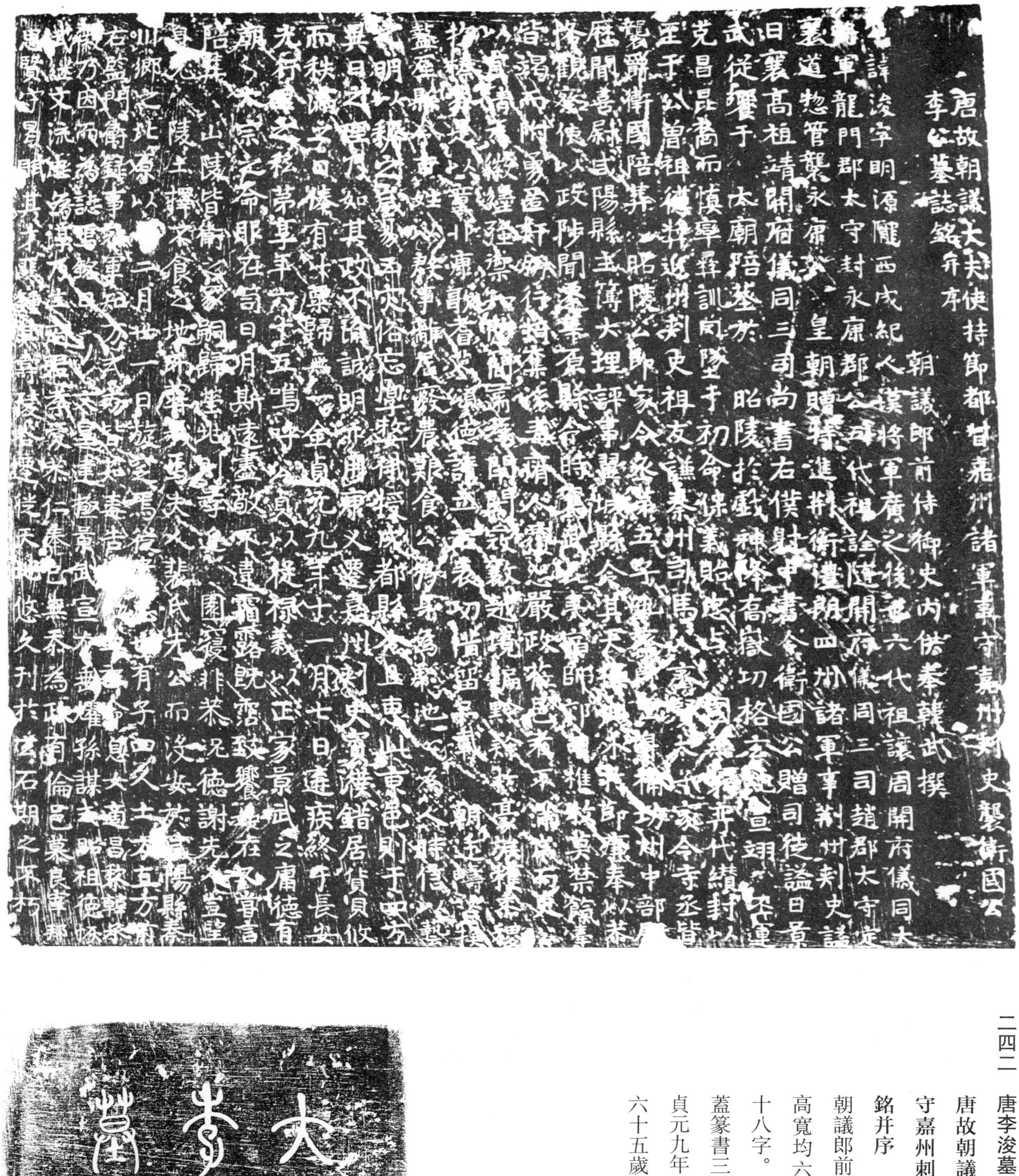

大唐故
李府君
墓誌銘

二四二　唐李浚墓誌并蓋

唐故朝議大夫使持節都督嘉州諸軍事守嘉州刺史襲衛國公李公（浚）墓誌銘并序

朝議郎前侍御史内供奉韓武撰。

高寬均六十一釐米。二十九行，行二十八字。

蓋篆書三行九字。

貞元九年（七九三）十一月七日卒。年六十五歲。十二月二十一日葬。

二四三　唐迴鶻葛啜王子墓誌并蓋

故迴鶻葛啜王子守左領軍衛將軍墓誌并序

給事郎守祕書省著作郎賜緋魚袋崔述撰。

高寬均三十九釐米。十六行，行十八字。誌後另刻魯尼文。

蓋三行九字。

貞元十一年（七九五）五月二十日卒。年二十歲。六月七日葬。

二四四

二四四　唐崔振妻鄭轔墓誌

唐故濮州司法參軍崔府君（振）夫人滎陽鄭氏（轔）墓誌銘并序

孤子博陵崔寅亮撰。

高四十一、寬四十釐米。二十四行，行二十六至三十字不等。

貞元十二年（七九六）八月十五日卒。年五十四歲。十一月十五日葬。

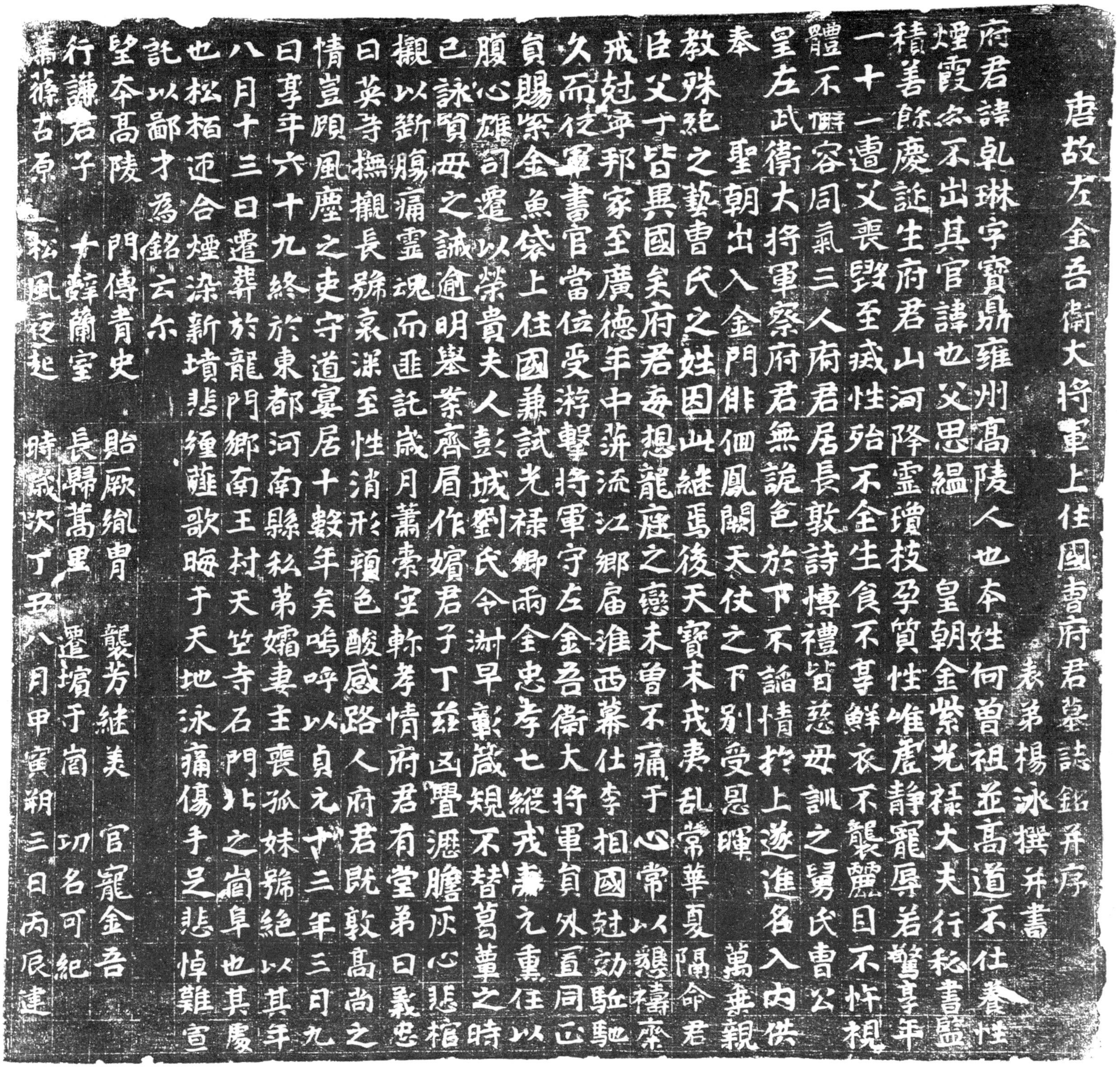

二四五 唐曹乾琳墓誌并蓋

唐故左金吾衛大將軍上柱國曹府君（乾琳）墓誌銘并序

表弟楊泳撰并書。

高寬均四十七釐米。二十六行，行二十六字。

蓋篆書三行九字。

貞元十三年（七九七）三月九日卒。年六十九歲。八月十三日葬。

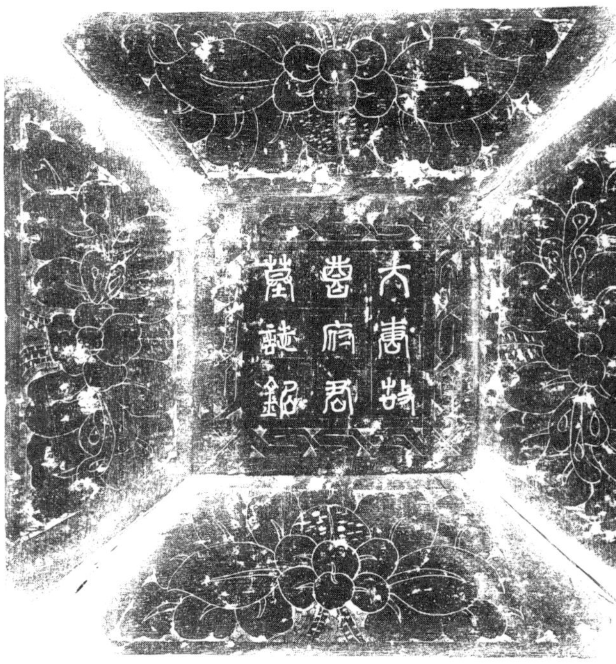
大唐故
曹府君
墓誌銘

二四六　唐王先奉墓誌

大唐寶應功臣雲麾將軍守左金吾衛大將軍上柱國開國男食邑三百户故王府君（先奉）墓誌銘并序

高三十四、寬三十七釐米。十六行，行十七字。

貞元十三年（七九七）七月四日卒。年七十一歲。十月二十一日葬。

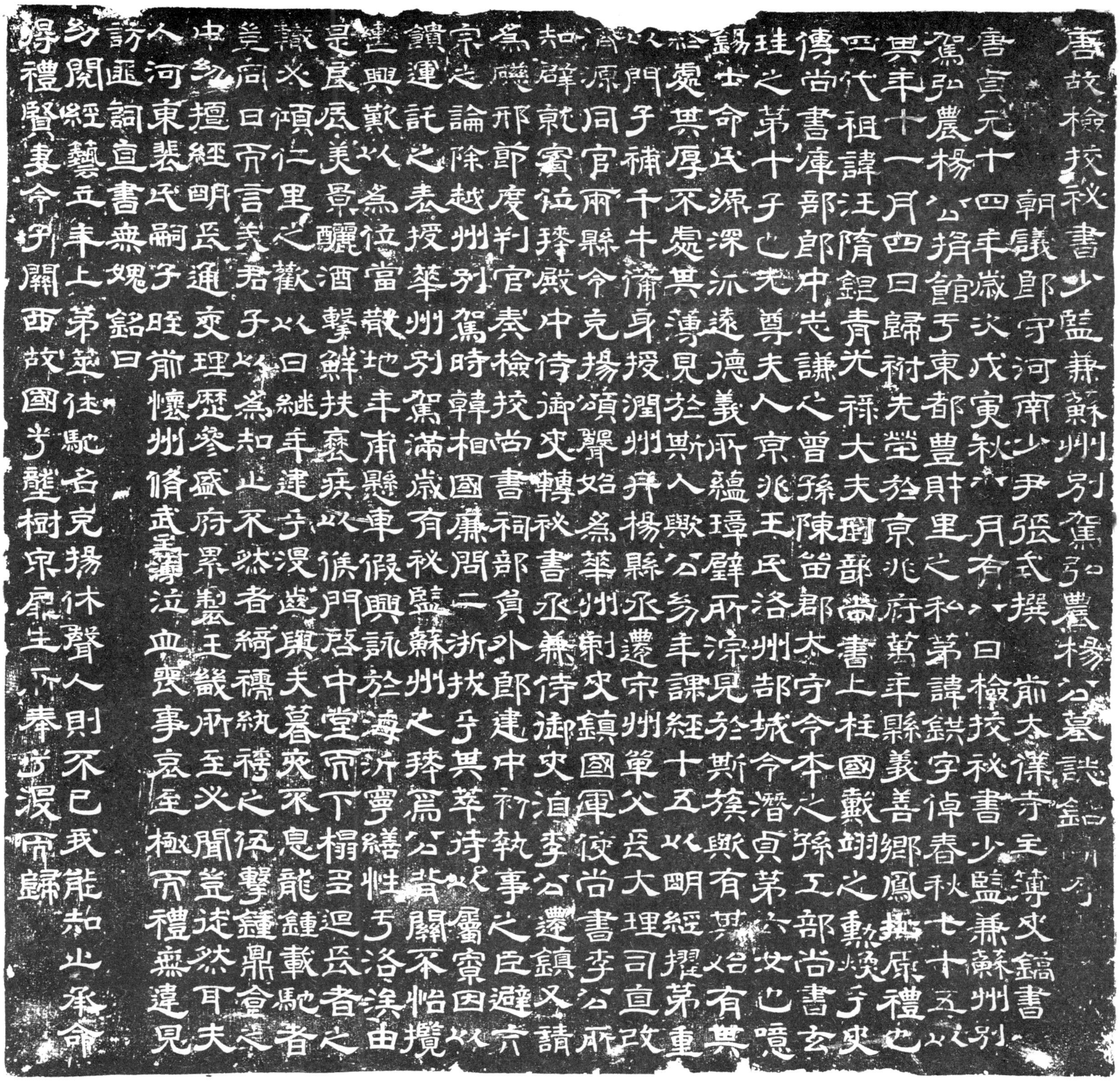

二四七　唐楊鉷墓誌并蓋

大唐故
楊府君
墓誌銘

唐故檢校祕書少監兼蘇州別駕弘農楊公（鉷）墓誌銘并序

朝議郎守河南少尹張式撰。前太僕寺主簿史鎬書。

高寬均六十四釐米。隸書，二十五行，行二十六字。

蓋篆書三行九字。

貞元十四年（七九八）八月八日卒。年七十五歲。十一月四日葬。

二四八　唐李緒墓誌

唐故通議大夫太子司議郎李公（緒）墓誌銘并序

前鄉貢進士李應撰。第四弟宣德郎前京兆府咸陽縣主簿（李）縱書。

高寬均四十五釐米。二十六行，行二十六字。

貞元十三年（七九七）二月十二日卒。貞元十四年（七九八）十二月二十一日葬。

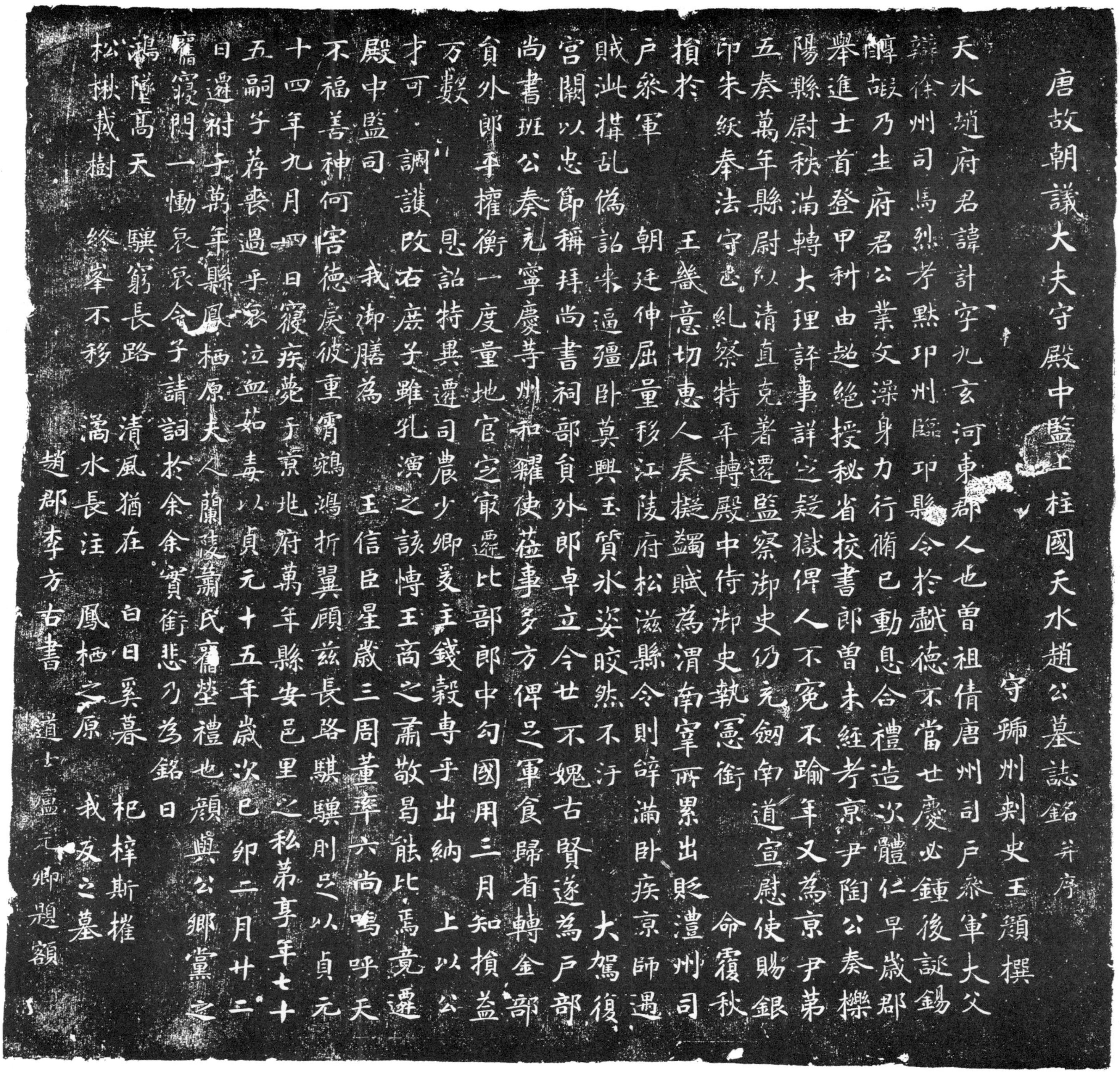

二四九　唐趙計墓誌

唐故朝議大夫守殿中監上柱國天水趙公（計）墓誌銘并序

守虢州刺史王顏撰。趙郡李方古書。道士盧元卿題額。

高寬均六十二釐米。二十六行，行二十六字。

貞元十四年（七九八）九月四日卒。年七十五歲。貞元十五年（七九九）二月二十二日葬。

大唐故
李府君
墓誌銘

二五〇　唐李璹墓誌并蓋

故京兆府功曹李公（璹）墓誌文并序

高五十二、寬五十三釐米。二十九行，行三十字。

蓋篆書三行九字。

貞元十五年（七九九）八月四日卒。年五十六歲。十一月九日葬。

注：誌主名字見其夫人墓誌，本書頁二六〇。

二五一

唐李塡妻韋娩墓誌

亡妻京兆韋氏（娩）墓誌銘并序

萬年縣丞李塡撰。

高寬均三十九釐米。二十四行，行二十五字。

貞元十三年（七九七）十二月十二日卒。年三十二歲。貞元十七年（八〇一）二月十七日葬。

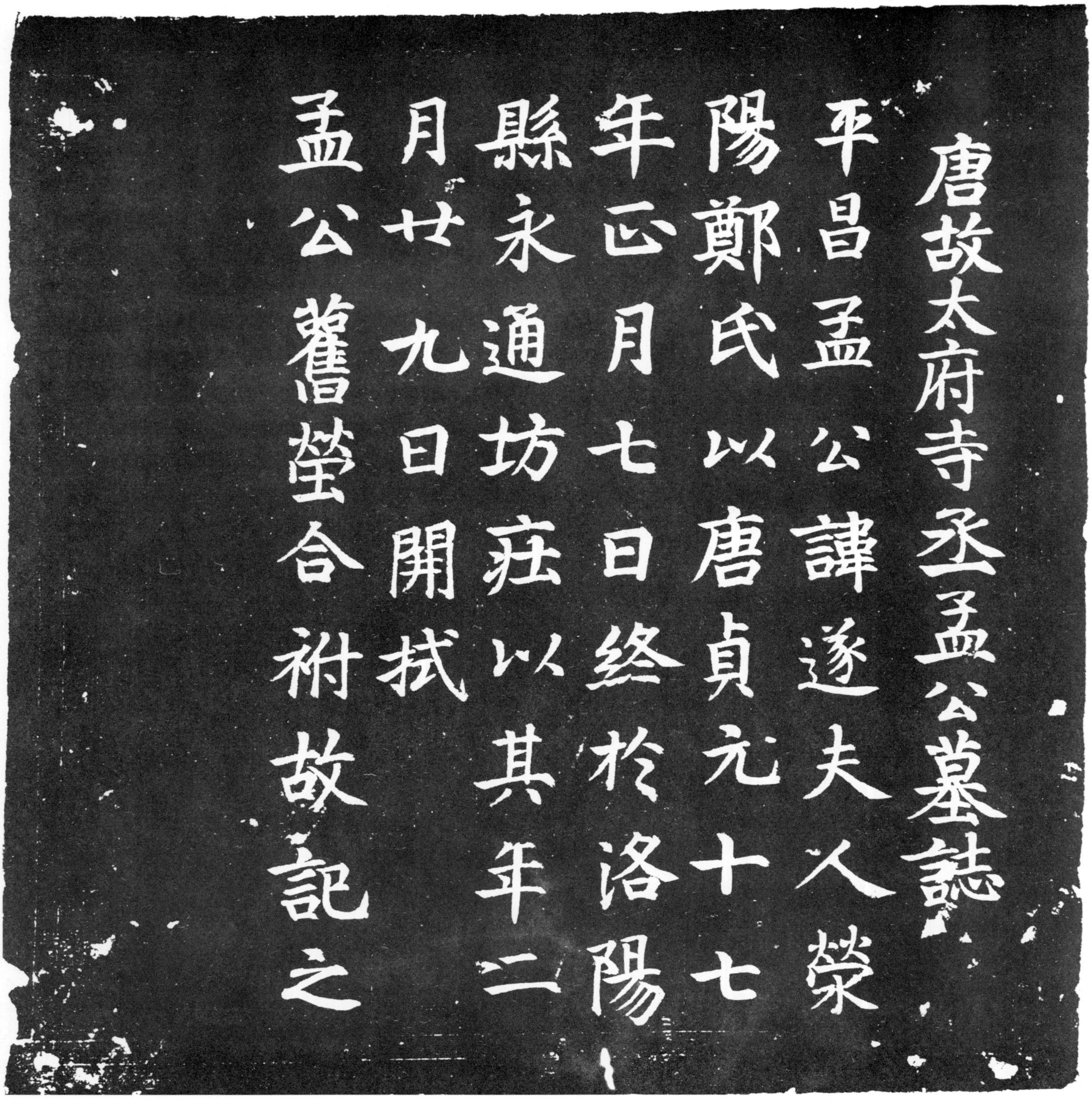

唐故太府寺丞孟公墓誌
平昌孟公諱遂夫人滎
陽鄭氏以唐貞元十七
年正月七日終於洛陽
縣永通坊荘以其年二
月廿九日開拭
孟公舊塋合祔故記之

大唐故
孟府君
墓誌銘

二五二 唐孟遂妻鄭氏墓誌并蓋

唐故太府寺丞孟公（遂）墓誌

高三十、寬二十九釐米。七行，行九字。

蓋篆書三行九字。

貞元十七年（八〇一）正月七日卒。二月二十九日葬。

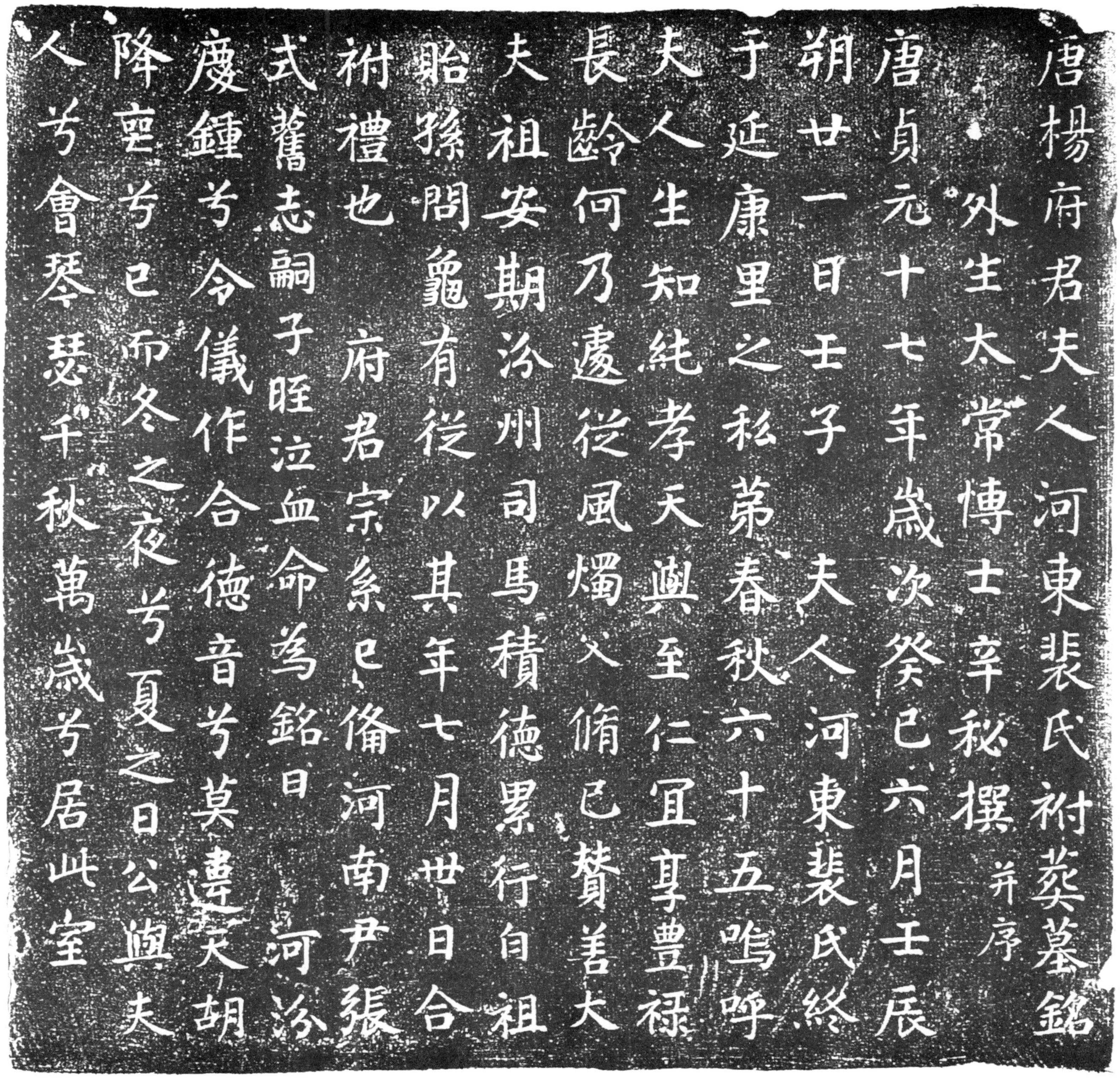
唐楊府君夫人河東裴氏祔葬墓銘
外生太常博士辛秘撰 并序
唐貞元十七年歲次癸巳六月壬辰
朔廿一日壬子夫人河東裴氏終
于延康里之私第春秋六十五嗚呼
夫人生知純孝天與至仁宜享豊祿
長齡何乃遽從風燭父脩己贊善大
夫祖安期汾州司馬積德累行自祖
貽孫問龜有從以其年七月卅日合
祔禮也 府君宗系已備河南尹張
式舊志嗣子晊泣血命為銘曰 河汾
慶鍾兮令儀作合德音兮莫違天胡
降壼兮已而冬之夜兮夏之日公與夫
人兮會琴瑟千秋萬歲兮居此室

二五三

唐楊鉷妻裴氏墓誌

唐楊府君（鉷）夫人河東裴氏祔葬墓銘并序

外甥太常博士辛秘撰。

高寬均三十一釐米。十四行，行十四字。

貞元十七年（八〇一）六月二十一日卒。年六十五歲。七月三十日合葬。

二五四　唐關準墓誌

唐故漢州録事參軍關府君（準）墓誌銘并序

從叔前懷州司倉參軍（關）士約撰。

高四十五、寬四十六釐米。二十六行，行二十七至三十三字不等。

貞元十六年（八〇〇）七月三日卒。年六十七歲。貞元十七年（八〇一）十一月十四日葬。

二五五 唐李夫人竇氏墓誌并蓋

唐故家令寺丞李府君夫人扶風竇氏墓誌

姪進士（李）昌上。

高三十五、寬三十四釐米。二十一行，行二十字。

蓋篆書三行九字。

貞元十七年（八〇一）十月三日卒。年五十一歲。十一月二十七日葬。

大唐故
劉夫人
墓誌銘

二五六　唐袁傑妻劉氏墓誌并蓋

唐故彭城縣君夫人劉氏墓誌銘并序

蘭陵蕭長撰兼書。

高五十三、寬五十二釐米。二十行，行二十一字。

蓋篆書三行九字。

貞元二十年（八〇四）十一月十六日卒。年五十九歲。十二月十九日葬。

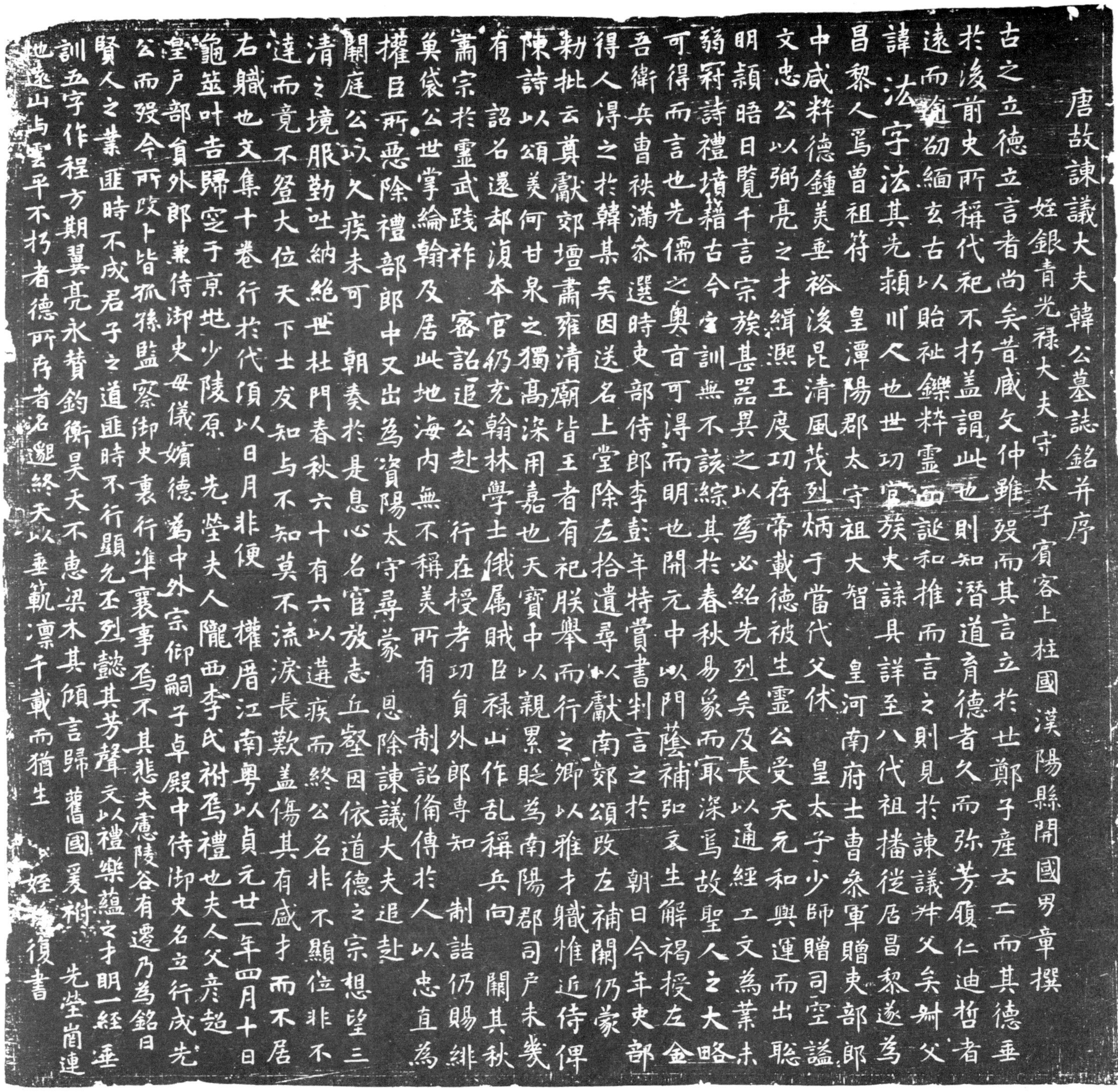
唐故諫議大夫韓公墓誌銘并序
姪銀青光祿大夫守太子賓客上柱國漢陽縣開國男章撰
古之立德立言者尚矣昔臧文仲雖殁而其言立於世鄭子産云亡而其德垂
於後前史所稱代祀不朽蓋謂此也則知潛道育德者久而弥芳願仁迪哲者
遠而逾劭緬玄古以貽祉鑠粹靈而誕和推而言之則見於諫議并父矣刑父
諱汯字汯其先潁川人也世功官族史諜具詳至八代祖播從居昌黎遂為
昌黎人焉曾祖符 皇潭陽郡太守祖大智 皇河南府士曹參軍贈吏部郎
中咸粹德鍾美垂裕後昆清風茂烈炳于當代父休 皇太子少師贈司空謚
文忠公以弼亮之才緝熙王度功存帝載德被生靈公受天元和與運而出聰
明穎晤日覽千言宗族甚器異之以為必紹先烈矣及長以通經工文為業未
弱冠詩禮墳籍古今 訓無不該綜其於春秋易象而最深焉故聖人之大略
可得而言也先儒之奧旨可得而明也開元中以門蔭補弘文生解褐授左金
吾衛兵曹秩滿參選時吏部侍郎李彭年特賞書判言之於 朝曰今年吏部
得人得之於韓某矣因送名上堂除左拾遺尋以獻南郊頌改左補闕仍蒙
勅批云莫獻郊壇肅雍清廟皆王者有祀朕舉而行之卿以雅才職惟近侍俾
陳詩以頌美何甘泉之獨高深用嘉也天寶中以親累貶為南陽郡司戶未幾
有 詔名還都復本官仍充翰林學士俄屬賊臣祿山作亂稱兵向 闕其秋
肅宗於靈武踐祚 密詔追公赴 行在授考功員外郎專知 制誥仍賜緋
魚袋公世掌綸翰及居此地海內無不稱美所有 制誥倫傳於人以忠直為
權臣所惡除禮部郎中又出為資陽太守尋蒙 恩除諫議大夫追赴
闕庭公以久疾未可 朝奏於是息心名宦放志丘壑因依道德之宗想望三
清之境服勤吐納絕世杜門春秋六十有六以遘疾而終公名非不顯位非不
達而竟不登大位天下士友知与不知莫不流淚長歎蓋傷其有盛才而不居
右職也文集十卷行於代須以日月非便 權厝江南粵以貞元廿一年四月十日
龜筮叶吉歸窆于京兆少陵原 先塋夫人隴西李氏祔焉禮也夫人父彥超
皇戶部員外郎兼侍御史母儀嬪德為中外宗仰嗣子卓殿中侍御史名立行成先
公而殁今所改卜皆孤孫監察御史裏行準襄事焉不其悲夫慮陵谷有遷乃為銘曰
賢人之業匪時不成君子之道匪時不行顯允丕烈懿其芳聲文以禮樂蘊之才明一經垂
訓五字作程方期翼亮永賛鈞衡昊天不惠梁木其傾言歸舊國爰祔 先塋崗連
地遠山与雲平不朽者德所存者名邈終天以垂範凜千載而猶生
姪孫復書

二五七 唐韓汯墓誌并蓋

唐故諫議大夫韓公（汯）墓誌銘并序

姪銀青光祿大夫守太子賓客上柱國漢陽縣開國男（韓）章撰。姪孫（韓）復書。

高寬均五十七釐米。三十行，行三十字。

蓋三行十二字。

卒年六十六歲。貞元二十一年（八〇五）四月十日葬。

唐故諫議
大夫韓府
君墓誌銘

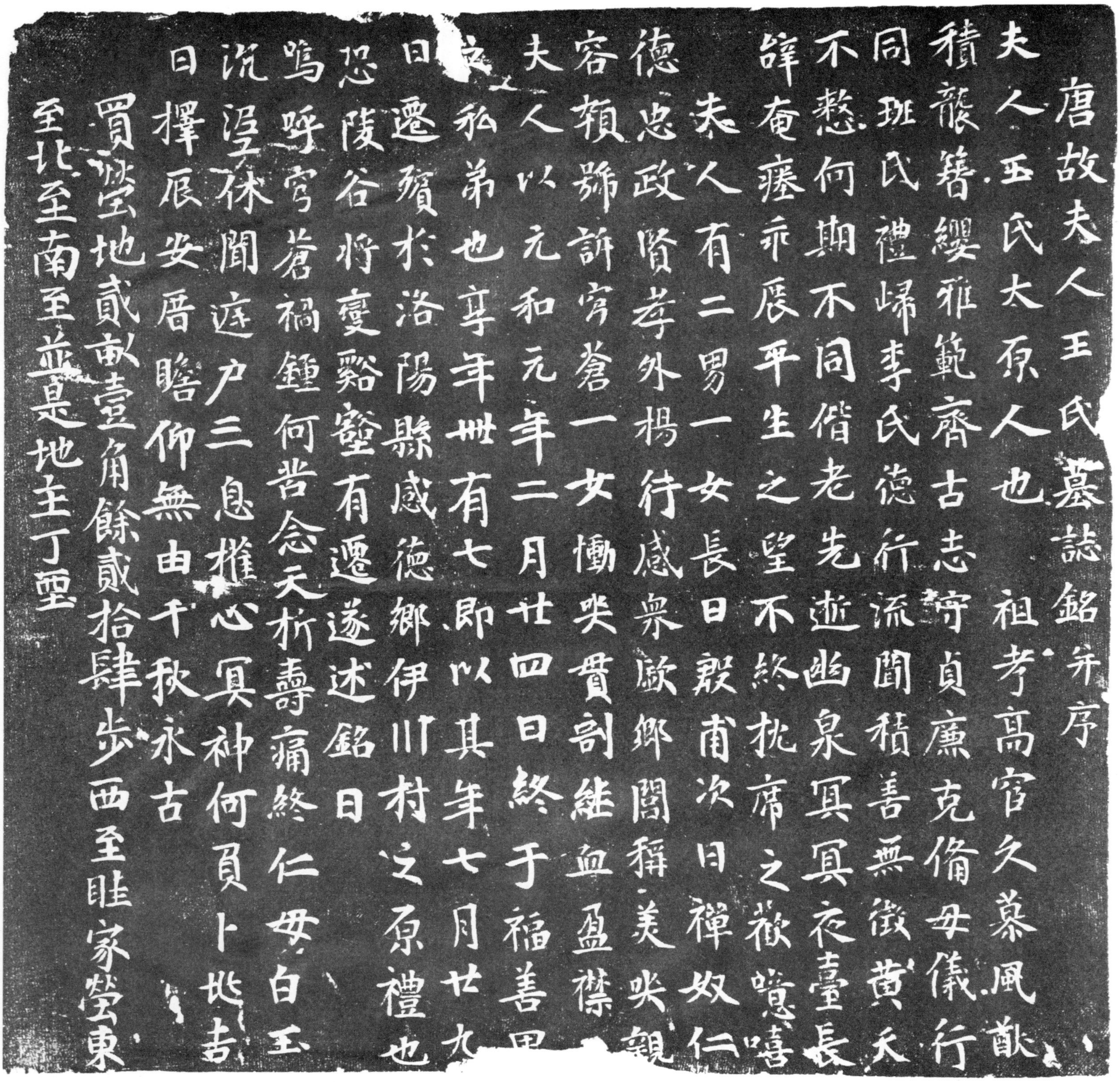
唐故夫人王氏墓誌銘并序
夫人王氏太原人也　祖考高官久慕風猷
積襟箸纓雅範齊古志守貞廉克脩母儀行
同班氏禮婦李氏德行流聞積善無徵黄天
不慭何期不同偕老先逝幽泉冥冥夜臺長
辭奄瘞永辰平生之望不終抚席之歎噫嘻
夫人有二男一女長曰穀甫次曰禪奴仁
德忠政賢孝外揭行感衆歐鄉閭稱美哭覩
容穎號訴穹蒼一女慟哭貫剖継血盈襟
夫人以元和元年二月廿四日終于福善里
私第也享年卌有七即以其年七月廿九
日遷殯於洛陽縣感德鄉伊川村之原禮也
恐陵谷將變谿壑有遷遂述銘曰
嗚呼穹蒼禍鍾何昔念夭析壽痛終仁毋白玉
沉湮徐聞庭户三息摧心冥神何負卜兆吉
日擇辰安厝瞻仰無由千秋永古
買塋地貳畝壹角餘貳拾肆步西至睦家塋東
至北至南至並是地主丁亞

二五八　唐李夫人王氏墓誌

唐故夫人王氏墓誌銘并序

高寬均三十八釐米。十八行，行十七字。

元和元年（八〇六）二月二十四日卒。

年四十七歲。七月二十九日葬。

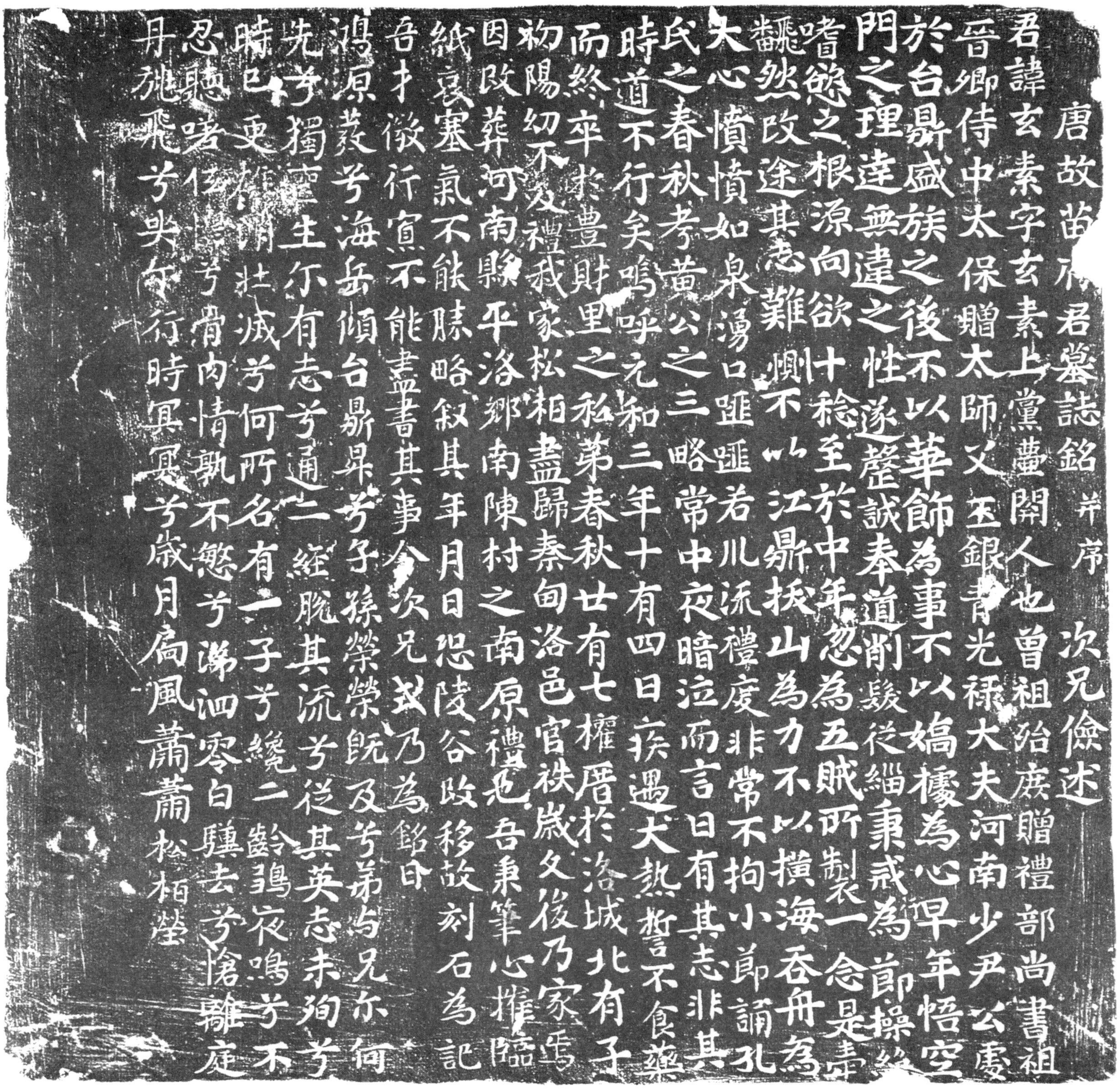
唐故苗府君墓誌銘并序　次兄儉述
君諱玄素字玄素上黨壺關人也曾祖殆庶贈禮部尚書祖
晉卿侍中太保贈太師父丕銀青光祿大夫河南少尹公憂
於台鼎盛族之後不以華飾為事不以嬀欃為心早年悟空
門之理達無違之性遂整誡奉道削髮從緇秉戒為節操絲
嗜慾之根源向欲卄稔至於中年忽為五賊所製一念是非
飄然改途其志難惻不以江鼎扶山為力不以横海吞舟為
大心憤憤如泉湧口嚨嚨若川流禮度非常不拘小節誦孔
氏之春秋考黃公之三略常中夜暗泣而言曰有其志非其
時道不行矣嗚呼元和三年十有四日疾遇大熱誓不食藥
而終卒於豐財里之私第春秋廿有七權厝於洛城北有子
初陽幼不及禮我家松栢盡歸秦甸洛邑宦袟歲久後乃家焉
因改葬河南縣平洛鄉南陳村之南原禮也吾秉筆心摧臨
紙哀塞氣不能賸略叙其年月日恐陵谷改移故刻石為記
吾才微行寡不能盡書其事今次兄儉乃為銘曰
鴻原蔟兮海岳傾台鼎昇兮子孫榮榮既及兮弟与兄尒何
先兮獨空生尒有志兮通二經腕其流兮從其英志未殉兮
時已更雄淵壯滅兮何所名有一子兮纔二齡鴉夜鳴兮不
忍聽嗟伭陽兮骨肉情孰不戀兮涕泗零白驥去兮愴離庭
丹旐飛兮夾路行時冥冥兮歲月扃風蕭蕭松栢塋

二五九

唐苗玄素墓誌并蓋

唐故苗府君（玄素）墓誌銘并序

次兄（苗）儉述。

高寬均四十釐米。二十行，行二十三字。

蓋篆書三行九字。

元和三年（八〇八）（一月）十四日卒。

年二十七歲。

大唐故
苗府君
墓誌銘

唐故趙
郡李府
君墓誌

二六〇　唐李璹妻鄭氏墓誌并蓋

唐故京兆府功曹參軍趙郡李府君（璹）夫人墓誌銘并序

洪和唐衢撰。

高寬均三十三釐米。二十五行，行二十五字。

蓋三行九字。

元和二年（八〇七）五月二十三日卒。元和三年（八〇八）正月二十七日合葬。

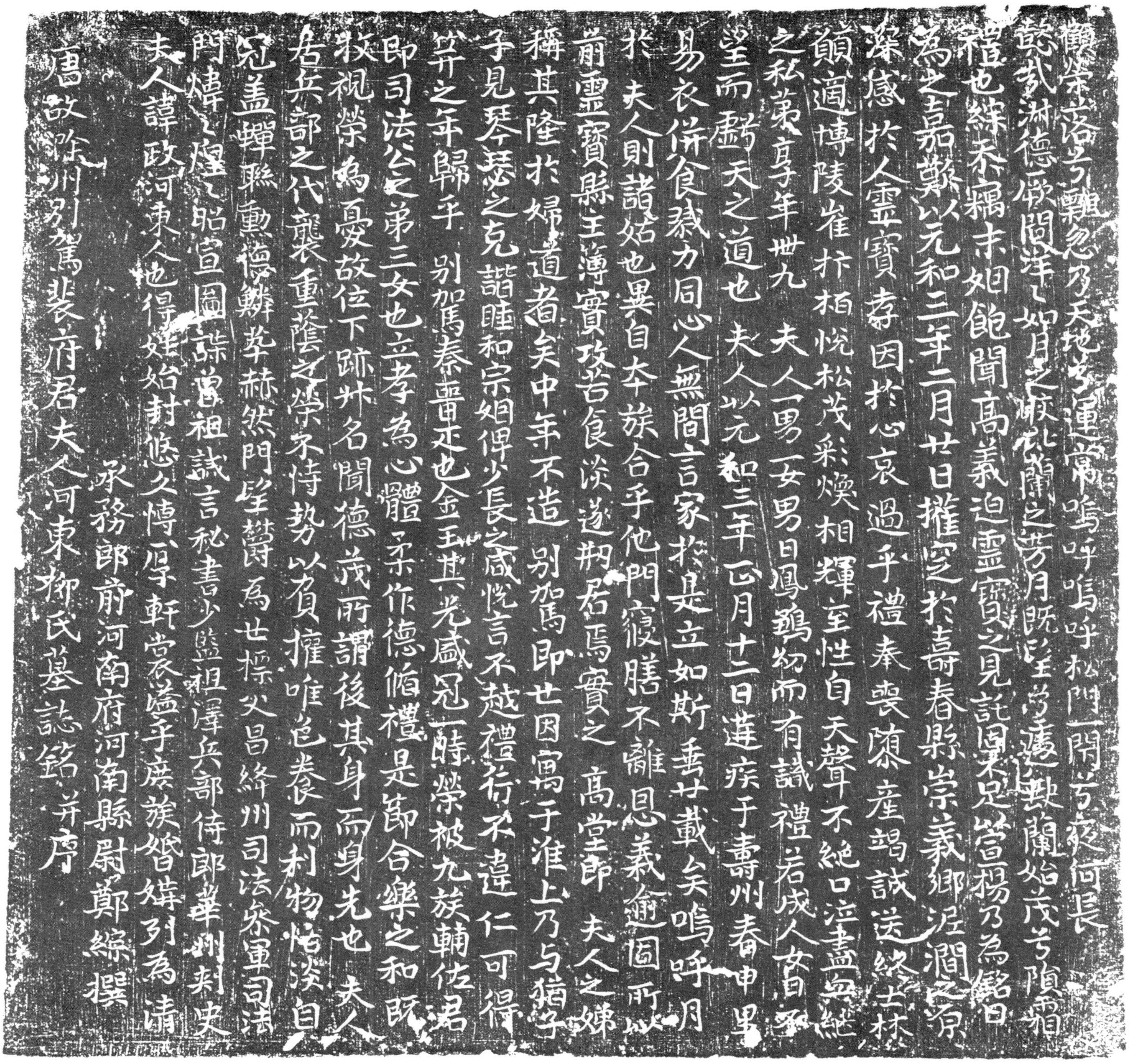

唐故滁州別駕裴府君夫人河東柳氏墓誌銘并序
承務郎前河南府河南縣尉鄭綜撰
夫人諱政河東人也得姓始封悠久博厚軒裳衣蓋乎廣族皆媾列為清
門煒煒煌煌昭宣圖諜曾祖誠言秘書少監祖澤兵部侍郎華州刺史
冠蓋蟬聯勳德鮮萃赫然門望爵為世標父昌絳州司法參軍司法
君兵部之代襲重蔭之學不恃勢以貴權唯邑養而利物恬淡自
牧視榮為憂故位下跡卅名闡德茂所謂後其身而身先也　夫人
即司法公之第三女也立孝為心體柔作德循禮是節合樂之和既
笄之年歸乎　別駕秦晉之也金玉其光盛冠一時榮被九族輔佐君
子見琴瑟之克諧睦和宗姻俾少長之咸悅言不越禮行不違仁可得
稱其隆於婦道者矣中年不造　別駕即世因寓于淮上乃與猶子
前靈寶縣主簿寶攻苦食淡遂拟君焉寶之　高堂即　夫人之姊
於　夫人則諸姑也異自本族合乎他門寢膳不離恩義逾固所以
易衣併食戮力同心人無間言家於是立如斯垂廿載矣嗚呼月
望而虧天之道也　夫人以元和三年正月十二日遘疾于壽州春申里
之私第享年卌九　夫人一男一女男曰鳳鶵幼而有識禮若成人女曰
顏適博陵崔於栢悅松茂彩煥相輝至性自天聲不絕口泣盡血繼
深感於人靈寶孝因於心哀過乎禮奉喪隨柩產竭誠送終士林
為之嘉歎以元和三年二月廿日權窆於壽春縣崇義鄉淝潤之原
禮也緐袞竊末姻飽聞高義迫靈寶之見託曷足以揚乃為銘曰
懿哉淑德儼閒洋洋如月之皎如蘭之芳月既望兮遽缺蘭始茂兮隕霜
歡榮落兮難忽乃天地兮運常嗚呼嗚呼松門一閉兮夜何長

二六一　唐裴夫人柳政墓誌

唐故滁州别駕裴府君夫人河東柳氏(政)墓誌銘并序

承務郎前河南府河南縣尉鄭綜撰。

高寬均四十一釐米。二十二行，行二十五至二十八字不等。

元和三年（八〇八）正月十二日卒。年四十九歲。二月二十日葬。

注：墓誌文自左至右書。

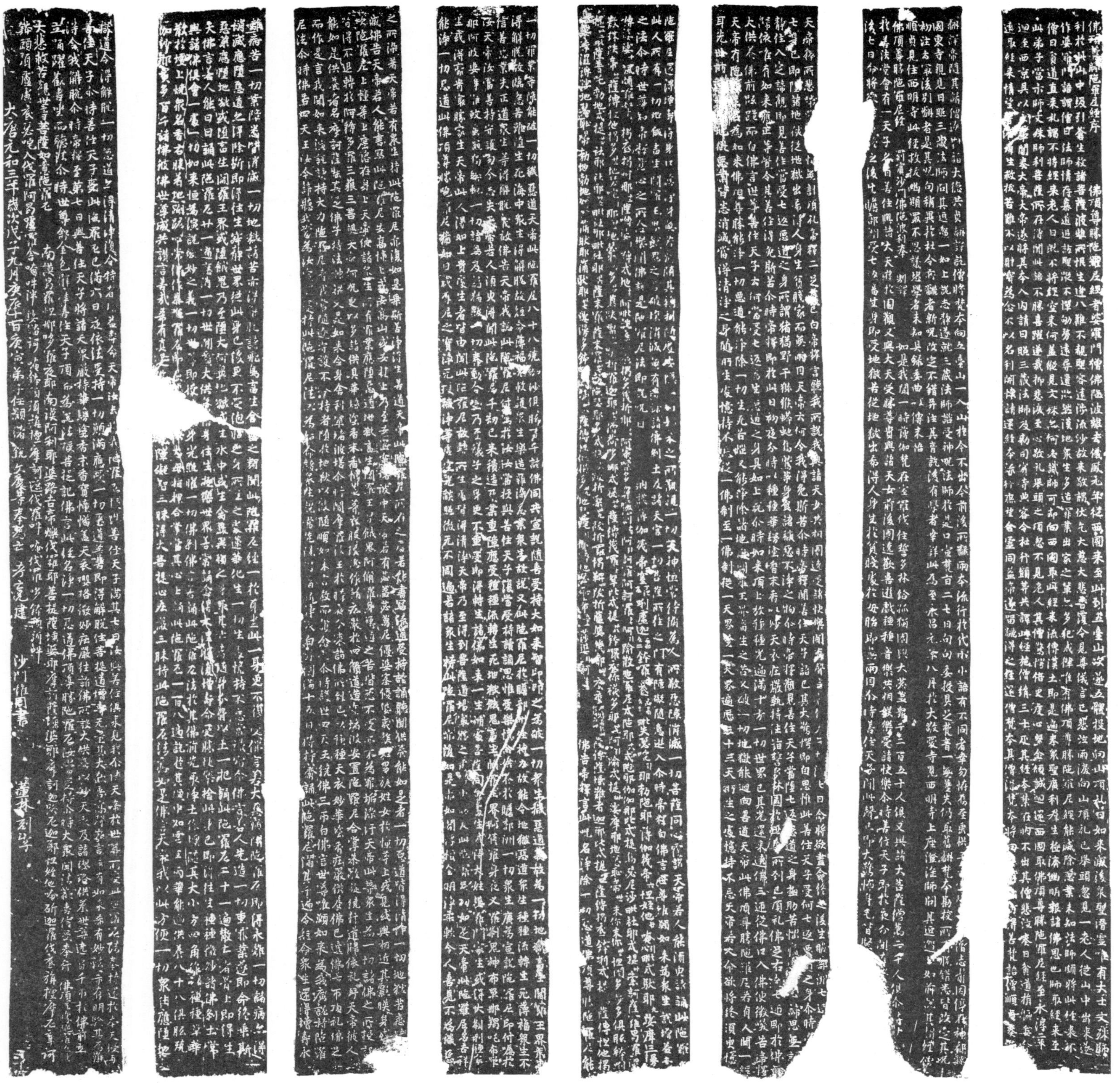

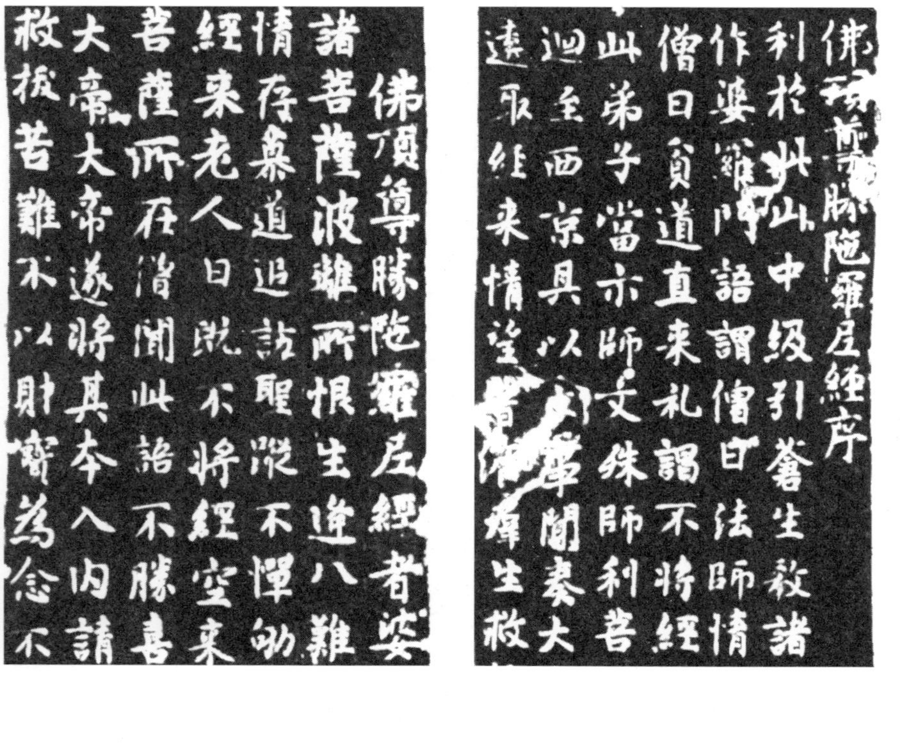

二六二 唐任顥等爲亡考亡兄建墓誌經幢

佛頂尊勝陁羅尼經序

沙門惟周書。董林刻字。

幢石八面柱形。高一百三十六釐米，上寬十二、下寬十五釐米。五十六行，行六十九至八十二字不等。

元和三年（八〇八）九月十一日，弟子任顥、緒、鋭、文慶等奉爲亡考、亡兄建。

唐故河南府福昌縣主簿裴府君合祔墓誌銘并序
府君諱位字位河東聞喜人也在昔 我祖穆公霸秦后子庭晉雄
圖謚德焜燿金石晉封 我后子於裴城因而命氏厥後乘軒服冕
列土分茅備諸國史詳于家傳故略而不書 曾王父真實鄲州冝
水縣令盛德鴻儒居貞合道蘊廊廟之器韜鸞鳳之儀惠化洽於琴
堂魯恭知愧仁政弘於花縣卓茂多慙 皇祖珽汾州孝義縣主簿
于冠時倫威動隣邑行為師表言成典謨 烈考稜絳州絳縣尉道
崇祿卑蘭薫玉潤嶷嶷秉高明之德誾誾懷貞素之風 府君即
絳縣第五子也聰朗淵懿好古多聞光被孝友之風虔弘溫讓之道
釋褐授左內率府兵曹純粹蘊中英華發外爰敦詩而閱禮乃吐鳳
而成文調補陝州硤石尉政事不苛德音無玷改同州朝邑丞冰壺
在躬水鏡洞照轉河南府福昌主簿振領提綱懲惡勸善御下而寬
惠臨事而簡約鄉閭況愛遐邇歸仁粵以大唐貞元十有四年龍集
戊寅秋七月旬有一日[illegible]戊午遘疾殆不興不悟返真于弄印邑之私
第春秋七十有二嗚呼太任未登大壽不遐蒼蒼降凶哀哀罔極既
日月之云邁爰龜筮而告符以元和三年太歲戊子冬十月十有三
日辛酉永封樹于河南府永寧縣宜陽鄉北原禮也 夫人上黨苗
氏諱媛贈利州都督府長史之女也鍾鼎流芳皇華襲慶崇女儀於
四德行婦道於六宗孟母梁妻閨房軌範期于景福享于大年嗚呼
彼天不仁奪我所恃以建中四年孟秋月之二日先於 府君捐
館今則遷而祔焉有子伯曰敏文林郎前宣州溧陽縣尉仲曰戒早
世不祿皆 夫人之出也季曰膺未登從仕嗣子敏懼陵谷遷謝丘
封蕪沒茹荼泣血追述玉音乃刊石而銘之其詞曰
烈烈太祖為龍為光靈源引流弈葉其昌於穆 府君合禎發祥道
契仁儒德叶圭璋 郁郁夫人姬姜是倫母儀內則貞玉寒筠尚
檟敦詩和容睦親婉孌葳蕤不緇不磷 惟洛之濱惟原之丘鬱
鬱玄堂藹藹洪休德襲慶鍾代濟川流地久天長萬古千秋

二六三　唐裴位與夫人苗媛墓誌并蓋

唐故河南府福昌縣主簿裴府君（位）合祔墓誌銘并序

高四十七、寬四十九釐米。二十七行，行二十六字。

蓋篆書三行九字。

貞元十四年（七九八）七月十一日卒。夫人苗媛建中四年（七八三）孟秋月（七月）二日卒。元和三年（八〇八）十月十三日葬。

大唐故
裴府君
合祔銘

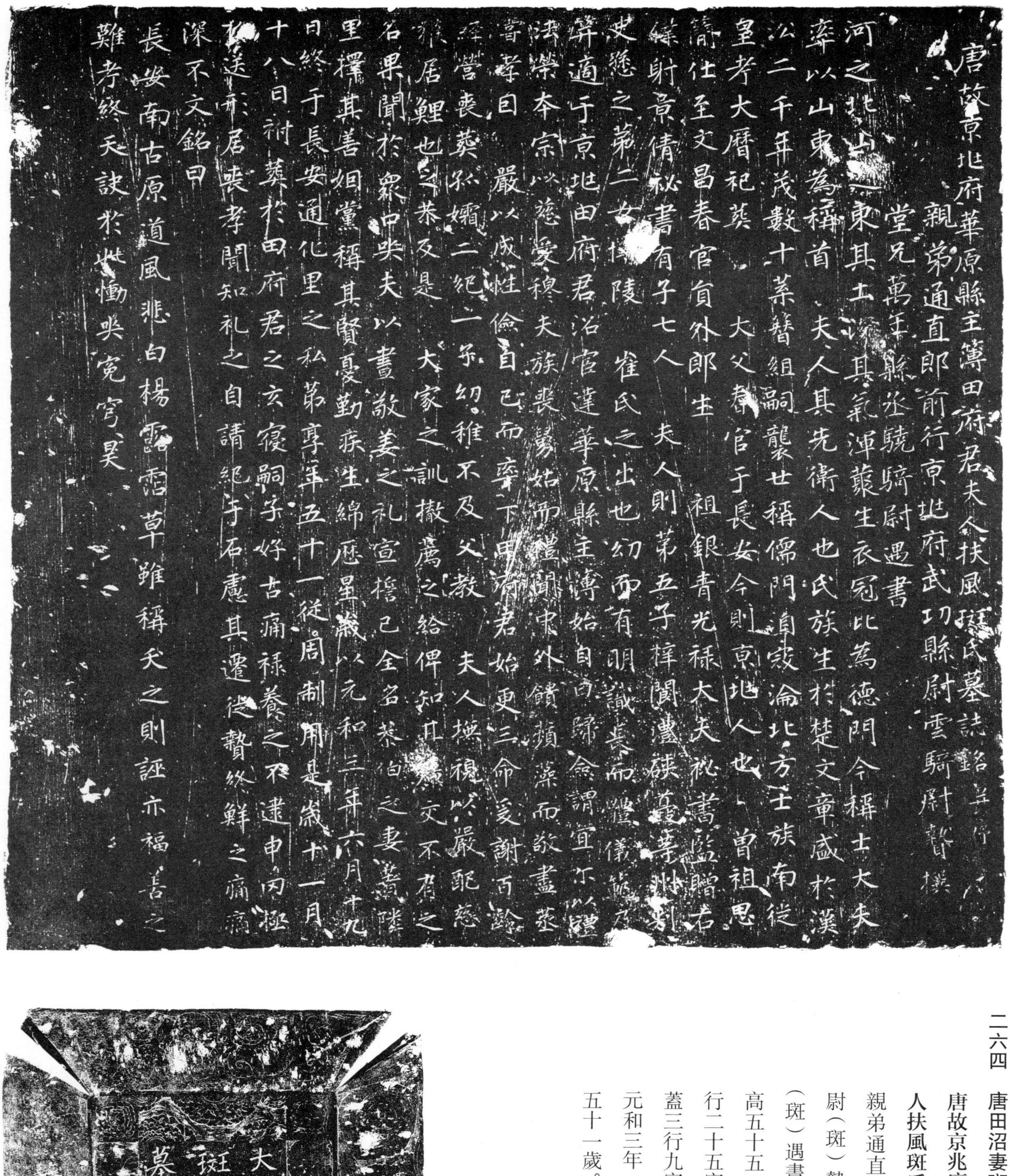

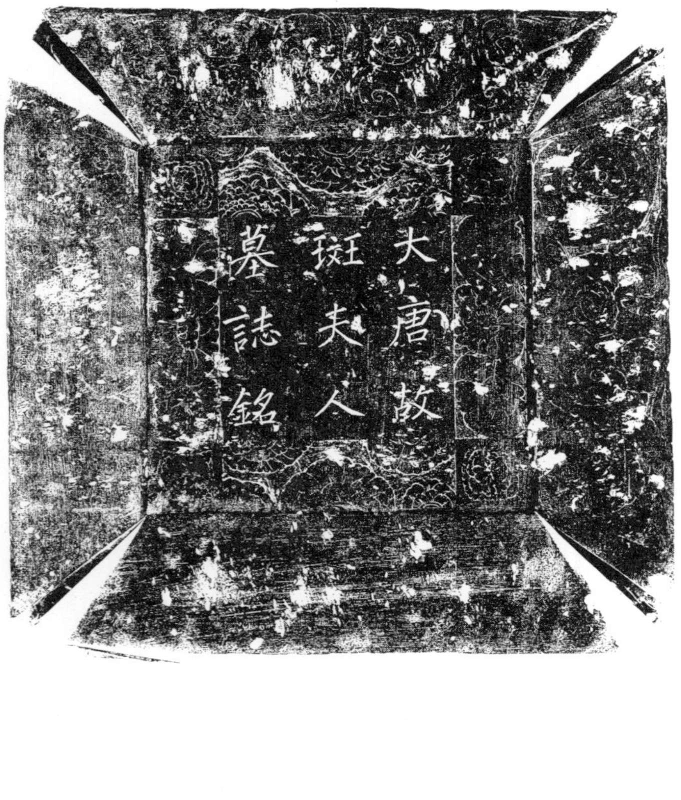
大唐故
斑夫人
墓誌銘

二六四　唐田沼妻斑氏墓誌并蓋

唐故京兆府華原縣主簿田府君（沼）夫人扶風斑氏墓誌銘并序

親弟通直郎前行京兆府武功縣尉雲騎尉（斑）贊撰。堂兄萬年縣丞驍騎尉（斑）遇書。

高五十五、寬五十六釐米。二十三行，行二十五字。

蓋三行九字。

元和三年（八〇八）六月十九日卒。年五十一歲。十一月十八日葬。

二六五　唐田濟墓誌并蓋

唐故唐州長史知州事兼侍御史賜緋魚袋攝山南東道節度營田副使田府君（濟）墓誌銘并序

山南東道節度巡官試太常寺協律郎李宗回撰。

高五十四、寬五十五釐米。二十八行，行二十九字。

蓋篆書三行九字。

元和元年（八〇六）八月二日卒。年五十四歲。夫人騫氏元和二年（八〇七）六月十六日卒。元和四年（八〇九）七月五日合葬。

大唐故
田府君
墓誌銘

二六六　唐孫楚珪墓誌

唐故陪戎校尉石州善訓府左果毅孫府君（楚珪）墓誌銘并序

高寬均四十五釐米。十八行，行二十八至三十四字不等。

元和四年（八〇九）十一月十二日卒。年八十四歲。元和五年（八一〇）二月三十日葬。

二六七　唐李昇妻鄭氏墓誌并蓋

唐故銀[青]光禄大夫守太子詹事贈同州刺史李公（昇）滎陽郡夫人鄭氏墓誌銘并序

將仕郎守京兆府功曹參軍李汭撰。

高寬均六十九釐米。三十六行，行三十六字。

蓋篆書三行九字。

元和四年（八〇九）□月十九日卒。年六十歲。元和五年（八一〇）七月十一日葬。

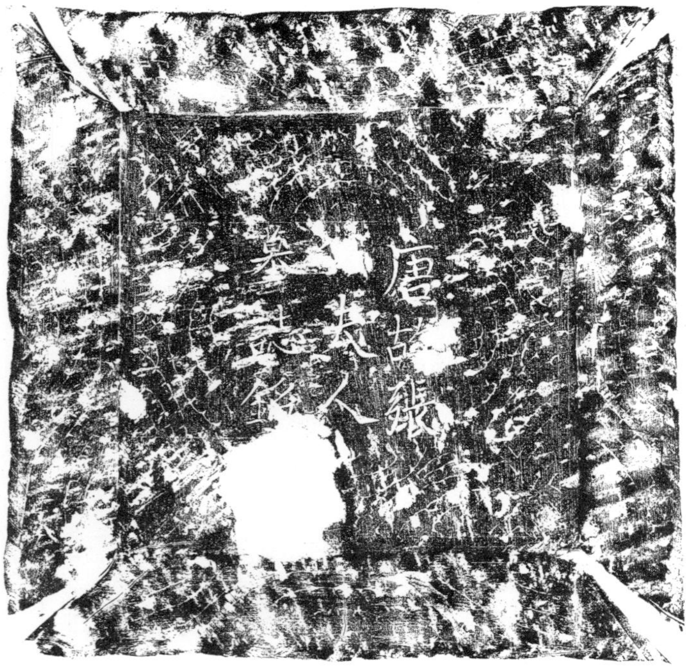

二六八　唐張夫人裴氏墓誌并蓋

尚書祠部郎中南陽張公夫人河東裴氏墓誌銘并序

姪鄉貢進士（張）元夫撰。

高三十六、寬三十五釐米。二十行，行十九字。

蓋三行九字。

元和五年（八一〇）六月十五日卒。年十八歲。七月十一日葬。

唐故河南府伊闕縣令李府君墓誌銘并序
姪文林郎前守濠州定遠縣主簿汗撰
肇黷醜產二三我族自矣故道父玄元氣間凉武門壺素風未始而
襄 府君五代祖青州司馬義隆青州生齊州全節縣令玄應全節
生汾州刺史弘福汾州生貝州樂壽縣令光昱樂壽生 府君府君
諱偘字彦之享年七十六元和五年十二月廿二日終于伊闕縣公
第以六年四月九日葬于縣南卅里女几原祔夫人楊氏烏虖
府君幼不童儼然有望及長善 父母若兄弟刺史薦居家有狀詔
補汝州梁縣主簿蒞職以智巖聞歲滿滑州節度使雅知 府君治
平復上伐閱詔遷項令無幾李希烈生豕心聚亡命叛于蔡磨牙横
噬千里以項爲粒餌望而吞之詸至吏民懼曰項居鯨鯢腹中勢不
可全宜疾遁 府君曰穀飢尚難非臣子爲寧義死乃敺疲民數百
城守鼓儳有梟賊乘墉 府君手蘭石應墜轉投數十百人矢遂集
于臂乃徇衆曰虜中吾不病宜疾戰衆奮曰誓不辱死自旦及暮賊
敗既乃遁去如此再計不失一焉明年蝗災且次于境 府君仰天
呪曰吾爲政不害汝可亟去蝗乃噤口而越節度使以 府君義烈
神化不廿出上之書柆潼遺朱玭盡殲 天陛 帝狩于岐乃罷還
後竟調五轉爲伊闕令政一項焉嗟乎 府君凡蒞職上之人欲不
次用多矣率有故而罷豈命也夫 府君閑居謹口定色苟笑之未
嘗衣不易褅膳不至鑿子弟皆請厚養 府君曰後吾非以示子孫
子孫曰：然以敬信与人遠貨爲如性莊義儉德化以是耶從兄
重門人志景行不真命小生爲實録抆泣達諱銘曰
令人盡傾古之人不可行得如 府君忠信涌心源義烈貯筋
骨則不之見也非天与罰使地与柔芳神与明真豈然耶嗟乎不得
生朝論道遏種于四海竟下位軋之天乎

二六九　唐李偘墓誌并蓋

大唐故
李府君
墓誌銘

唐故河南府伊闕縣令李府君（偘）墓誌銘并序

姪文林郎前守濠州定遠縣主簿（李）汗撰。

高寬均四十六釐米。二十五行，行二十六字。

蓋篆書三行九字。

元和五年（八一〇）十二月二十二日卒。年七十六歲。元和六年（八一一）四月九日葬。

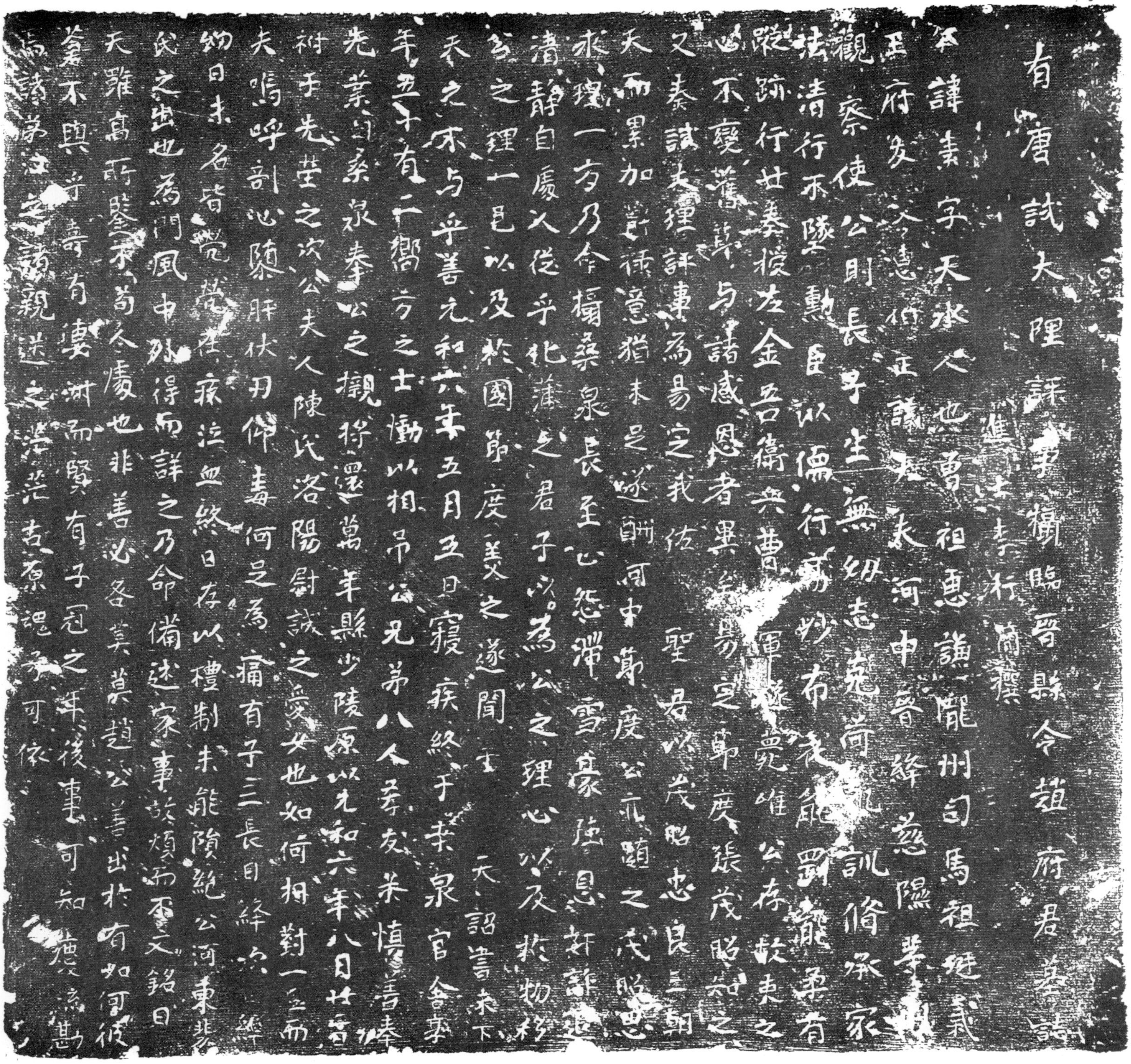

二七〇　唐趙素墓誌

有唐試大理評事攝臨晉縣令趙府君（素）墓誌

進士李行簡撰。

高四十二、寬四十三釐米。二十三行，行十九至二十七字不等。

元和六年（八一一）五月五日卒。年五十二歲。八月二十二日葬。

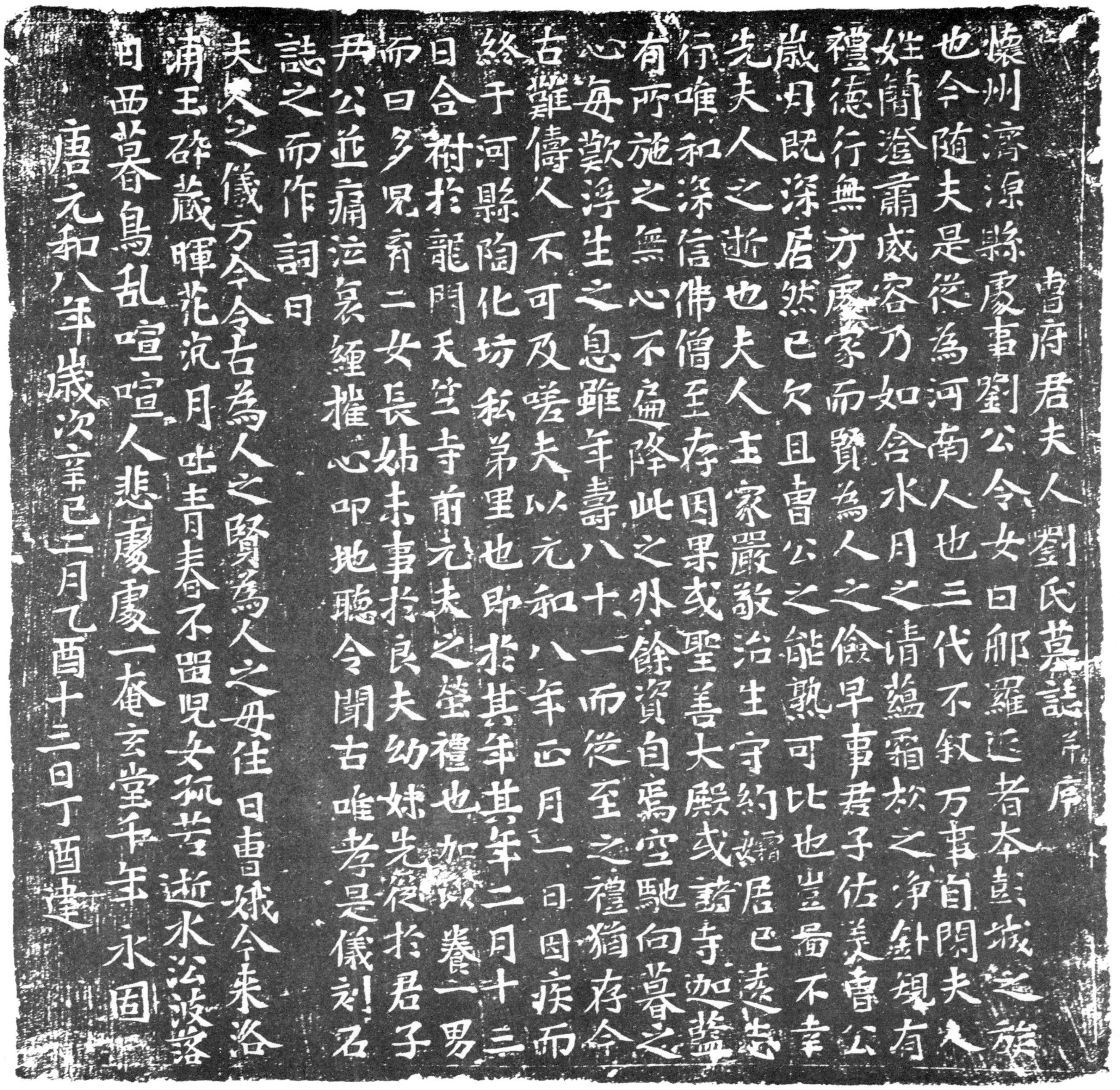
曹府君夫人劉氏墓誌并序
懷州濟源縣處事劉公令女曰那羅延者本彭城之族
也今随夫是從為河南人也三代不叙万事自閑夫人
姓簡澄肅威容乃如含水月之清蕴霜松之淨針縷有
禮德行無方處家而賢為人之儉早事君子佐羡曹公
歳月既深居然已久且曹公之能孰可比也豈爲不幸
先夫人之逝也夫人主家嚴敬治生守約孀居已遠志
行唯和深信佛僧至存因果或聖善大殿或諸寺迦藍
有所施之無心不爲降此之外餘資自焉空馳向暮之
心每歎浮生之息雖年壽八十一而從至之禮猶存今
古難儔人不可及嗟夫以元和八年正月一日因疾而
終于河縣陶化坊私第里也即於其年其年二月十三
日合祔於龍門天竺寺前先夫之塋禮也加以養一男
而曰多兒育二女長姊未事於良夫幼妹先從於君子
尹公並痛泣哀纏摧心叩地聽令聞古唯孝是儀刻石
誌之而作詞曰
夫人之儀万今今古為人之賢為人之母往日曹娥今來洛
浦玉碎蔵暉花沉月吐青春不留兒女孤苦逝水滔波落
日西暮鳥乱喧喧人悲處處一奄玄堂千年永固
唐元和八年歳次癸巳二月乙酉十二日丁酉建

大唐故
劉夫人
墓誌銘

二七一

唐曹乾琳妻劉那羅延墓誌并蓋

曹府君夫人劉氏（那羅延）墓誌并序

高寬均三十七釐米。二十行，行二十一字。

蓋三行九字。

元和八年（八一三）正月一日卒。年八十一歲。二月十三日合葬。

故河南府新安縣尉封府君夫人劉氏墓誌銘并序
大理評事姚穆撰
夫人彭城劉氏者，故朝散大夫河南府戶曹參軍賁之
女，河東裴氏之出也。中外甲族，譜諜詳焉。夫人德行備
兼禮樂，純及在家，資令淑之美，雍睦六親，移天有和樂
之儀，敦敘九族，洎主中饋，爰佐理官，新安之政，洋洋封
氏之家，肅肅逮乎。乩元從子尤，奉毋儀，遂使男成女行，
兄友弟悌，聽之垂裕，未之前聞。長子長建，早逝；次子乩
作掾幽都，俶興隨條祿養，未幾大夢遄臻。嗚呼！福善無
徵，歎將何及。建中二年七月廿一日終于幽府兵曹官
舍，享年六十九。以其年攢厝幽都縣界。家又不幸，兵掾
則云少子遂，復早歲不祿。次子莫州文安縣尉遜，中子
定州義豐縣主簿季子，銀青光祿大夫邢寧等州刺史
兼御史中丞遜等，自幽都營護合祔，日月有時，匍匐阻
滯，展不及，因心改卜，禮糸從宜，以元和九年五月十
四日遂合祔于河南縣平洛鄉河內之村府君之次，糸
得同墳異藏之義，禮也。文安情禮見託斯文，文不盡言，
侃多愧色。銘曰：
禮門生禍，哲婦其萎。罷宜家室，流芳歲時。
新寢庭闈，蕭蕭隴陌。松檟煙青，川原霧白。
攀櫬擗膺，久客幽都。營護歸祔，亦安寘遂。

二七二　唐封夫人劉氏墓誌

故河南府新安縣尉封府君夫人劉氏墓誌銘并序

大理評事姚穆撰。

高寬均四十九釐米。二十一行，行二十一字。

建中二年（七八一）七月二十一日卒。年六十九歲。其年權葬。元和九年（八一四）五月十四日合葬。

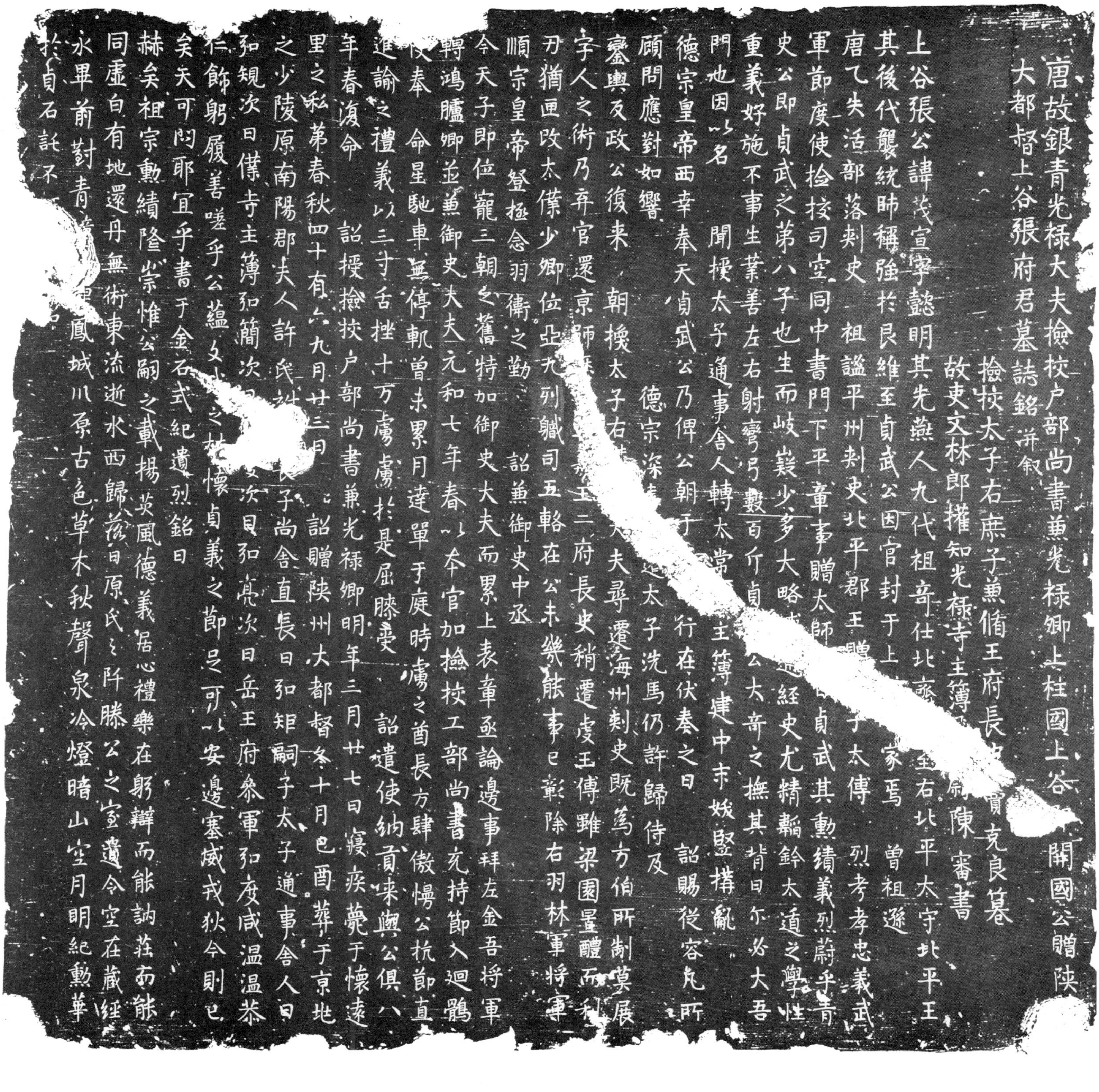

二七三

唐張茂宣墓誌

唐故銀青光禄大夫檢校户部尚書兼光禄卿上柱國上谷郡開國公贈陝州大都督上谷張府君（茂宣）墓誌銘并叙

檢校太子右庶子兼循王府長史賈克良撰。故吏文林郎權知光禄寺主簿飛騎尉陳審書。

高寬均七十六釐米。三十一行，行三十一字。

元和九年（八一四）三月二十七日卒。年四十六歲。十月六日葬。

唐故處士京兆韋君墓誌銘并序
將仕郎守祕書省校書郎楊虞卿撰
唐元和九年九月一日京兆韋君終于長安
常樂里得年廿八以十月十七日葬于萬年
洪源鄉少陵原揖陽里從先祖也君諱楚客
鋪發曾祖令賓皇洺州長史祖震皇贈溫州
史令 光祿卿妣之第四子外王父皇單
都護贈太子少師郭幼賢元兄楚材自蓬
閣吏調補興平尉次楚相楚卿洎季弟楚老
皆以文學進君幼有立志長而能文義究
之下動中德趣順以隨侍外郡邃深庭闈名
場文園馳譽而已自丈人列位棘寺始來京
師荀氏弟兄連華並芳方以茂實光士林
一枝遽摧志不畢志緘恨地下其如命何虞
卿辱交且深敢誌幽壤其辭曰
華冑茂族 高堂具榮綽怡綽怡令弟仕
兄棪藻摛翰含和蘊明溫潤馨香蘭芳玉英
如何不祿永負身志黃冠褐衣葬此處士

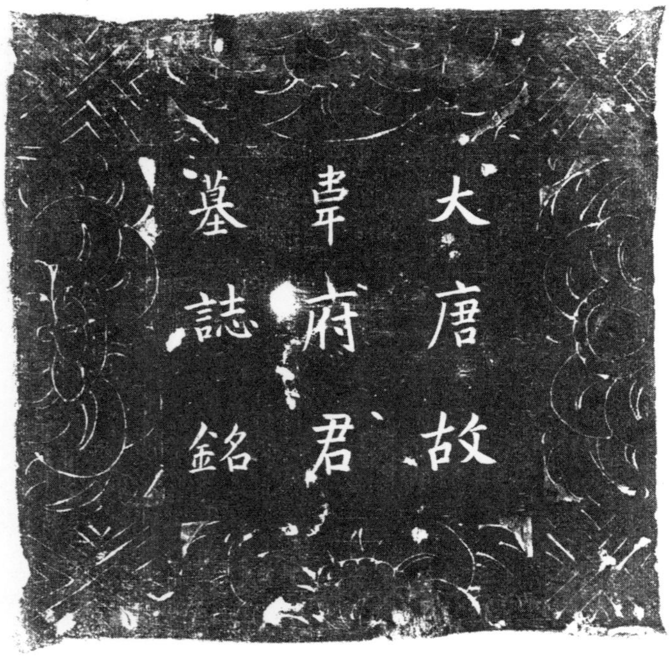
大唐故
韋府君
墓誌銘

二七四 唐韋楚客墓誌并蓋

唐故處士京兆韋君（楚客）墓誌銘并序

將仕郎守祕書省校書郎楊虞卿撰。

高寬均三十六釐米。十八行，行十七字。

蓋三行九字。

元和九年（八一四）九月一日卒。年二十八歲。十月十七日葬。

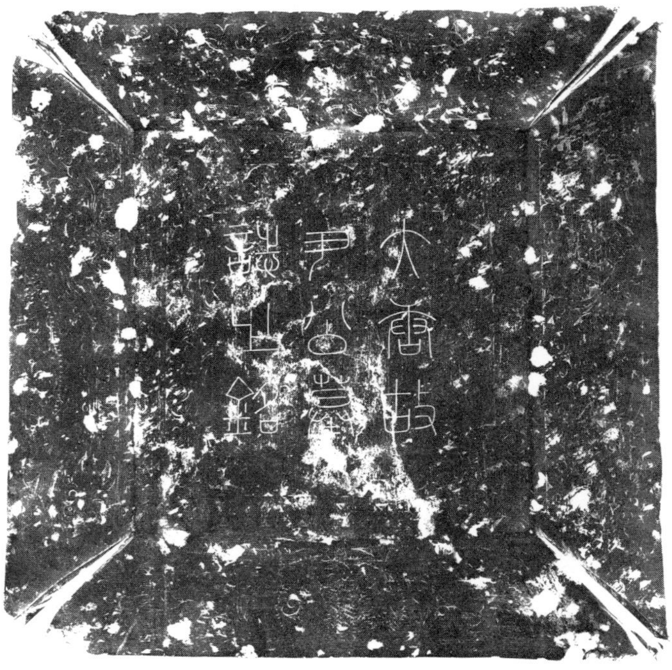

二七五

唐尹承恩墓誌并蓋

唐故開府儀同三司檢校太子賓客行恭王府長史上柱國永陽郡王食邑三千户尹公（承恩）墓誌并序

前廣文館進士滕邁撰。季弟（尹）承愨書。

高六十、寬五十九釐米。二十七行，行二十六字。

蓋篆書三行九字。

元和十一年（八一六）八月十日卒。年六十九歲。十二月五日葬。夫人韋氏大和二年（八二八）四月二十六日卒。十一月六日合葬。

二七六　唐孟夫人郭氏墓誌

唐故太原郡夫人郭氏墓誌銘并序

文林郎守光祿寺主簿飛騎尉陳審撰并書。

高六十一、寬六十四釐米。二十五行，行二十五字。

元和十一年（八一六）七月十四日卒。年五十四歲。元和十二年（八一七）正月二十五日葬。

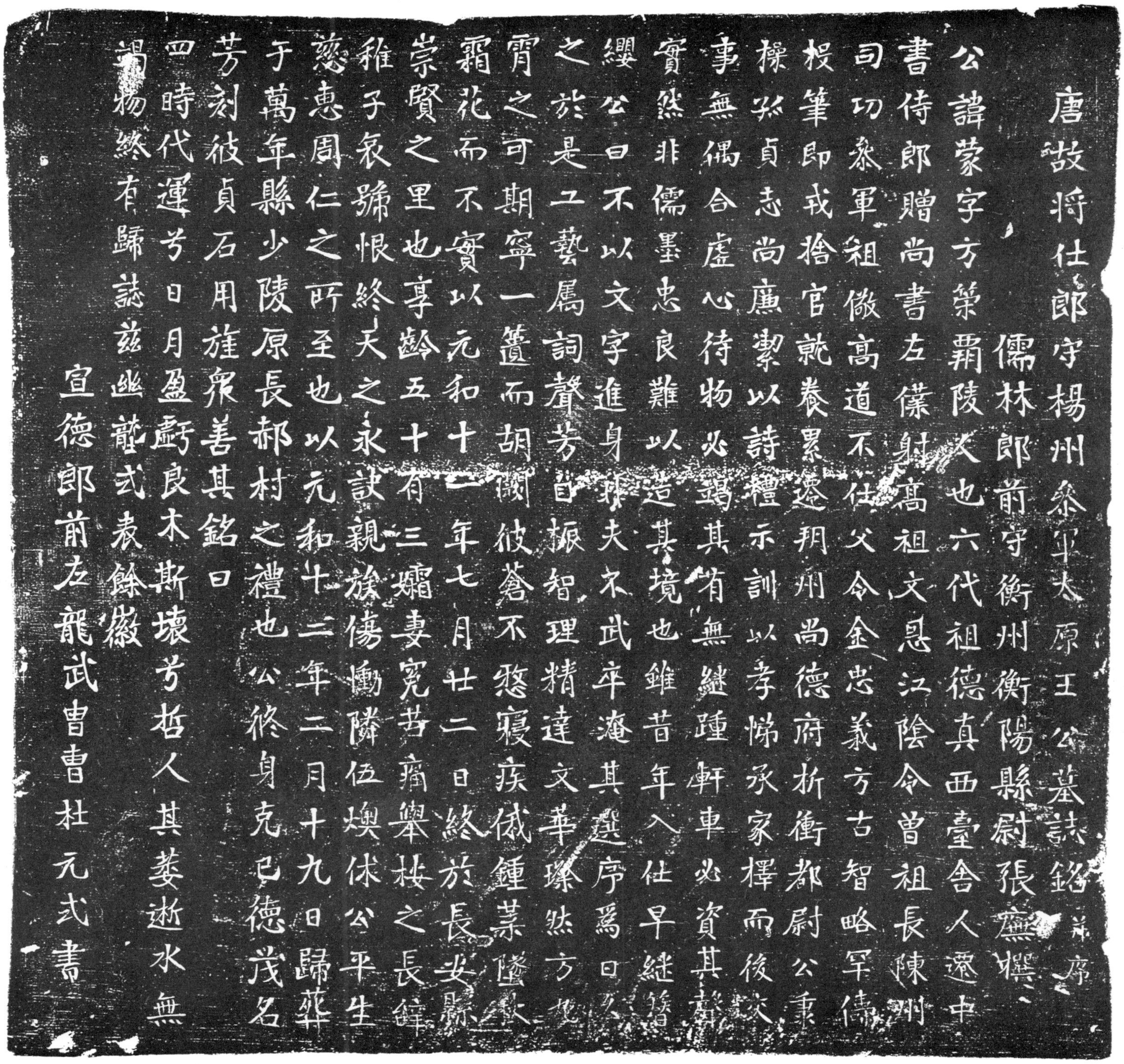
唐故將仕郎守揚州參軍太原王公墓誌銘并序
儒林郎前守衡州衡陽縣尉張廡撰
公諱蒙字方榮霸陵人也六代祖德真西臺舍人遷中
書侍郎贈尚書左僕射高祖文恴江陰令曾祖長陳州
司功參軍祖儆高道不仕父令金忠義方古智略罕儔
投筆即戎捨官就養累遷翊州尚德府折衝都尉公秉
操狄貞志尚廉絜以詩禮示訓以孝悌承家擇而後交
事無偶合虛心待物必竭其有無繼踵軒車必資其歸
實然非儒墨忠良難以造其境也雖昔年入仕早䋲簪
纓公曰不以文字進身非夫不武卒淹其遷序爲日久
之於是工藝屬詞聲芳自振智理精達文華璨然方冀
霄之可期寧一舊而胡鬫彼蒼不慭寢疾俄鍾菉隧
霜花而不實以元和十一年七月廿二日終於長安縣
崇賢之里也享齡五十有三孀妻寬苦痛舉枝之長辭
稚子哀號恨終天之永訣親族傷慟隣伍燠休公平生
慈惠周仁之所至也以元和十二年二月十九日歸葬
于萬年縣少陵原長郝村之禮也公終身克己德茂名
芳刻彼貞石用旌衆善其銘曰
四時代運兮日月盈虧良木斯壞兮哲人其萎逝水無
竭物終有歸誌茲幽䆳式表餘徽
宣德郎前左龍武曹曹杜元式書

二七七

唐王蒙墓誌

唐故將仕郎守揚州參軍太原王公（蒙）墓誌銘并序

儒林郎前守衡州衡陽縣尉張廡撰。宣德郎前左龍武冑曹杜元式書。

高四十四、寬四十五釐米。二十一行，行二十一字。

元和十一年（八一六）七月二十二日卒。年五十三歲。元和十二年（八一七）二月十九日葬。

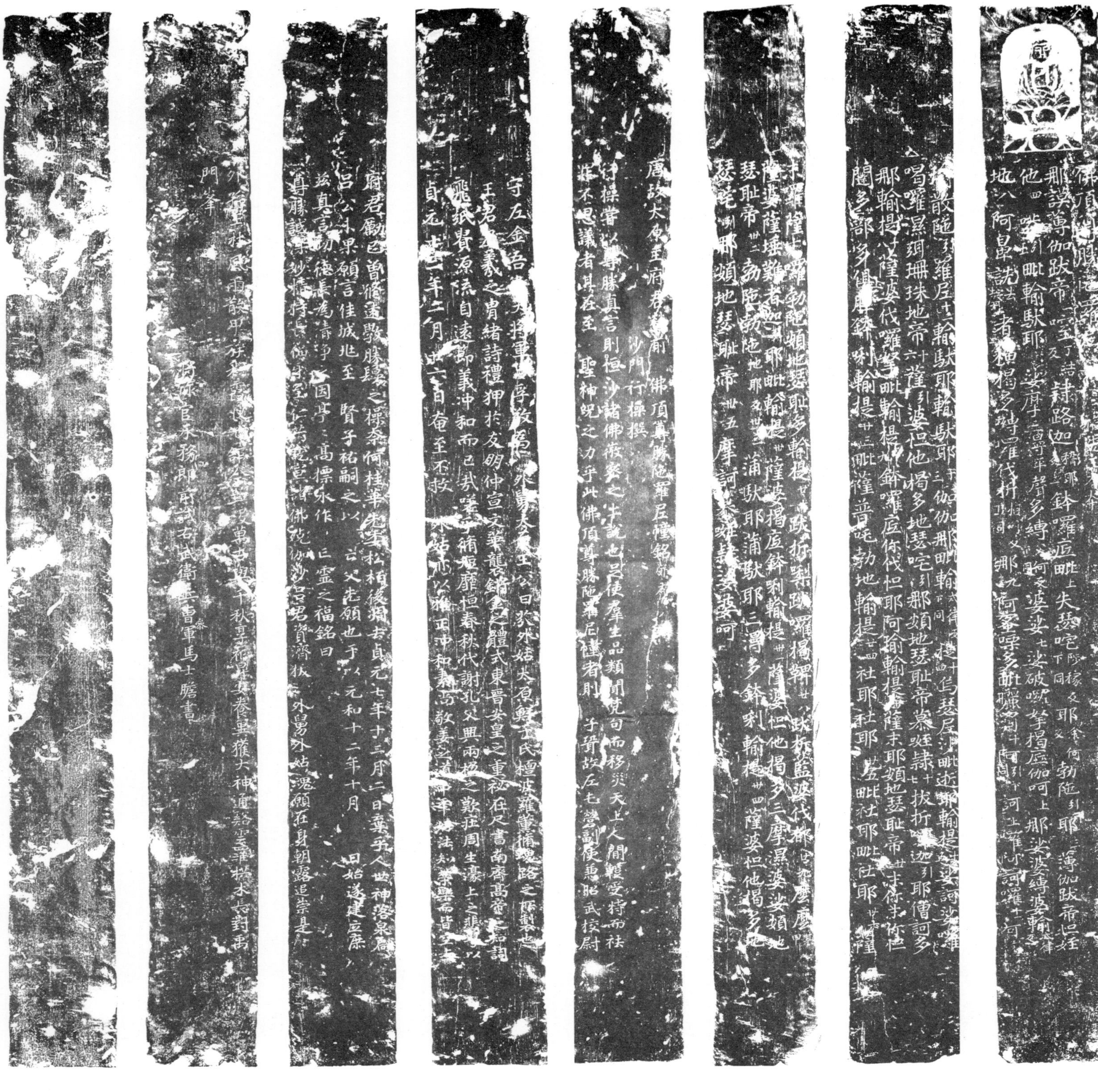

二七八　唐王芬墓誌經幢

唐故太原王府君（芬）塋前佛頂尊勝陁羅尼幢銘并序

沙門行操撰。將作官承務郎前試右武衛兵曹參軍馬士瞻書。

幢石八面柱形。高一百二十四釐米，上寬十一、下寬十三釐米。二十七行，行四十字。

貞元十二年（七九六）二月二十六日卒。

元和十二年（八一七）十月建。

二七九　唐班贇墓誌并蓋

唐故京兆府萬年縣丞班府君（贇）墓銘并序

通直郎行京兆府法曹參軍宇文佶撰。前試太常寺奉禮郎寇茂元書。

高寬均四十八釐米。二十四行，行二十四字。

元和十二年（八一七）五月八日卒。年五十四歲。十一月二十三日葬。

二八〇 唐李超墓誌

唐故昭義衛前十將宗正録事太常卿隴西李府君（超）墓誌銘并叙

高寬均四十四釐米。十七行，行二十三至三十一字不等。元和十年（八一五）十二月二十五日卒。年七十二歲。夫人路氏元和十三年（八一八）十一月七日卒。年六十九歲。十二月十二日合葬。

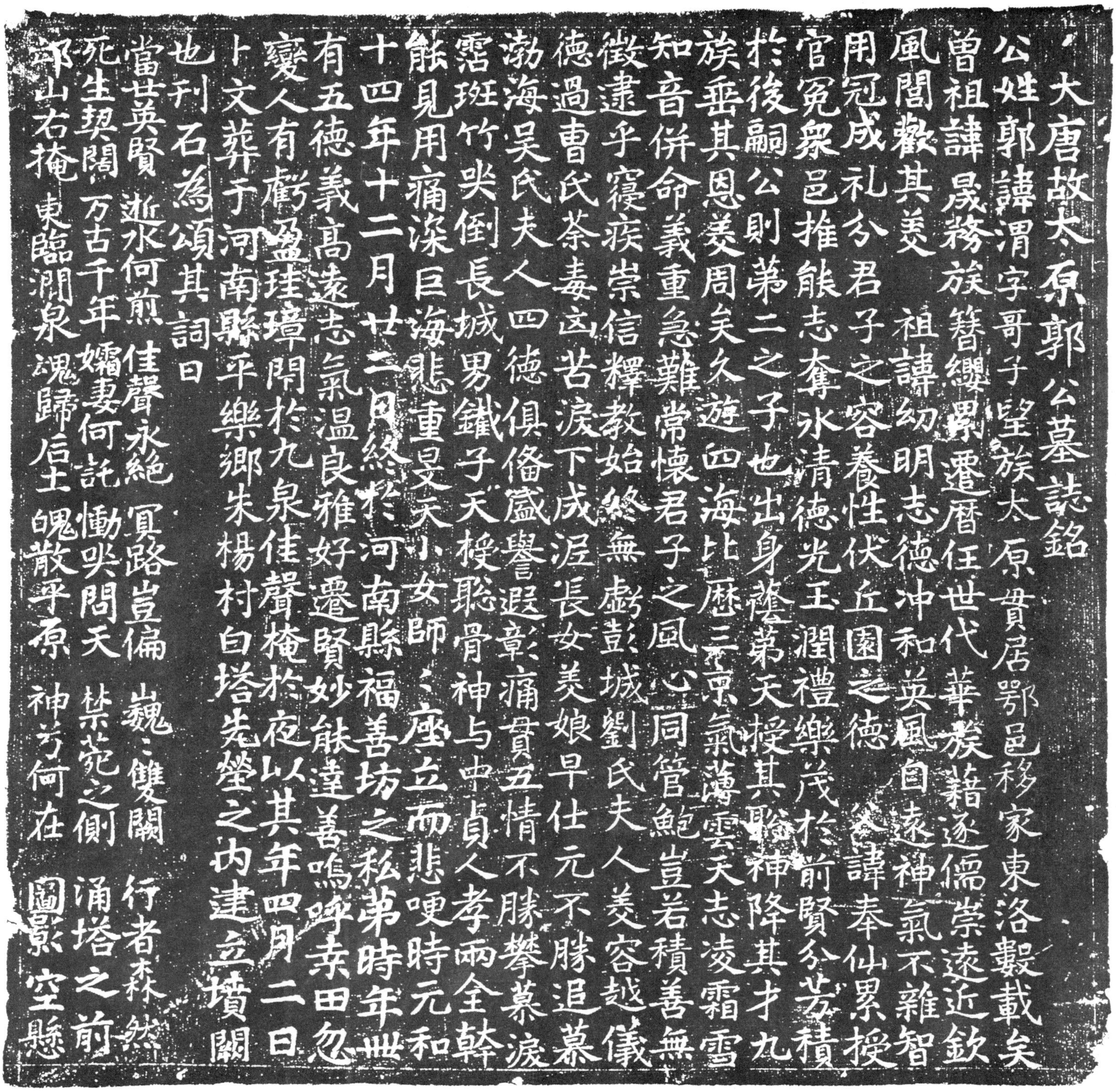

大唐故太原郭公墓誌銘
公姓郭諱渭字哥子望族太原貫居鄠邑移家東洛數載矣
曾祖諱晟務族簪纓累遷歷任世代華族藉遂儒崇遠近欽
風閭徽其美 祖諱幼明志德冲和英風自遠神氣不雜智
用冠成礼分君子之容養性伏丘園之德 諱奉仙累授
官冤衆邑推能志奪氷清德光玉潤禮樂茂於前賢分芳積
於後嗣公則第二之子也出身蒙第天授其聪神降其才九
族垂其恩美周矣久遊四海北歷三京氣藻雲天志凌霜雪
知音併命義重急難常懷君子之風心同管鮑豈若積善無
徵逮乎寢疾崇信釋教始終無虧彭城劉氏夫人美容越儀
德過曹氏荼毒亡苦淚下成涅長女美娘早仕元不勝追慕
渤海吴氏夫人四德俱備歲譽遐彰痛貫五情不勝攀慕淚
露斑竹哭倒長城男鐵子天授聪骨神与中貞人孝兩全幹
能見用痛深巨海悲重旻天小女師〻座立而悲哽時元和
十四年十二月廿二日終於河南縣福善坊之私第時年卌
有五德義高遠志氣温良雅好遷賢妙能達善嗚呼桑田忽
變人有虧盈珪璋閉於九泉佳聲掩於夜以其年四月二日
卜文葬于河南縣平樂鄉朱楊村白塔先塋之内建立墳闕
也刊石為頌其詞曰
當世英賢 逝水何煎 佳聲永絶 冥路豈偏 巍〻雙闕 行者森然
死生契闊 万古千年 孀妻何託 慟哭問天 禁苑之側 涌塔之前
邙山右掩 東臨澗泉 魂歸后土 魄散平原 神兮何在 圖影空懸

二八一

唐郭渭墓誌并蓋

大唐故太原郭公（渭）墓誌銘

高四十一、寬四十釐米。二十二行，行二十三字。

蓋篆書三行九字。

元和十四年（八一九）十二月二十二日卒。年四十五歲。其年（應爲元和十五年，八二〇）四月二日葬。

大唐故郭府君墓誌銘

唐故處士河南元府君墓誌銘并序
甥宣德郎試太子正字房直温撰
府君姓元氏諱正思字逸夫河南洛陽人後魏昭成皇帝
次子素連封常山王是為十七代祖至五代祖大士為
國朝宰相世以常山王後為清門自高祖父邃至王父
涉益勵風規逮皇考昭終雅州嚴道令嗚呼 府君幼
無所恃艱居于蜀興元初叔祖全柔由御史中丞以直
為黜中道觀察使始迎致 府君昆弟同食其禄
性仁孝善與人交既冠及壯志業益健所為卒不
偶乃一切弃去自後時為五言詩以導情性遂安
居華之東郊 [illegible]少時以酒敗其藏竟用是病殁
於郊居享年五十[illegible]長慶元年四月十五日也夫人
隴西獨孤氏太子左諭德良佐之女前 府君十七
年而終以其年十一月廿七日合祔于京城之南原
先塋禮也男子子二人長曰仁模次曰仁擭女子子
一人男未仕女未嫁其窮也殆矣恭惟小子
府君之出泣書于石以志其酷銘曰
嗣子仁模徒行京師號泣其窮赴想所知 先塋
國南獲從于龜 祖考相望孝敬攸宜

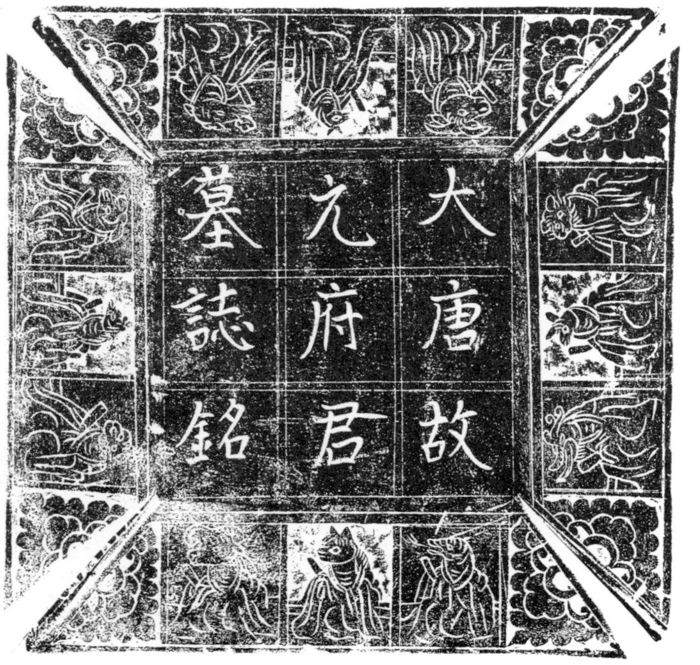
大唐故
元府君
墓誌銘

二八二 唐元正思墓誌并蓋

唐故處士河南元府君（正思）墓誌銘并序

甥宣德郎試太子正字房直温撰。

高寬均四十五釐米。十九行，行十九至二十二字不等。

蓋三行九字。

長慶元年（八二一）四月十五日卒。年五十□歲。十一月二十七日葬。

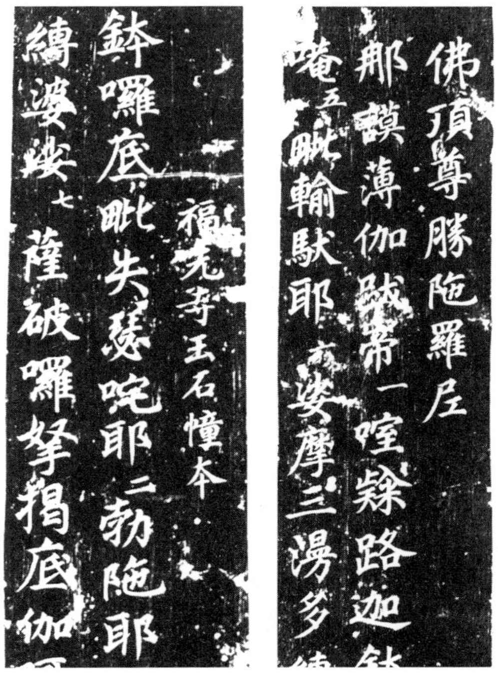

二八三　唐嚴謇爲先兄建墓誌經幢

佛頂尊勝陁羅尼

河中觀察判官侍御史內供奉賜緋魚袋嚴謇爲先兄桂府觀察使兼御史大夫贈工部尚書建立。

幢石八面柱形。高一百六十釐米，上寬十三、下寬十五釐米。十九行。

長慶三年（八二三）十二月二十九日。

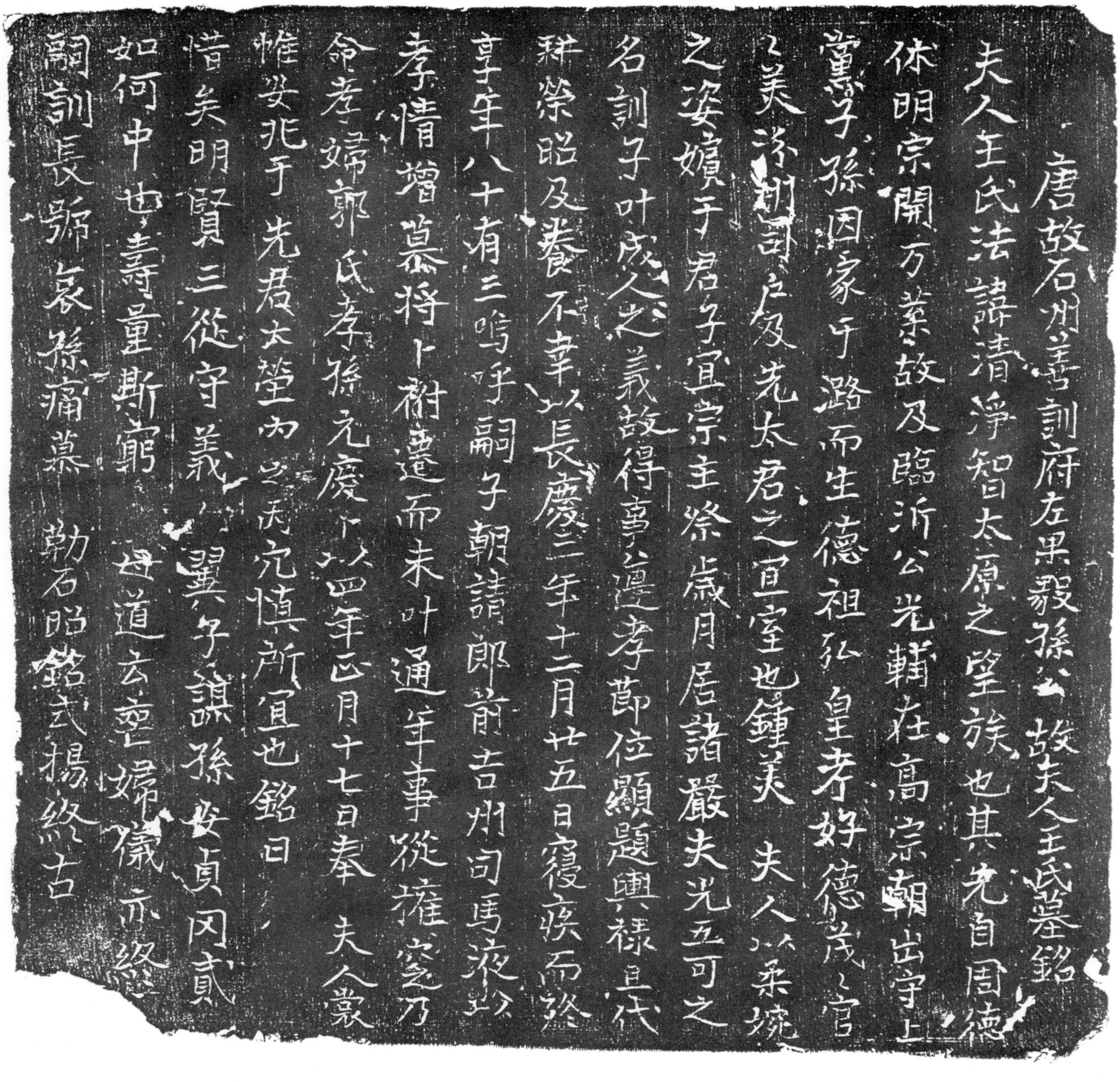

唐故石州善訓府左果毅孫公 故夫人王氏墓銘
夫人王氏法諱清淨智太原之望族也其先自周德
休明宗閑万葉故及臨沂公光輔在高宗朝出守上
黨子孫因家于潞而生德祖弘 皇考好德茂之官
之美洛州司户及先太君之宜室也鍾美 夫人以柔婉
之姿嬪于君子宜宗主祭歲月居諸嚴夫光五可之
名訓子叶成人之義故得專邊孝節位顯題輿禄且代
耕榮昭及養不幸以長慶三年十二月廿五日寢疾而終
享年八十有三嗚呼嗣子朝請郎前吉州司馬液號
孝情增慕將卜祔遷而未叶通年事從權窆乃
命孝婦郭氏孝孫元慶以四年正月十七日奉 夫人衆
帷安兆于 先君太塋內西南元慎所宜也銘曰
惜矣明賢三從守義 翼子謀孫 母貞冈貳
如何中世壽量斯窮 母道玄塹 婦儀亦終
嗣訓長號哀孫痛慕 勒石昭銘式揚終古

二八四 唐孫楚珪妻王清淨智墓誌

唐故石州善訓府左果毅孫公（楚珪）故夫人王氏（清淨智）墓銘

高三十一、寬三十二釐米。十五行，行十八至二十二字不等。

長慶三年（八二三）十二月二十五日卒。年八十三歲。長慶四年（八二四）正月十七日葬。

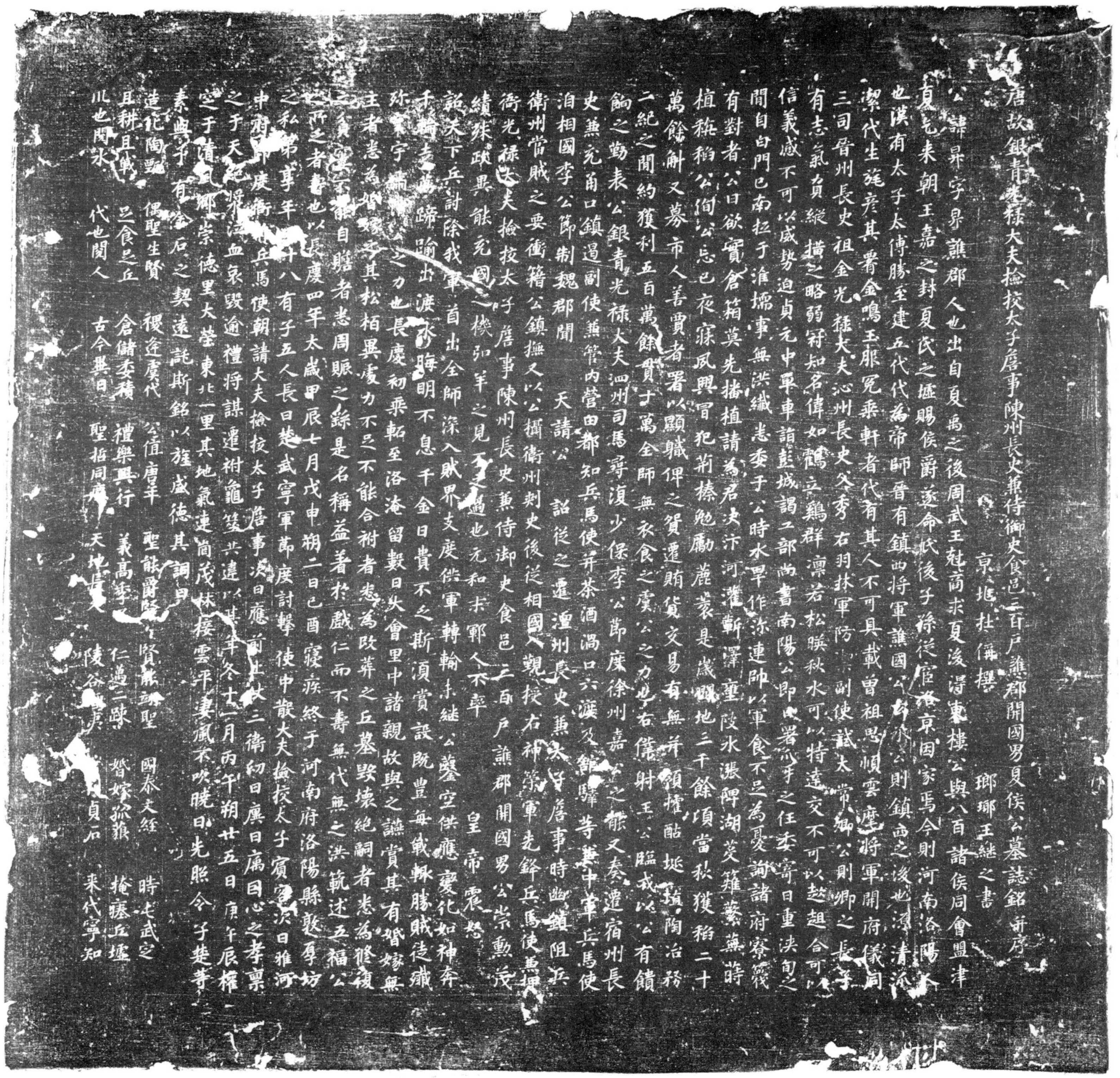

二八五　唐夏侯昇墓誌

唐故銀青光禄大夫檢校太子詹事陳州長史兼侍御史食邑三百户譙郡開國男夏侯公（昇）墓誌銘并序

京兆杜偁撰。瑯琊王繼之書。

高寬均七十五點五釐米。三十四行，行三十二至三十七字不等。

長慶四年（八二四）七月二日卒。年□十八歲。十一月二十五日葬。

唐故朝議郎守陝州大都督府左司馬驍騎尉賜緋魚袋清河崔公墓誌銘并序
將仕郎前守陳州太康縣尉鄭君房撰
公諱勵字佐元清河人濬源遠派其來尚矣 皇朝鳳閣舍
人國子司業修國史贈衛州刺史謚曰文諱融曾王父也銀青光
祿大夫禮部尚書東都留守贈太子太傅謚曰成諱翹大父也尚
書水部員外郎渠州刺史累贈太子太保諱異烈考也代垂高名
保其元貞公之門望官婚其為盛歟公幼補崇文生釋褐宣德郎
左司禦率府兵曹參軍每有大志不就常調屬梁崇義反襄州時
山南西道連帥賈公耽受 詔征之請公隨軍待以客禮竒
謀密筭悉以資之襄州平特表試光祿寺丞賜緋魚袋旌其庸也
後參畫于江陵襄陽二府轉郢州司馬復從事于岐入拜通事舍
人賜勳雲騎尉加朝議郎無何出為鄂州司馬歷滁州長史
朝廷陟明拜權知陝府左司馬歲滿為真公三佐戎軒四毗郡府
事必歸正議無曲從人以直清稱焉翊宗族以孝聞昆弟以悌聞
斯非全美乎公之伯仲秉旄鉞擁郡符連行 盛朝焜燿當
代抑士林之無儔矣公鄭之出棣州刺史諱琉外大父也公以長
慶四年夏六月有六日終于陝州官舍降齡七十有三嗚呼哀哉
越以寶曆元年二月廿三日歸葬于河南府潁陽縣萬安山之南
原祔 先塋也夫人滎陽鄭氏故鳳翔少尹兼御史中丞贈
汝州刺史諱士良第二女柔明恭懿克和娣姒元和四年三月十
六日終于漢南因以權窆長子泣往啓讓歸萬安之塋從周
禮也二子長曰次璵幼曰季珩四女長適范陽盧全節三幼在室
皆孝乃天性哭無常聲咸以陵谷之虞泣請其誌銘曰
閟水兮如馳祖庭兮可悲劍雙淪兮已而傷孤生兮垂涕交頤佳
城永閉兮松栢參差 男次璵書

二八六 **唐崔勵墓誌**

唐故朝議郎守陝州大都督府左司馬驍騎尉賜緋魚袋清河崔公（勵）墓誌銘并序

將仕郎前守陳州太康縣尉鄭君房撰。男（崔）次璵書。

高寬均五十二釐米。二十五行，行二十五字。

長慶四年（八二四）六月六日卒。年七十三歲。夫人鄭氏元和四年（八〇九）三月十六日卒。寶曆元年（八二五）二月二十三日合葬。

二八七 唐寂照和尚墓誌

崇敬寺故臨内外壇大德寂照和尚墓誌文并序

姪朝散大夫行尚書吏部員外郎上柱國賜魚袋（崔）戎譔。

高四十六、寬四十七釐米。二十五行，行二十五字。

寶曆元年（八二五）四月十日卒。年七十三歲。四月三十日葬。

唐京兆府奉天縣尉京兆韋君夫人河東裴氏墓誌銘并序

唐故河
東裴夫
人墓誌

二八八

二八八　唐韋廑妻裴娟墓誌并蓋

唐京兆府奉天縣尉京兆韋君（廑）夫人河東裴氏（娟）墓誌銘并序

父給事中（裴）潾文。

高寬均四十六釐米。二十八行，行二十八字。

蓋隸書三行九字。

寶曆二年（八二六）六月二十七日卒。年二十歲。十月九日葬。

唐故金州
刺史贈吏
部郎中高
邑公墓志

二八九　**唐李縱墓誌并蓋**

高寬均五十八釐米。三十四行，行三十三字。

蓋篆書四行十六字。

貞元六年（七九〇）八月三日卒。夫人鄭氏大曆四年（七六九）二月十四日卒。貞元十年（七九四）葬。寶曆二年（八二六）十一月二十七日合葬。

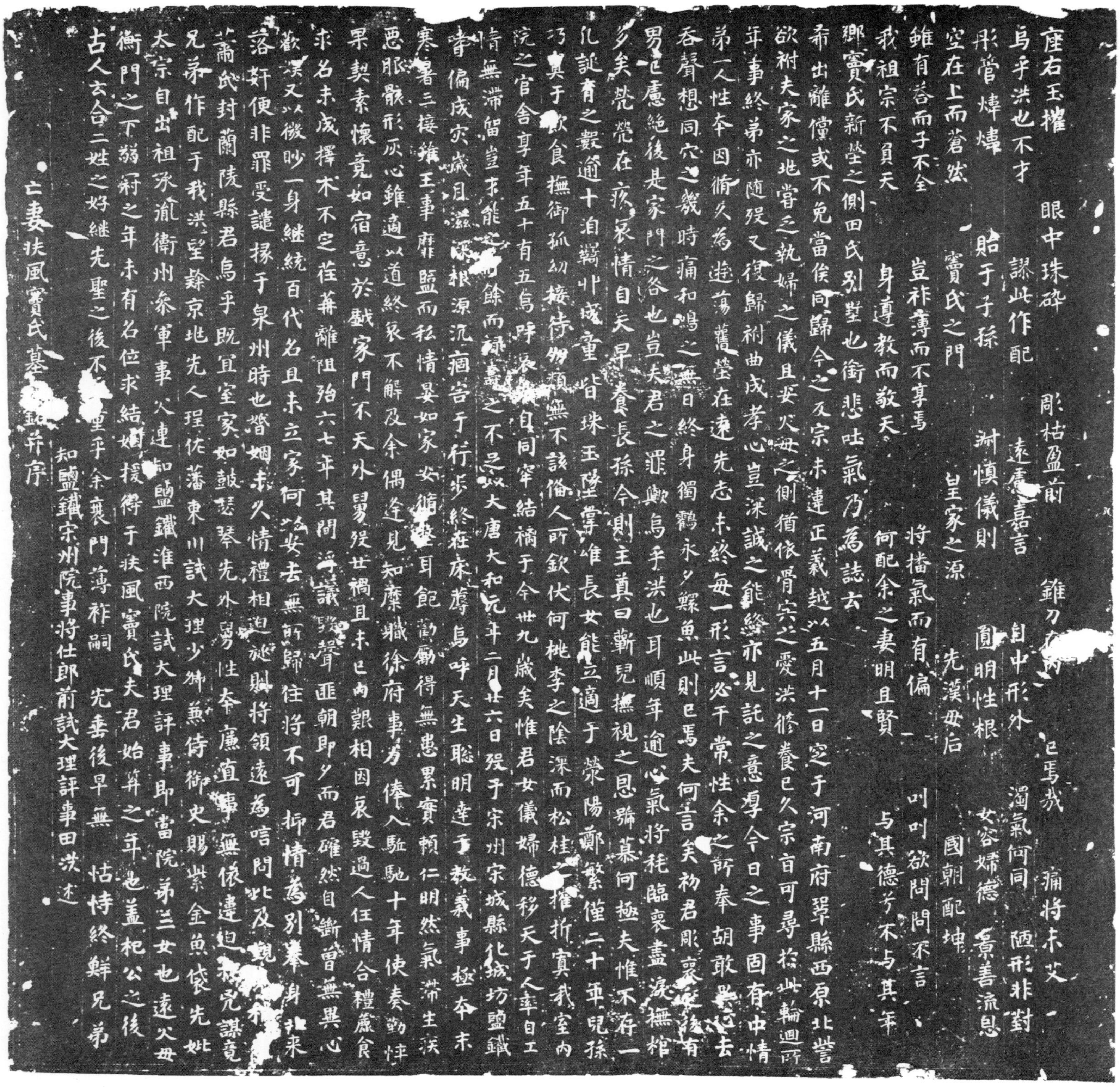

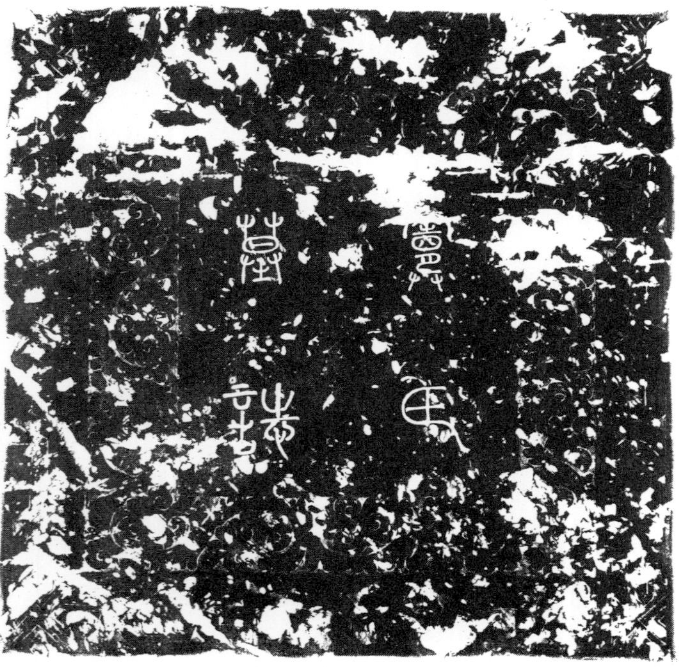

二九〇 唐田洪妻竇氏墓誌并蓋

亡妻扶風竇氏墓誌銘并序

知鹽鐵宋州院事將仕郎前試大理評事田洪述。

高寬均六十二釐米。三十二行，行三十四至四十字不等。

蓋篆書二行四字。

大和元年（八二七）二月二十六日卒。年五十五歲。五月十一日葬。

注：墓誌文自左至右書。

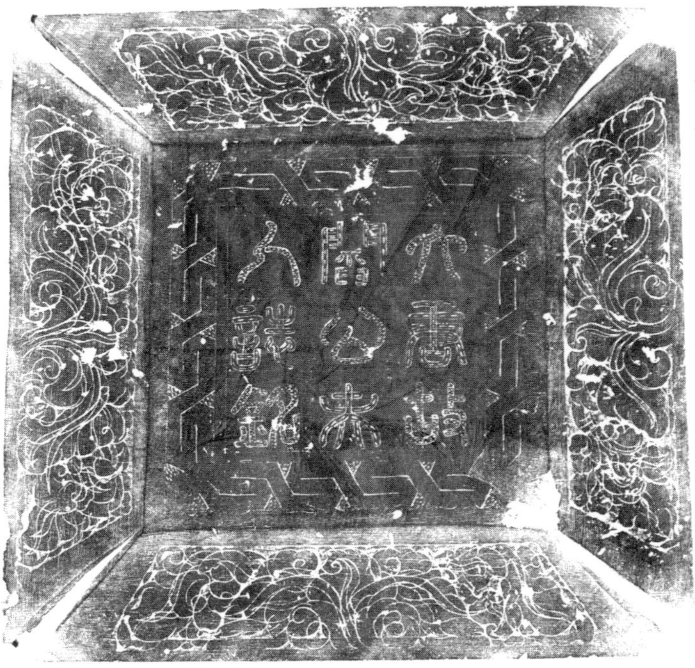

二九一　唐閻汶與夫人李氏墓誌并蓋

唐故昭義節度要籍朝散大夫試舒州司馬賜緋魚袋上柱國太原閻公（汶）隴西李夫人祔葬墓誌銘并叙

前翰林待詔試華州參軍孫正言述。

高四十五、寬四十四點五釐米。二十行，行二十四至三十四字不等。

蓋篆書三行九字。

大和元年（八二七）四月四日卒。年五十五歲。夫人李氏元和十一年（八一六）九月九日卒。大和元年十一月十四日葬。

二九二　唐花獻墓誌

唐故左武衛兵曹參軍上騎都尉靈武郡花府君公（獻）神道誌銘

洛陽聖善寺沙門文簡撰。

高寬均四十六釐米。二十七行，行二十九字。

寶曆三年（八二七）正月八日卒。年七十一歲。夫人安氏長慶元年（八二一）四月五日卒。大和二年（八二八）二月十六日合葬。

大唐故
李府君
墓誌銘

二九三

唐李昌汶墓誌并蓋

唐故朝議郎行茂王府參軍上柱國趙郡李君（昌汶）墓誌銘并序

朝議郎行監察御史雲騎尉崔蠡撰。鄉貢進士蔣涯書。隴西郡李公佶鐫。

高五十五、寬五十四釐米。二十九行，行二十九字。

蓋篆書三行九字。

大和二年（八二八）閏三月七日卒。年四十四歲。五月六日葬。

二九四　唐湯賁妻侯莫陳約墓誌并蓋

唐故宋州刺史湯府君（賁）夫人滎陽郡君河南侯莫陳氏（約）歸祔誌

朝散大夫守京兆少尹驍騎尉郭行餘撰。

高六十一點五、寬六十二釐米。三十八行，行三十九字。

蓋四行十二字。

大和二年（八二八）四月二十三日卒。年七十二歲。八月十九日葬。

二九五　唐袁俠墓誌并蓋

唐故河內尉河陰縣主簿袁君（俠）墓誌銘并序

前試左金吾衛兵曹參軍張師仁撰。

高寬均四十五釐米。二十五行，行二十四至三十四字不等。

蓋篆書二行八字。

元和八年（八一三）九月二十三日卒。年六十三歲。夫人鄭氏大和元年（八二七）九月十八日卒。年五十六歲。大和二年（八二八）十月二十六日合葬。

注：墓誌文自左至右書。

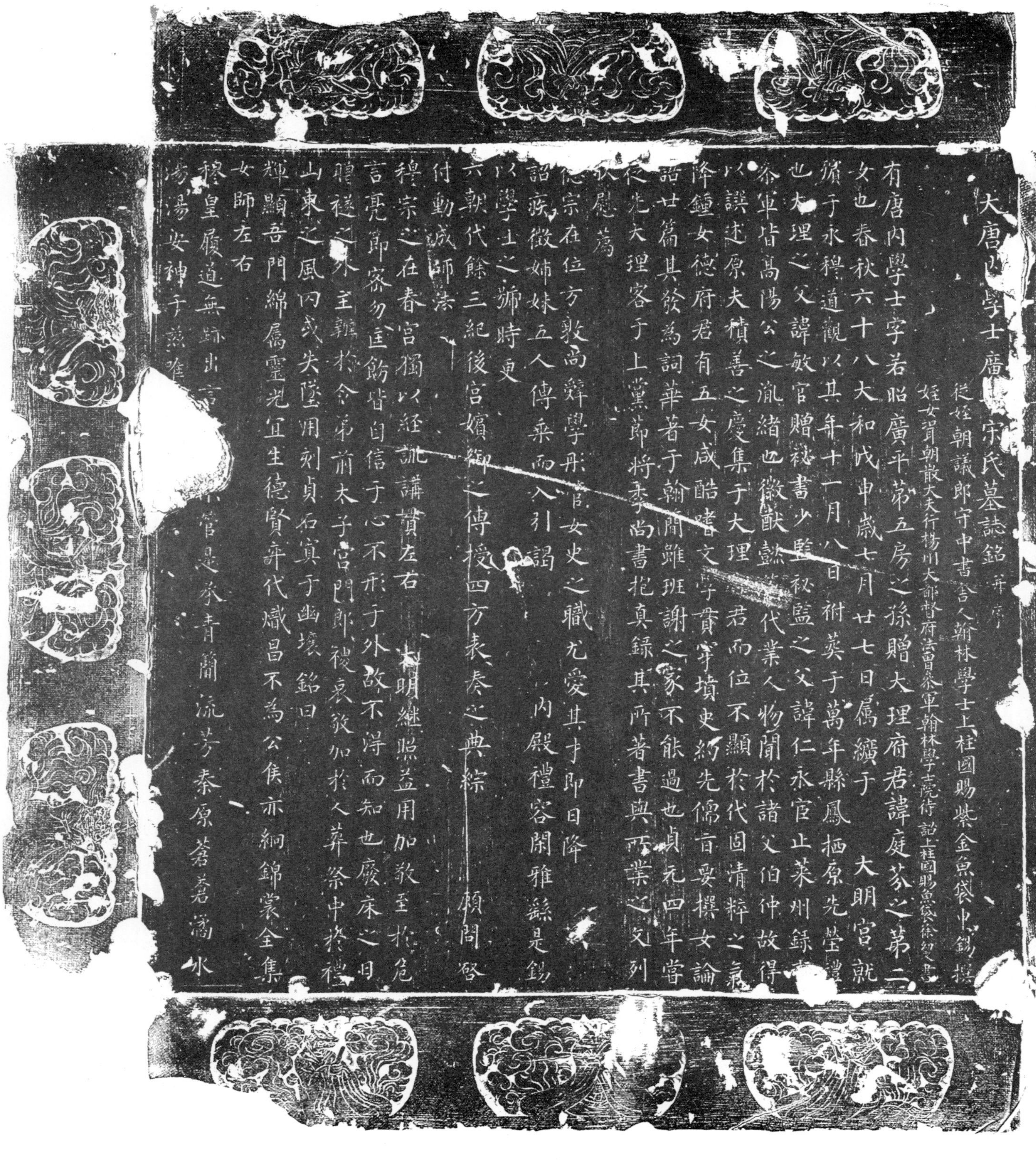

二九六　唐宋若昭墓誌

大唐内學士廣平宋氏（若昭）墓誌銘并序

從姪朝議郎守中書舍人翰林學士上柱國賜紫金魚袋（宋）申錫撰。姪女婿朝散大夫行揚州大都督府法曹參軍翰林學士院待詔上柱國賜魚袋徐幼文書。

高寬均五十三釐米。二十六行，行二十六字。

大和戊申（二年）（八二八）七月二十七日卒。年六十八歲。十一月八日葬。

唐故常
山張鍊
師墓誌

二九七　唐故女道士常山張氏（熙真）墓誌

弟宣武軍節度行軍司馬檢校司封郎中攝御史中丞賜紫金魚袋（張）又新撰。兄左春坊太子典設郎（張）敦簡書。

高寬均三十六釐米。十九行，行二十一至二十九字不等。

蓋篆書三行九字。

大和庚戌（四年）（八三〇）七月五日卒。年四十四歲。八月十一日葬。

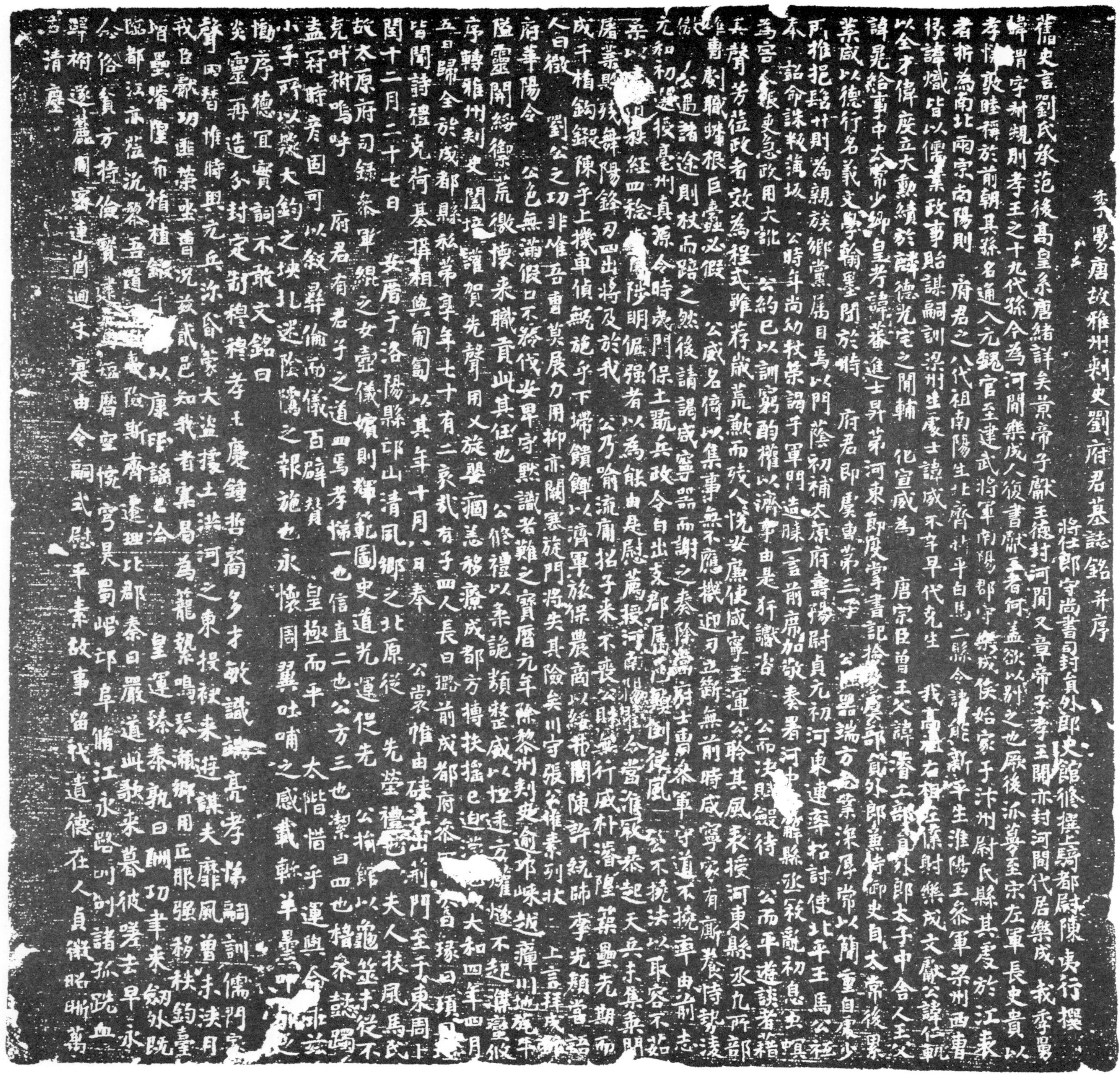

二九八　唐劉渭墓誌

季舅唐故雅州刺史劉府君（渭）墓誌銘并序

將仕郎守尚書司封員外郎史館修撰上騎都尉陳夷行撰。

高寬均五十五釐米。四十行，行三十九至四十四字不等。

大和四年（八三〇）四月五日卒。年七十二歲。閏十二月二十七日葬。

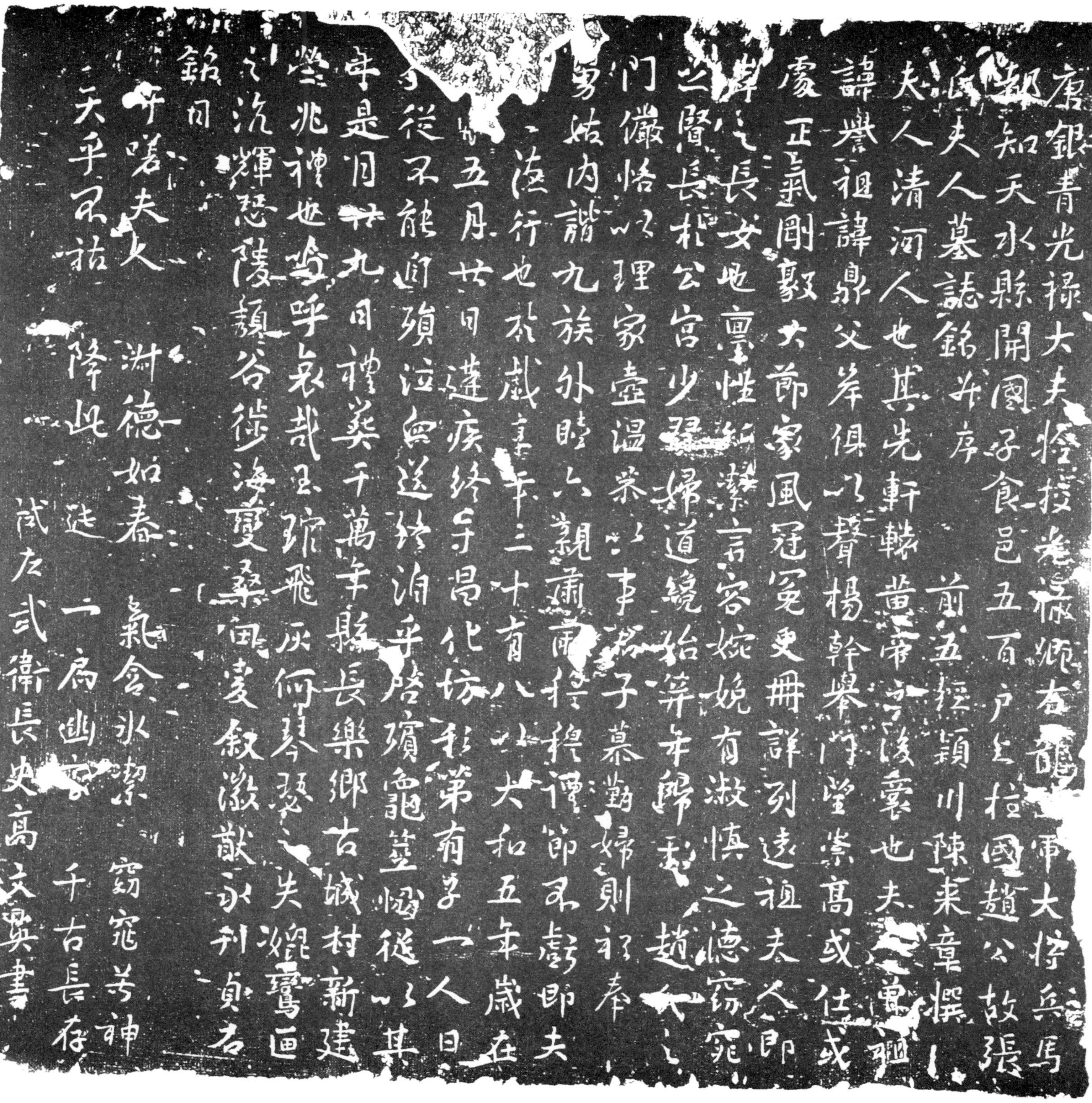

二九九　唐趙夫人張氏墓誌

唐銀青光禄大夫檢校光禄卿右龍武軍大將兵馬都知天水縣開國子食邑五百户上柱國趙公故張氏夫人墓誌銘并序

前五經潁川陳來章撰。試左武衛長史高文英書。

高寬均四十四釐米。二十行，行二十字。

大和五年（八三一）五月二十日卒。年三十八歲。五月二十九日葬。

三〇〇　唐魏進妻李氏墓誌

唐故隴西郡夫人李氏墓誌銘并序

高寬均三十八釐米。十七行，行二十四字。

大和四年（八三〇）六月三日卒。年五十九歲。大和五年（八三一）十月三日葬。

唐故鄭
府君墓
誌之銘

三〇一　唐鄭鍇墓誌并蓋

唐故度支雲安都監官試大理評事兼監察御史鄭府君（鍇）墓誌銘并序

子婿通直郎守大理司□上護軍楊無朋譔。

高寬均六十一釐米。三十五行，行三十四字。

蓋三行九字。

大和庚戌（四年）（八三〇）九月十五日卒。年七十二歲。大和辛亥（五年）（八三一）十一月二日葬。

三〇二 唐趙纂墓誌并蓋

唐故侍御史內供奉知鹽鐵埇橋院趙府君（纂）墓誌銘

攝河中節度巡官前鄉貢進士韋博撰。

高五十一、寬五十二釐米。二十八行，行二十七字。

蓋篆書三行九字。

大和五年（八三一）十月十二日卒。大和六年（八三二）正月十二日葬。

三〇三 唐韓邑墓誌

大唐故雲麾將軍守左金吾衛大將軍兼試太常卿左神策軍副將上柱國長山郡韓府君（邑）墓誌銘并序

將仕郎試左金吾衛兵曹參軍飛騎尉趙從審撰并書。

高六十一、寬六十釐米。二十七行，行三十二字。

大和六年（八三二）八月二十五日卒。年七十歲。十一月十四日葬。

唐鄉貢進士南陽韓君之妻博陵崔氏夫人墓誌銘并叙
河南房晊撰
夫人諱嬛姓崔氏其上世祖父相継為達官名人
曾祖父寘官至越州刺史以卒 大王父穎為河南府
潁陽縣令 王考羿為晋州臨汾縣令 臨汾娶于邠
嗣王 之女 李夫人有子八人其四人子女子也
夫人於 臨汾為第三女絶愛之揀其壻得令秀才南
陽韓肅肅有至行於其 父母昆弟閭仲尼所謂
閔子騫不有人能間去聲言者性著入聲古學學為其文必
創已行而攄肆之辭章菂欵於是雖齟齬樂之也故
今之塲宇尚未休肅文之實果休之其不在文行插肅
之並音旁而柄于
天子者耶未可知也 夫人生得 明父母而教之又
獲良妃音配歸有 嚴姑氏而事之惟工惟儀女師婦規
年二十五以大和八年正月十六日卒卒之十有六日
得其春之二月三日葬于河南縣金谷鄉焦古村陪
先祖姑丠銘曰
夫夫婦婦 人倫之首 詩興關雎 以見于後
夫人於時 實為高門 外宗于邠 國枝其親
歸獲其良 謂厥永好 病不有年 而以夭報
一女二男 生則失之 裂石鑱銘 以吐悲思

三〇四 唐韓肅妻崔嬛墓誌

唐鄉貢進士南陽韓君（肅）之妻博陵崔氏（嬛）夫人墓誌銘并叙

河南房晊撰。

高四十九、寬四十八釐米。二十一行，行二十一字。

大和八年（八三四）正月十六日卒。年二十五歲。二月三日葬。

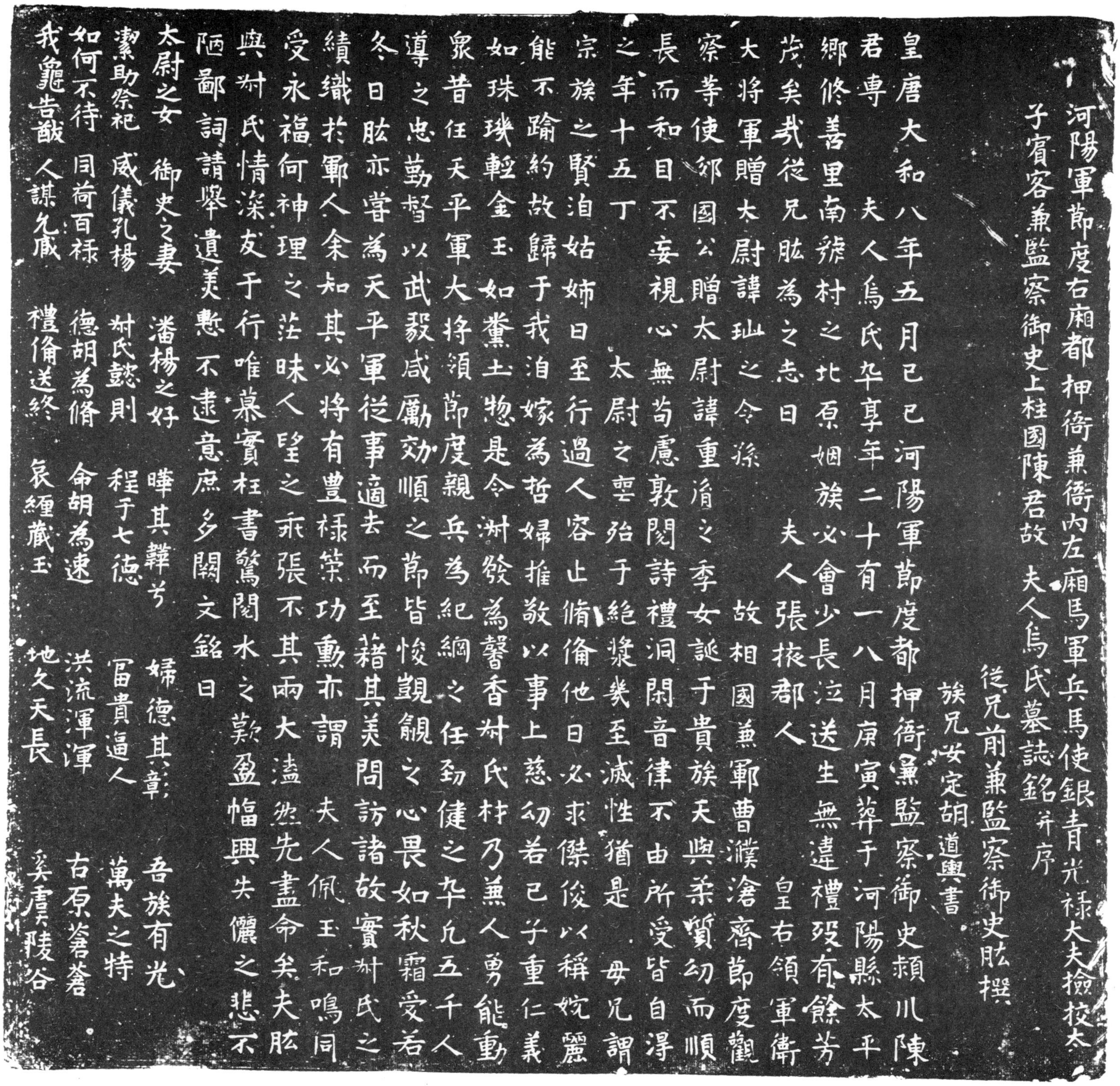

河陽軍節度右廂都押衙兼衙內左廂馬軍兵馬使銀青光禄大夫檢校太
子賓客兼監察御史上柱國陳君故夫人烏氏墓誌銘并序
從兄前兼監察御史肱撰
族兄安定胡道輿書
皇唐大和八年五月己巳河陽軍節度都押衙兼監察御史潁川陳
君專夫人烏氏卒享年二十有一八月庚寅葬于河陽縣太平
鄉修善里南猇村之北原姻族必會少長泣送生無違禮歿有餘芳
茂矣哉從兄肱為之志曰夫人張掖郡人皇右領軍衛
大將軍贈太尉諱玼之令孫故相國兼鄆曹濮滄齊節度觀
察等使邠國公贈太尉諱重胤之季女誕于貴族天與柔質幼而順
長而和目不妄視心無茍慮敦閱詩禮洞閑音律不由所受皆自得
之年十五丁太尉之喪殆于絕漿幾至滅性猶是母兄謂
宗族之賢泊姑姊曰至行過人容止脩偹他日必求傑俊以稱婉麗
能不踰約故歸于我泊嫁為哲婦推敬以事上慈幼若己子重仁義
如珠璣輕金玉如糞土惣是令淑發為馨香尉氏朴乃兼人勇能動
衆昔任天平軍大將須節度親兵為紀綱之任勁健之卒凢五千人
導之忠勤督以武毅咸勵効順之節皆悛覬覦之心畏如秋霜愛若
冬日肱亦嘗為天平軍從事適去而至籍其美問訪諸故實尉氏之
績織於鄆人余知其必將有豊禄榮功勲亦謂夫人佩玉和鳴同
受永福何神理之茫昧人望之乖張不其兩大遽然先盡命矣夫肱
與尉氏情深友于行唯慕實枉書驚閲水之歎盈幅興失儷之悲不
陋鄙詞請舉遺美懃不逮意庶多闕文銘曰
太尉之女　御史之妻　潘楊之好　曄其韡兮　婦德其章　吾族有光
潔助祭祀　威儀孔揚　尉氏懿則　程于七德　冨貴逼人　萬夫之特
如何不待　同荷百禄　德胡為脩　命胡為速　洪流渾渾　古原蒼蒼
我龜告皷　人謀允臧　禮偹送終　哀纏藏玉　地久天長　奚虞陵谷

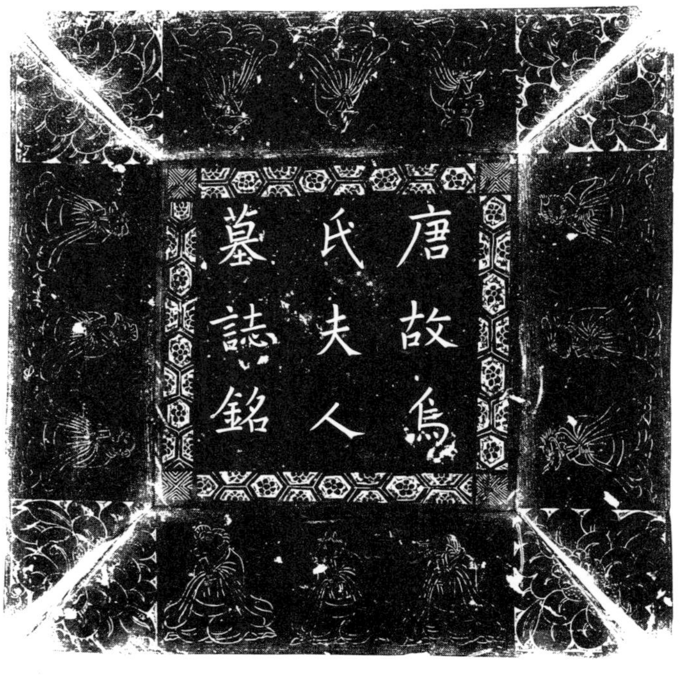
唐故烏
氏夫人
墓誌銘

三〇五　唐陳專妻烏氏墓誌并蓋

河陽軍節度右廂都押衙兼衙內左廂馬軍兵馬使銀青光禄大夫檢校太子賓客兼監察御史上柱國陳君（專）故夫人烏氏墓誌銘并序

從兄前兼監察御史（烏）肱撰。族兄安定胡道輿書。

高寬均五十七釐米。二十六行，行二十六字。

蓋三行九字。

大和八年（八三四）五月十九日卒。年二十一歲。八月十二日葬。

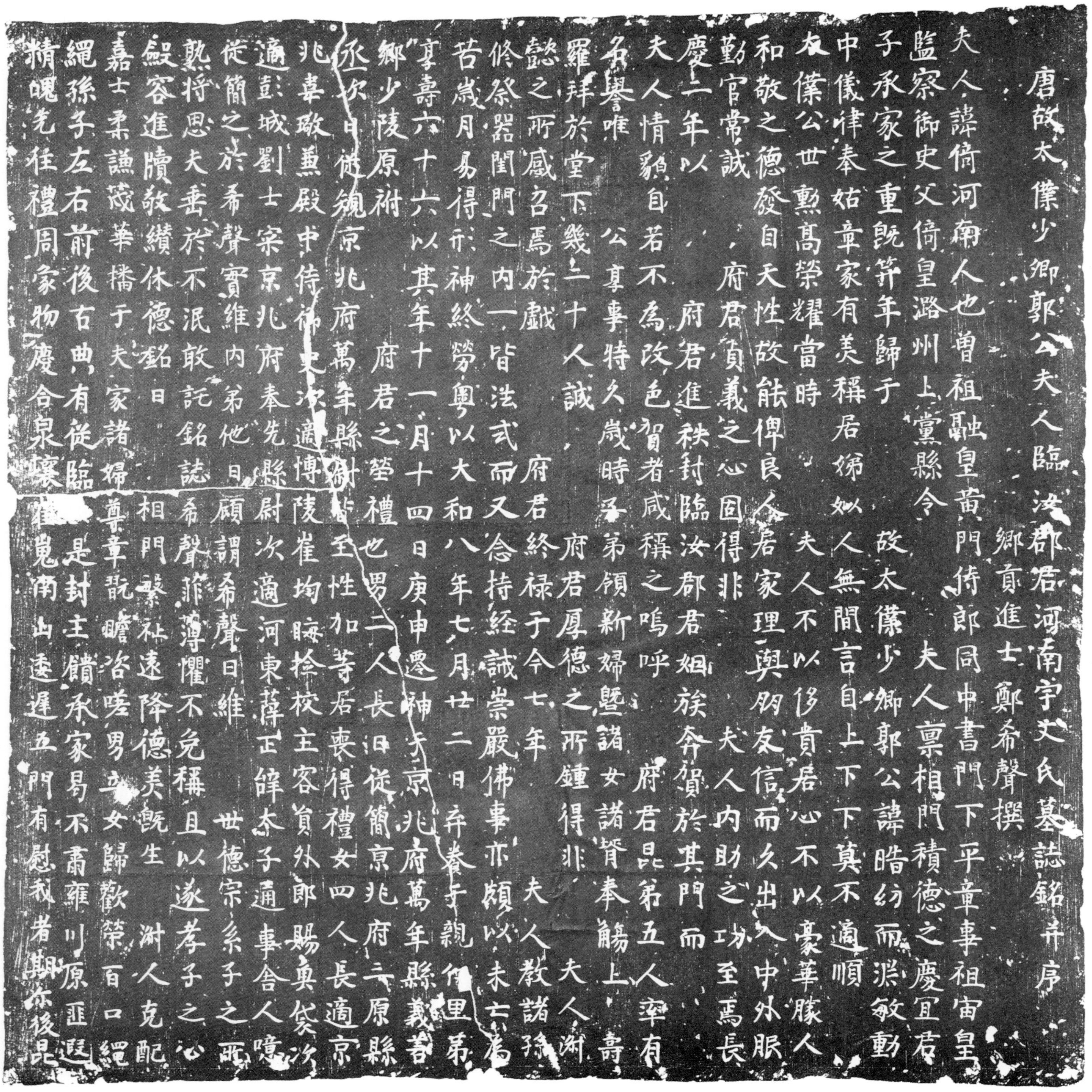

唐故太僕少卿郭公夫人臨汝郡君河南宇文氏墓誌銘并序
鄉貢進士鄭希聲撰
夫人諱倚河南人也曾祖融皇黄門侍郎同中書門下平章事祖宙皇
監察御史父倚皇潞州上黨縣令 夫人禀相門積德之慶宜君
子承家之重既笄年歸于 故太僕少卿郭公諱晧幼而淑敏動
中儀律奉姑章家有美稱居娣姒人無間言自上下下莫不適順
太僕公世勳高榮耀當時 夫人不以侈貴居心不以豪華勝人
和敬之德發自天性故能俾良人居家理與朋友信而久出入中外服
勤官常誠 府君負義之心固得非 夫人内助之功至焉長
慶二年以 府君進秩封臨汝郡君姻族奔賀於其門而
夫人情貌自若不為改色賀者咸稱之嗚呼 府君昆弟五人率有
名譽唯 公享事特久歲時子弟領新婦曁諸女諸胥奉觴上壽
羅拜於堂下幾二十人誠 府君厚德之所鍾得非 夫人淑
懿之所感召焉於戲 府君終禄于今七年 夫人教諸孫
脩祭器閨門之内一皆法式而又念持經誠崇嚴佛事亦頗以未亡爲
苦歲月易得形神終勞粤以大和八年七月廿二日弃養于親仁里第
享壽六十六以其年十一月十四日庚申遷神于京兆府萬年縣義善
鄉少陵原祔 府君之塋禮也男二人長曰從簡京兆府三原縣
丞次曰從魏京兆府萬年縣尉皆至性加等居喪得禮女四人長適京
兆韋瓊兼殿中侍御史次適博陵崔均晦捡校主客員外郎賜魚袋次
適彭城劉士宗京兆府奉先縣尉次適河東薛正辭太子通事舍人噫
從簡之於希聲實維内弟他日顧謂希聲曰維 世德宗系子之所
熟將思夫垂於不泯敢託銘誌 希聲菲薄懼不免稱且以遂孝子之心
敍容進牘敬纘休德銘曰 相門繁祉遠降德美既生淑人克配
嘉士柔謙葳華播于夫家諸婦尊章[illegible]瞻洛嗟男立女歸歡榮百口繩
繩孫子左右前後古典有從臨□是封主饋承家曷不肅雍川原匪遐
精魄先往禮周家物慶合泉壤□嵬南山逶遲五門有慰私者期亦後昆

三〇六 唐郭晧妻宇文倚墓誌

唐故太僕少卿郭公（晧）夫人臨汝郡君河南宇文氏（倚）墓誌銘并序

鄉貢進士鄭希聲撰。

高七十二、寬七十一釐米。二十七行，行二十七字。

大和八年（八三四）七月二十二日卒。年六十六歲。十一月十四日葬。

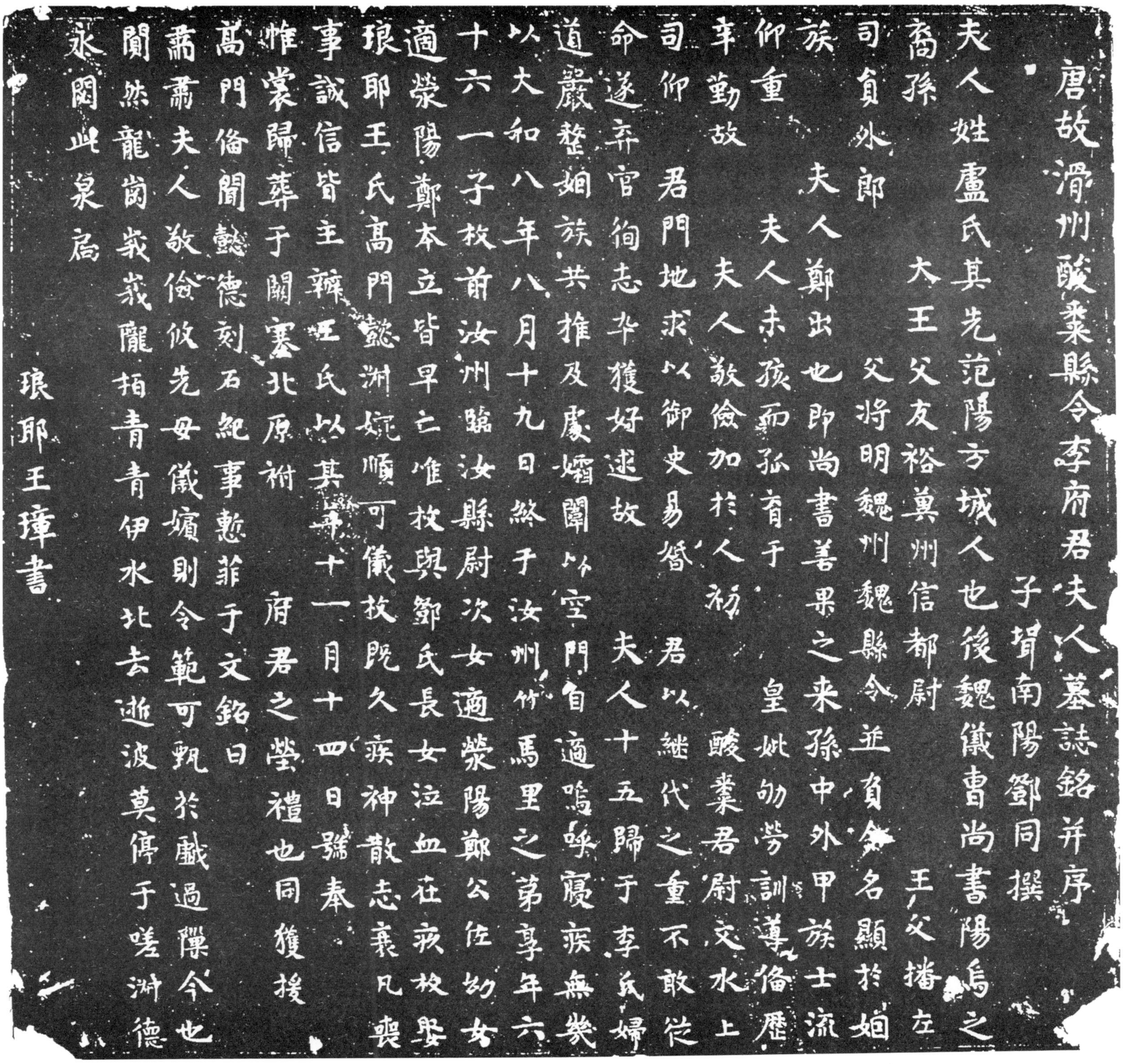
唐故滑州酸棗縣令李府君夫人墓誌銘并序
子壻南陽鄧同撰
夫人姓盧氏其先范陽方城人也後魏儀曹尚書陽烏之
裔孫 太王父友裕冀州信都尉 王父播左
司員外郎 父將明魏州魏縣令並負令名顯於姻
族 夫人鄭出也即尚書善果之來孫中外甲族士流
仰重 夫人未孩而孤育于 皇妣劬勞訓導備歷
辛勤故 夫人敬儉加於人初 酸棗君尉文水上
司仰 君門地求以御史易督 君以繼代之重不敢從
命遂弃官徇志卒獲好逑故 夫人十五歸于李氏婦
道嚴整姻族共推及處孀闈以空門自適嗚呼寢疾無瘳
以大和八年八月十九日終于汝州竹馬里之第享年六
十六一子校前汝州臨汝縣尉次女適滎陽鄭公佐幼女
適滎陽鄭本立皆早亡惟校與鄧氏長女泣血在疚校娶
琅耶王氏高門懿淑婉順可儀校既久疾神散志衰凡喪
事誠信皆主簿王氏以其年十一月十四日號奉
帷裳歸葬于關塞北原祔 府君之塋禮也同獲接
高門備聞懿德刻石紀事懃菲于文銘曰
肅肅夫人敬儉攸先母儀孀則令範可甄於戲過隙兮也
闃然龍崗峩峩龐栢青青伊水北去逝波莫停于嗟淑德
永閟此泉扃
琅耶王璋書

三〇七　唐李夫人盧氏墓誌

唐故滑州酸棗縣令李府君夫人（盧氏）墓誌銘并序

子婿南陽鄧同撰。琅耶王璋書。

高寬均四十二釐米。二十二行，行二十二字。

大和八年（八三四）八月十九日卒。年六十六歲。十一月十四日葬。

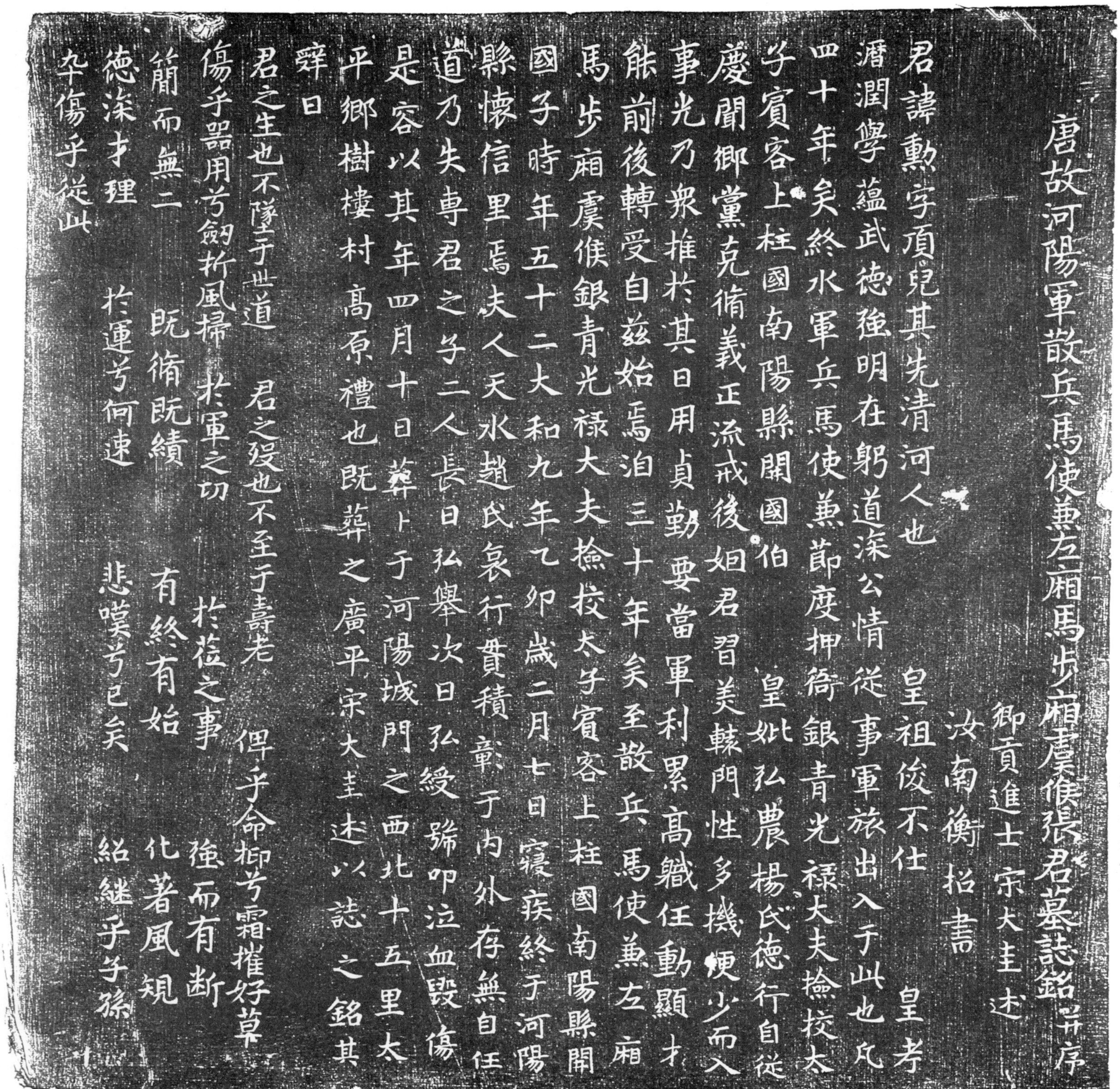

唐故河陽軍散兵馬使兼左廂馬步廂虞候張君墓誌銘并序
鄉貢進士宋大圭述
汝南衡招書
君諱勳字頊兒其先清河人也　皇祖俊不仕　皇考
濬潤學藴武德強明在躬道洽公情從事軍旅出入于此也凡
四十年矣終水軍兵馬使兼節度押衙銀青光祿大夫檢校太
子賓客上柱國南陽縣開國伯　皇妣弘農楊氏德行自從
慶閫鄉黨克脩義正流戒後姻君習美緐門性多機便少而入
事光乃衆推於其日用貞勤要當軍利累高職任動顯才
能前後轉受自茲始焉洎三十年矣至散兵馬使兼左廂
馬步廂虞候銀青光祿大夫檢校太子賓客上柱國南陽縣開
國子時年五十二大和九年乙卯歲二月七日寢疾終于河陽
縣懷信里焉夫人天水趙氏衰行貫積彰于内外存無自任
道乃失專君之子二人長曰弘舉次曰弘綬號叩泣血毀傷
是容以其年四月十日葬卜于河陽城門之西北十五里太
平鄉樹樓村高原禮也既葬之廣平宋大圭述以誌之銘其
辭曰
君之生也不隊于世道　君之殁也不至于壽老　俾乎命柳兮霜摧好草
傷乎器用兮劍折風掃　於軍之切　於蒞之事　強而有斷
簡而無二　既脩既績　有終有始　化著風規
德深才理　於運兮何速　悲嘆兮已矣　紹繼乎子孫
卒傷乎從此

三〇八　唐張勳墓誌

唐故河陽軍散兵馬使兼左廂馬步廂虞候張君（勳）墓誌銘并序

鄉貢進士宋大圭述。汝南衡招書。

高五十三、寬五十一釐米。二十二行，行二十四字。

大和九年（八三五）二月七日卒。年五十二歲。四月十日葬。

三〇九　唐邢昌墓誌并蓋

唐銀青光禄大夫檢校太子賓客兼殿中侍御史賜紫金魚袋上柱國河間邢公（昌）墓誌銘并叙

將仕郎試左武衛兵曹參軍太原王亮書。

鄉貢進士西河卜炎撰。

高四十、寬三十九釐米。二十三行，行二十三字。

蓋篆書三行九字。

大和八年（八三四）二月十八日卒。年六十三歲。大和九年（八三五）四月二十五日葬。

三一〇　**唐杜鍠墓誌**

唐故鳳翔府士曹參軍杜府君（鍠）墓誌銘并序

前太原府壽陽縣丞史侗撰并書。

高四十六、寬四十五釐米。二十八行，行二十七至三十五字不等。

大和癸丑（七年）（八三三）閏七月二十五日卒。年五十六歲。大和九年（八三五）七月三十日葬。

三一一　唐蘭興與夫人王氏墓誌并蓋

唐故雍郡蘭府君（興）夫人太原王氏墓誌銘并序

試太常寺協律郎彭城劉懿武撰。

高四十五、寬四十六釐米。二十五行，行二十五至二十九字不等。

蓋篆書三行九字。

貞元七年（七九一）五月十日卒。年五十五歲。夫人王氏大和九年（八三五）四月十日卒。年八十五歲。十月十三日合葬。

唐殿中侍御周君 先太夫人墓志銘
朝議郎守河南少尹護軍賜緋魚袋盧簡辭述
夫人姓劉氏彭城人 考曰明允幼而居實不干祿仕生
二女焉 夫人其仲女也 夫人設口食則靡怙恃
与其伯姊依于李氏姑慈義成訓厥猷大備嬪于
嶽士周府君生一女一子女爲監察御史李師仲妻子曰復是
謂殿中君於戲天之生德於人也必作之助以成其美人之用
力於仁也必大厥後以明其報始 府君挹化源之清醇
得富貴於事外出乎其類以全道谷 夫人愛以恒德娟
茲遐蹤含華葆光樂在衡泌雖困屢有厚積歸從無乏使而頤
躬種樹之事嘗識井臼之勞其順承也無有攸遂其理內也不
大聲色閑家之則居然而成 府君所以克終楚老之高
不有原憲之病翳佐助之德茂也及殿中君以才行登選爲時
聞人馨烈蘊于侯服事業宣于時無解組以就養載鼎以潔著
養志之孝舉無違順以至于 夫人之族之姻宜室宜家
者咸適攸處斯不亦施報之明明歟嗚呼大運茫茫孰控而乘
去年 府君順化而往今茲開成丁巳歲六月四日
夫人仍終于濟源縣之別墅享年六十六爲坤之徒哀吊相屬
越十月十九日附于洛陽縣清風鄉 府君之封域穴于
其隧之左次殿中君辱与簡辭遊血泣見託乃爲銘曰
伯鸞冥飛 夫人之德隣兮士行顯舉 夫人之教
勤兮古史有之生女無怒劉君雖無男其亦不泯兮優哉三從
夫人之孝與仁兮
王屋山人蔣玄同書兼篆

三一二 唐周復母劉氏墓誌

唐殿中侍御周君（復）先太夫人墓志銘

朝議郎守河南少尹護軍賜緋魚袋盧簡辭述。王屋山人蔣玄同書兼篆。

高寬均七十六釐米。二十四行，行二十四字。

開成丁巳（二年）（八三七）六月四日卒。年六十六歲。十月十九日葬。

三一三 唐王簡墓誌

唐故朝□□□□池州長史上柱國賜緋魚袋王府君（簡）墓誌銘并序

朝議郎行興元府户曹參軍上柱國楊元屺撰。

高五十四、寬五十五釐米。二十七行，行二十八字。

開成四年（八三九）二月二日卒。年三十九歲。四月葬。

三一四　唐侯儉母王玄真墓誌

唐上谷侯儉所親故王氏（玄真）墓銘并叙

男孤子（侯）儉泣血撰并書。

高二十七、寬二十六釐米。十六行，行十八字。

開成四年（八三九）五月十二日卒。年三十七歲。五月二十日葬。

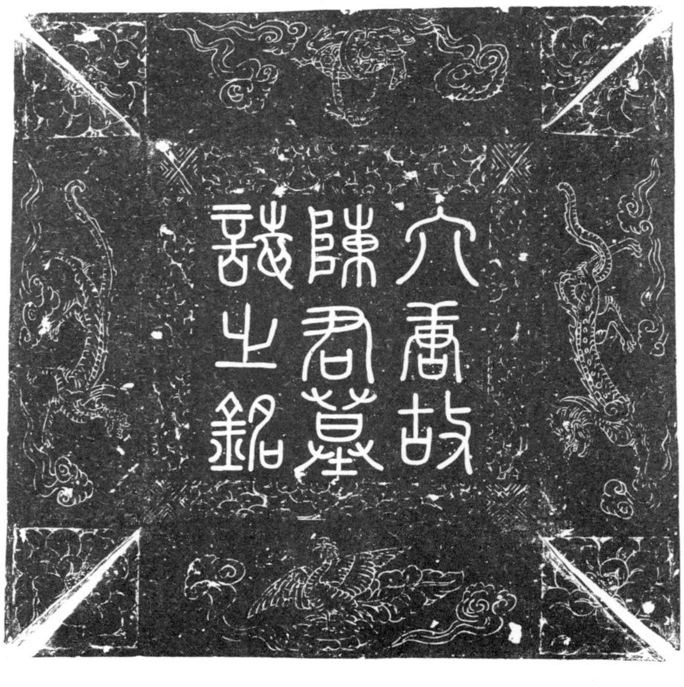

三一五 唐陳専墓誌并蓋

故鄜王府諮議參軍陳君(専)墓誌銘并序

鄉貢進士孟壇撰。

高寬均六十四釐米。二十三行,行二十三字。

蓋篆書三行九字。

開成己未(四年)(八三九)七月二日卒。年四十八歲。十月一日葬。

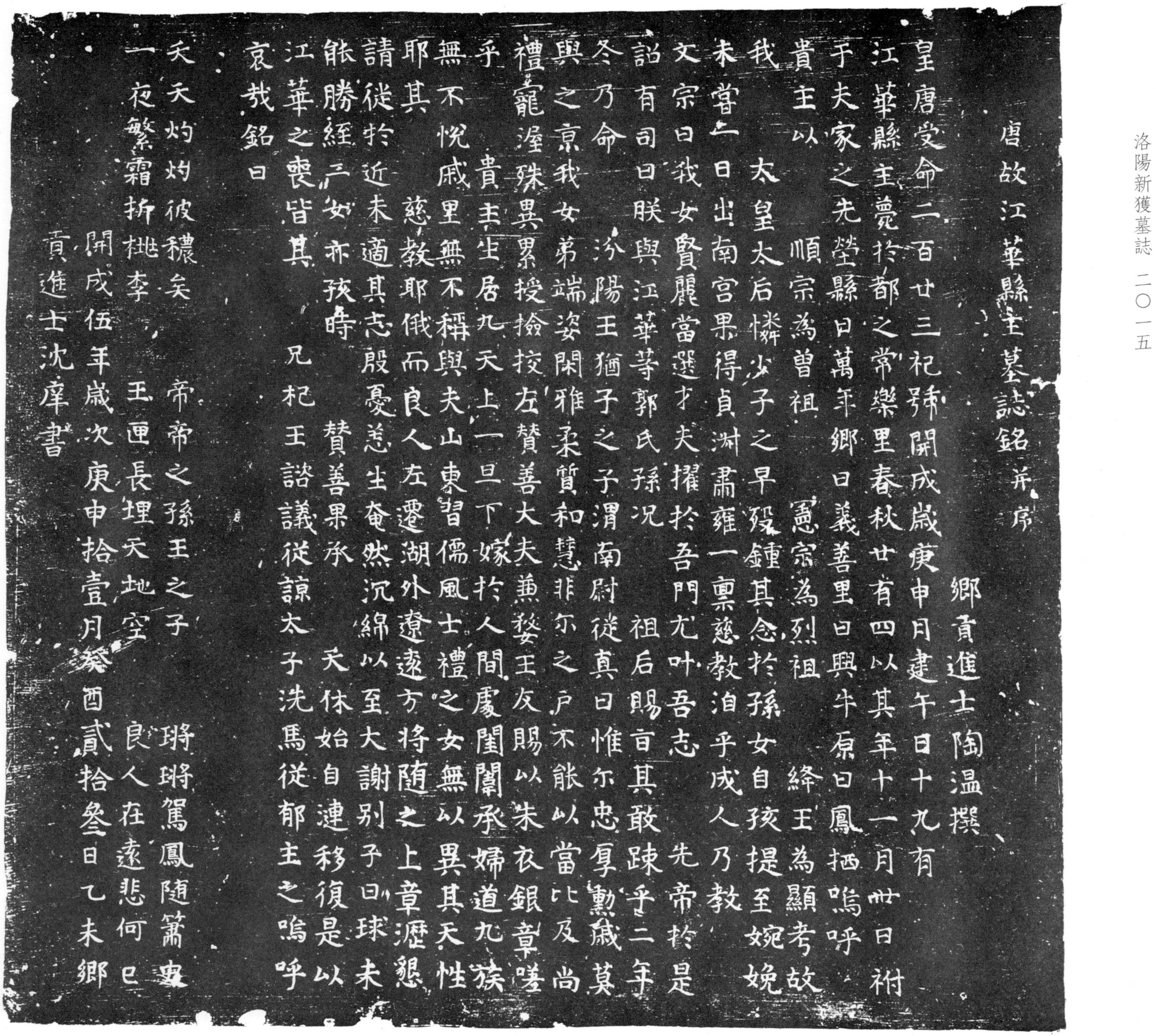

唐故江
華縣主
墓誌銘

三一六

唐郭從真妻江華縣主墓誌并蓋

鄉貢進士陶温撰。鄉貢進士沈庠書。

高寬均六十二釐米。二十四行，行二十五字。

蓋篆書三行九字。

開成庚申（五年）（八四〇）五月十九日卒。年二十四歲。十一月三十日葬。

三一七

唐崔蒇墓誌

唐故知鹽鐵轉運宋州院事朝議郎試大理評事上柱國崔公（蒇）墓誌銘并序

淮南道觀察支使文林郎監察御史裏行宋琯撰。宣義郎守河南府洛陽縣主簿李垣書。

高寬均六十一釐米。二十八行，行二十二至二十六字不等。

開成五年（八四〇）六月十一日卒。年五十歲。十一月三十日合葬。

三一八 唐李悦墓誌

大唐故瓊王（李悦）墓誌銘并序

翰林學士朝散郎權知尚書兵部員外郎臣敬暭奉敕撰。翰林待詔將仕郎守徐州豐縣尉臣安景之奉敕書。翰林待詔朝議郎守梁王府司馬上柱國賜緋魚袋臣唐玄度奉敕篆額。刻字人邢公素。高七十九、寬七十八釐米。二十五行，行二十五字。開成五年（八四〇）十月十九日卒。十二月十三日葬。

三一九 唐崔行宣墓誌

大唐故汝州司户參軍崔君（行宣）墓誌銘并序

鄉貢進士昔耘述。

高四十四、寬四十三釐米。二十五行，行二十五字。

會昌元年（八四一）三月二十一日卒。年六十一歲。八月二十三日葬。

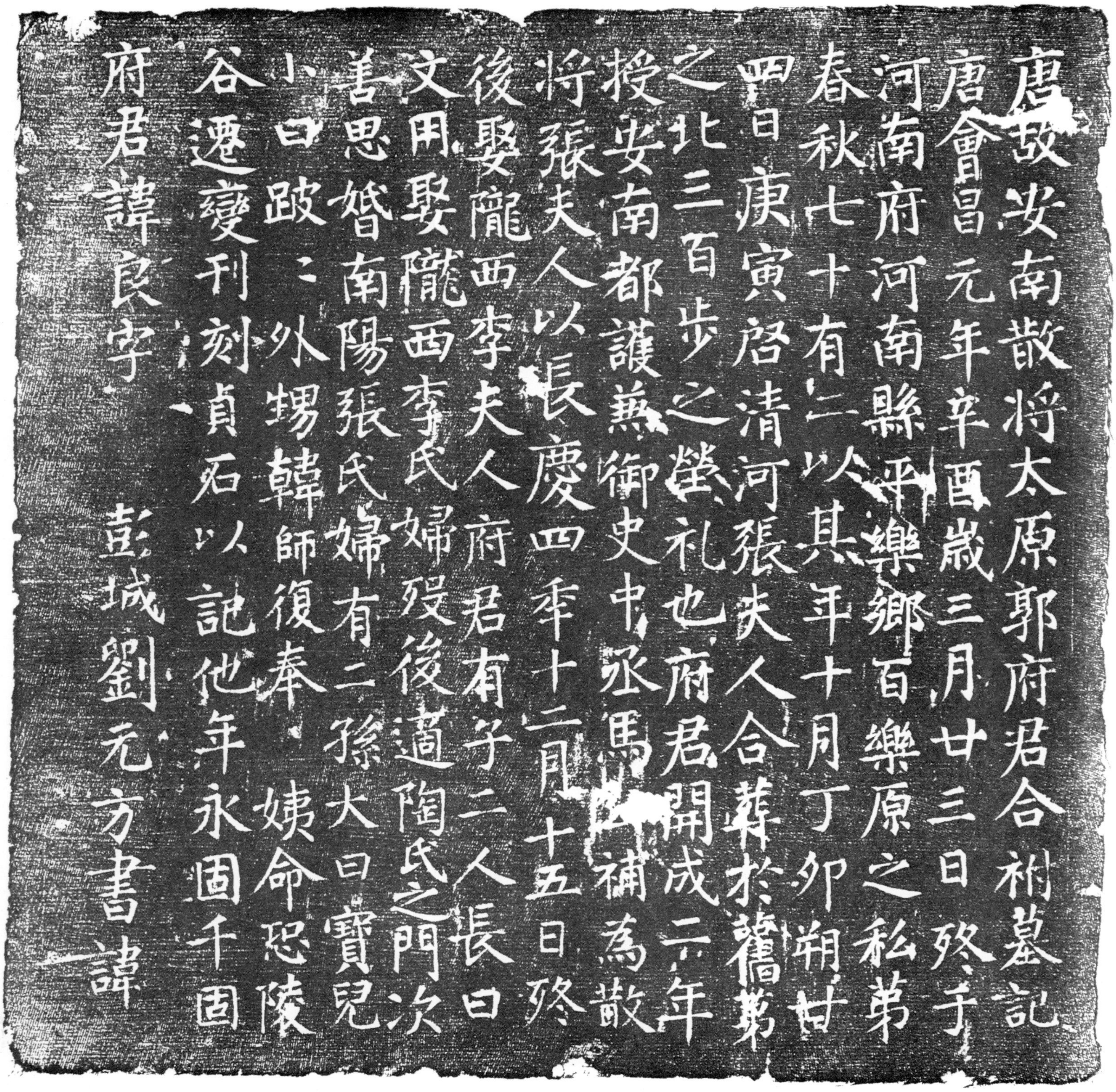
唐故安南散将太原郭府君合祔墓記
唐會昌元年辛酉歲三月廿三日殁于
河南府河南縣平樂鄉百樂原之私第
春秋七十有二以其年十月丁卯朔廿
四日庚寅啓清河張夫人合葬於舊塋
之北三百步之塋礼也府君開成六年
授安南都護兼御史中丞馬補為散
将張夫人以長慶四秊十二月十五日殁
後娶隴西李夫人府君有子二人長曰
文用娶隴西李氏婦殁後適陶氏之門次
善思婚南陽張氏婦有二孫大曰寶兒
小曰跛二外甥韓師復奉姨命恐陵
谷遷變刊刻貞石以記他年永固千固
府君諱良字　彭城劉元方書諱

三二〇　唐郭良與夫人張氏墓誌

唐故安南散將太原郭府君（良）合祔墓記

外甥韓師復刊石。彭城劉元方書諱。高寬均三十一釐米。十四行，行十五字。會昌元年（八四一）三月二十三日卒。年七十二歲。夫人張氏長慶四年（八二四）十二月十五日卒。會昌元年十月二十四日合葬。

大唐故
令狐公
墓誌銘

三二一

唐令狐覽墓誌并蓋

唐故朝散大夫前守同州長史上柱國燉煌令狐公（覽）墓誌銘并序

堂姪鄉貢進士（令狐）温撰。

高四十四、寬四十三釐米。三十行，行二十五至三十一字不等。

蓋三行九字。

會昌二年（八四二）十一月十三日卒。年七十八歲。會昌三年（八四三）十月十五日合葬。

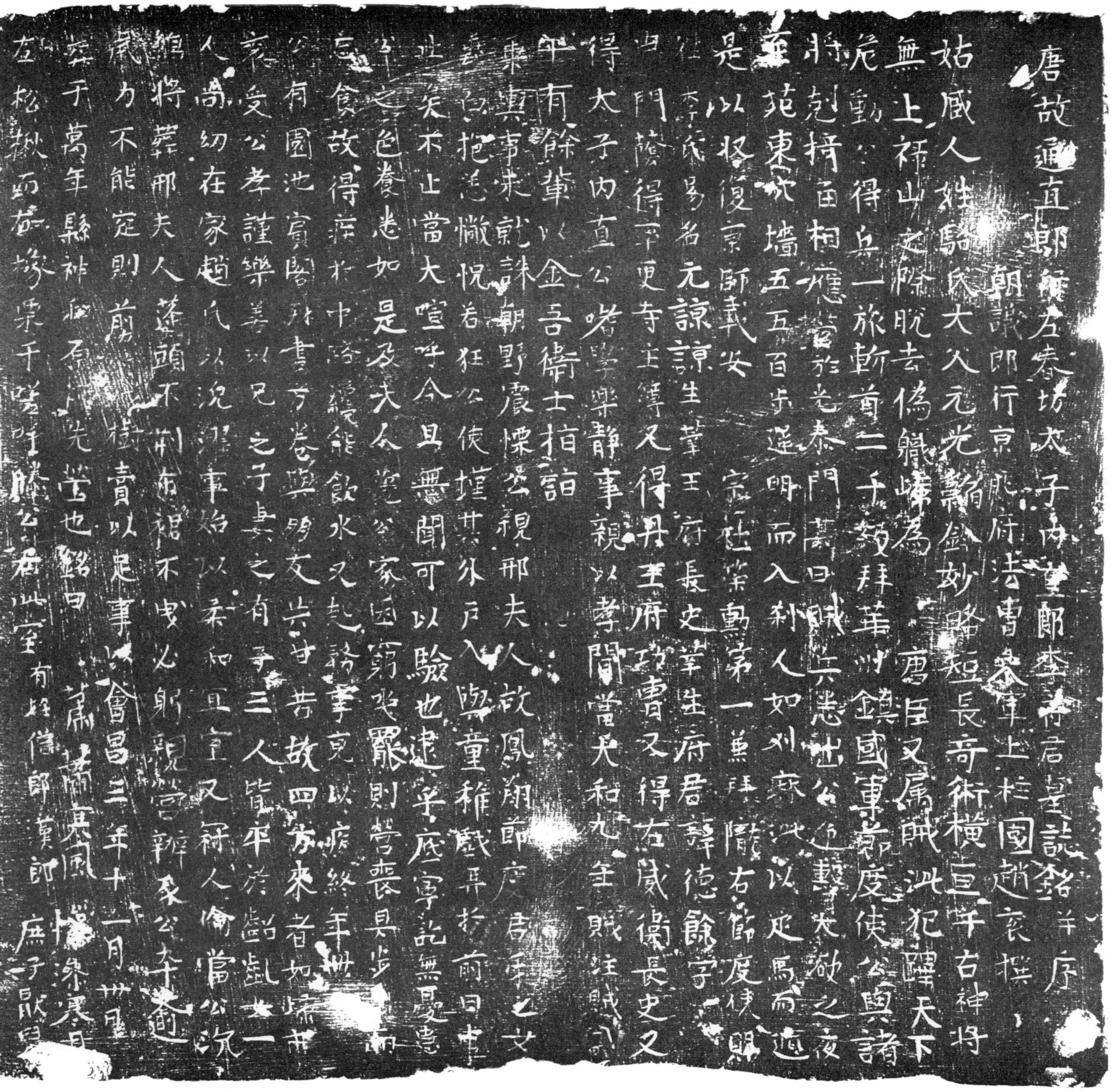

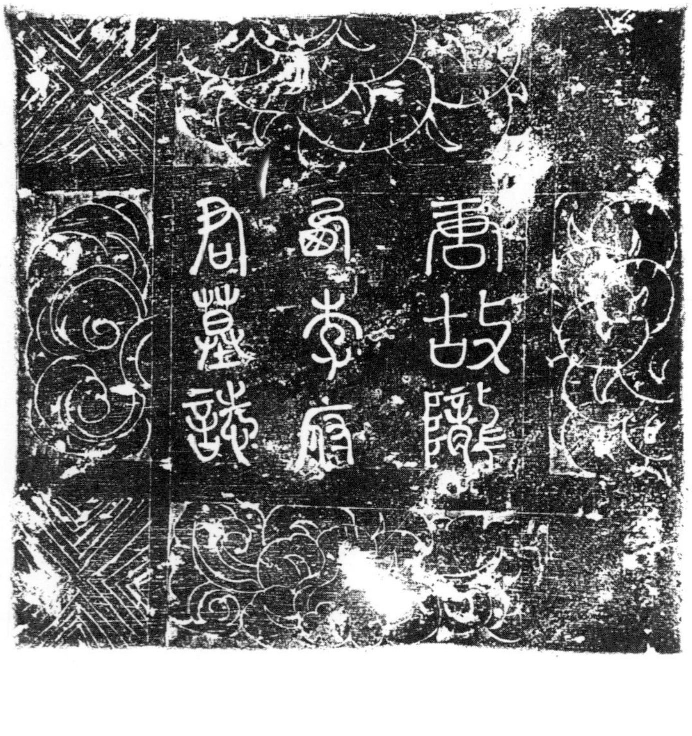
唐故隴
西李府
君墓誌

三二二

唐李德餘墓誌并蓋

唐故通直郎行左春坊太子内直郎李府君（德餘）墓誌銘并序

朝議郎行京兆府法曹參軍上柱國趙衮撰。

高寬均四十八釐米。二十四行，行二十四字。

蓋篆書三行九字。

卒年四十□歲。會昌三年（八四三）十一月三十日葬。

三二三

唐李匡符墓誌

唐故處士隴西李府君（匡符）墓誌

東平劉稚珪譔。

高寬均三十八釐米。十七行，行十七至二十二字不等。

會昌三年（八四三）十月十四日卒。年五十七歲。十二月十六日葬。

三二四

唐趙涪墓誌并蓋

唐故桂管觀察判官承奉郎試大理司直兼殿中侍御史天水趙府君（涪）墓誌銘并序

攝桂管觀察推官將仕郎前試大理評事姜薦撰。

高五十四、寬五十三釐米。二十六行，行二十五字。

蓋篆書三行九字。

會昌三年（八四三）九月二十一日卒。年五十七歲。會昌四年（八四四）四月二十日葬。

三二五

唐裴賓妻李環墓誌

維大唐會昌四年歲次甲子閏七月壬子朔廿八日己卯承議郎前行河南府河南縣主簿裴賓爲亡妻李氏（環）作墓誌銘并序

高寬均四十八釐米。三十行，行三十一字。

會昌四年（八四四）七月七日卒。年二十二歲。閏七月二十八日葬。

唐故周
府君合
祔墓誌

三二六

唐周廣與夫人戎氏墓誌并蓋

大唐故汝南郡周府君（廣）夫人戎氏合祔誌銘并序

文林郎試左武衛兵曹參軍殷紹宗撰。隴西李允中書。渤海高從雅鎸字。

高三十七、寬三十六釐米。二十三行，行二十四字。

蓋三行九字。

會昌四年（八四四）三月二十七日卒。年七十三歲。夫人戎氏大和四年（八三〇）八月三日卒。會昌四年十一月六日合葬。

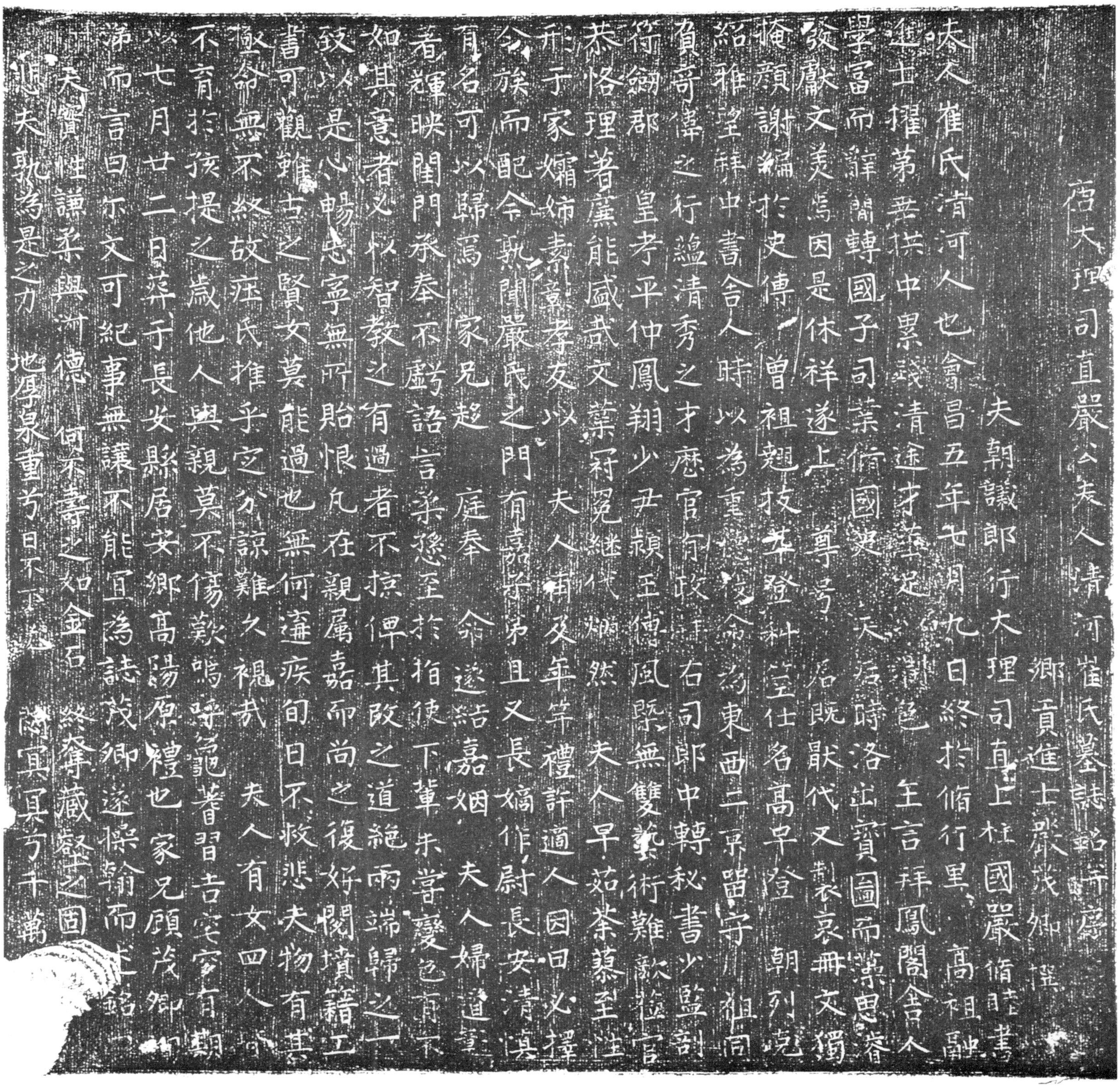

三二七 唐嚴脩睦妻崔氏墓誌

唐大理司直嚴公（脩睦）夫人清河崔氏墓誌銘并序

鄉貢進士嚴茂卿撰。夫朝議郎行大理司直上柱國嚴脩睦書。

高寬均四十釐米。二十五行，行二十五字。

會昌五年（八四五）七月九日卒。七月二十二日葬。

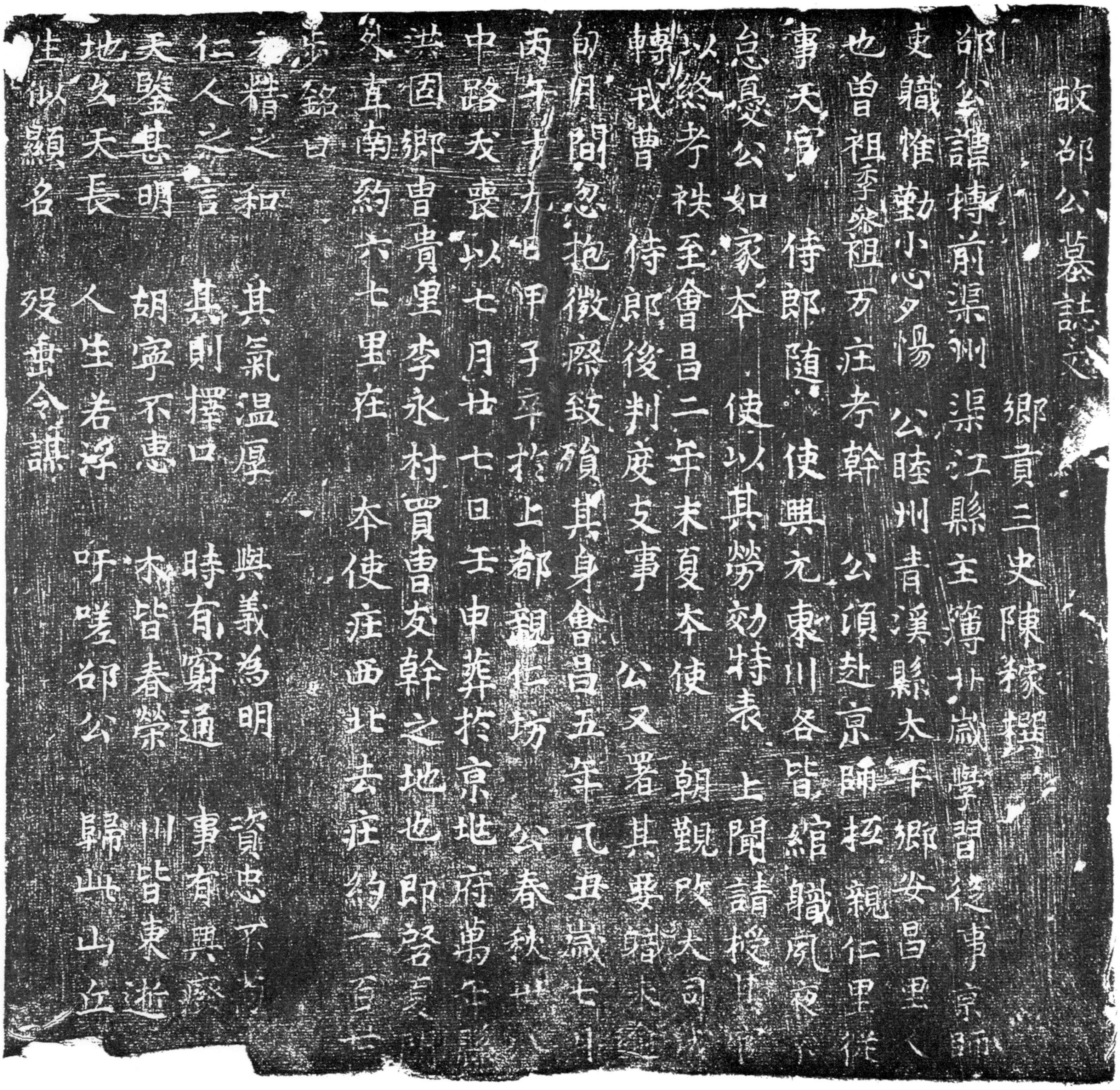
故邵公墓誌文
鄉貢三史陳稼撰
邵公諱摶前渠州渠江縣主簿比歲學習從事京師
吏職惟勤小心夕惕 公睦州青溪縣太平鄉安昌里人
也曾祖季鸞祖万莊考幹 公須赴京師拯親仁里從
事天官侍郎隨 使興元東川各皆縮職夙夜
怠憂公如家本 使以其勞効特表上聞請授
以終考秩至會昌二年末夏本使 朝覲改大司
轉我曹侍郎後判度支事 公又署其要職
兩年有九…甲子卒於上都親仁坊 公春秋卅
旬月間忽抱微疹致殞其身會昌五年乙丑歲七月
中路发喪以七月廿七日壬申葬於京地府萬年縣
洪固鄉曹貴里李永村買曹友幹之地也即
外直南約六七里在 本使莊西北去莊約一百
步銘曰
稟精之和 其氣溫厚 與義為明 資忠
仁人之言 其則擇曰 時有窮通 事有興
天鑒甚明 胡寧不惠 木皆春榮 川皆東逝
地久天長 人生若浮 吁嗟邵公 歸此山丘

三二八 唐邵摶墓誌

故邵公（摶）墓誌文

鄉貢三史陳稼撰。

高寬均三十六釐米。二十行，行二十字。

會昌五年（八四五）七月十九日卒。年三十八歲。七月二十七日葬。

大唐故
崔府君
墓誌銘

三二九　唐崔景裕墓誌并蓋

大唐故櫟陽崔府君（景裕）墓誌銘并序

季弟儒林郎守京兆府長安縣尉（崔）景裒撰。

高寬均四十四釐米。二十六行，行二十七字。

蓋三行九字。

會昌五年（八四五）七月二十日卒。年四十五歲。十月二十七日葬。

唐太子左贊善大夫郭從諒夫人丹陽縣君陶氏墓誌并序
鄉貢進士郭轂撰
夫人諱媛字媛潤州丹陽縣人其先出自陶唐氏歷代名士相繼咸
振聲績顯于史籍夫人貞白先生之後也　曾祖貞禹皇陳州刺史
祖鋭皇睦州刺史　父冀皇京兆府昭應縣主簿贈著作佐郎家傳
清範為士林表式夫人　皇妣太原郭氏　尚父汾陽王子儀之姪
女少府監贈太師幼明之愛女也賢淑有稱擇令士以配焉故歸
于昭應府君實生夫人夫人生而慧敏不煩教訓及笄克似　皇
妣之德昭應夫人愛之甚不欲適於他姓而遠之贊善　昭應夫人
之猶子行修而為官有守器而屬之故復歸於郭氏贊善兄弟五人
而居其長及歸夫人令為家婦事　姑盡孝道而修祀事下逮諸婦無
不率從肅雍之德郭氏之家咸相賀內外親族凡晳享之儀工言之
難莫不咨之而質疑於夫人及受其事必皆適中故郭氏之門夫人
富賢婦之稱皆謂夫人登眉壽享豐祿而與贊善偕老極世榮矣天
乎不慭以會昌四年十二月十一日遘疾終於親仁之里第享年五
十五生子二人長曰丞初前左武衛騎曹參軍次曰景初早亡失恃
之哀不踰於節而有聞也以會昌六年二月十三日葬于京兆府萬
年縣義善鄉鳳栖原祔郭氏之　先塋禮也　昭應夫人轂之姑也
夫人轂之外姊而又從嫂也夫人仲兄通州刺史遜與轂中外有加
等之分將葬贊善兄謂轂曰爾熟陶氏之家今稱之而文其實且余
之心而以光於後也不敢辭遂銘銘曰
德惟有似　歸于舅家　而富其稱　實世之華　毋心寧慰
婦道修飾　德言工容　內外為則　孰謂其善　柳而不揚
郭氏之里　閨門有光　享雖不豐　存乃攸久　惟千萬年
懿德不朽　　會昌六年正月十八日鄉貢進士沈回書

大唐故
丹陽郡
君墓誌

三三〇　唐郭從諒妻陶媛墓誌并蓋

唐太子左贊善大夫郭從諒夫人丹陽縣君陶氏（媛）墓誌并序

鄉貢進士郭轂撰。鄉貢進士沈回書。

高五十四、寬五十五釐米。二十五行，行二十六字。

蓋篆書三行九字。

會昌四年（八四四）十二月十一日卒。年五十五歲。會昌六年（八四六）二月十三日葬。

三三一

唐趙涪妻李氏墓誌并蓋

唐故桂管觀察判官承奉郎試大理司直兼殿中侍御史天水趙府君（涪）夫人隴西李氏墓誌銘并叙

兄朝散大夫守太子右諭德（李）銖哀述。

高寬均三十七釐米。十九行，行二十一字。

蓋篆書三行九字。

大中二年（八四八）七月十二日卒。年四十四歲。大中三年（八四九）二月二日合葬。

三三二

唐郭從諒墓誌并蓋

唐故正議大夫殿中省尚衣奉御太原郭府君（從諒）墓誌銘并序

鄉貢進士陶温撰。

高寬均六十四釐米。二十七行，行二十八字。

蓋篆書三行九字。

大中戊辰（二年）（八四八）三月二十四日卒。年六十一歲。庚午（四年）（八五〇）正月六日葬。

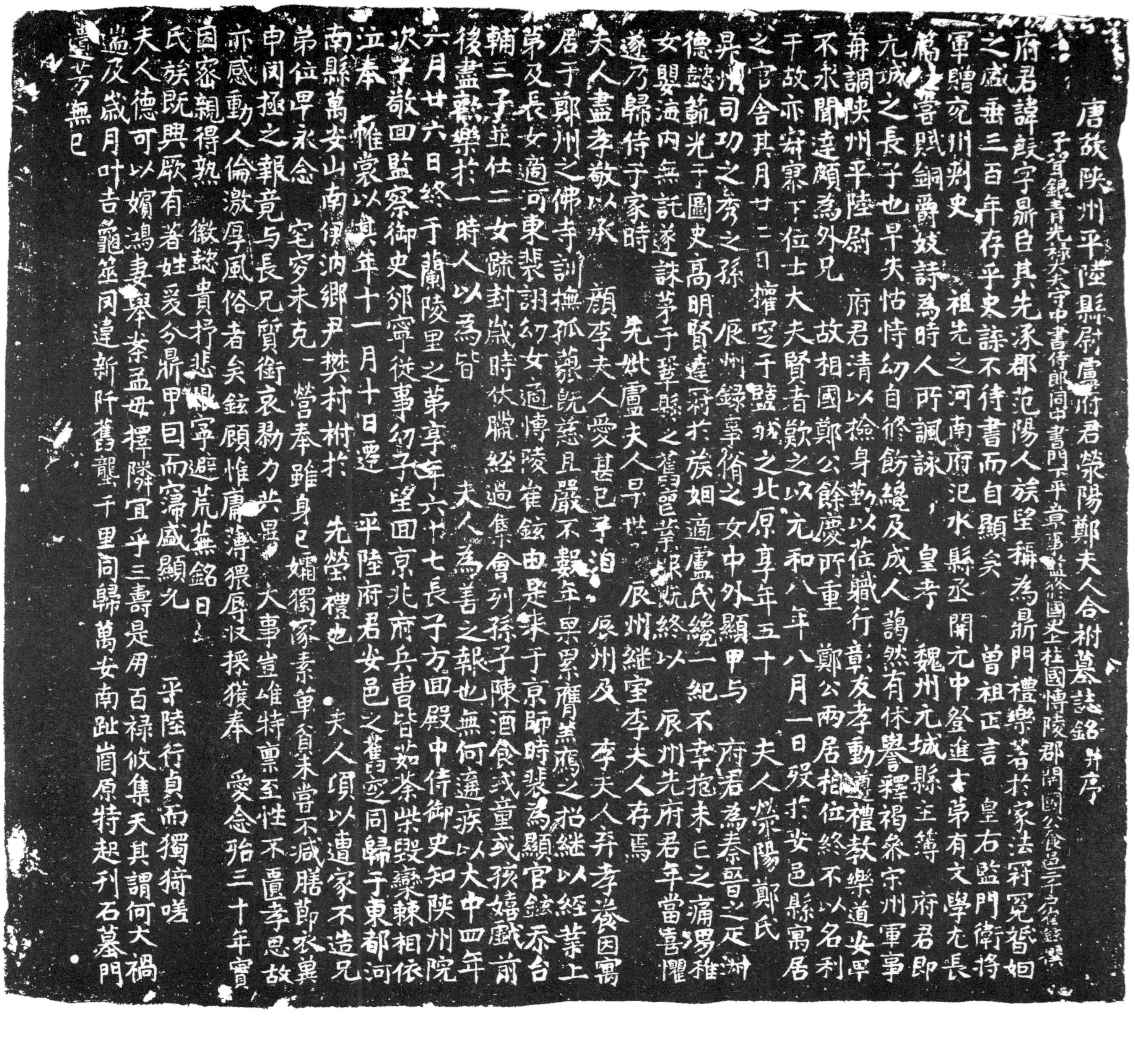

唐故陝州平陸縣尉盧府君滎陽鄭夫人合祔墓誌銘并序
子壻銀青光祿大夫守中書侍郎同中書門下平章事監修國史上柱國博陵郡開國公食邑二千户崔鉉撰
府君諱殷字鼎臣其先涿郡范陽人族望稱為鼎門禮樂著於家法冠冕婚姻
之盛垂三百年存乎史諜不待書而自顯矣　曾祖正言　皇右監門衛將
軍贈兗州刺史　祖先之河南府汜水縣丞開元中登進士第有文學尤長
篇章嘗賦銅爵妓詩為時人所諷詠　皇考　魏州元城縣主簿　府君即
元城之長子也早失怙恃幼自修飭纔及成人藹然有休譽釋褐參宋州軍事
再調陝州平陸尉　府君清以檢身勤以莅職行章友孝動遵禮教樂道安卑
不求聞達頗為外兄　故相國鄭公餘慶所重　鄭公兩居相位終不以名利
干故亦稱寡下位士大夫賢者歎之以元和八年八月一日歿於安邑縣寓居
之官舍其月廿二日權窆于鹽城之北原享年五十　夫人滎陽鄭氏
異州司功之秀之孫　辰州録事倚之女中外顯甲与　府君為秦晉之匹淑
德懿範光于圖史高明賢達冠於族姻適盧氏纔一紀不幸抱未亡之痛偶稚
女嬰海內無託遂誅茅于華縣之舊邑葺服既終以　辰州先府君年當耆耄
遂乃歸侍于家時　先妣盧夫人早世　辰州繼室李夫人存焉
夫人盡孝敬以承　顔李夫人愛甚己子洎　辰州及　李夫人弃孝養因寓
居于鄭州之佛寺訓撫孤藐既慈且嚴不數年果累膺薦之招繼以經業上
第及長女適河東裴詡幼女適博陵崔鉉由是來于京師時裴為顯官鉉忝台
輔三子並仕二女毓封歲時伏臘絓過集會列孫子陳酒食或童或孩嬉戲前
後盡歡樂於一時人以為皆　夫人為善之報也無何遘疾以大中四年
六月廿六日終于蘭陵里之第享年六十七長子方回殿中侍御史知陝州院
次子敬回監察御史邠寧從事幼子望回京兆府兵曹皆茹荼柴毀欒棘相依
泣奉　帷裳以其年十一月十日遷　平陸府君安邑之舊窆同歸于東都河
南縣萬安山南俱納鄉尹樊村祔於　先塋禮也　夫人須以遺家不造兄
弟位卑永念　宅穸未克一一營奉雖身已孀獨家素單貧未嘗不減膳節衣冀
申罔極之報竟与長兄質銜哀勠力共畢　大事豈唯特禀至性不匱孝思故
亦感動人倫激厚風俗者矣鉉顧惟庸薄猥辱扱採獲奉　愛念殆三十年實
因密親得熟　徽懿貴抒悲悰寧避荒蕪銘曰
氏族既興厥有著姓爰分鼎甲曰而衛盛顯允　平陸行貞而獨猗嗟
夫人德可以嬪鴻妻舉案孟母擇鄰宜乎三壽是用百祿攸集天其謂何大禍
遄及歲月叶吉龜筮同違新阡舊壟千里同歸萬安南趾崗原特起刊石墓門
遺芳無已

三三三

唐盧殷與夫人鄭氏墓誌

唐故陝州平陸縣尉盧府君（殷）滎陽鄭夫人合祔墓誌銘并序

子婿銀青光禄大夫守中書侍郎同中書門下平章事監修國史上柱國博陵郡開國公食邑二千户崔鉉撰。

高五十一、寬五十四釐米。三十二行，行三十字。

元和八年（八一三）八月一日卒。年五十歲。八月二十二日權葬。夫人鄭氏大中四年（八五〇）六月二十六日卒。年六十七歲。十一月十日葬。

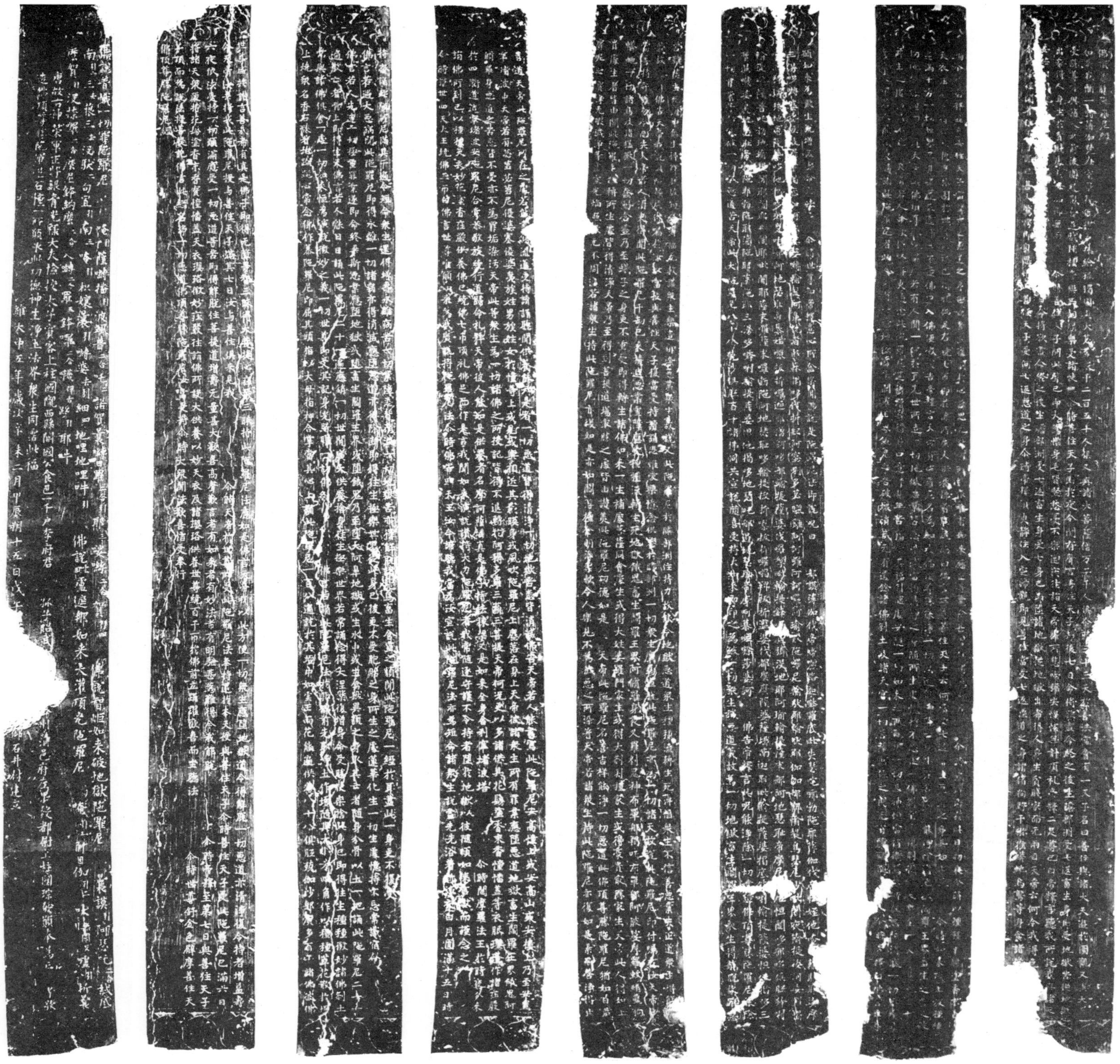

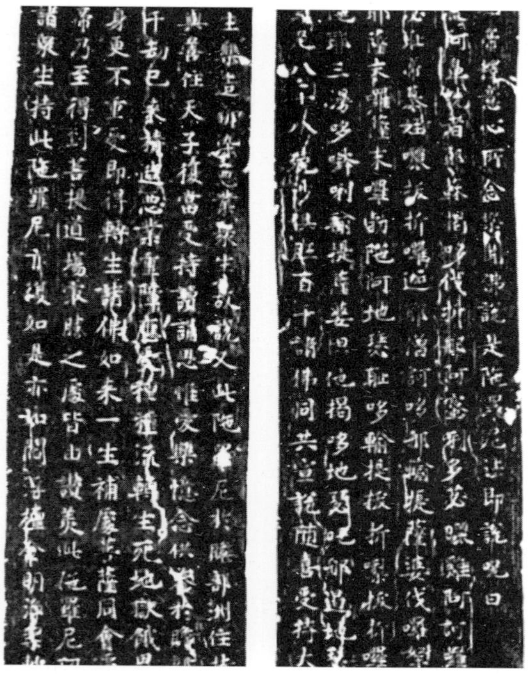

三三四　唐李琮爲亡父造墓誌經幢

佛頂尊勝陁羅尼經

幢石八面柱形。高一百五十釐米，上寬十三、下寬十五釐米。四十八行，行七十六字。

大中五年（八五一）二月十五日建。

三三五　唐徐夫人趙氏墓誌

□□□□□□□史高平徐公妻封天水郡君趙氏夫人墓誌銘并序

鄉貢進士李商撰。

高六十一、寬五十九釐米。二十八行，行二十八字。

大中五年（八五一）四月二十八日卒。年五十三歲。大中六年（八五二）二月十七日葬。

唐故博
陵崔夫
人墓誌

三三六 唐韋夫人崔氏墓誌并蓋

唐京兆府倉曹參軍韋君故夫人博陵崔氏墓誌銘

兄（崔）讓撰。兄（崔）誼書。

高寬均四十五釐米。二十一行，行二十六字。

蓋隸書三行九字。

大中六年（八五二）二月二十七日卒。五月四日葬。

三三七　唐陸紹墓誌并蓋

唐故中大夫使持節信州諸軍事守信州刺史上柱國賜紫金魚袋陸府君（紹）墓誌銘并序

山南西道節度判官將仕郎監察御史裏行孫玉汝撰上。進士封特卿書。

高七十七、寬七十六釐米。四十八行，行四十八字。

蓋篆書四行十二字。

大中六年（八五二）五月十七日卒。年六十六歲。十一月十日葬。

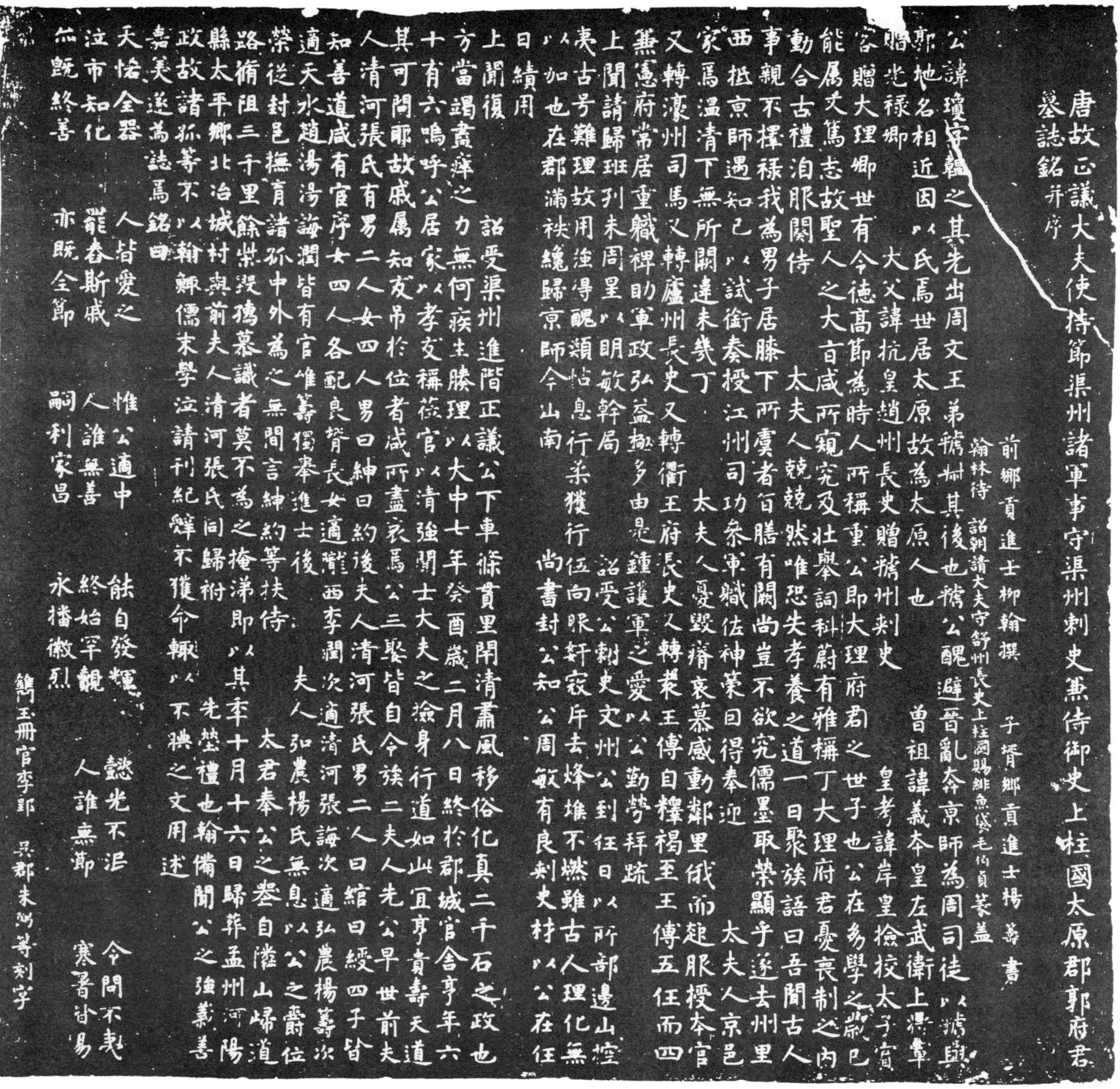

三三八 唐郭瓊墓誌并蓋

唐故正議大夫使持節渠州諸軍事守渠州刺史兼侍御史上柱國太原郡郭府君（瓊）墓誌銘并序

前鄉貢進士柳翰撰。子婿鄉貢進士楊籌書。翰林待詔朝請大夫守舒州長史上柱國賜緋魚袋毛伯貞篆蓋。鐫玉册官李郢、吴郡朱弼等刻字。

高七十二、寬七十三釐米。三十五行，行三十四字。

蓋篆書四行十二字。

大中七年（八五三）二月八日卒。年六十六歲。十月十六日葬。

三三九　唐魏季衡墓誌

大唐故銀青光祿大夫行袁王府長史兼御史中丞魏公（季衡）墓誌銘幷序

前義武軍節度支使試大理評事陳滂撰。

高五十、寬四十九釐米。二十四行，行二十三字。

蓋篆書三行九字。

大中七年（八五三）十二月二日卒。年五十五歲。十二月十四日葬。

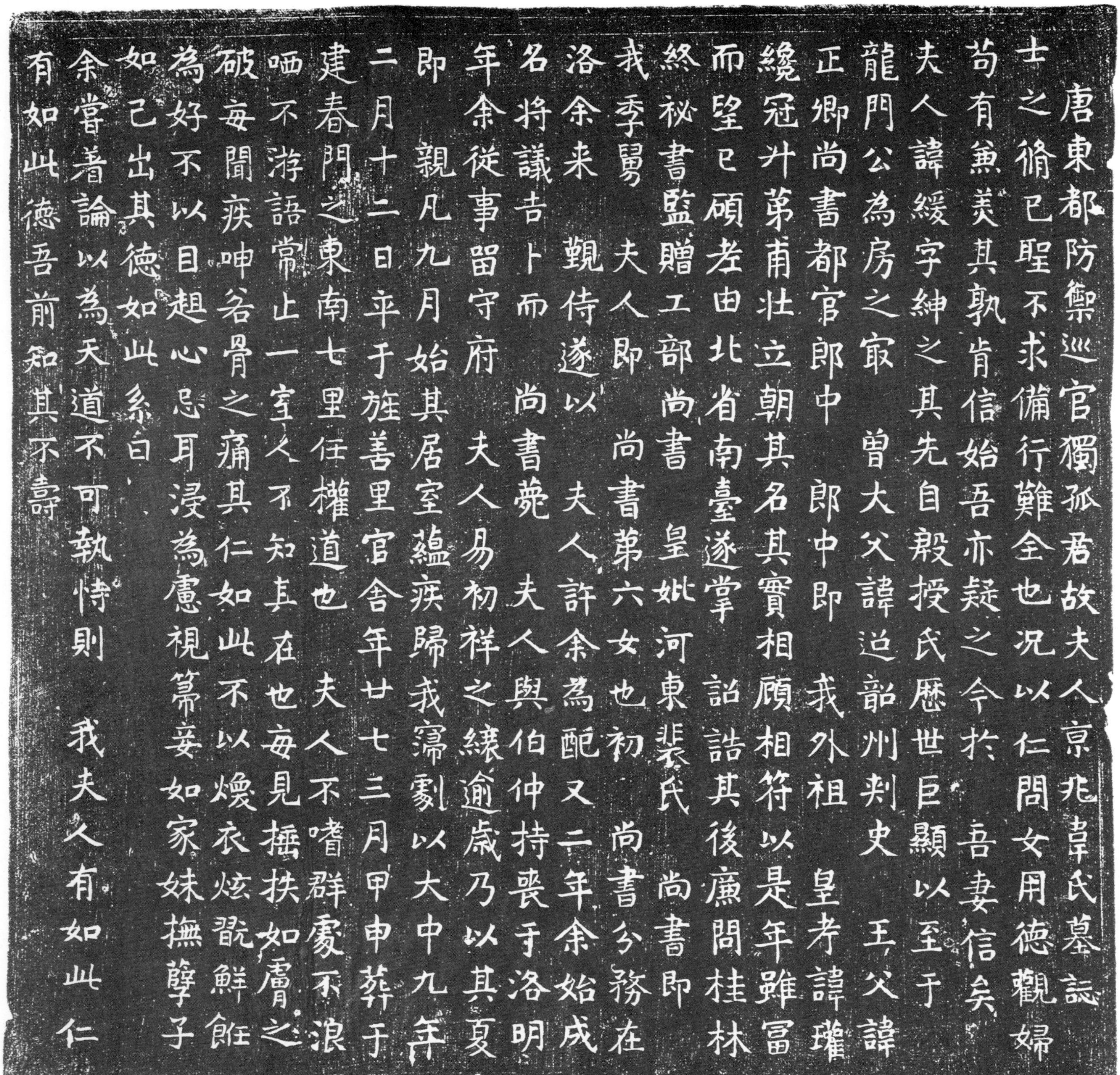
唐東都防禦巡官獨孤君故夫人京兆韋氏墓誌
士之脩已聖不求備行難全也況以仁問女用德觀婦
苟有兼美其孰肯信始吾亦疑之今於 吾妻信矣
夫人諱緩字紳之其先自殷授氏歷世巨顯以至于
龍門公為房之冢 曾大父諱迢韶州刺史 王父諱
正卿尚書都官郎中 郎中即 我外祖 皇考諱瓘
纔冠升第甫壯立朝其名其實相顧相符以是年雖富
而望已碩差由北省南臺遂掌 詔誥其後廉問桂林
終秘書監贈工部尚書 皇妣河東裴氏 尚書即
我季舅 夫人即 尚書第六女也初 尚書分務在
洛余來 覲侍遂以 夫人許余為配又二年余始成
名將議吉卜而 尚書薨 夫人與伯仲持喪于洛明
年余從事留守府 夫人易初祥之縗逾歲乃以其夏
即 親凡九月始其居室蘊疾歸我寤劉以大中九年
二月十二日卒于旌善里官舍年廿七三月甲申葬于
建春門之東南七里任權道也 夫人不嗜群處不浪
哂不游語常止一室人不知其在也每見撻扶如膚之
破每聞疾呻若骨之痛其仁如此不以爨衣炫翫鮮飾
為好不以目媚心忌耳浸為慮視篇妾如家妹撫孽子
如己出其德如此系曰
余嘗著論以為天道不可執恃則 我夫人有如此仁
有如此德吾前知其不壽

唐故京
兆韋夫
人墓誌

三四〇 唐獨孤夫人韋緩墓誌并蓋

唐東都防禦巡官獨孤君故夫人京兆韋氏（緩）墓誌

高寬均四十七釐米。二十二行，行二十一字。

蓋篆書三行九字。

大中九年（八五五）二月十二日卒。年二十七歲。三月五日葬。

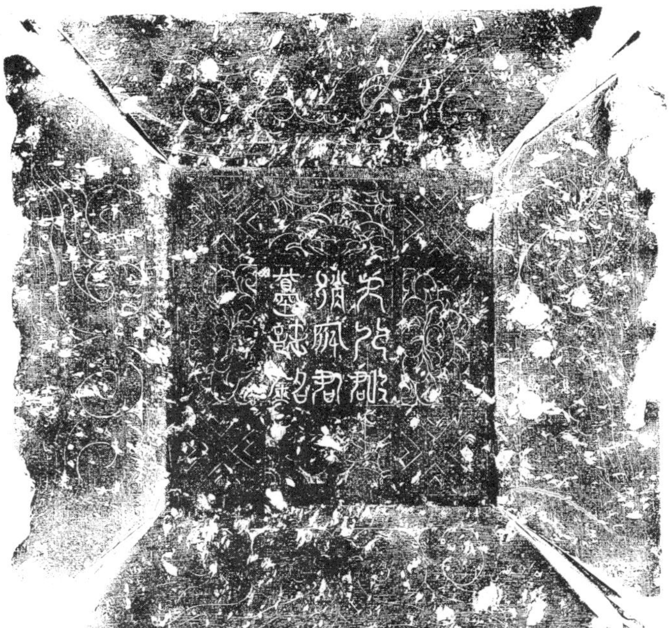

三四一　唐趙元符墓誌并蓋

唐故河中府寶鼎縣令趙府君（元符）墓誌銘

高寬均四十釐米。二十一行，行二十三字。

蓋篆書三行九字。

大中九年（八五五）三月九日卒。年五十九歲。閏四月十八日葬。

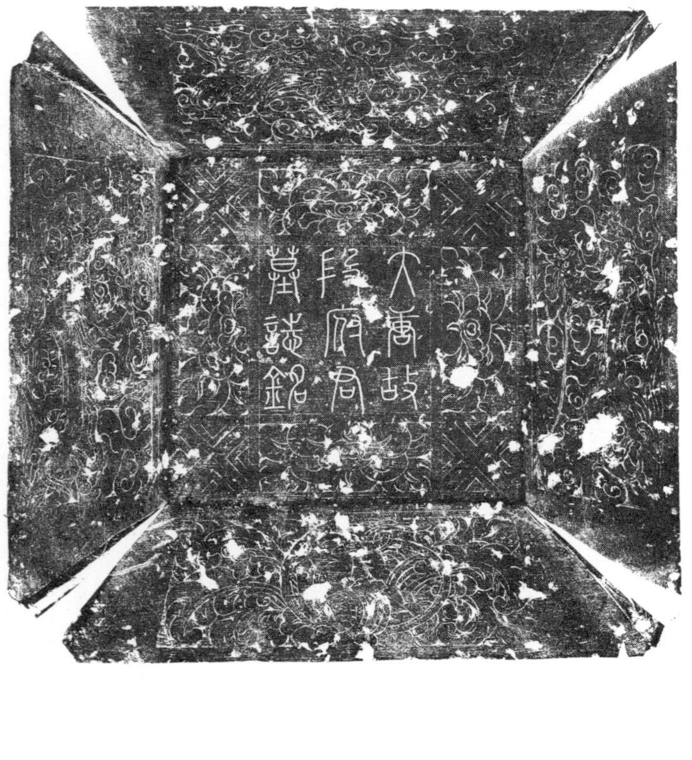
大唐故
段府君
墓誌銘

三四二 唐段彝墓誌并蓋

唐故朝散大夫滑州長史段公（彝）墓誌銘并序

鄉貢進士范鄰撰。處士高碩書并篆額。天水趙君政刻。

高寬均五十六釐米。三十一行，行三十一字。

蓋篆書三行九字。

大中九年（八五五）三月二日卒。年六十九歲。八月十四日葬。

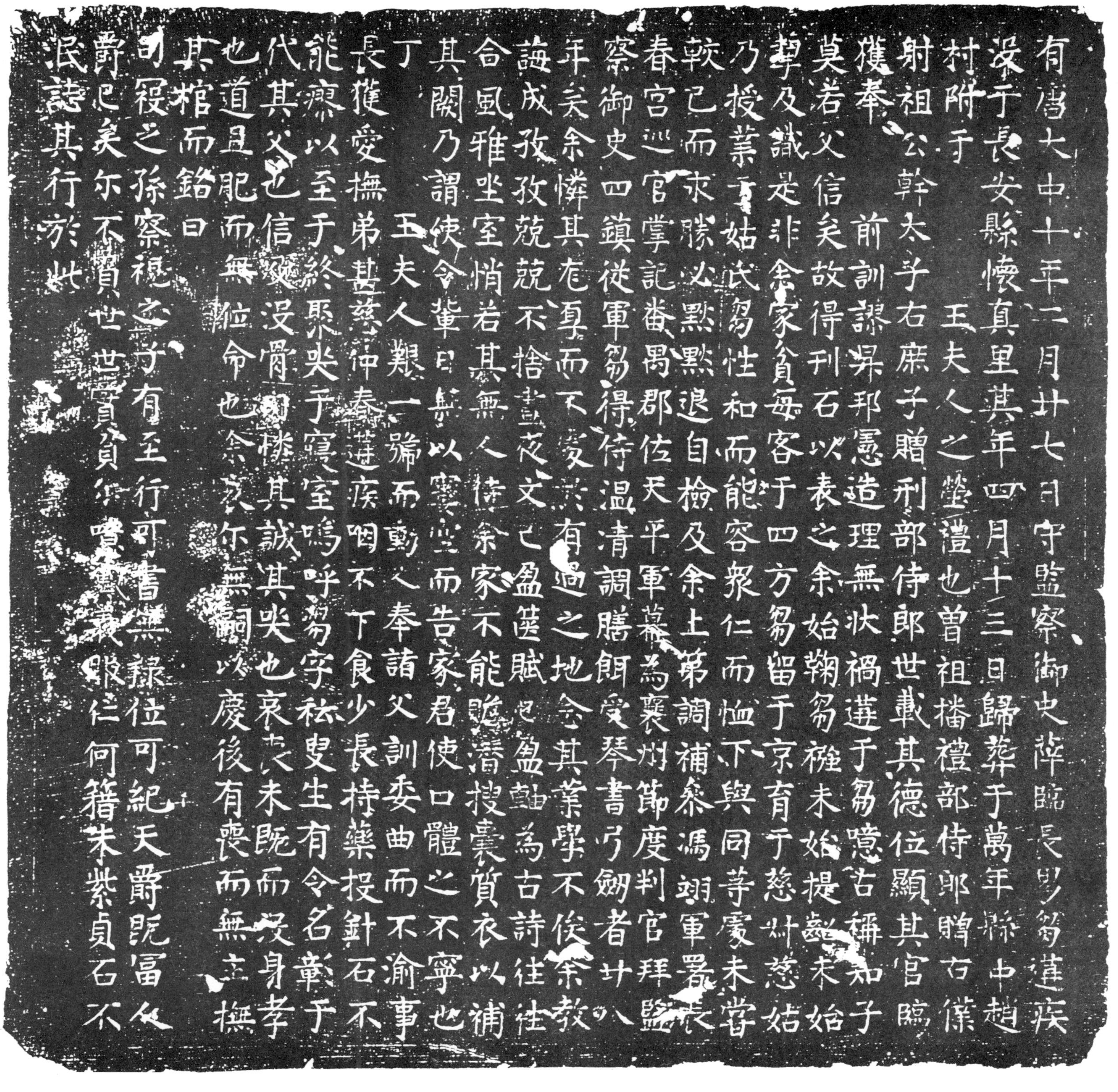

三四三　唐薛臨長男薛⿱勿可墓誌并蓋

高寬均三十八釐米。二十四行，行二十三字。

蓋篆書三行九字。

大中十年（八五六）二月二十七日卒。四月十三日葬。

三四四

三四四　唐韋諫墓誌并蓋

唐故京兆府士曹京兆韋公（諫）墓誌

博陵崔誼撰并書。石工李公武刻字。

高寬均四十六釐米。二十三行，行二十七至三十字不等。

蓋隸書三行九字。

大中十年（八五六）五月二十七日卒。年六十六歲。七月二十日合葬。

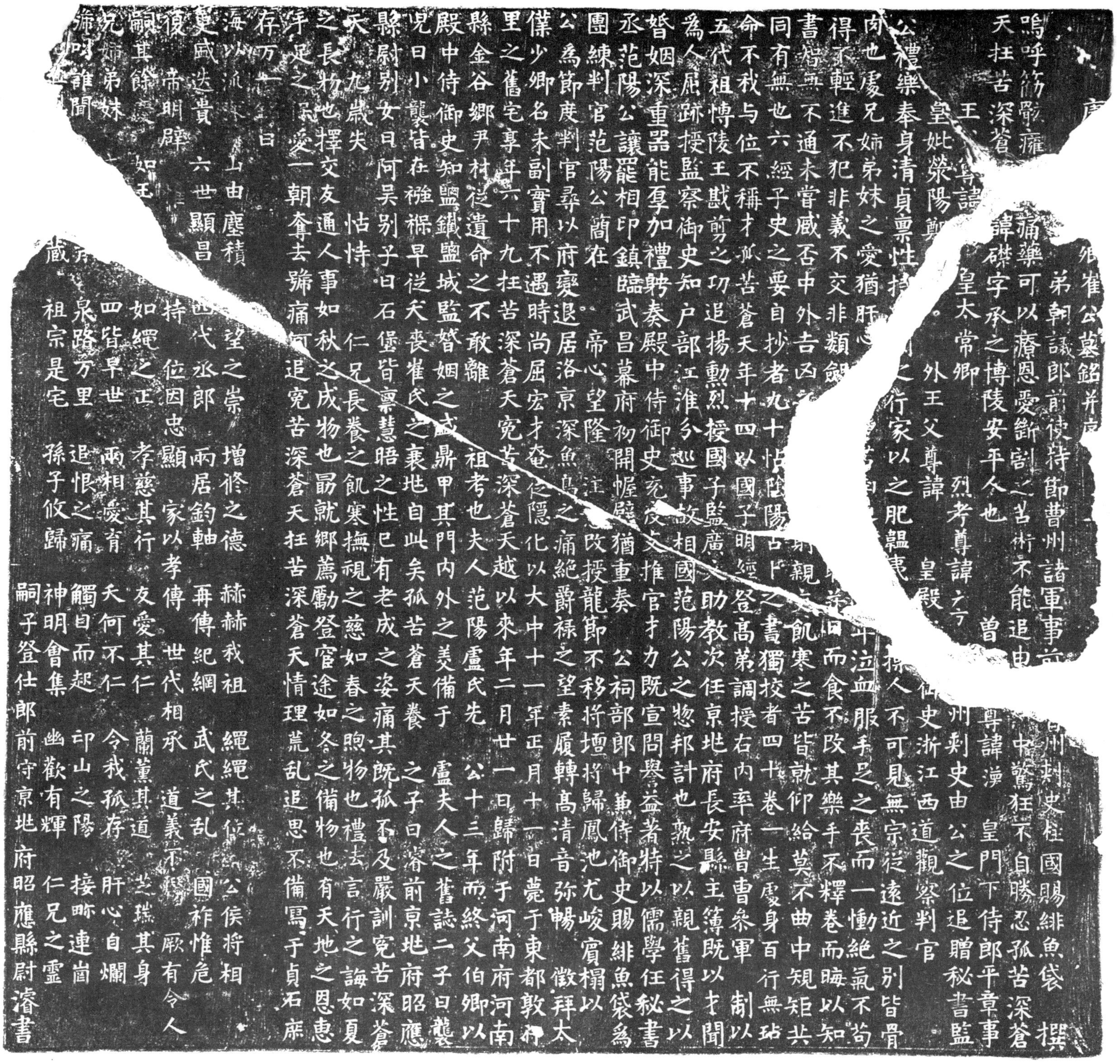

唐故太
僕少卿
博陵崔
公墓銘

三四五　唐崔礎墓誌并蓋

唐故太僕少卿崔公（礎）墓銘并序

弟朝議郎前使持節曹州諸軍事前□□州刺史柱國賜緋魚袋撰。嗣子登仕郎前守京兆府昭應縣尉（崔）濬書。

高寬均六十一釐米。三十六行，行三十六字。

蓋篆書四行十二字。

大中十一年（八五七）正月十一日卒。大中十二年（八五八）二月二十一日葬。

三四六 唐高氏墓誌

唐故渤海高氏墓誌銘

姪朝請郎前行莊陵丞（高）勛書。

高寬均三十九釐米。十四行，行十五字。

大中十二年（八五八）九月三日卒。年二十歲。十月十二日葬。

三四七 唐吳籌妻盧有德墓誌

亡妻范陽盧氏（有德）夫人墓誌

前陝虢都防禦判官文林郎試大理司直兼殿中侍御史吳籌撰。

高寬均四十六釐米。二十九行，行二十八字。

卒年三十歲。咸通五年（八六四）二月二十五日葬。

三四八　唐吳籌墓誌

唐故陝虢等州都防禦判官文林郎試大理司直兼殿中侍御史渤海吳公（籌）墓誌銘并序

族姪鄉貢進士（吳）魏勤述。

高寬均四十九釐米。二十九行，行二十九字。

咸通五年（八六四）六月二十三日卒。年六十一歲。七月二十五日葬。

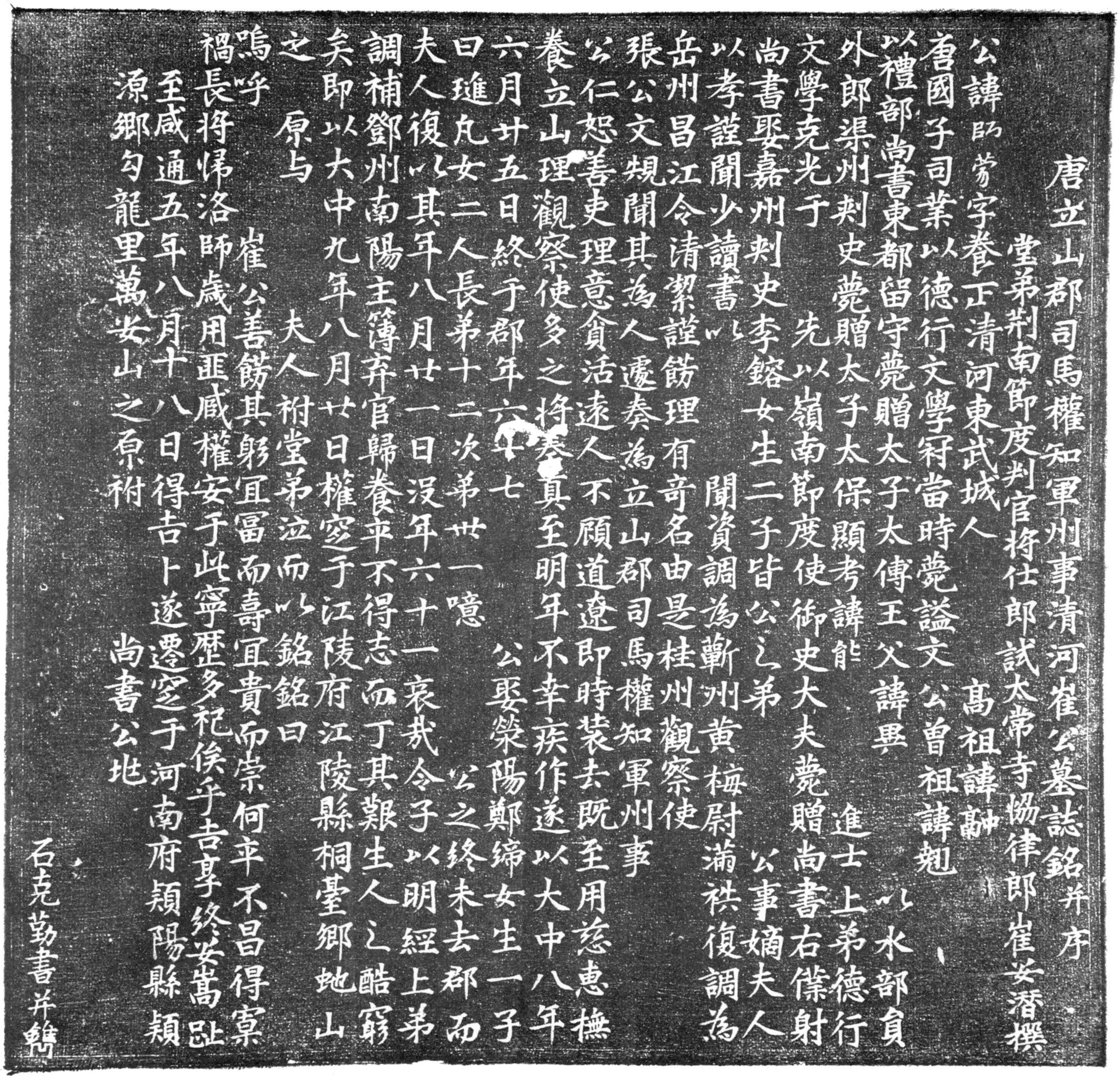
唐立山郡司馬權知軍州事清河崔公墓誌銘并序
堂弟荆南節度判官將仕郎試太常寺協律郎崔安潛撰
公諱師蒙字養正清河東武城人　高祖諱勵
唐國子司業以德行文學冠當時贈謚文公曾祖諱勉
以禮部尚書東都留守贈太子太傅王父諱異　以水部員
外郎渠州刺史贈太子太保顯考諱能　進士上第德行
文學克光于　先以嶺南節度使御史大夫贈尚書右僕射
尚書娶嘉州刺史李鎔女生二子皆公之弟　公事嫡夫人
以孝謹聞少讀書以　聞資調為蘄州黃梅尉滿秩復調為
岳州昌江令清絜謹飭理有奇名由是桂州觀察使
張公文規聞其為人遽奏為立山郡司馬權知軍州事
公仁恕善吏理意貸活遠人不顧道遼即時裝去既至用慈惠撫
養立山理觀察使多之將奏真至明年不幸疾作遂以大中八年
六月廿五日終于郡年六十七　公娶滎陽鄭綈女生一子
曰璡凡女二人長弟十二次弟卅一噫　公之終未去郡而
夫人復以其年八月廿一日沒年六十一哀哉令子以明經上第
調補鄧州南陽主簿弃官歸養卒不得志而丁其艱生人之酷窮
矣即以大中九年八月廿日權窆于江陵府江陵縣桐臺鄉虵山
之原与　夫人祔堂弟泣而以銘銘曰
嗚呼　崔公善飭其躬宜富而壽宜貴而崇何卒不昌得稟
禍長將帰洛師歲用亜咸權安于此寧歷多祀俟乎吉享終安嵩趾
至咸通五年八月十八日得吉卜遂遷窆于河南府潁陽縣潁
源鄉句龍里萬安山之原祔　尚書公垗
石克勤書并鐫

三四九　唐崔師蒙墓誌

唐立山郡司馬權知軍州事清河崔公（師蒙）墓誌銘并序

堂弟荆南節度判官將仕郎試太常寺協律郎崔安潛撰。石克勤書并鐫。

高寬均三十九釐米。二十四行，行二十五字。

大中八年（八五四）六月二十五日卒。年六十七歲。夫人鄭氏大中八年八月二十一日卒。年六十一歲。大中九年（八五五）八月二十日權葬。咸通五年（八六四）八月十八日遷葬。

三五〇　唐令狐緯墓誌

唐故好時縣令令狐府君（緯）墓誌銘并序

仲兄朝議郎守尚書金部郎中上柱國賜（下殘）。親姪鄉貢進士（令狐）洵書并篆額。

高寬均四十二釐米。二十五行，行二十五字。

咸通乙酉（六年）（八六五）九月十二日卒。年四十三歲。十月二十五日葬。

大唐故朝議郎守河中府河東縣令杜府君墓誌銘并序

唐京兆
杜府君
墓誌銘

三五一 唐杜傳慶墓誌并蓋

大唐故朝議郎守河中府河東縣令杜府君（傳慶）墓誌銘并序

魯人鄉貢進士林速撰。親弟文林郎權知汾州録事參軍（杜）振書。

高寬均五十五釐米。三十七行，行三十四至三十九字不等。

蓋三行九字。

咸通七年（八六六）閏三月二十七日卒。年五十二歲。

三五二　唐李行素墓誌

唐故容管經略招討處置等使檢校右散騎常侍兼御史大夫上柱國隴西縣開國男食邑三百户贈工部尚書李公（行素）墓誌銘并序

嶺南東道節度觀察處置等使充諸道供軍粮料使中大夫檢校禮部尚書使持節都督廣州諸軍事兼廣州刺史御史大夫上柱國賜紫金魚袋鄭愚撰。親舅朝議郎守國子春秋博士柱國劉道貫書。

高寬均五十六釐米。三十五行，行三十五字。

咸通十年（八六九）二月二日卒。年四十七歲。十二月一日葬。

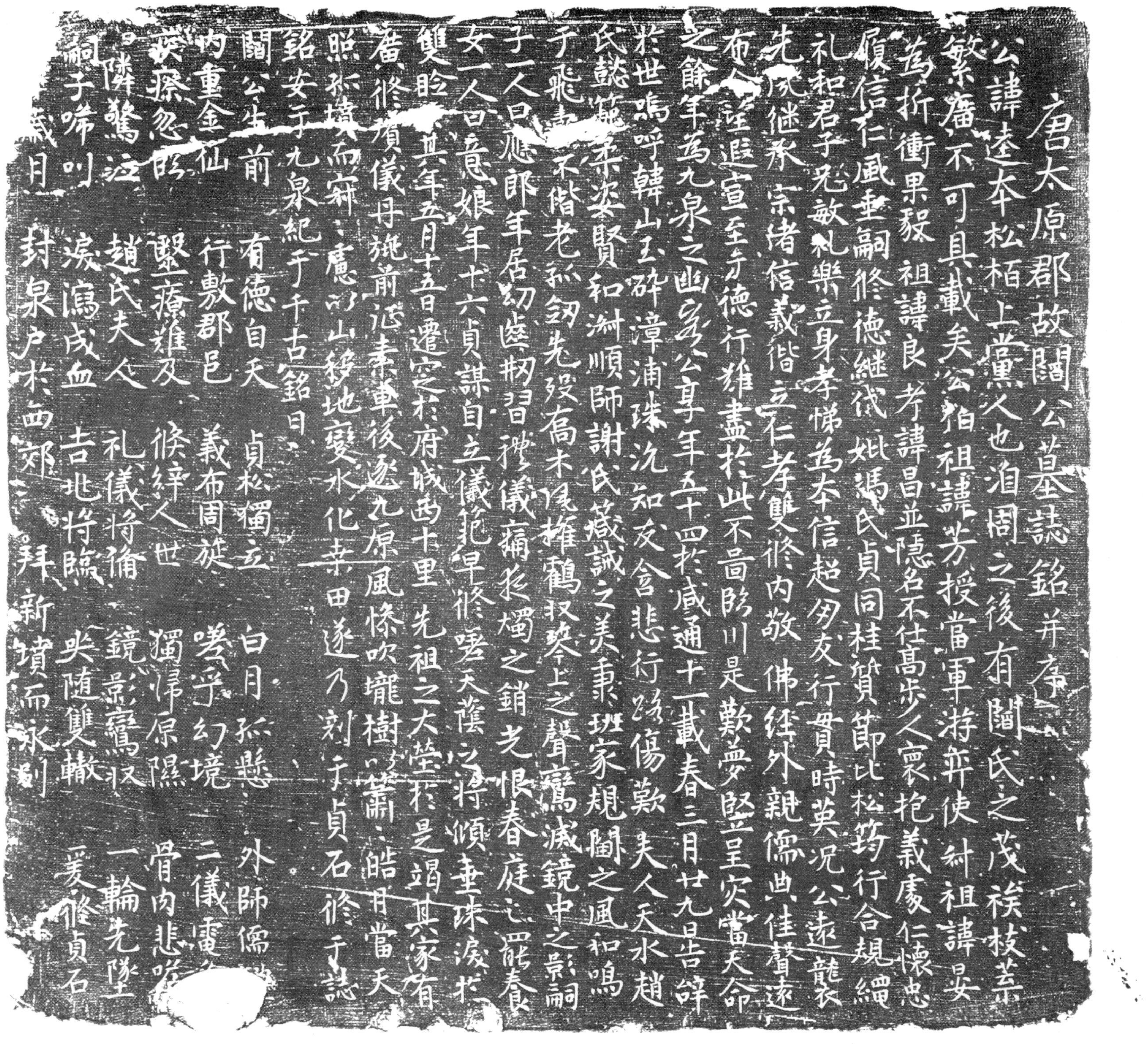

三五三 唐閻逵墓誌

唐太原郡故閻公（逵）墓誌銘并序

高寬均四十四釐米。二十四行，行二十二至二十九字不等。

咸通十一年（八七〇）三月二十九日卒。

年五十四歲。五月十五日葬。

大唐故
蔡府君
墓誌銘

三五四 唐蔡勛墓誌并蓋

唐故朝議郎使持節都督銀州諸軍事守銀州刺史兼度支營田使上柱國蔡府君（勛）墓誌銘

子壻鄉貢進士陳當撰。

高寬均五十四釐米。三十行，行三十五至三十八字不等。

蓋三行九字。

咸通十一年（八七〇）七月十二日卒。年六十七歲。八月□日葬。

三五五

唐閻逵妻趙氏墓誌并蓋

唐天水郡故趙氏夫人墓誌銘并序

高寬均四十五釐米。二十二行，行十九至二十六字不等。

蓋篆書三行九字。四周五言詩一首：雙劍同泉路，哀歌是送終。月玄寒樹影，寒鴈叫長空。

咸通十四年（八七三）八月二日卒。年四十四歲。八月二十二日葬。

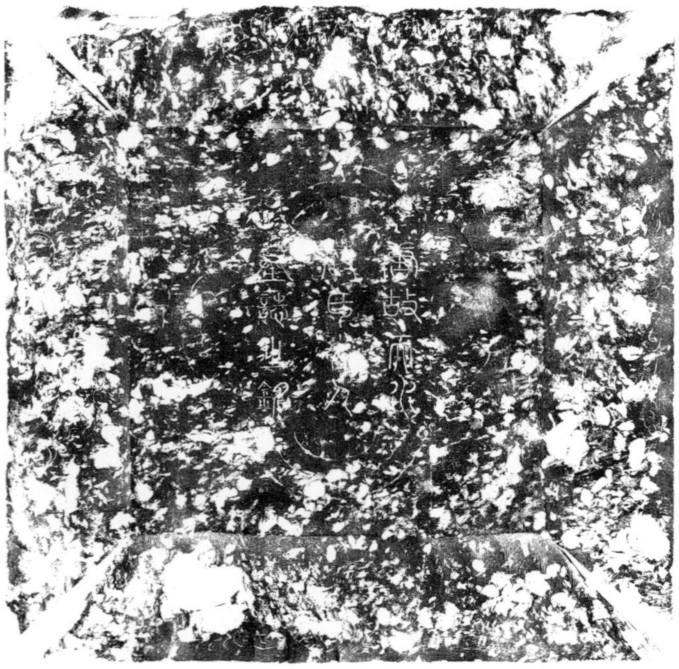

三五六 唐嚴氏墓誌并蓋

唐故天水嚴氏夫人墓誌銘

將仕郎守太常博士李龜謀撰。故吏嚴泫書并篆蓋。匠魚元武鐫字。

高寬均四十七釐米。三十二行，行三十二字。

蓋篆書三行十二字。

咸通十四年（八七三）五月二十三日卒。年四十九歲。咸通十五年（八七四）正月十二日葬。

三五七

唐華霖墓誌

唐故平原華府君（霖）墓誌銘并序

朝議郎行尚書都事柱國趙蘧撰。

高寬均三十四釐米。二十行，行二十字。

咸通甲午（十五年）（八七四）五月二十五日卒。年五十三歲。六月四日葬。

三五八　唐鄭延昌墓誌

唐故昭義軍衙前主□□□□□鄭府君（延昌）墓誌銘并序

高五十、寬五十一釐米。二十三行，行二十四至二十七字不等。

咸通十四年（八七三）十月一日卒。年六十七歲。咸通十五年（八七四）七月十一日葬。

唐故興州刺史太原郭府君墓誌銘并序

唐太原
郭府君
墓誌銘

三五九　唐郭鏐墓誌并蓋

唐故興州刺史太原郭府君（鏐）墓誌銘并序

鄉貢進士韋弘矩撰。親姪朝請郎前行襄州義清縣主簿（郭）瓊書。

高寬均六十一釐米。三十三行，行三十三字。

蓋篆書三行九字。

乾符三年（八七六）十月二十三日卒。年八十歲。乾符四年（八七七）正月二十二日葬。

三六〇 唐郭鏐妻韋珏墓誌

唐故興州刺史太原郭公（鏐）夫人京兆韋氏（珏）扶風縣君墓誌銘并叙

堂姪承奉郎前守懷州獲嘉縣令（韋）孝立撰上。郭氏親姪朝請郎前襄州義清縣主簿（郭）瓊書。

高寬均五十四釐米。三十二行，行三十二字。

乾符四年（八七七）二月七日卒。年六十五歲。四月二日葬。

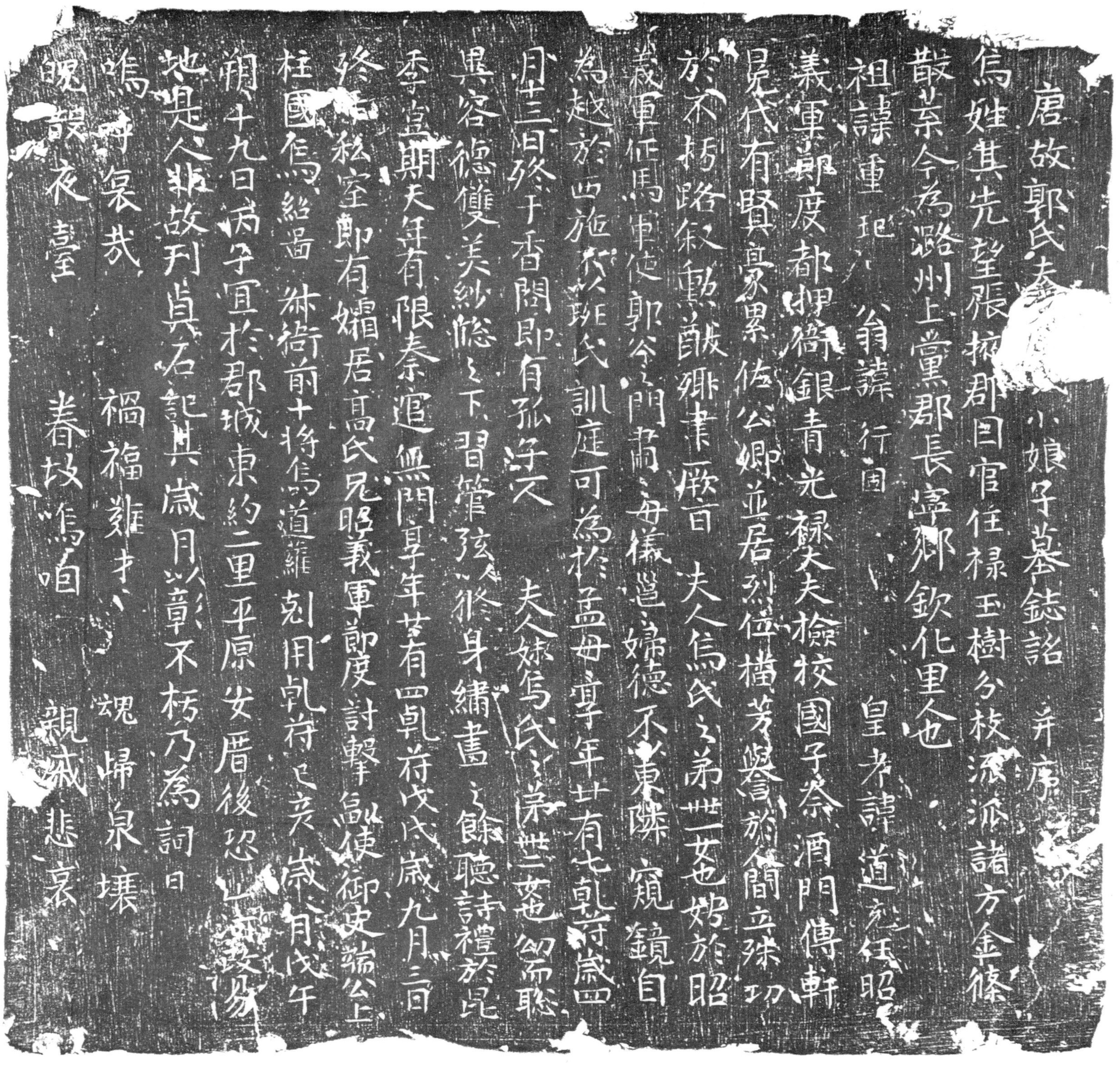

三六一 唐郭夫人烏氏墓誌

唐故郭氏夫□□□小娘子墓誌銘并序

高三十九、寬四十釐米。十八行，行二十二至二十五字不等。乾符四月十三日卒。年二十七歲。夫人妹乾符戊戌（五年）（八七八）九月三日卒。年二十四歲。乾符己亥（六年）（八七九）八月十九日葬。

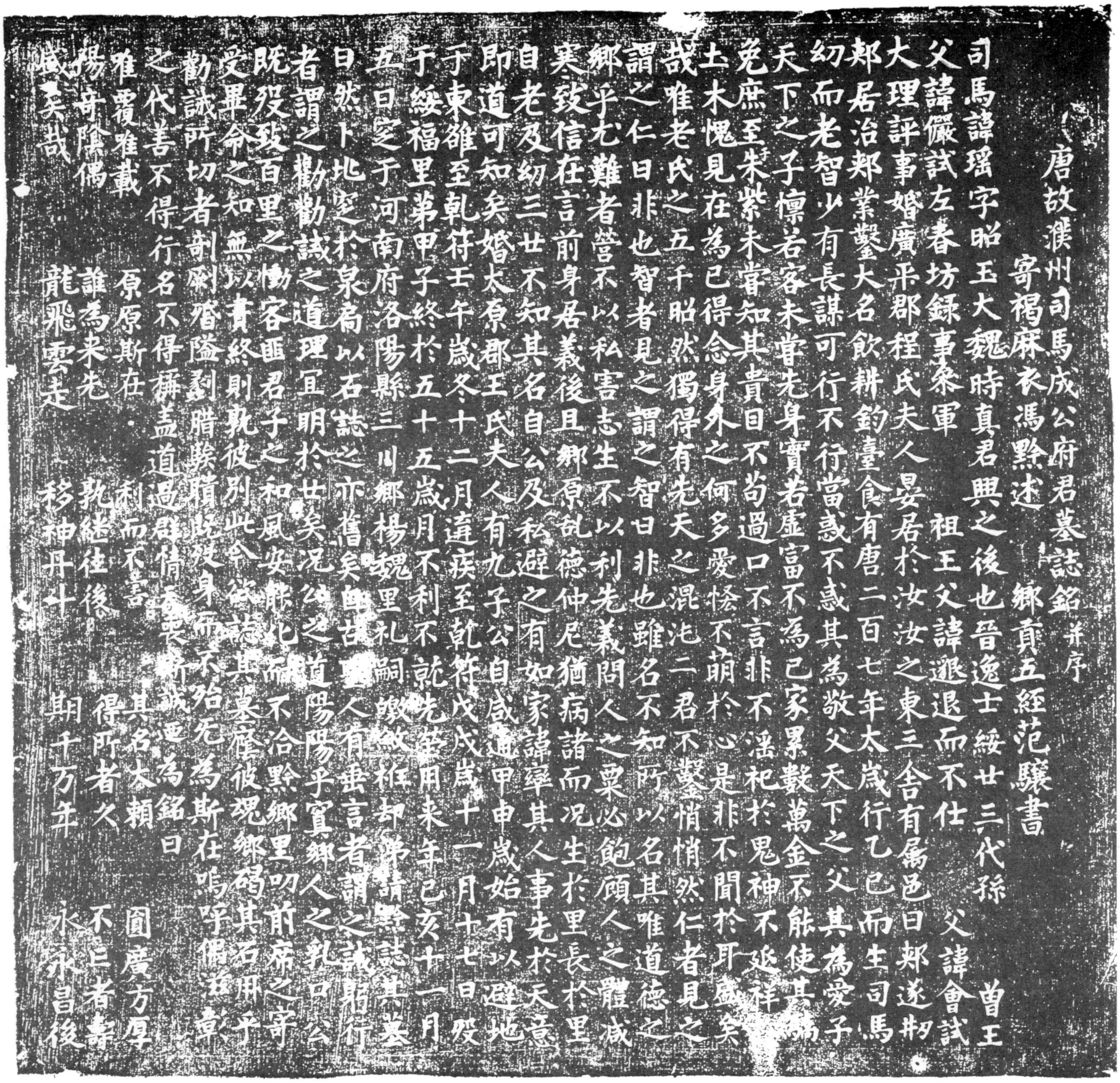

唐故成
公府君
墓誌銘

三六二　唐成公瑤墓誌并蓋

唐故濮州司馬成公（瑤）府君墓誌銘并序

寄褐麻衣馮黔述。鄉貢五經范驤書。

高寬均五十五釐米。二十八行，行二十八字。

蓋篆書三行九字。

乾符戊戌（五年）（八七八）十一月十七日卒。年五十五歲。乾符六年（八七九）十一月五日葬。

三六三　唐劉運墓誌

唐故河間定州觀察巡官劉府君（運）墓誌銘并序

鄉貢進士趙執規撰。

高寬均四十九釐米。三十一行，行二十八字。

咸通十二年（八七一）三月二十四日卒。年七十歲。乾符六年（八七九）十一月十七日葬。

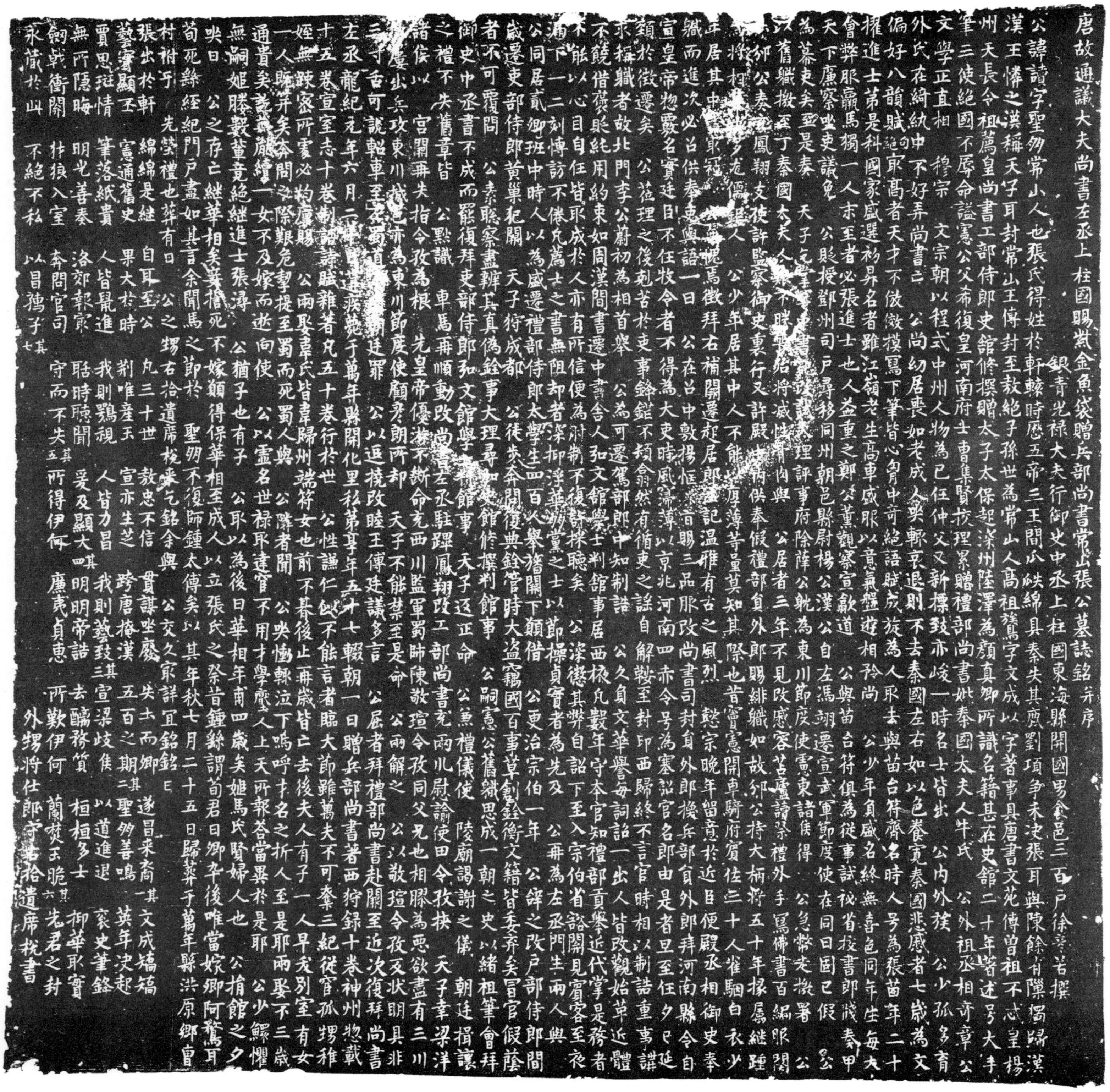

三六四　唐張讀墓誌

唐故通議大夫尚書左丞上柱國賜紫金魚袋贈兵部尚書常山張公（讀）墓誌銘并序

銀青光禄大夫行御史中丞上柱國東海縣開國男食邑三百户徐彦若撰。外甥將仕郎守右拾遺席棁書。

高寬均七十七釐米。四十七行，行四十七字。

龍紀元年（八八九）六月二十日卒。年五十七歲。七月二十五日葬。

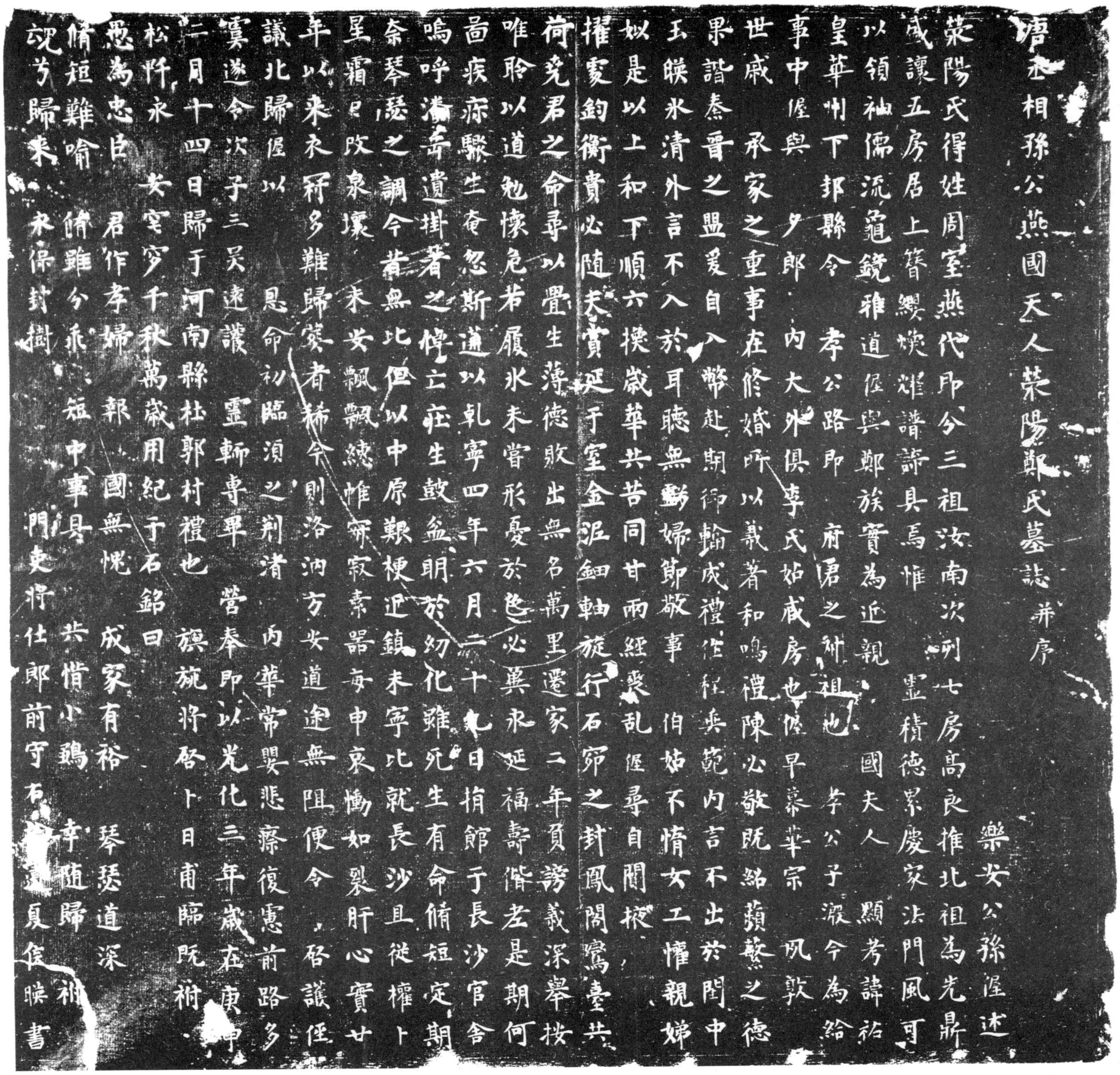
唐丞相孫公燕國夫人滎陽鄭氏墓誌并序
樂安公孫偓述
滎陽氏得姓周室燕代邱兮三祖汝南次列七房高良推北祖為先鼎
盛讓五房居上簪纓煥爛譜諜具焉惟　靈積德累慶家法門風可
以領袖儒流龜鏡雅道偓與鄭族實為近親　國夫人　顯考諱祐
皇華州下邽縣令孝公路郎　府君之祔祖也　孝公子溉今為給
事中偓與夕郎　內大外俱李氏姑咸房也偓早慕華宗　夙敦
世戚　承家之重事在修婚所以義著和鳴禮陳必敬既絡蘋蘩之德
果諧秦晉之盟爰自入幣赴期御輪成禮侄秩乒範內言不出於閨中
玉瞬氷清外言不入於耳聽無黷婦節敬事　伯姑不惰女工懽親娣
姒是以上和下順六換歲華共苦同甘兩經喪乱偓尋自閒掖
權變鈞衡貴必隨夫賞延于室金泥鈿軸旋行石窌之封鳳閣鸞臺共
荷堯君之命尋以疊生薄德敗出無名萬里還家二年負謗義深舉按
唯聆以道勉懷危若履氷未嘗形憂於色必冀永延福壽偕老是期何
啚疾疢驟生奄忽斯逝以乾寧四年六月二十九日捐館于長沙官舍
嗚呼瀟岳遺掛著之悽亡莊生鼓盆明於幻化雖死生有命脩短定期
奈琴瑟之調今昔無比但以中原艱梗近鎮未寧北就長沙且從權卜
星霜已改泉壤未安飄飄繐帷寂寂素器每申哀慟如裂肝心實廿
年以来衣袽多難歸葬者稀今則洛汭方安道塗無阻便令　啓護侄
議北歸偓以　恩命初臨須之荊渚　內華常嬰悲瘵復慮前路多
虞遂令次子三吳遠護　靈輀專畢營奉即以光化三年歲在庚申
二月十四日歸于河南縣杜郭村禮也旟旐將啓卜日甫臨既祔
松阡永安窀穸千秋萬歲用紀于石銘曰
愍為忠臣　君作孝婦　郼國無愧　成家有裕　琴瑟道深
脩短難喻　脩雖分乖　短中事且　共惜小鷄　幸隨歸祔
覌芳歸来　永保封樹　門吏將仕郎前守右拾遺夏侯暎書

三六五　唐孫偓妻鄭氏墓誌

唐丞相孫公（偓）燕國夫人滎陽鄭氏墓誌并序

樂安公孫偓述。門吏將仕郎前守右拾遺夏侯暎書。

高四十八、寬四十九釐米。二十六行，行二十七字。

乾寧四年（八九七）六月二十九日卒。

光化三年（九〇〇）二月十四日葬。

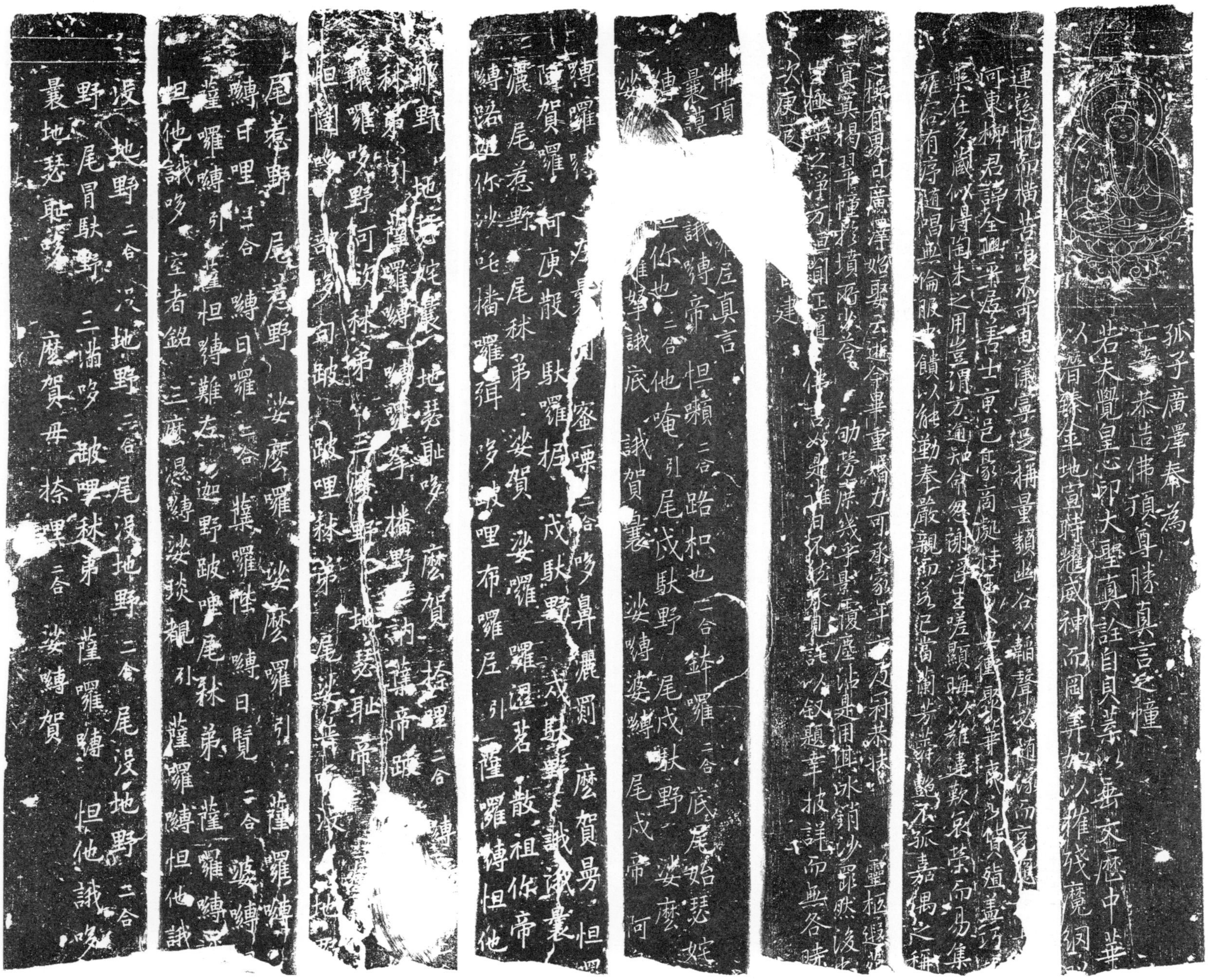

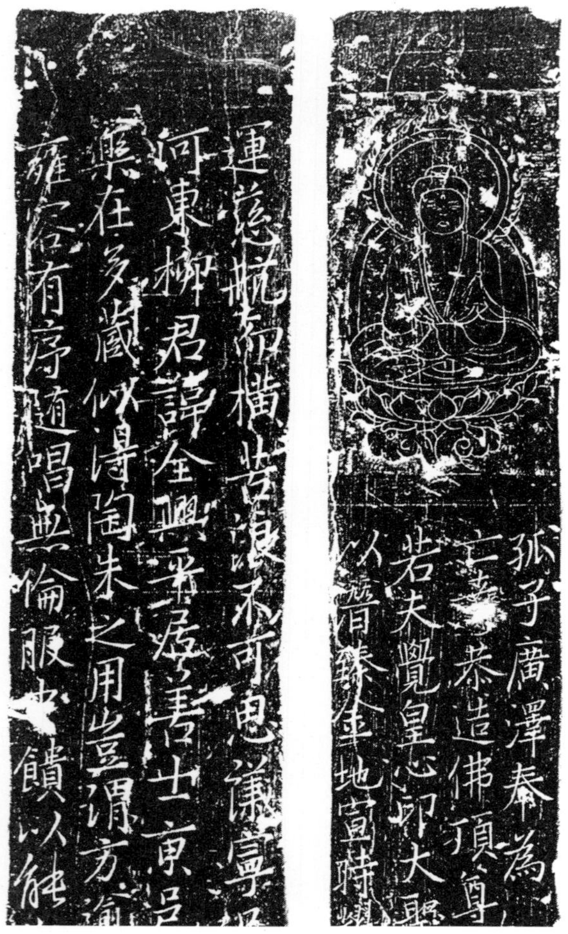

三六六　唐柳全興墓誌經幢

孤子（柳）廣澤奉爲亡考恭造佛頂尊勝真言之幢

幢石八面柱形。殘高九十釐米，上寬十一點五、下寬十三釐米。三十一行。

唐代（六一八至九〇七）。

三六七　唐五方鎮墓石

第一石高寬均三十六釐米，咒文四行十六字。第二石高寬均三十五釐米，咒文八行六十四字。第三石至第五石，高寬均三十六釐米，咒文八行六十四字。

唐代（六一八至九〇七）。

三六八　唐孫偓墓誌

唐丞相梁司空致仕贈司徒樂安孫公（偓）墓誌銘并序

高七十、寬九十九釐米。五十行，行三十四字。

貞明五年（九一九）三月七日卒。年七十六歲。四月二十四日合葬。

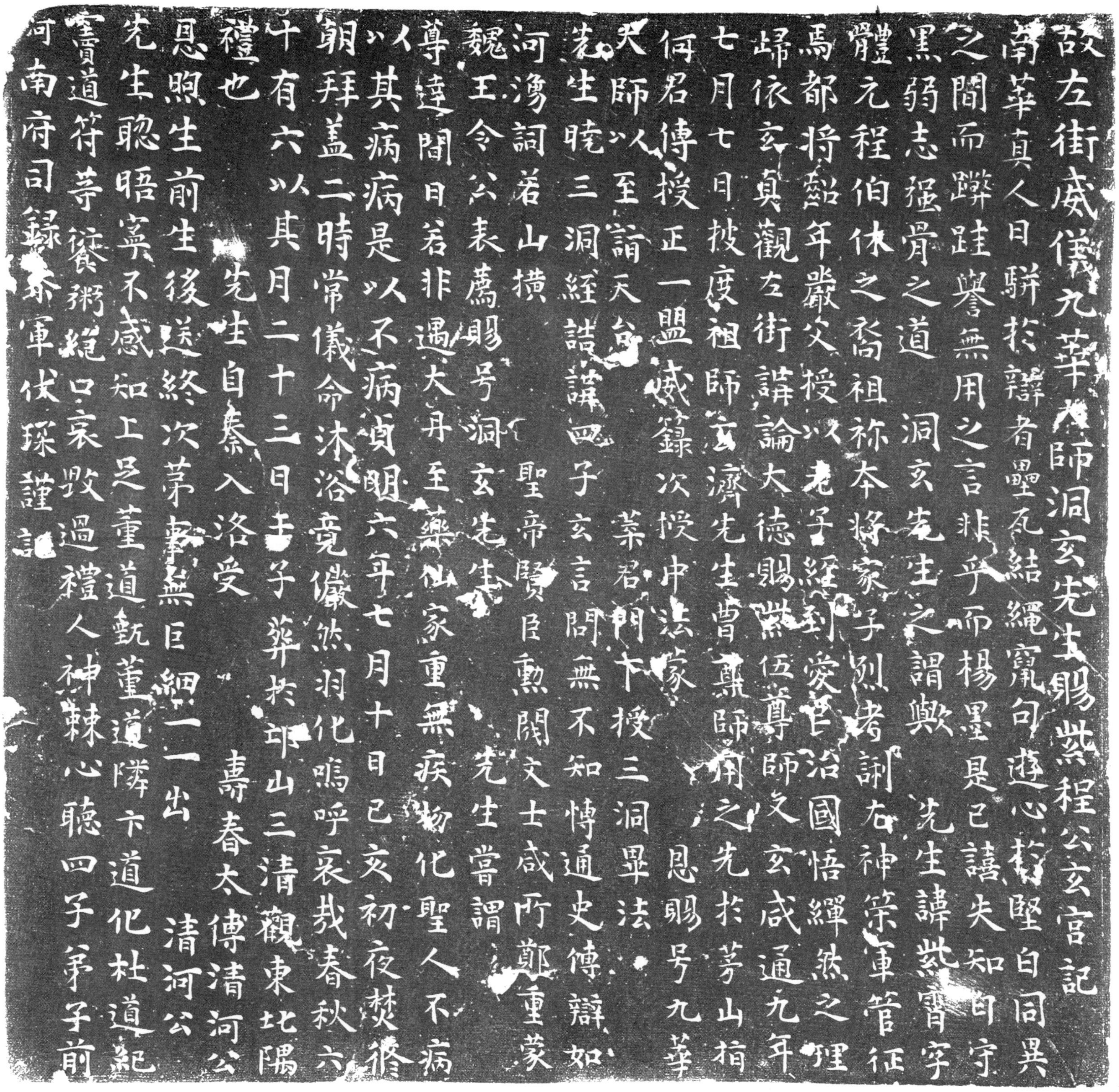
故左街威儀九華大師洞玄先生賜紫程公玄宮記
南華真人曰駢於辯者壘瓦結繩竄句遊心於堅白同異
之閒而躃跬譽無用之言非乎而楊墨是已譆失知白守
黑弱志强骨之道洞玄先生之謂歟　先生諱紫霄字
體元程伯休之裔祖祢本將家子烈考諱右神策軍管征
馬都將齠年嚴父授以老子經到愛民治國悟繹然之理
歸依玄真觀左街講論大德賜紫伍尊師文玄咸通九年
七月七日披度祖師玄濟先生曹稟師開之先於茅山指
何君傳授正一盟威籙次授中法家　恩賜号九華
天師以至誥天台　葉君門下授三洞畢法
先生曉三洞經誥講四子玄言問無不知博通史傳辯如
河瀉詞若山横　聖帝賢臣勲閥文士咸所鄭重蒙
魏王令公表薦賜号洞玄先生　先生嘗謂
尊達閒日若非遇大丹至藥仙家重無疾物化聖人不病
以其病病是以不病貞明六年七月十日己亥初夜焚香
朝拜蓋二時常儀命沐浴竟儼然羽化嗚呼哀哉春秋六
十有六以其月二十三日壬子葬於邙山三清觀東北隅
禮也　先生自秦入洛受　壽春太傅清河公
恩照生前生後送終次第無巨細一一出　清河公
先生聰晤寡不感知上足董道甄董道隣卞道化杜道紀
實道符等饔粥繐口哀毀過禮人神棘心聽四子弟子前
河南府司録參軍伏琛謹記

三六九　唐程紫霄墓誌

故左街威儀九華大師洞玄先生賜紫程公（紫霄）玄宮記

高寬均四十七釐米。二十二行，行二十二字。

貞明六年（九二〇）七月十日卒。年六十六歲。七月二十三日葬。

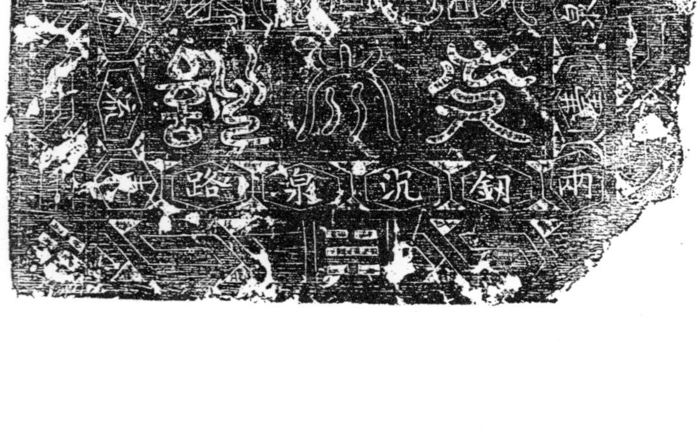

三七〇　後晉李智墓誌并蓋

晉故李府君（智）墓誌銘并序

高寬均四十一釐米。十九行，行二十九至三十八字不等。

蓋篆書雙鈎三行九字。四周五言詩一首：兩劍沉泉路，東流不再迴。悲風生隴樹，夜月照泉臺。

開運三年（九四六）九月三日啓葬。

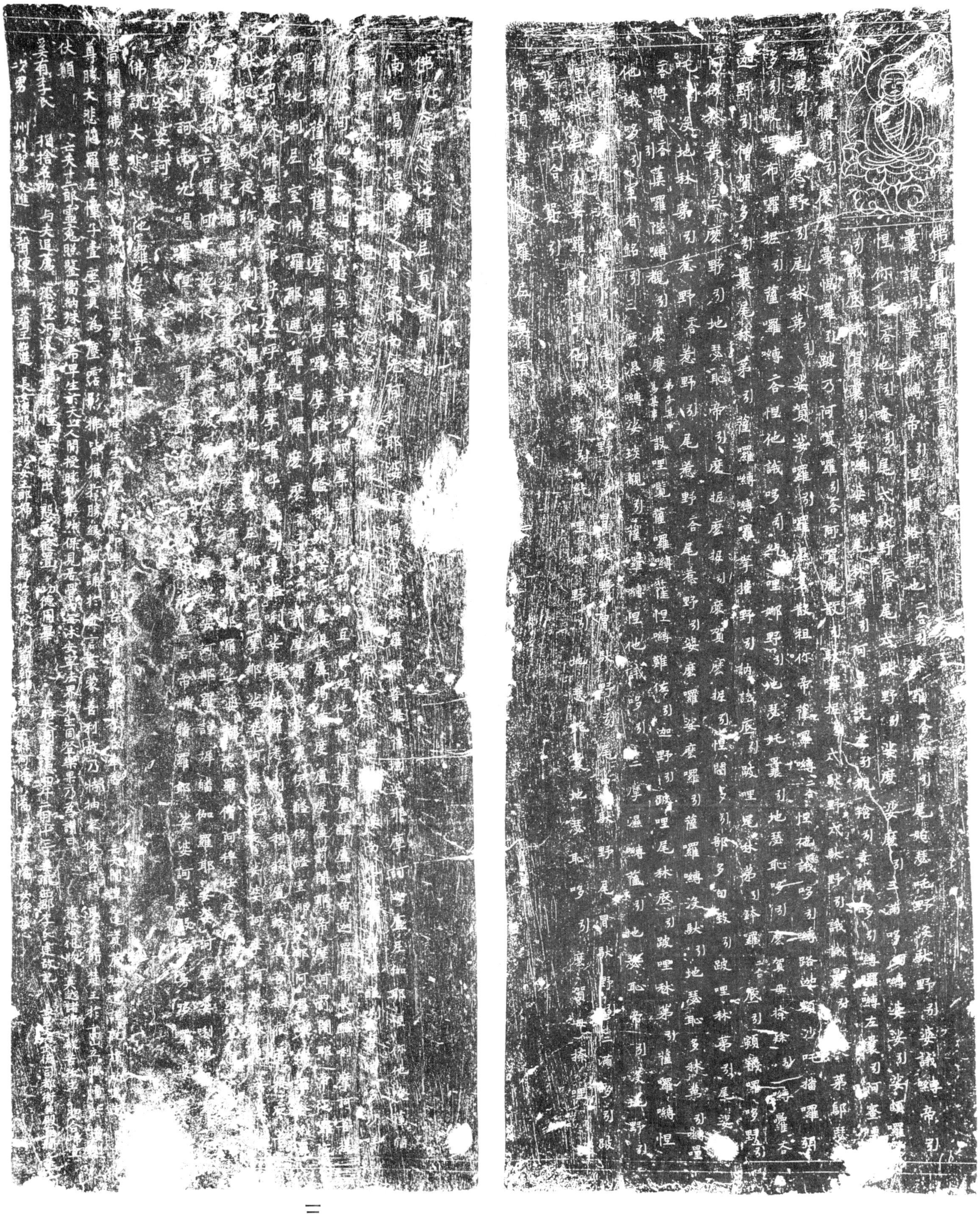

三七一 後周閻知遠墓誌經幢

佛頂尊勝陁羅尼真言

幢石八面柱形。高一百二十八釐米，上寬十一點五、下寬十六點五釐米。三十四行。顯德四年（九五七）二月十三日建。

大周故楚州防禦使武都郡苻府君墓誌并序

故楚州苻公墓誌之銘

三七二 後周苻彥能墓誌并蓋

大周故楚州防禦使武都郡苻府君（彥能）墓誌并序

門吏前楚州防禦推官將仕郎試大理評事崔憲撰。孫（苻）再遇鎸。軍將董擇書。

高寬均六十二釐米。四十七行，行四十至四十八字不等。

蓋篆書三行九字。

顯德六年（九五九）九月二十九日卒。年五十六歲。顯德七年（九六〇）二月十四日權葬。大宋乙亥（九七五）十一月四日改葬。

三七三　宋苗存墓誌并蓋

大宋故濟陰苗府君（存）墓誌銘并序

高五十四、寬五十三釐米。二十五行，行二十六至三十二字不等。蓋篆書雙鈎三行九字。四周七言詩一首：曉城人出吊新墳，草白林疏慘斷雲。烏鵲有情應助哭，一聲聲使九泉聞。顯德六年（九五九）十一月十一日卒。年八十歲。夫人張氏甲子歲（乾德二年）（九六四）十一月十九日卒。年八十四歲。乾德二年十二月二十四日合葬。

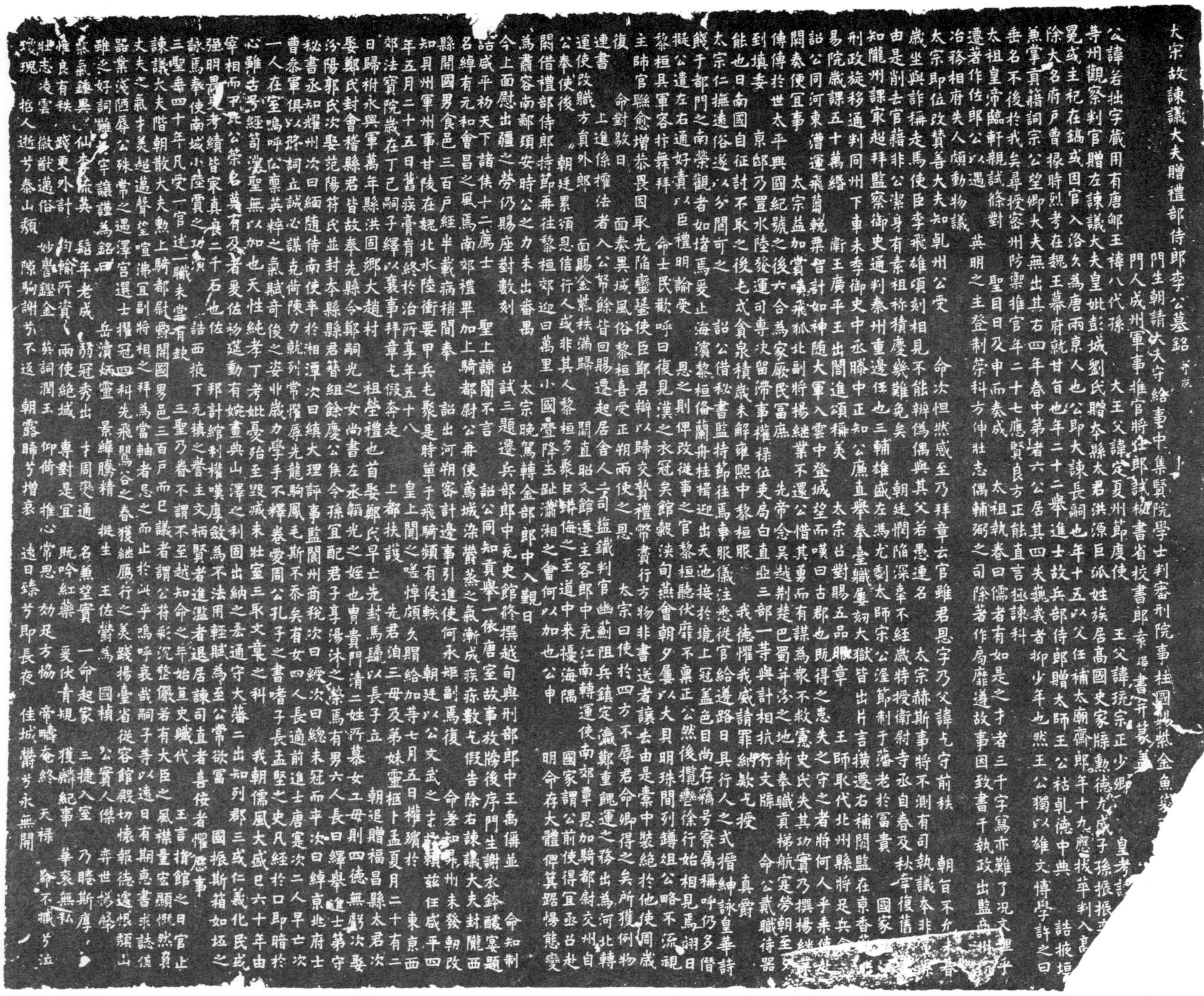

三七四　宋李若拙墓誌

大宋故諫議大夫贈禮部侍郎李公（若拙）墓銘并序

門生朝請大夫守給事中集賢院學士判審刑院事柱國賜紫金魚袋（下殘）。門人成州軍事推官將仕郎試秘書省校書郎袁燁書并篆蓋。

高七十二、寬八十五釐米。六十行，行四十六字。

咸平四年（一〇〇一）五月二十五日卒。年五十八歲。七月五日權葬。丁巳（天禧元年）（一〇一七）孟夏月（四月）二十二日歸葬。

大宋故太常博士宋君墓
武功
尚書比部員外
君諱武字仲達世占太原籍祖晉不仕
奄并汾署爲通進使太平興國四年
天王平晉　君始九歲侍朝　中都因寓
名兩京閒貲性方嚴遠舉嫉非義與人交有失必面直之
好樹大節下顧當世常欲引手取卿相位景德元年舉進士
薦書明年登甲科試校書郎知江寧溧陽縣滿調相州觀察推
吏部侍郎知樞密院太原王公隨時任御史知雜早與之游嘉其吏
材白　見授著作佐郎俄知越州山陰踰年遷秘書丞知英州終
任攺太常博士通判同州同之郡將不謹法度其屬悉媚莫敢言
君獨以理括其衡不得遂行或先幾絕其孽萌故事多沮還少會合
君亦邑邑不自喜未幾感疾終官下年五十有六有子尚少郡將以
事牽寘獄中私黠吏脅其嫠娶焉子聞之嗥慟搶地遂以狂失心狀
出之使逸去死于道義者竊緘　君之骨藏於佛廟後十二年
天章待　制王公沿以都轉運使來陝西
樞密太原公別而告之曰余生平游與　宋仲達善不幸死之日
其孥流離人所聞也交所以託死生今　仲達之骨旅而不歸兆
我則媿焉敢伏　高誼因此行以求之且使寧魄九原亦余不忘
雅素也已而因臨晉主簿顏太初之官過郡訪得之遂以禮葬于同
之馮翊縣太德鄉堰城原　君前娶楊氏生一子亦卒後娶李氏
歿於天聖三年夏六月葬於景祐三年秋九月三日前葬期
自　京師跣其族氏而西命業文者誌其壙銘云
以藏以祭以直得交卒斂以義交乎交乎無靦於後世
廣平逯受益刊字

三七五　宋宋武墓誌

大宋故太常博士宋君（武）墓誌銘并序武功（下殘）。尚書比部員外郎蘇舜卿撰。廣平逯受益刊字。

高七十八、寬八十二釐米。二十六行，行二十六字。

天聖三年（一〇二五）六月卒。年五十六歲。景祐三年（一〇三六）九月三日葬。

注：右下殘缺文字據宋蘇舜卿文集補。

三七六　宋王誠墓誌并蓋

大宋故王府君（誠）墓誌銘并序

高四十九、寬五十二釐米。十八行，行二十五至三十七字不等。

蓋篆書三行九字。四周七言詩一首：悠悠丹旐引孤魂，親戚悲傷掩壙門。人間到底皆如此，莫負生前酒滿罇。

卒年三十八歲。慶曆二年（一〇四二）二月十日合葬。

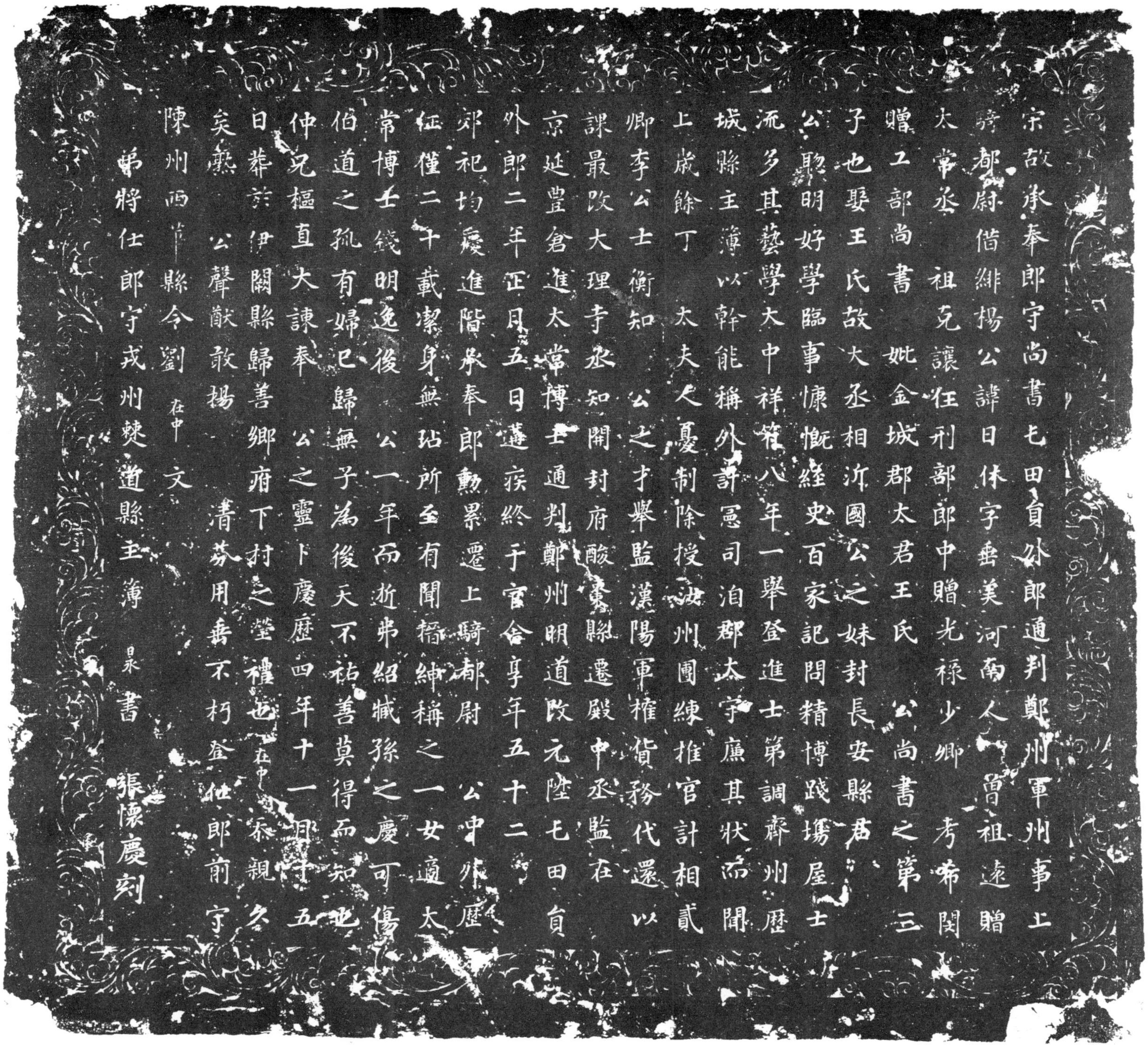

三七七　宋楊日休墓誌

登仕郎前守陳州西華縣令劉在中文。弟將仕郎守戎州僰道縣主簿（楊）日永書。張懷慶刻。

高寬均七十釐米。二十二行，行二十一字。

明道二年（一〇三三）正月五日卒。年五十二歲。慶曆四年（一〇四四）十一月十五日葬。

三七八　宋崔中正墓誌

宋故朝奉郎守尚書虞部郎中知閬州軍州兼管內勸農事護軍賜緋魚袋借紫清河崔公（中正）墓誌銘并序

宣德郎行大理評事通判磁州軍州事兼管內勸農事借緋王觀撰。

高七十、寬六十九釐米。三十二行，行三十二字。

慶曆六年（一〇四六）四月十日卒。年五十六歲。六月戊申權葬。慶曆七年（一〇四七）秋歸葬。

注：慶曆六年六月庚戌朔，月無戊申。

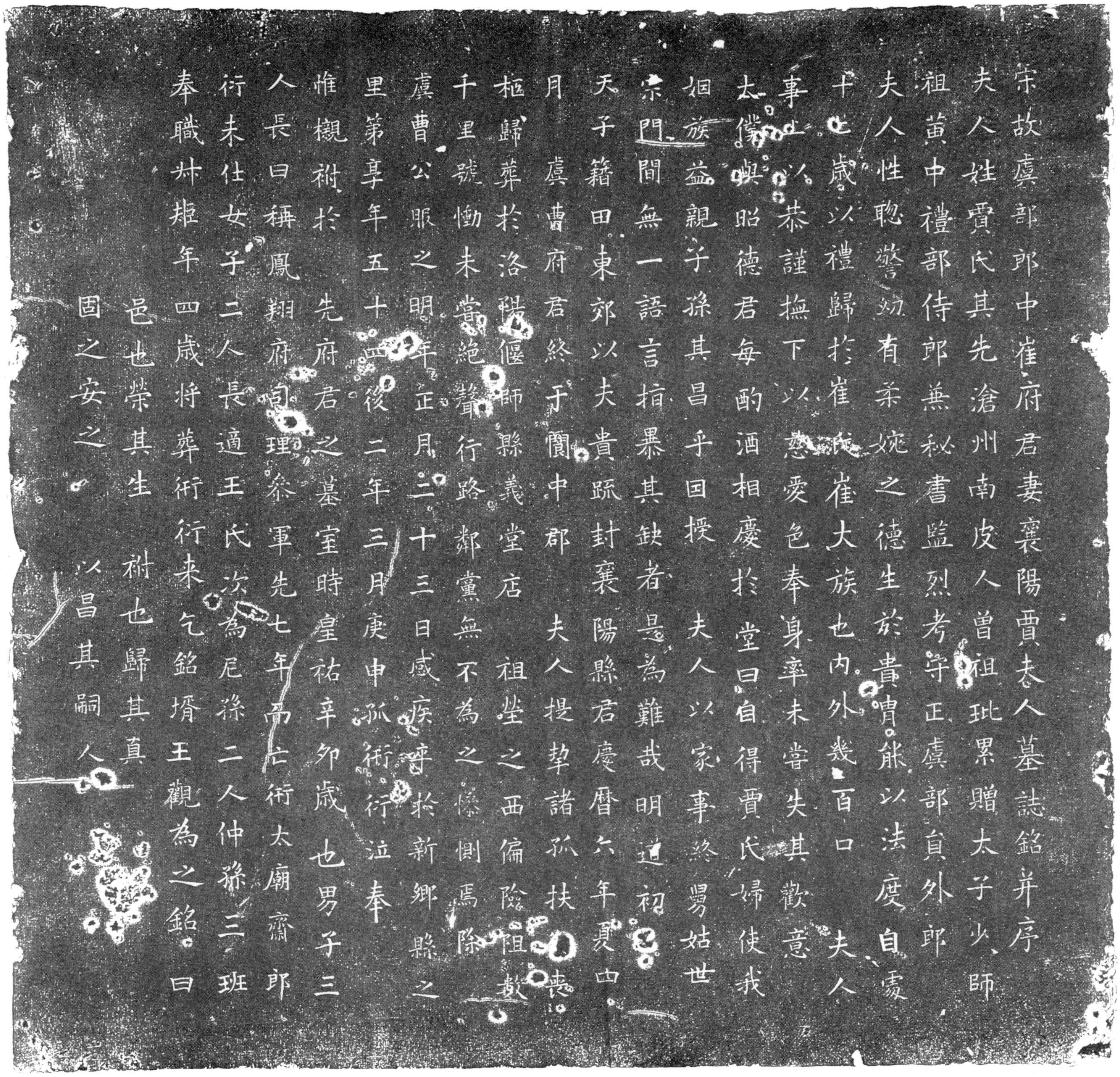
宋故虞部郎中崔府君妻襄陽賈夫人墓誌銘并序
夫人姓賈氏其先滄州南皮人曾祖玭累贈太子少師
祖黄中禮部侍郎兼秘書監烈考守正虞部員外郎
夫人性聰警幼有柔婉之德生於貴胄能以法度自處
十七歲以禮歸于崔崔大族也內外幾百口 夫人
事上以恭謹撫下以慈愛色奉身率未嘗失其歡意
太僕與昭德君每酌酒相慶於堂曰自得賈氏婦使我
姻族益親子孫其昌乎回授 夫人以家事終舅姑世
宗門間無一語言指畢其缺者是為難哉明道初
天子籍田東郊以夫貴蹤封襄陽縣君慶曆六年夏四
月 虞曹府君終于闤中郡 夫人提挈諸孤扶喪
柩歸葬於洛陽偃師縣義堂店 祖塋之西偏險阻數
千里號慟未嘗絕聲行路鄰黨無不為之惻然隱
虞曹公服之明年正月二十三日感疾遂終於新鄉縣之
里第享年五十四後二年三月庚申孤衍衍泣奉
惟櫬祔於 先府君之墓室時皇祐辛卯歲也男子三
人長曰稱鳳翔府司理參軍先七年而亡衍太廟齋郎
行未仕女子二人長適王氏次為尼孫二人仲孫三班
奉職抃羝年四歲將葬衍衍來乞銘壻王觀為之銘曰
邑也榮其生 祔也歸其真
固之安之 以昌其嗣人

三七九 宋崔中正妻賈氏墓誌

宋故虞部郎中崔府君（中正）妻襄陽賈夫人墓誌銘并序

婿王觀銘。

高寬均六十九釐米。二十一行，行二十一字。

卒年五十四歲。皇祐辛卯（三年）（一〇五一）三月九日葬。

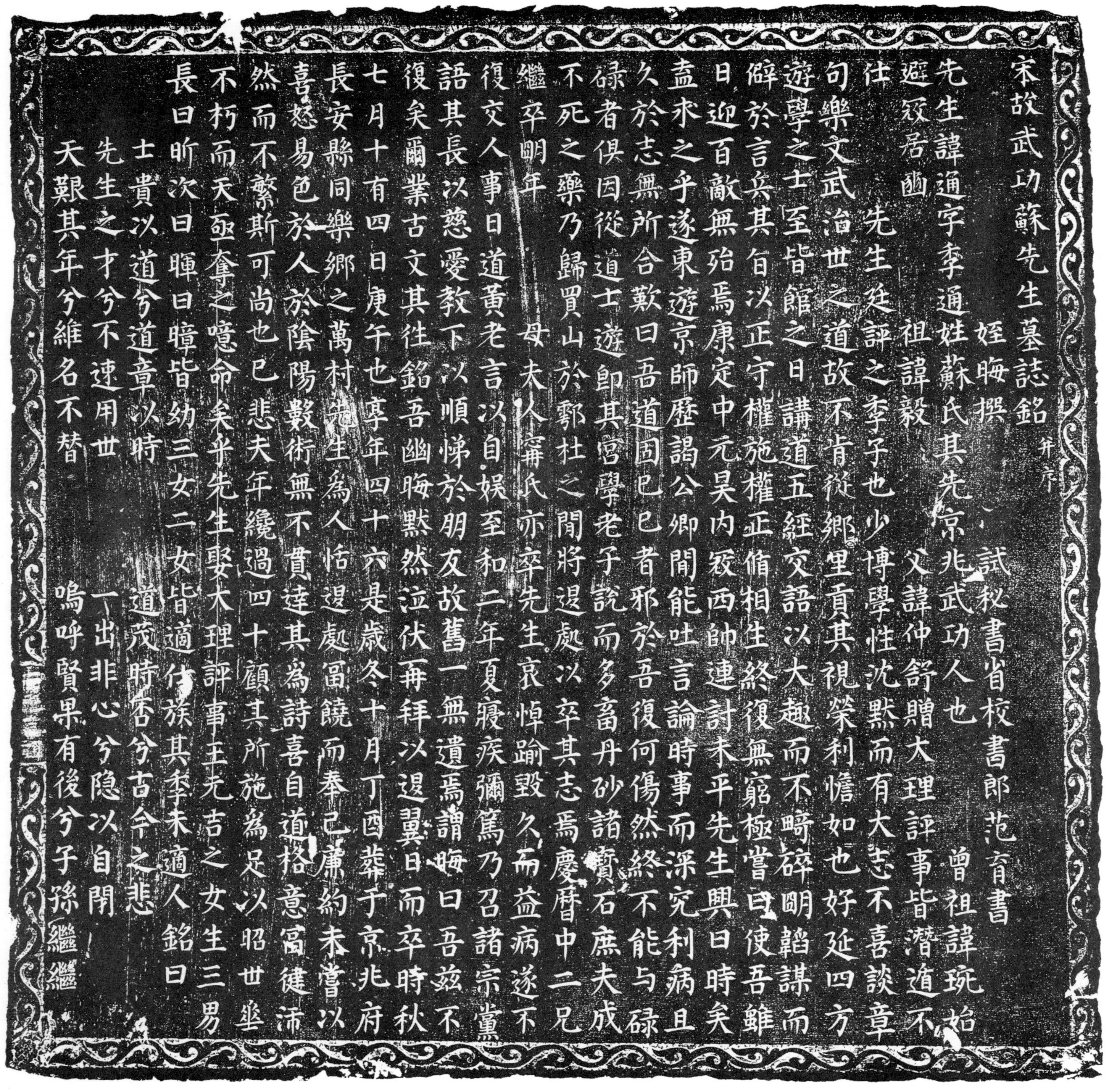
宋故武功蘇先生墓誌銘并序
姪晦撰　試秘書省校書郎范育書
先生諱通字季通姓蘇氏其先京兆武功人也　曾祖諱琓始
避寇居豳　祖諱穀　父諱仲舒贈大理評事皆潛遁不
仕　先生廷評之季子也少博學性沈默而有大志不喜談章
句樂文武治世之道故不肯從鄉里貢其視榮利憺如也好延四方
遊學之士至皆館之日講道五經交語以大趣而不畸碎嘲諧謀而
辟於言兵其旨以正守權施權正備相生終復無窮極嘗曰使吾雖
日迎百敵無殆焉康定中元昊内寇西師連討未平先生興曰時矣
盍求之乎遂東遊京師歷謁公卿間能吐言論時事而深究利病且
久於志無所合歎曰吾道固已已者邪於吾復何傷然終不能与碌
碌者俱因從道士遊卽其宫學老子說而多畜丹砂諸寶石庶夫成
不死之藥乃歸買山於鄠杜之間將退處以卒其志焉慶曆中二兄
繼卒明年　母太夫人甯氏亦卒先生哀悼踰毁久而益病遂不
復交人事日道黃老言以自娛至和二年夏寢疾彌篤乃召諸宗黨
語其長以慈愛教下以順悌於朋友故舊一無遺焉謂晦曰吾茲不
復矣爾業古文其往銘吾幽晦默然泣伏再拜以退翼日而卒時秋
七月十有四日庚午也享年四十六是歲冬十月丁酉葬于京兆府
長安縣同樂鄉之萬村先生爲人恬退處富饒而奉己廉約未嘗以
喜怒易色於人於陰陽數術無不貫達其爲詩喜自道格意富健沛
然而不繁斯可尚也已悲夫年纔過四十顧其所施爲足以昭世垂
不朽而天亟奪之噫命矣乎先生娶大理評事王允吉之女生三男
長曰昕次曰暉曰暐皆幼三女二女皆適仕族其季未適人銘曰
士貴以道兮道章以時　道茂時否兮古今之悲
先生之才兮不速用世　一出非心兮隱以自閑
天艱其年兮維名不替　嗚呼賢果有後兮子孫繼繼

三八〇　宋蘇通墓誌

宋故武功蘇先生（通）墓誌銘并序

姪（蘇）晦撰。試秘書省校書郎范育書。高六十二、寬六十一釐米。二十六行，行二十六字。至和二年（一〇五五）七月十四日卒。年四十六歲。十月十三日葬。

皇從姪右武衛大將軍道州團練使清源郡公宗望故夫
人永嘉郡夫人張氏墓誌銘并序
翰林學士朝散大夫行尚書兵部員外郎知制誥判昭文館勾當三班院騎都尉長樂縣開國男食邑三百户賜紫金魚袋臣賈黯奉勅撰
翰林書藝御書院祗候臣武昌奉聖旨書
夫人姓張氏贈太師中書令兼尚書令徐國公福之曾孫
贈太師中書令王之孫太子太師致仕贈太師兼中書令
徐國公耆之第二十二女母曰韓國太夫人馬氏以景祐
二年八月歸于清源郡公宗望始封平原縣君俄進封安
郡君至和三年八月遘疾終於邸第追封永嘉郡夫人
年三十七 上命内侍治喪逾月權厝於
師之普濟佛寺夫人性沉厚言語動作皆不妄明達喜
書每□□惟以圖史爲樂治家嚴而有法早暮勗諸子
學□□薦享必躬執滌濯之事初清源公欲舉祖妣
王夫人襄事用度未給以語夫人夫人忻然盡出奩中玩
飾物以資其用清源公實
太宗皇帝之曾孫邢文惠王諱元傑之孫也六男子仲郃
仲嘉皆千牛衛將軍仲炎仲峭右監門衛率府率餘早卒
五女長適左班殿直李宊益封南陽縣君次適左班殿直
李庠封華容縣君次益早夭一尚幼嘉祐五年十月乙酉
歸葬于河南府永安縣之新塋禮也爰
詔内庭勒銘墓隧銘曰
於穆夫人 徽柔淑茂 室家是宜
姻族歸尊 德充於容 宜貴而壽
不偕於老 安歸其咎
玉册官臣陳永宣臣李仲宣鎸

三八一

宋趙宗望妻張氏墓誌

皇從姪右武衛大將軍道州團練使清源郡公（趙）宗望故夫人永嘉郡夫人張氏墓誌銘并序

翰林學士朝散大夫行尚書兵部員外郎知制誥判昭文館勾當三班院騎都尉長樂縣開國男食邑三百户賜紫金魚袋臣賈黯奉敕撰。翰林書藝御書院祗候臣武昌奉聖旨書。玉册官臣陳永宣、臣李仲宣鎸。

高寬均七十八釐米。二十四行，行二十二字。

至和三年（一〇五六）八月卒。年三十七歲。逾月權葬。嘉祐五年（一〇六〇）十月三十日歸葬。

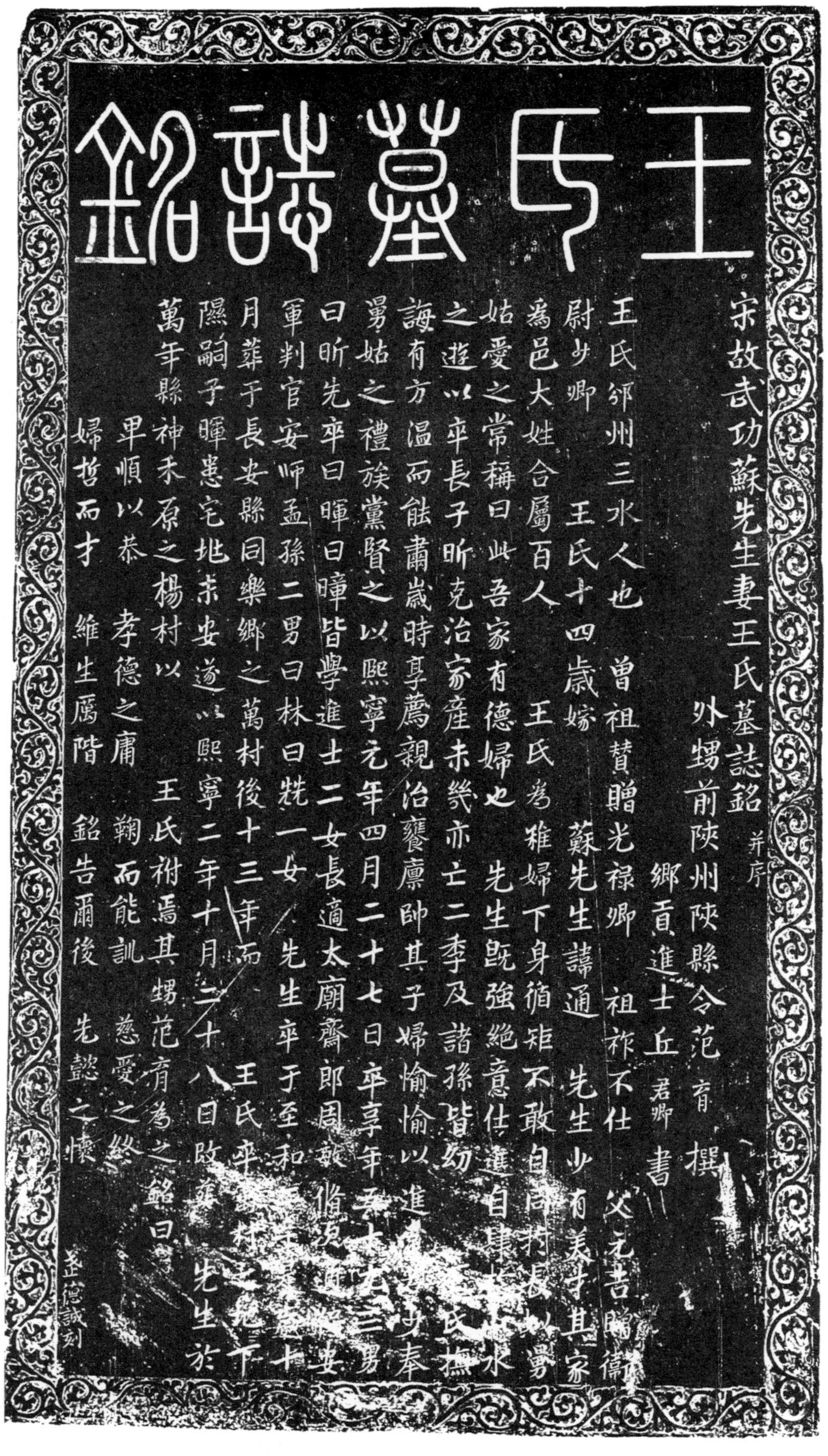

王氏墓誌銘
宋故武功蘇先生妻王氏墓誌銘 并序
外甥前陝州陝縣令范育 撰
鄉貢進士丘君卿 書
王氏邠州三水人也 曾祖贊贈光祿卿 祖祚不仕 父元吉贈衛
尉少卿 王氏十四歲嫁 蘇先生諱通 先生少有美才其家
爲邑大姓合屬百人 王氏爲稚婦下身循矩不敢自
姑愛之常稱曰此吾家有德婦也 先生既強絶意仕進自
之遊以卒長子昕克治家産未幾亦亡二季及諸孫皆幼
誨有方溫而能肅歲時享薦親治饔稟帥其子婦愉愉以進
舅姑之禮族黨賢之以熙寧元年四月二十七日卒享年
曰昕先卒曰暉曰暲皆學進士二女長適太廟齋郎周
軍判官安師孟孫二男曰林曰甡一女 先生卒于至和
月葬于長安縣同樂鄉之萬村後十三年而 王氏卒
隰嗣子暉患宅地未安遂以熙寧二年十月二十八日改葬
萬年縣神禾原之楊村以 王氏祔焉其甥范育爲之銘曰
卑順以恭 孝德之庸 鞠而能訓 慈愛之終
婦哲而才 維生厲階 銘告爾後 先懿之懷
武德誠刻

三八二 宋蘇通妻王氏墓誌

宋故武功蘇先生（通）妻王氏墓誌銘并序

外甥前陝州陝縣令范育撰。鄉貢進士丘君卿書。武德誠刻。

高八十一、寬四十五釐米。十七行，行二十七字。

熙寧元年（一〇六八）四月二十七日卒。年五十九歲。熙寧二年（一〇六九）十月二十八日合葬。

宋故前陝州夏縣主簿張府君墓誌銘
懷州軍事判官白 具 撰
陝州平陸縣尉劉 景陽 書并題蓋
君諱津字汝楫曾祖去華皇任工部侍郎贈司徒祖師錫皇任光祿少卿贈
兵部侍郎考景儉皇任司封郎中母任氏元城縣君張氏襄邑人自司徒
居河南世爲大族而 君幼能好學不務游戲暨長克守家法擇交游寡出
入雖閭里親舊所還往者終歲不過一二焉其學皆聖人正經不喜諸子百
家之說尤好春秋家事之餘不舍編簡兩舉進士皆不預貢名以父蔭補太
廟齋郎：君素薄於仕進凡受命十餘年不赴銓調嘗侍親江湖間留意禪
觀門風祖道莫不究竟故輪廻生死之理清淨寂滅之趣頗皆了達烈考外
除廻曰家貧母老安坐不仕則名教之罪人也始從選注陝州夏縣主簿
居官嚴明秋毫必察吏畏民愛時司農丞出使五路兆納及境聞其才遂辟
以偕所至無所憚守法奉公臨事不撓袂滿陝尹以 朝廷始方民田請
留 君曰予去庭闈既久而數且乞矣當委順以避乃稱疾旋洛杜門再歲
復遇祿養詣吏部未幾感疾終于京元豐四年六月十二日也享年三十八
君之先不事資産貧固有素至 君益困然義有可施則未嘗不爲晚愛詩
什多談唐杜子美章句善書隸體氣韻淳古賦性剛直難犯不阿於上事少
有忤皆以理折之退莫不服與人寡合樂忠告善道雖見小過必規諷之凡
所爲志氣甚大以時不偶故少成事竊慕晉劉伯倫之徒遇佳風月則飲酒
以陶其天真或繼日不醒久爲親知力勉而 君弗顧曰酒者古人寓意之
物也安可徇俗而變吾所寓哉竟以致疾其命也歟噫 君既業儒術又通
性理間以酒爲樂而展平生之所學豈非無心於物動亡滯礙放蕩廓落形
器不能局規矩不能拘繩墨不能檢而是非不能浼者哉娶韓氏知制誥
綜之女子二人曰太易太蒙女四人並未笄以其年十一月初二日葬于
河南府河清縣平洛鄉上店村祖塋之前先期乃仲備書本末俾具銘其墓
具忝與 君游義不克辭銘曰
嗚歟府君 剛明好古 益通禪學 造師詣祖 晚寓於酒
匪耽匪酗 達人所爲 孰測其故 知命以歸 爲貧而去
天祿不遐 嗚呼厥數
張大有刊

三八三 宋張津墓誌并蓋

宋故前陝州夏縣主簿張府君（津）墓誌銘

懷州軍事判官白具撰。陝州平陸縣尉劉景陽書并題蓋。張大有刊。

高寬均五十五釐米。二十九行，行二十九字。

蓋三行十二字。

元豐四年（一〇八一）六月十二日卒。年三十八歲。十一月初二日葬。

宋陝州夏
縣主簿張
君墓誌銘

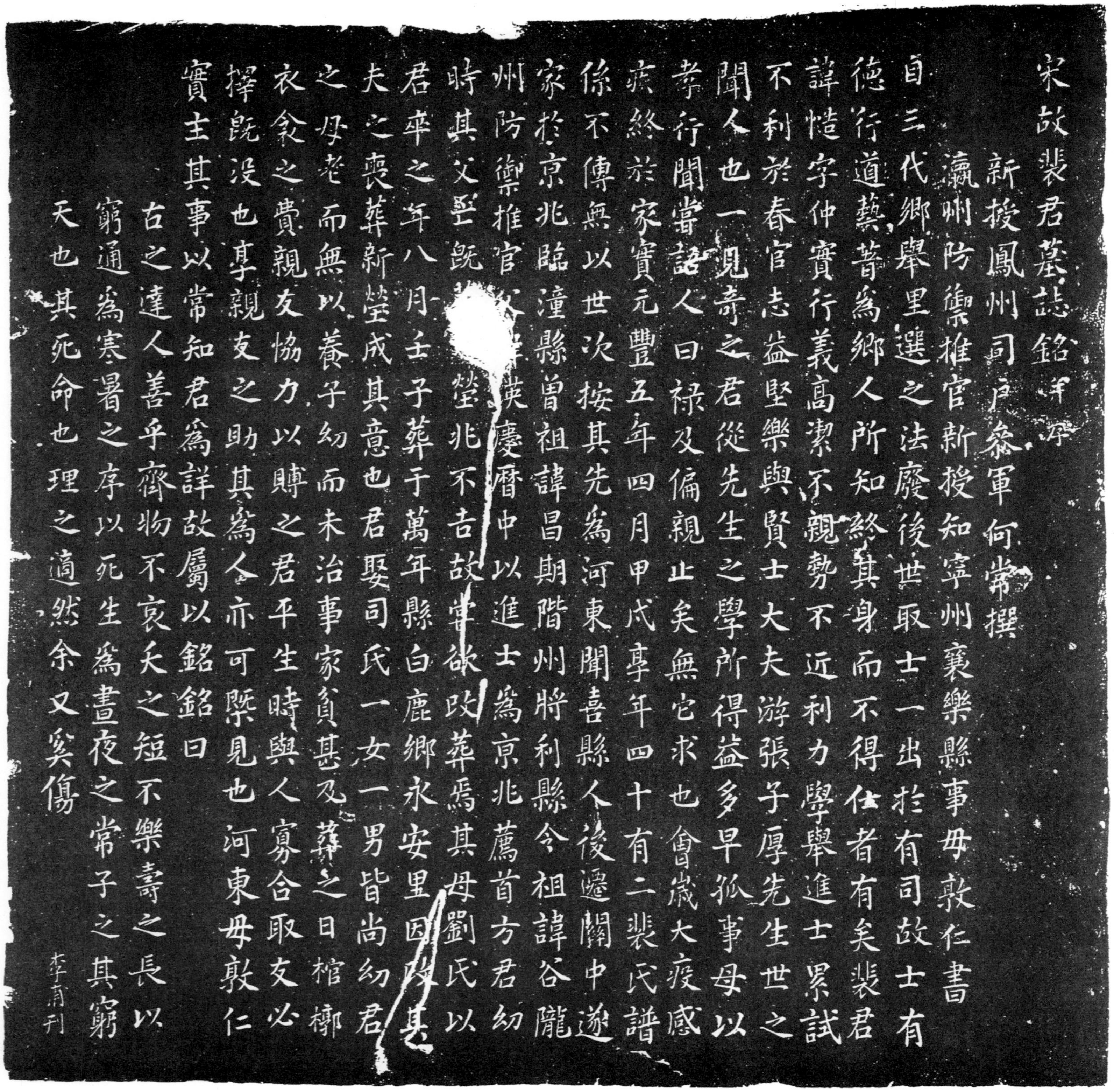

三八四　宋裴慥墓誌

宋故裴君（慥）墓誌銘并序

新授鳳州司户参軍何常撰。瀛州防禦推官新授知寧州襄樂縣事毋敦仁書。李甫刊。

高寬均四十九釐米。二十三行，行二十二字。

元豐五年（一〇八二）四月二十三日卒。年四十二歲。八月三日葬。

宋故臨河居士贈將仕郎大理寺丞孫君墓誌銘
元豐六年秋樂安孫求祖脩卜葬事於京兆萬年洪固鄉漢宣陵之朴原
前期以盖君之狀叙其　祖府君之行實寓書于友人黃[illegible]河
南李顲曰吾與子中外是親且與子同師友有日矣固知我[illegible]以
銘之顲以祖脩之賢義有所不得避愚而不文其可辭乎[illegible]曰
謹案　居士世為澶之臨河髙陽鄉無為里人後[illegible]京[illegible]臨河居
士示不忘先也嗚呼篤厚敦本之士歟末世趨勢之俗慕[illegible]楚
而附燕者豈少哉　居士當時居勢利之地不知有[illegible]先
而已其篤厚敦本之士乎　居士諱杲字景外　祖[illegible]博
學以經術教導鄉里學者親之至百餘人間多取顯仕[illegible]如[illegible]少
時亦從學及在清顯方有以薦其行以卒不果　居士次[illegible]人質
厚淳篤好施亦以家學授人其居父喪刻苦有孝節父之[illegible]人為之不去
博學多能其字書素能學歐陽率更楷隸倣盖東野之為歌詩然不樂仕
宦業公每稱賞之謂其有父風景德中澶淵之役虜寇將至學者散矣不
得已從居京師長兄清先已還楚而叔意登進士第又宦南方遂居髙郵
皆去不返其季亦以早卒慨然念兄弟漂零門人無幾遂無歸志而終身
不忘臨河之號其篤厚敦本之士乎其後長兄居楚十餘年累貲巨萬一
旦相遇汴上執手哭曰吾無子且將以家事屬爾　居士弟慰安其兄
以歸後兄卒人或勸行曰兄殁矣吾不忍往終不行此亦人之所難也
居士有子曰厚早夭次曰京景祐中登科知邛州火井縣迎之官下以寶
元元年感疾卒于子之官舍享年六十九治平中以子登朝贈大理寺丞
娶楊[illegible]提點中書五房公事文質之妹追封孝感縣太君聰明曉音律先
居士三十五年而卒時咸平四年也　居士葬寶八月下旬之丁酉子
京以太子中舍致仕卒孫男一人求也樂善有文操節自守篤學不懈曾
孫三人男曰虎銘曰
　居士世儒國里所賓延徒絃歌翔登搢紳雍雍素風河衛之濱
　以難去國墻屋是湮久且不忘學士之仁顧瞻周原宅穸惟新
　有卜有禮繫此棘人繫此棘人後世之伸

三八五　宋孫杲墓誌并蓋

宋故臨河居士贈將仕郎大理寺丞孫君（杲）墓誌銘

高寬均六十九釐米。二十八行，行二十八字。

蓋三行九字。

寶元元年（一〇三八）卒。年六十九歲。

夫人楊氏咸平四年（一〇〇一）卒。元豐六年（一〇八三）八月二十四日葬。

宋大理寺丞孫君墓銘

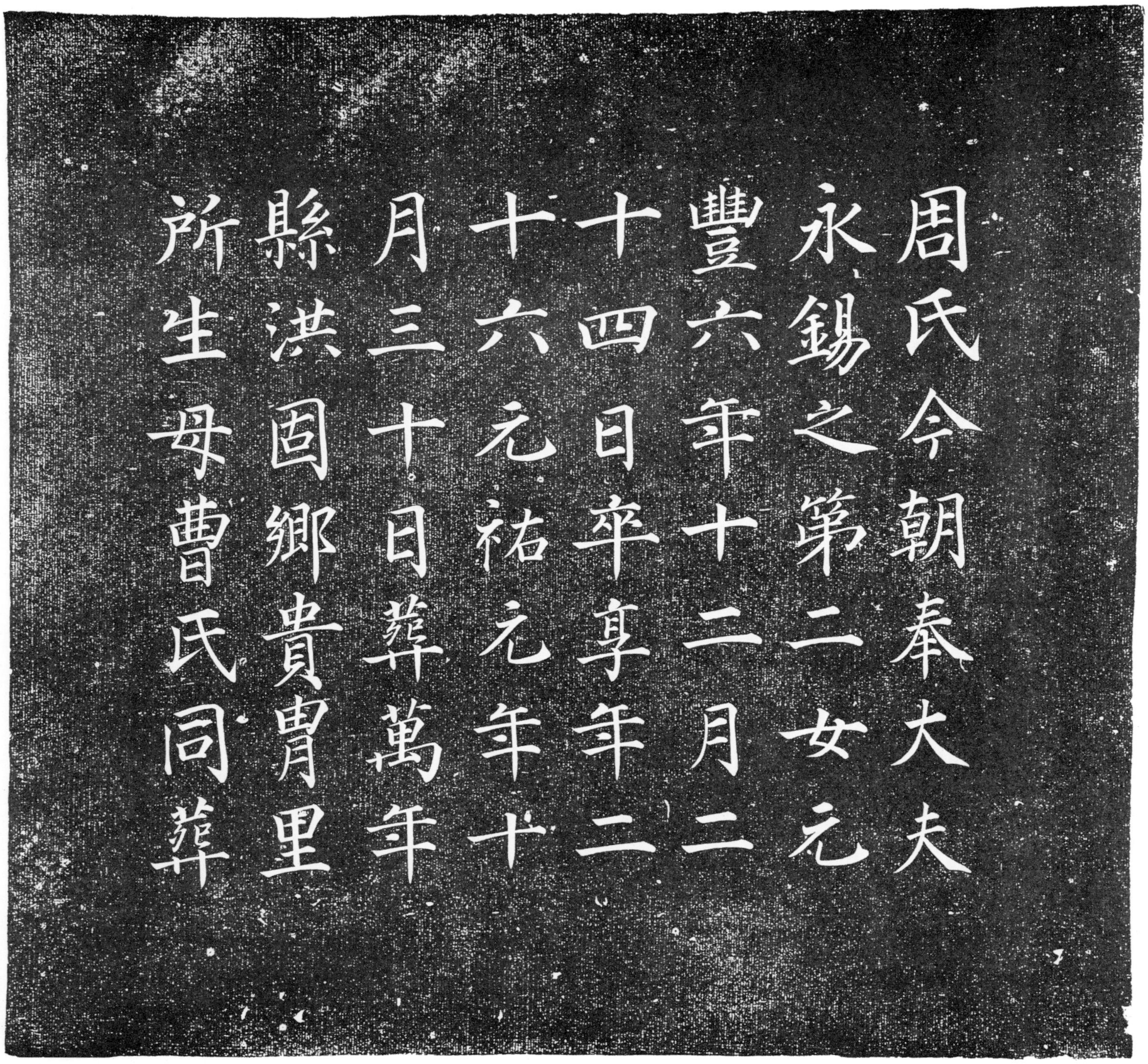
周氏令朝奉大夫
永錫之第二女元
豐六年十二月二
十四日卒享年二
十六元祐元年十
月三十日葬萬年
縣洪固鄉貴胄里
所生母曹氏同葬

三八六　宋周氏墓誌

高四十六、寬四十八釐米。八行，行七字。元豐六年（一〇八三）十二月二十四日卒。年二十六歲。元祐元年（一〇八六）十月三十日葬。

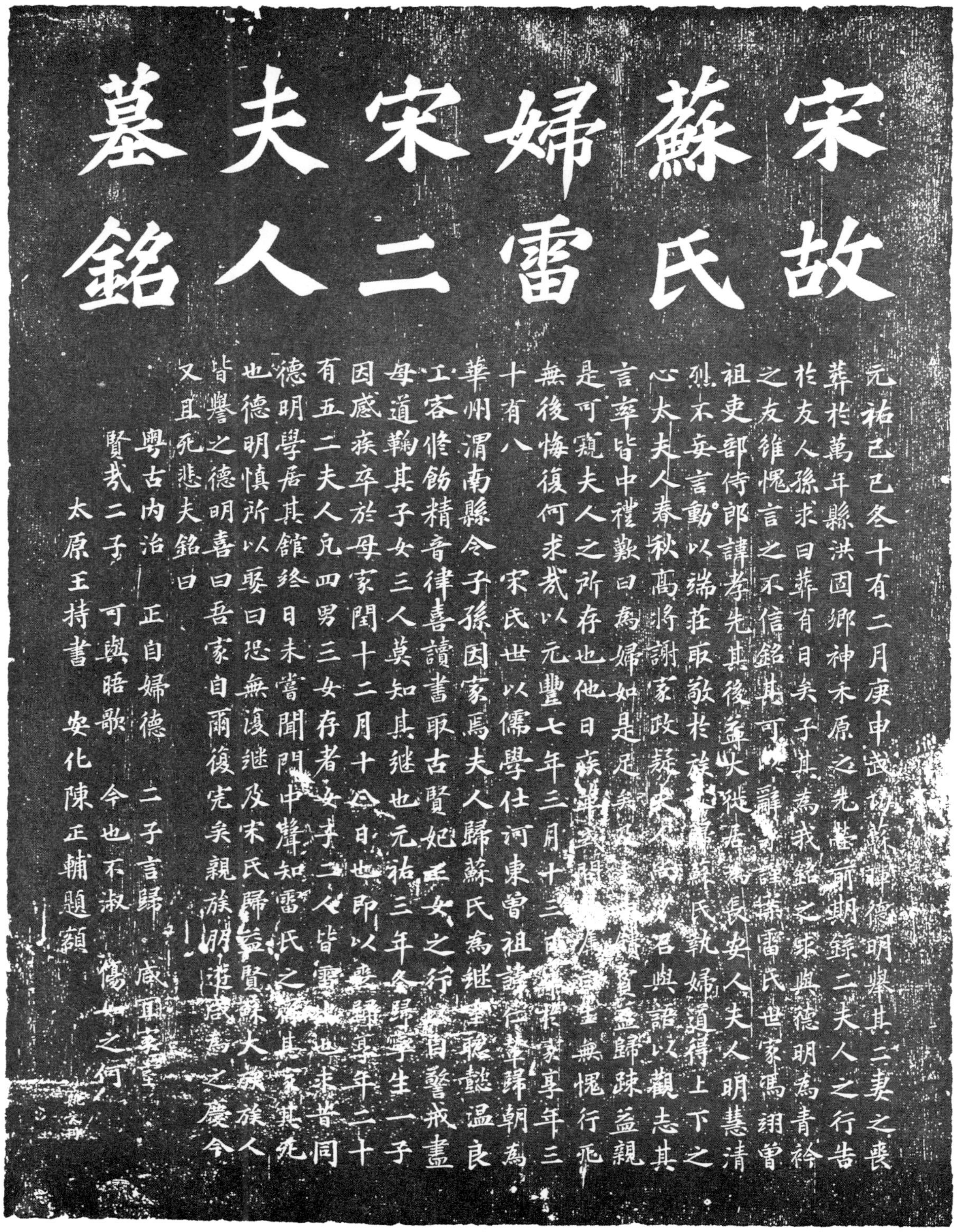
宋故蘇氏婦雷宋二夫人墓銘

三八七　宋蘇暉妻雷宋二氏墓誌

宋故蘇氏（暉）婦雷宋二夫人墓銘

太原王持書。安化陳正輔題額。姚文刊。

高七十三、寬五十五釐米。二十三行，行二十三字。

雷氏元豐七年（一〇八四）三月十三日卒。年三十八歲。宋氏元祐三年（一〇八八）閏十二月十八日卒。年二十五歲。元祐己巳（四年）（一〇八九）十二月二十四日葬。

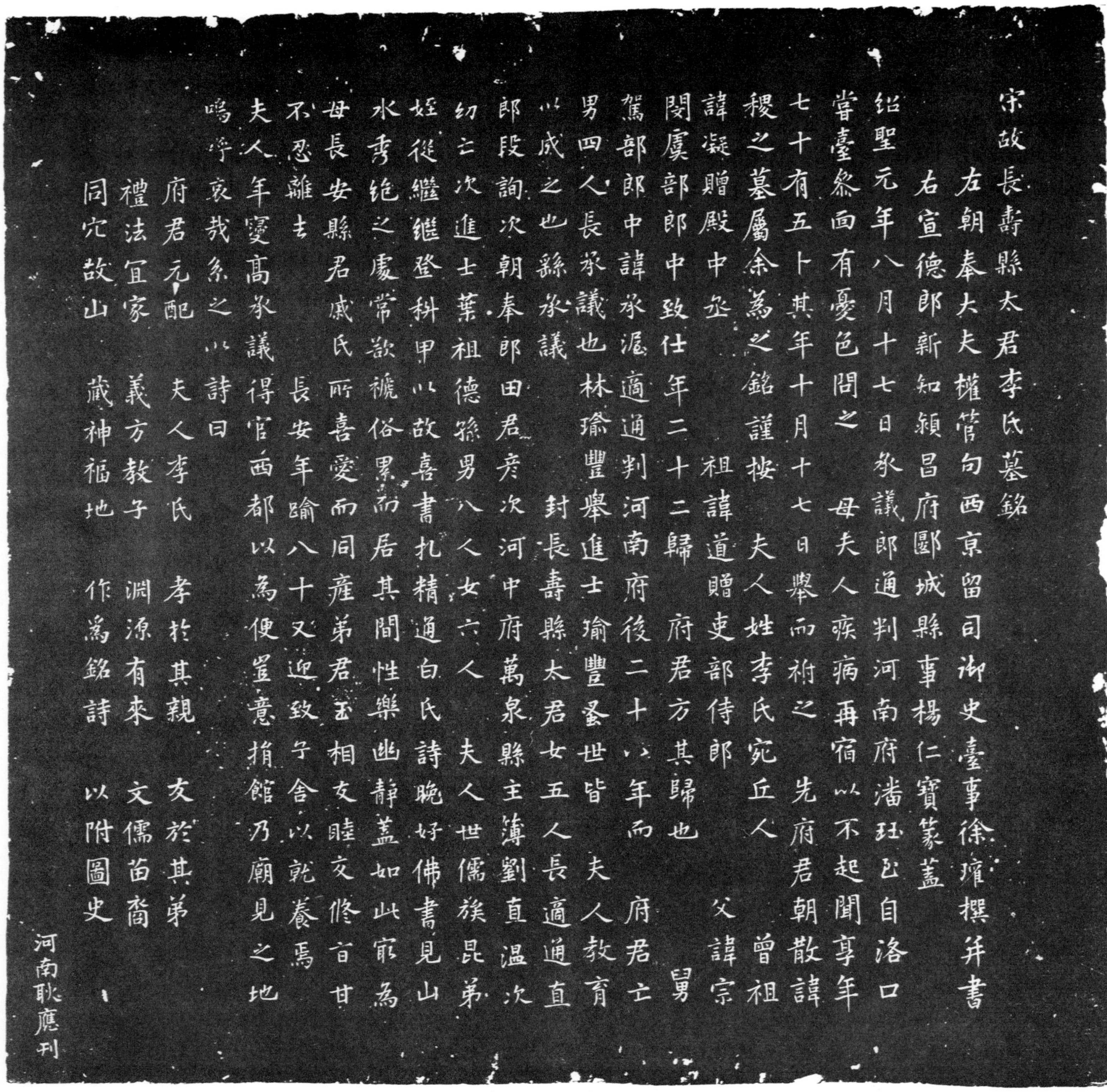
宋故長壽縣太君李氏墓銘
左朝奉大夫權管句西京留司御史臺事徐瓘撰并書
右宣德郎新知潁昌府鄢城縣事楊仁寶篆蓋
紹聖元年八月十七日承議郎通判河南府潘珏已自洛口
嘗臺參而有憂色問之 母夫人疾病再宿以不起聞享年
七十有五卜其年十月十七日舉而祔之 先府君朝散諱
稷之墓屬余為之銘謹按 夫人姓李氏究丘人 曾祖
諱凝贈殿中丞 祖諱道贈吏部侍郎 父諱宗
閔虞部郎中致仕年二十二歸 府君方其歸也 舅
駕部郎中諱承渥適通判河南府後二十以年而 府君亡
男四人長承議也林瑜豐舉進士瑜豐蚤世皆 夫人教育
以成之也孫承議 封長壽縣太君女五人長適通直
郎段詢次朝奉郎田君彥次河中府萬泉縣主簿劉直溫次
幼亡次進士葉祖德孫男八人女六人 夫人世儒族昆弟
姪從繼繼登科甲以故喜書札精通白氏詩晚好佛書見山
水秀絶之處常欲褫俗累而居其間性樂幽靜蓋如此官為
母長安縣君戚氏所喜愛而同産弟君玉相友睦交脩旨甘
不忍離去 長安年踰八十又迎致子舍以就養焉
夫人年寖高承議得官西都以為便置意捐館乃廟見之地
嗚呼哀哉系之以詩曰
府君元配 夫人李氏 孝於其親 友於其弟
禮法宜家 義方教子 淵源有來 文儒苗裔
同穴故山 藏神福地 作為銘詩 以附圖史
河南耿應刊

大宋故長壽縣太君李氏墓銘

三八八 宋潘稷妻李氏墓誌并蓋

宋故長壽縣太君李氏墓銘

左朝奉大夫權管勾西京留司御史臺事徐瓘撰并書。右宣德郎新知潁昌府鄢城縣事楊仁寶篆蓋。河南耿應刊。

高七十四、寬七十三釐米。二十四行，行二十三字。

蓋篆書四行十二字。

紹聖元年（一〇九四）八月十七日卒。年七十五歲。十月十七日葬。

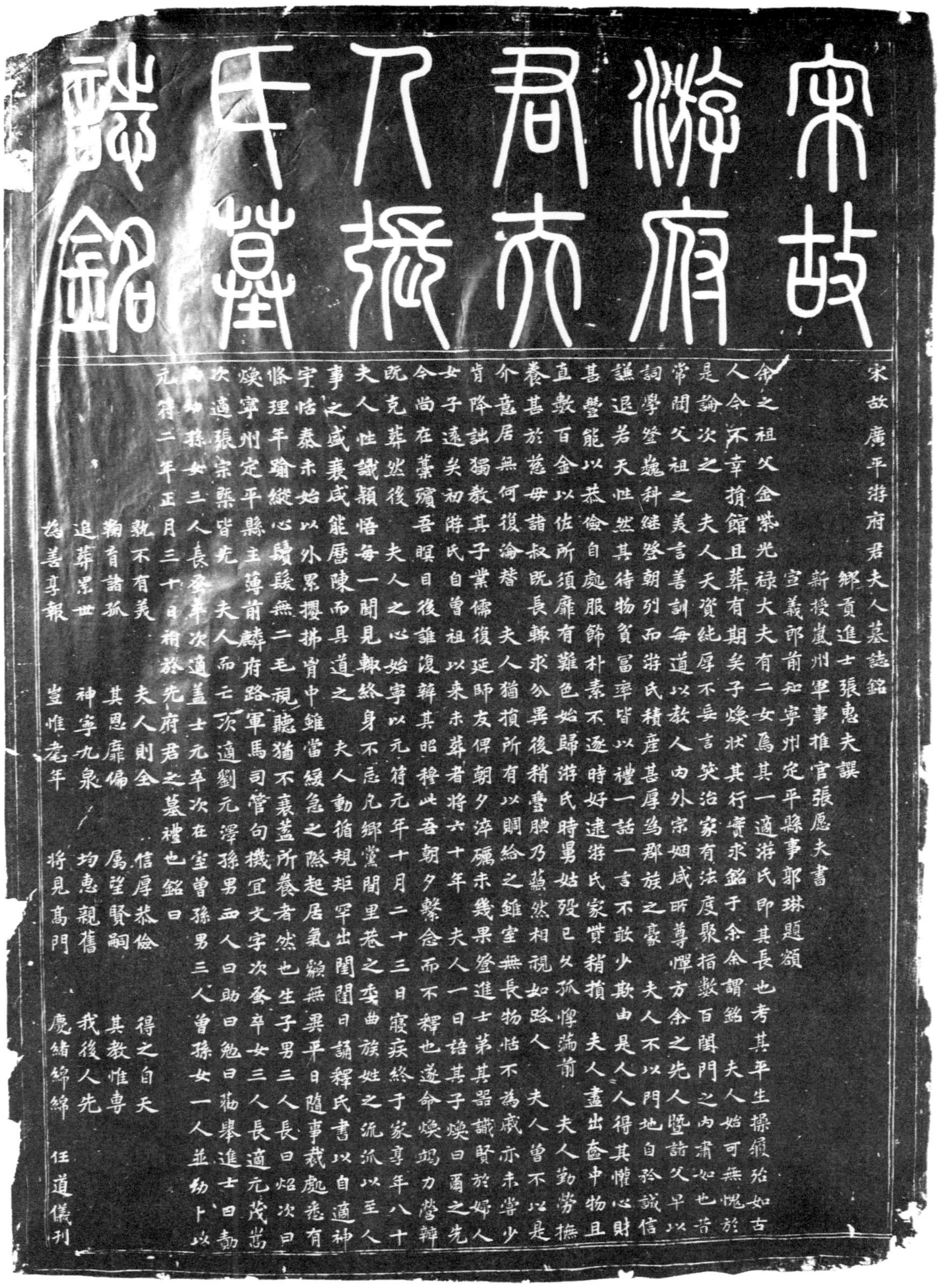

三八九　宋游夫人張氏墓誌

宋故廣平游府君夫人墓誌銘

鄉貢進士張惠夫譔。新授嵐州軍事推官張愿夫書。宣義郎前知寧州定平縣事郭琳題額。任道儀刊。

高八十四、寬六十六釐米。三十行，行三十二字。

元符元年（一〇九八）十月二十三日卒。年八十歲。元符二年（一〇九九）正月三十日葬。

宋宗室裕之新婦墓誌銘
宣義郎試起居舍人兼權中書舍人賜紫金魚袋臣張邦昌撰
翰林書藝局藝學臣王玠書并篆蓋
夫人盧氏世家開封曾大父永昌大父霞父
約左侍禁夫人生而聰明孝淑侍禁君與其
配李氏特愛之既笄聞宗子裕之賢乃以妻
焉是爲贈定州觀察使博陵侯之婦入門而
媼御咸喜閱歲而娣姒皆化裕之好文辭每
從士大夫游夫人左右佽助進其志於學事
姑長壽君夙夜不懈他婦莫能及姑嘗曰事
我不當如是耶崇寧三年六月二十日卒于
徐州享年二十六女一人未行大觀二年十
二月二十七日葬于汝州梁縣銘曰
展彼靜姝毓德自初來嬪公子
媚于其姑如蘭之專奄忽以徂
刻銘其藏淑問不渝
少府監玉册官臣朱焕刊

三九〇　宋趙裕之妻盧氏墓誌

宋宗室（趙）裕之新婦墓誌銘

宣義郎試起居舍人兼權中書舍人賜紫金魚袋臣張邦昌撰。翰林書藝局藝學臣王玠書并篆蓋。少府監玉册官臣朱焕刊。高寬均七十三釐米。十七行，行十七字。崇寧三年（一一〇四）六月二十日卒。年二十六歲。大觀二年（一一〇八）十二月二十七日葬。

宋故承事郎王君墓誌銘

三九一 宋王珣墓誌

宋故承事郎王君（珣）墓誌銘

將仕郎充秦鳳等路提舉學事司管勾文字周祠撰。登仕郎秦州天水縣主簿王宰書丹并篆額。刊字人張存。

高一百二十三、寬六十五釐米。二十五行，行四十五字。

崇寧三年（一一〇四）五月十九日卒。政和三年（一一一三）八月十二日葬。

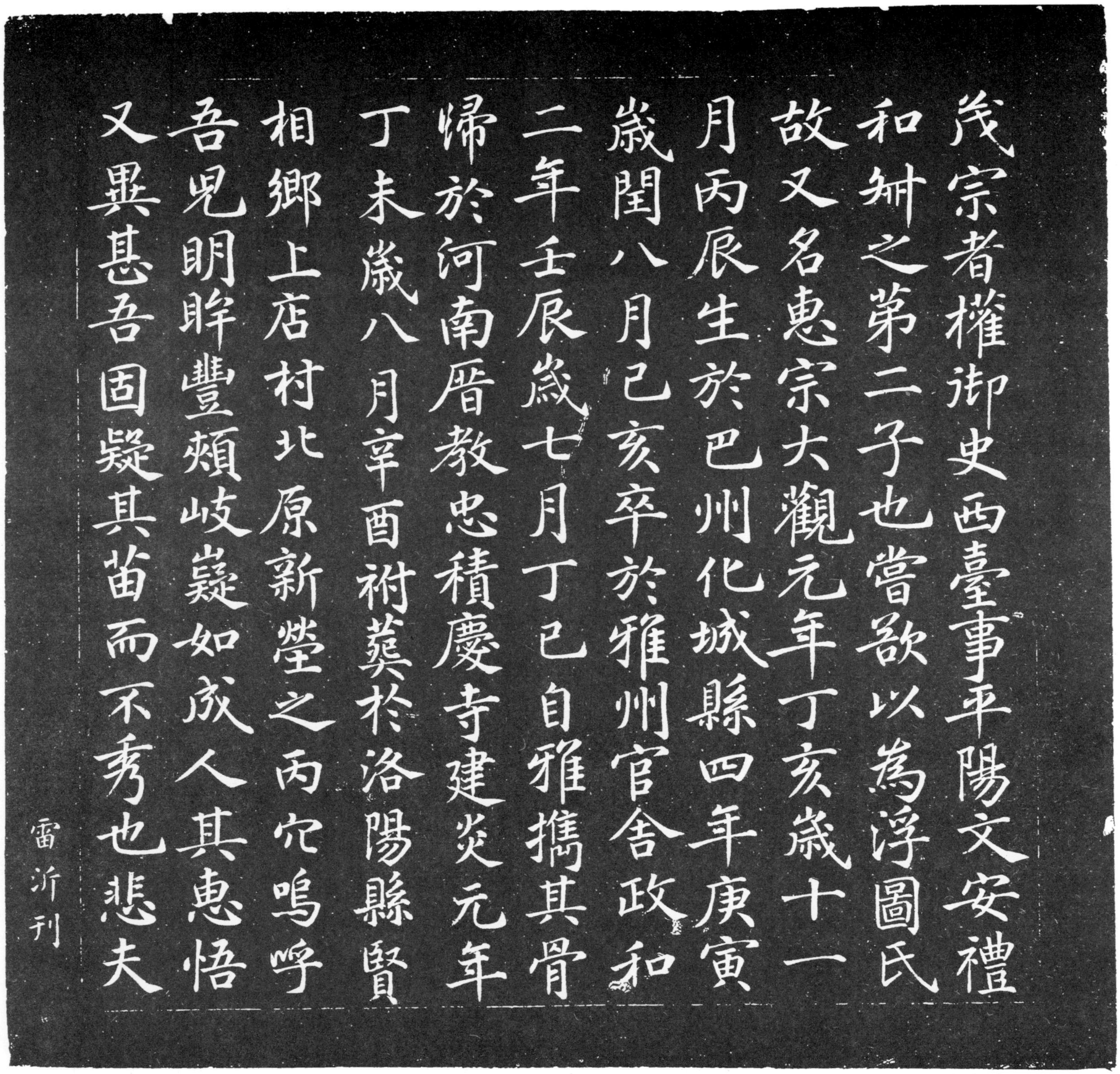

茂宗者權御史西臺事平陽文安禮
和叔之第二子也嘗欲以為浮圖氏
故又名惠宗大觀元年丁亥歲十一
月丙辰生於巴州化城縣四年庚寅
歲閏八月己亥卒於雅州官舍政和
二年壬辰歲七月丁巳自雅攜其骨
歸於河南厝教忠積慶寺建炎元年
丁未歲八月辛酉祔葬於洛陽縣賢
相鄉上店村北原新塋之丙穴嗚呼
吾兒明眸豐頰岐嶷如成人其惠悟
又異甚吾固疑其苗而不秀也悲夫
雷沂刊

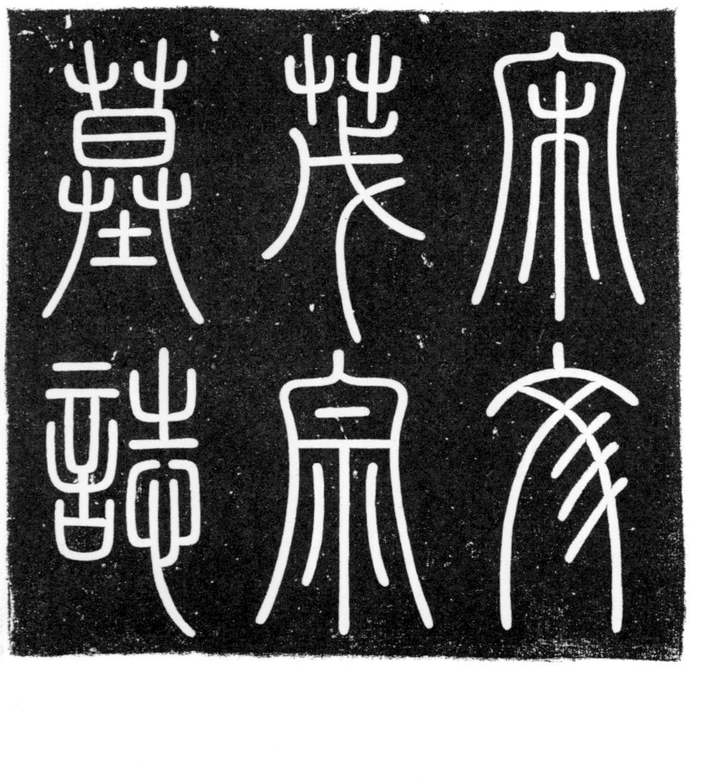
宋文
茂宗
墓誌

三九二　宋文茂宗墓誌并蓋

雷沂刊。

高三十八、寬三十九釐米。十二行，行十四字。

蓋篆書三行六字。

大觀元年（一一〇七）十一月五日生。

大觀四年（一一一〇）閏八月三日卒。

建炎元年（一一二七）八月四日葬。

宋故安君墓誌銘

三九三

宋安覿墓誌

宋故安君（覿）墓誌銘

姪從事郎前同知樞密院事主管文字（安）及之撰文。婿從政郎前河東路制置使司幹辦公事張俊書。姪宣教郎前權通判清州事借緋魚袋（安）勉之題蓋。王彥刊。

高九十五、寬六十一釐米。十九行，行二十一字。

建炎元年（一一二七）七月十九日卒。年八十四歲。八月二十七日葬。

三九四 金黃斡窩魯不墓誌

大金故武節將軍黃斡公（窩魯不）墓誌銘

武洵直撰。

高五十四、寬三十四釐米。十七行，行三十一字。

明昌七年（一一九六）正月十日卒。年七十一歲。承安四年（一一九九）八月二十四日葬。

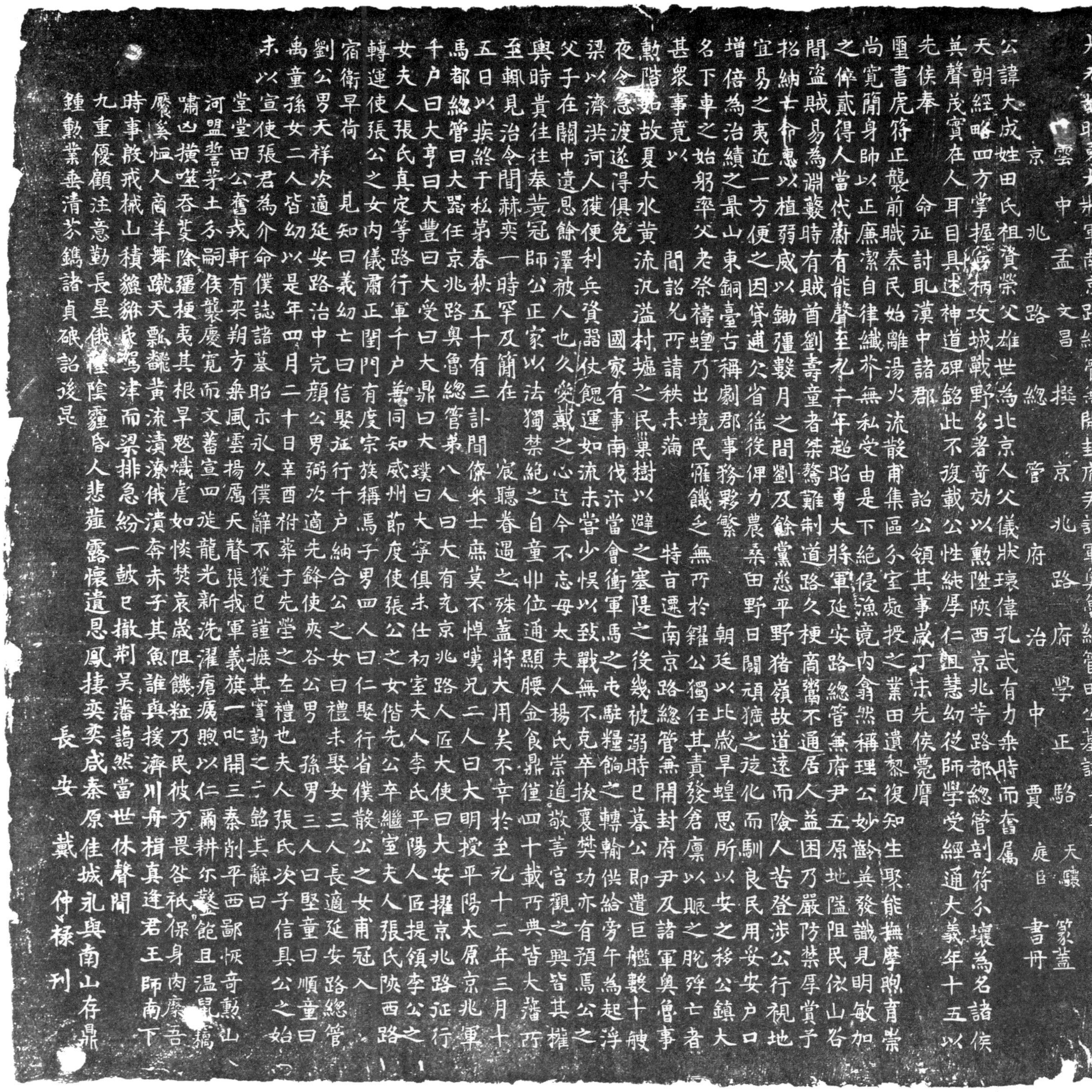

三九五　元田大成墓誌并蓋

大元故昭勇大將軍南京路總管兼開封府尹諸軍奧魯總管田公（大成）墓誌并銘

雲中孟文昌撰。京兆路府學正駱天驤篆蓋。京兆路總管府治中賈庭臣書丹。長安戴仲祿刊。

高寬均八十釐米。三十八行，行三十八字。

蓋篆書六行三十字。

至元十二年（一二七五）三月十五日卒。年五十三歲。四月二十日葬。

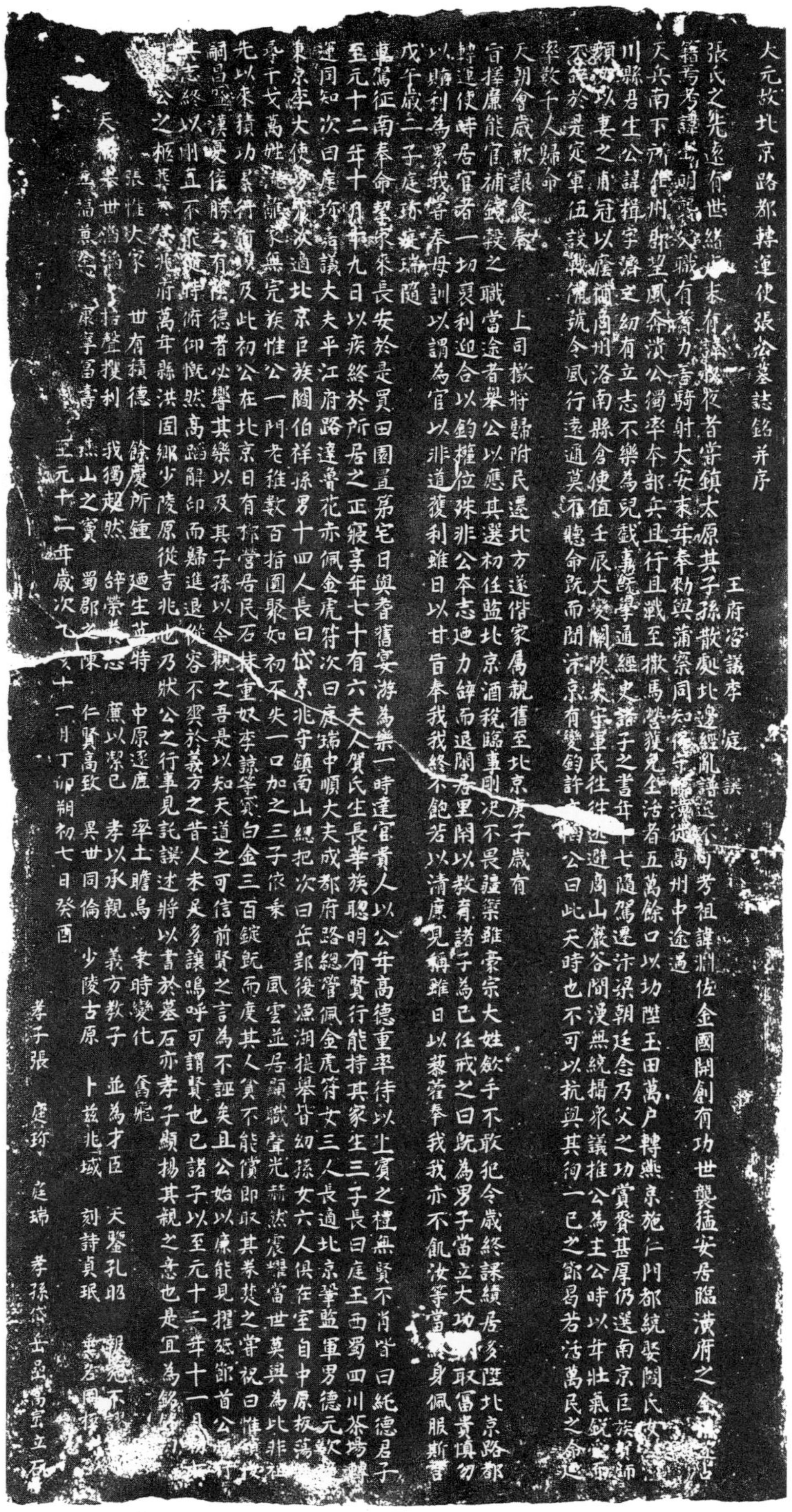

三九六 元張楫墓誌

大元故北京路都轉運使張公（楫）墓誌銘并序

王府咨議李庭譔。孝子張庭珎、庭瑞，孝孫岱、岳、嵒、嵩、密立石。

高一百零七、寬五十六釐米。二十八行，行五十六字。

至元十二年（一二七五）十月十九日卒。年七十六歲。十一月初七日葬。

大元故
范文卿
墓誌銘

三九七 元范祖文墓誌并蓋

大元故范君文卿墓誌銘

□澤侯均撰并書蓋。曾福刊。

高四十七、寬四十五釐米。二十三行，行二十三字。

蓋隸書三行九字。

元貞元年（一二九五）十月八日卒。年五十八歲。繼夫人王氏大德三年（一二九九）十二月三十日卒。年五十六歲。大德四年（一三〇〇）正月二十日葬。

大元故進
義校尉盩
厔縣尉張
君墓誌銘

三九八　**元張文玉墓誌并蓋**

大元故進義校尉奉元路盩厔縣尉張君（文玉）墓誌銘并叙

奉訓大夫前諸色人匠總管王惟忱譔。

朝列大夫四川行省郎中致仕鄭琬題蓋。

奉元路儒學正王瓚書。

高五十、寬五十二釐米。三十四行，行三十三字。

蓋隸書四行十六字。

至治元年（一三二一）十月四日卒。年五十二歲。十一月一日葬。

墓誌邊飾

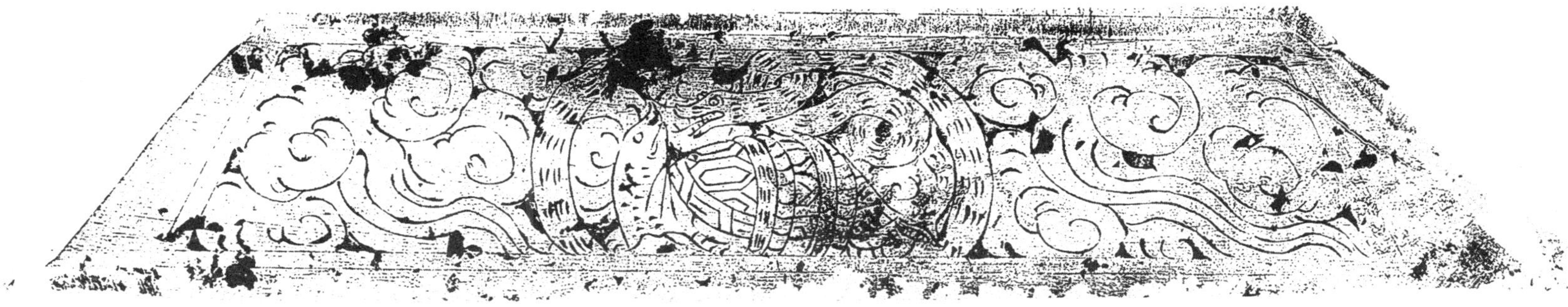

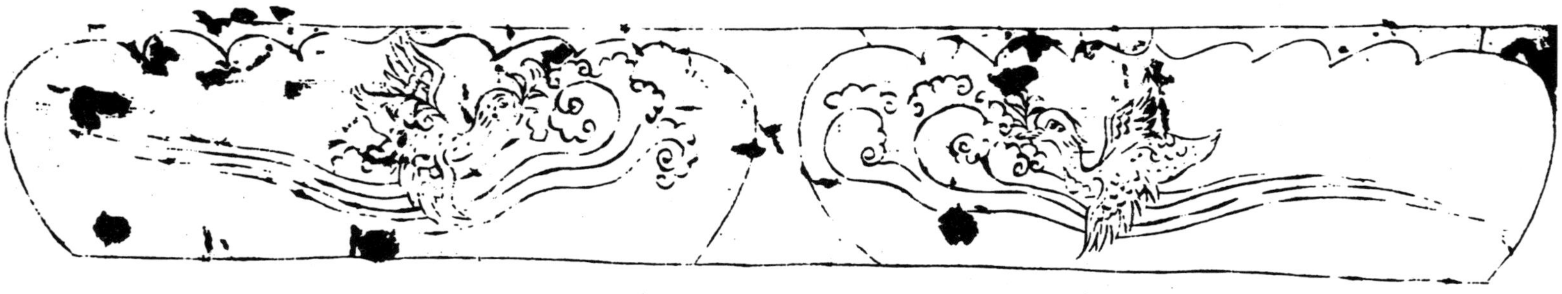

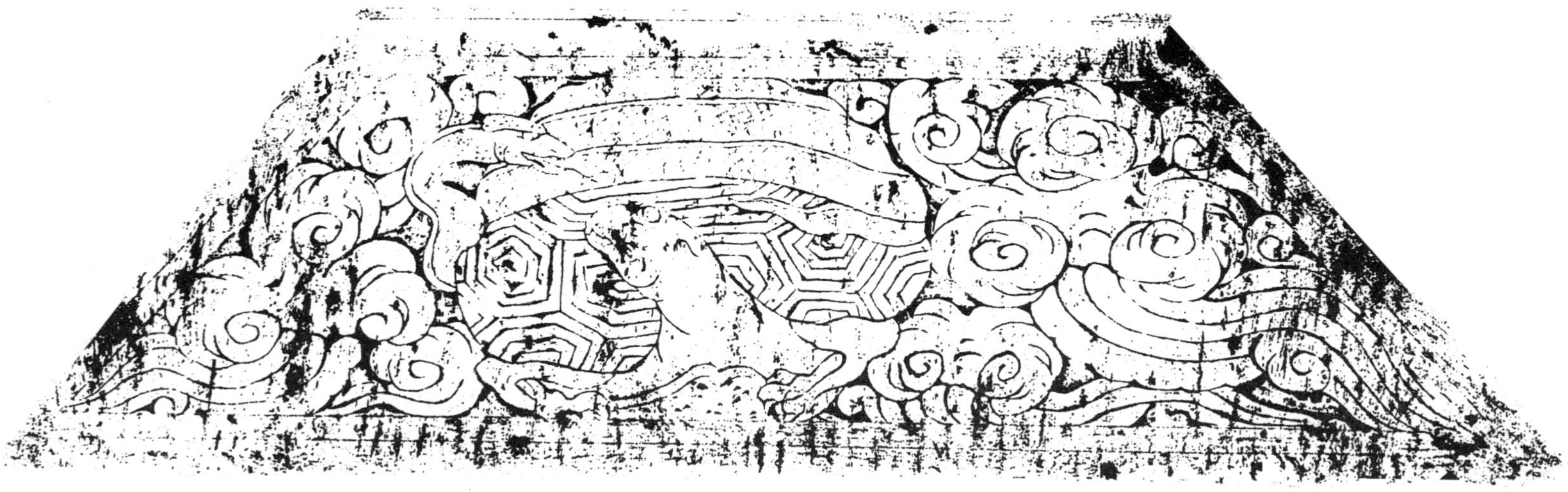

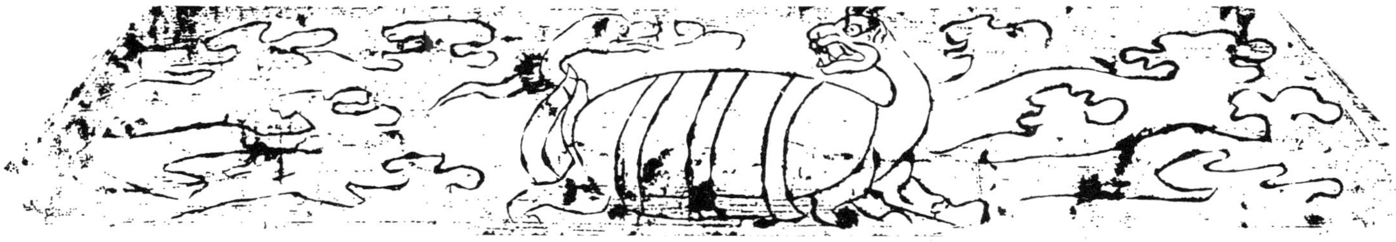

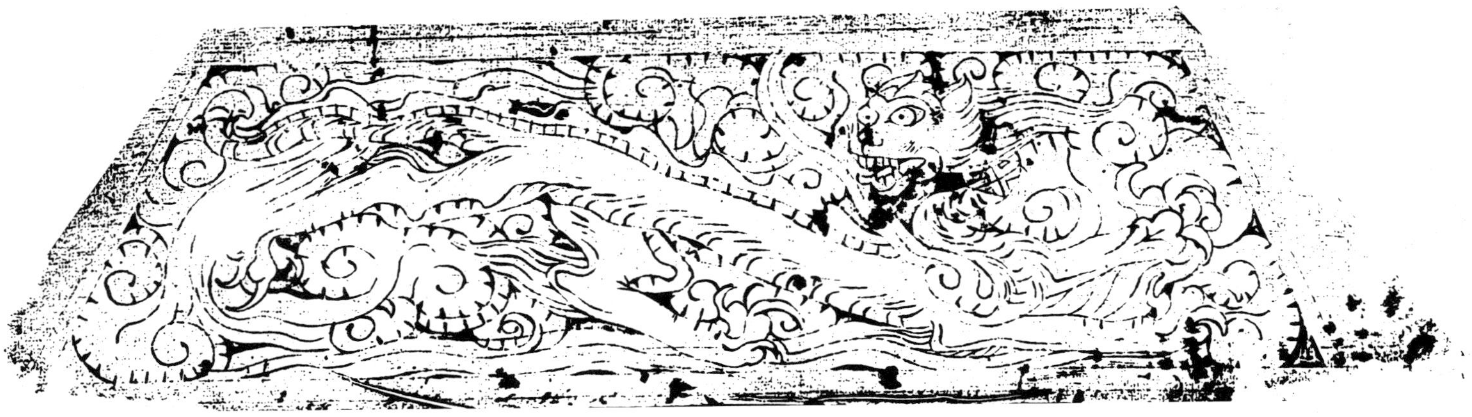

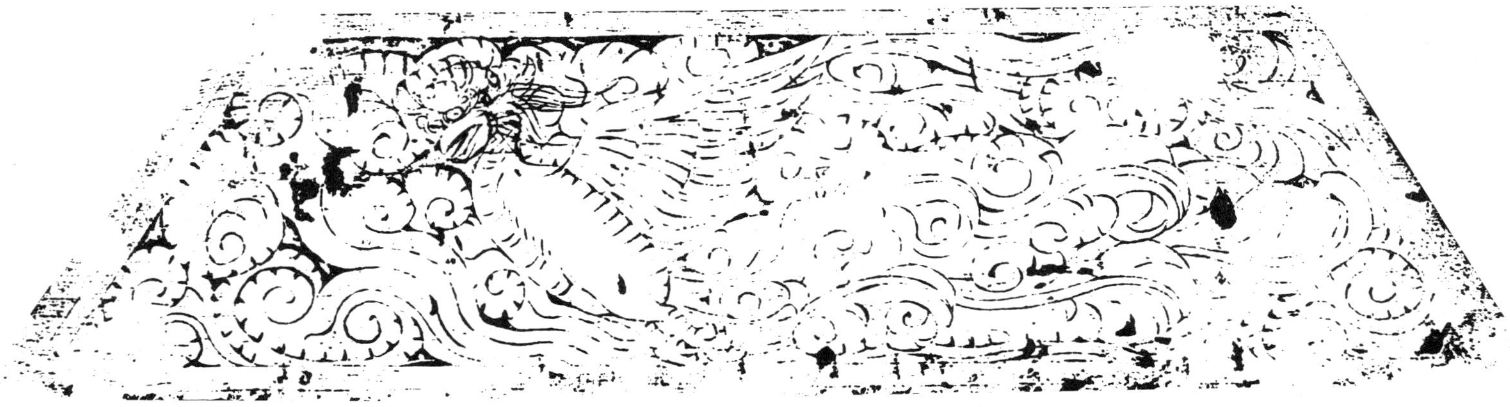

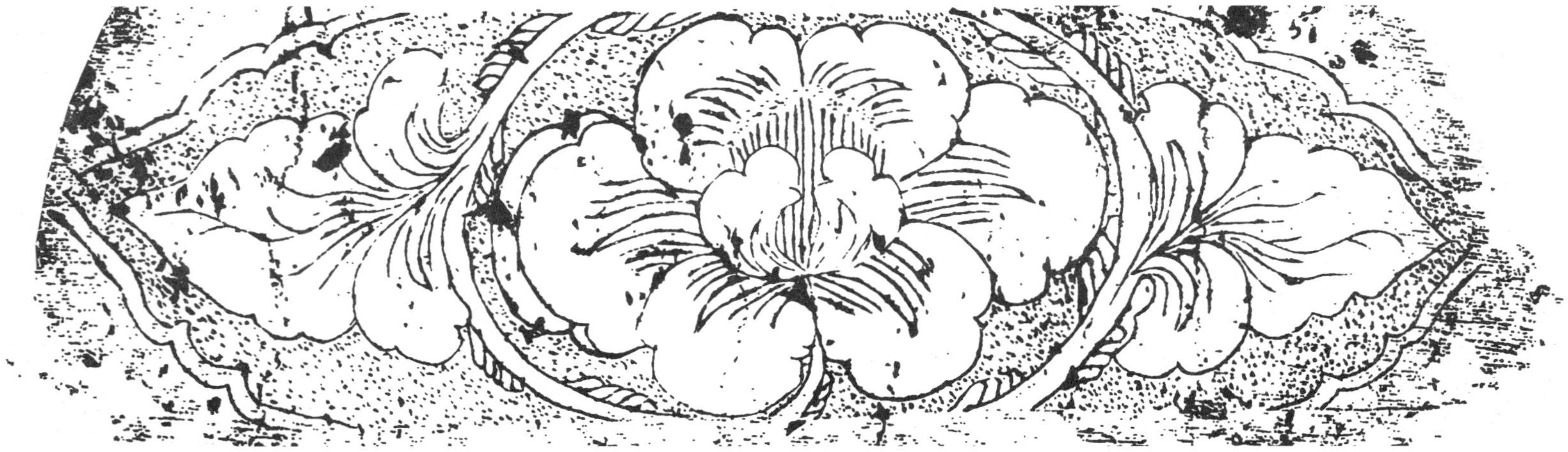

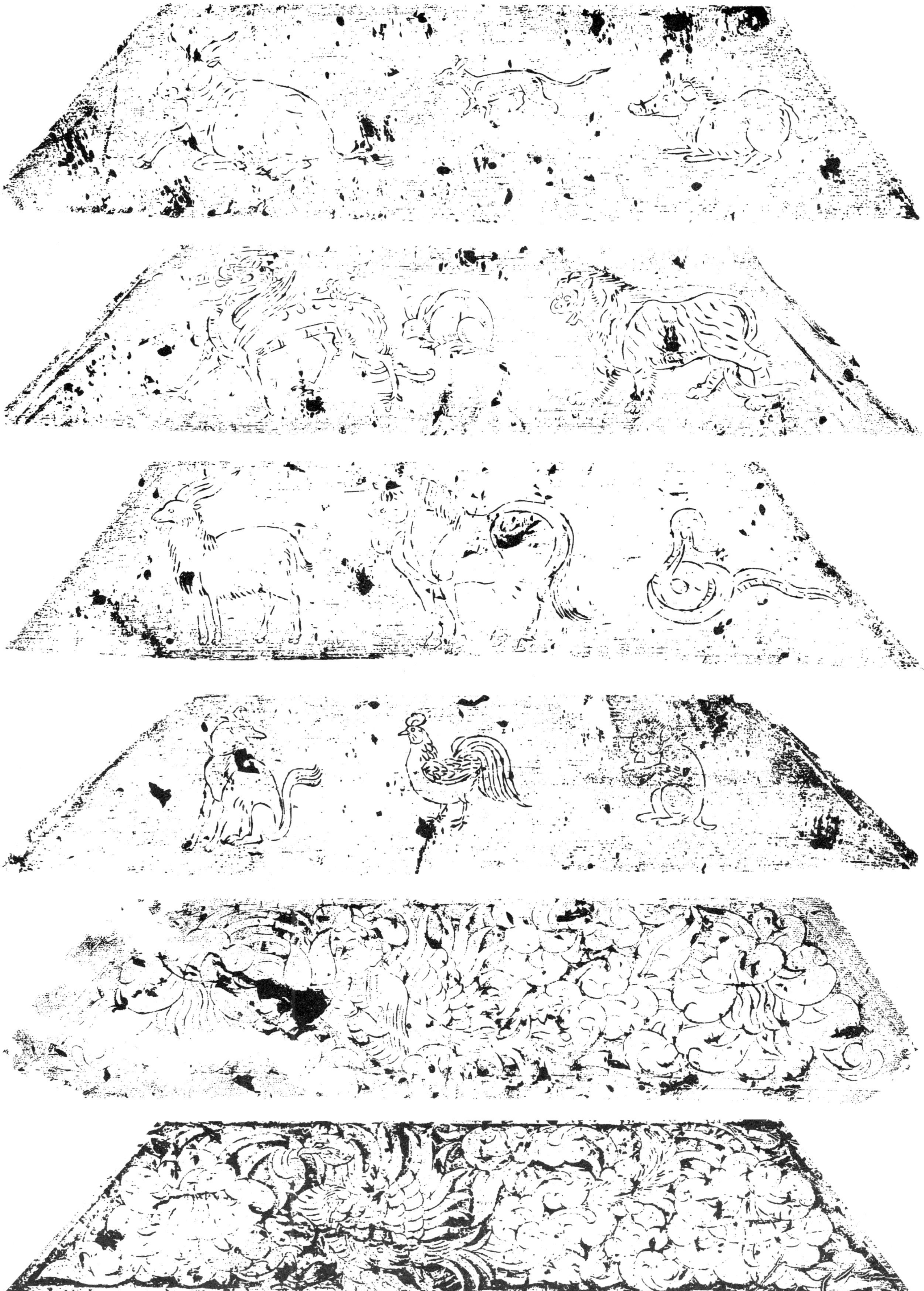

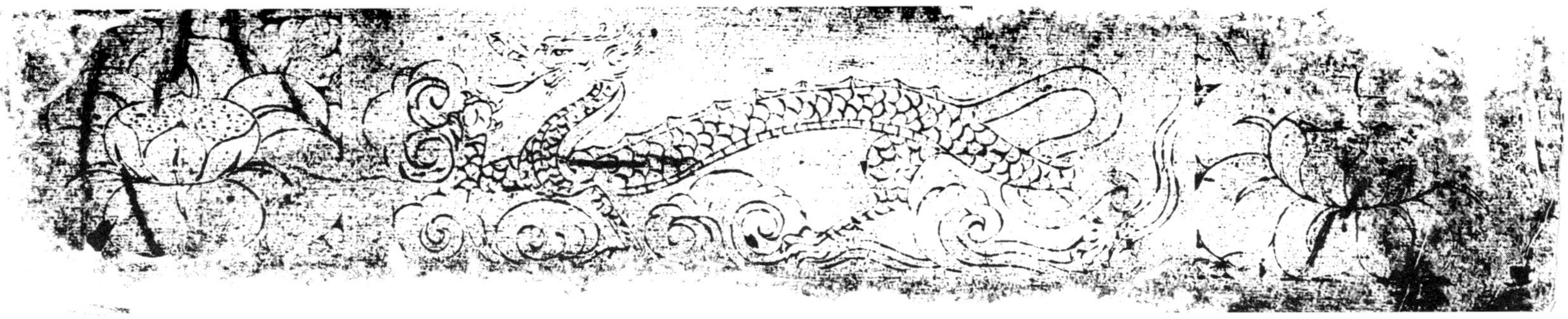

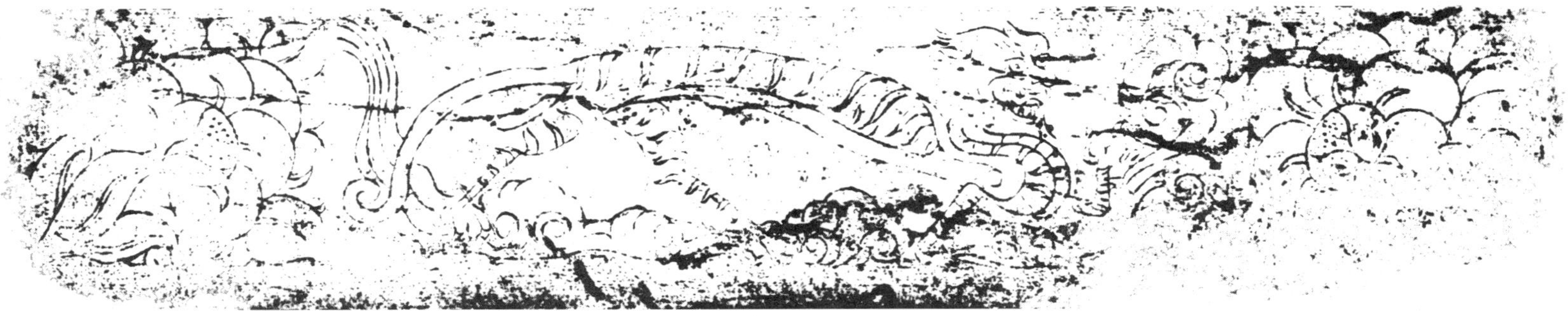

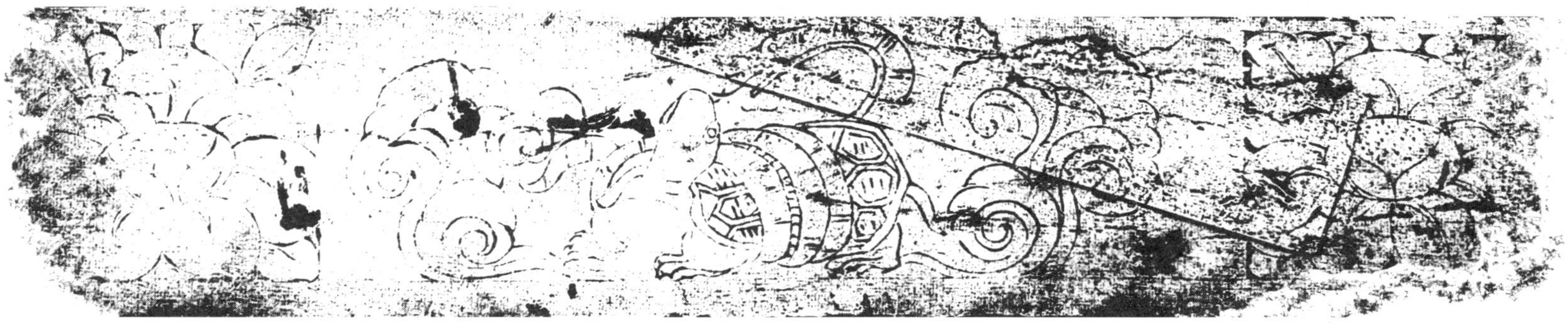

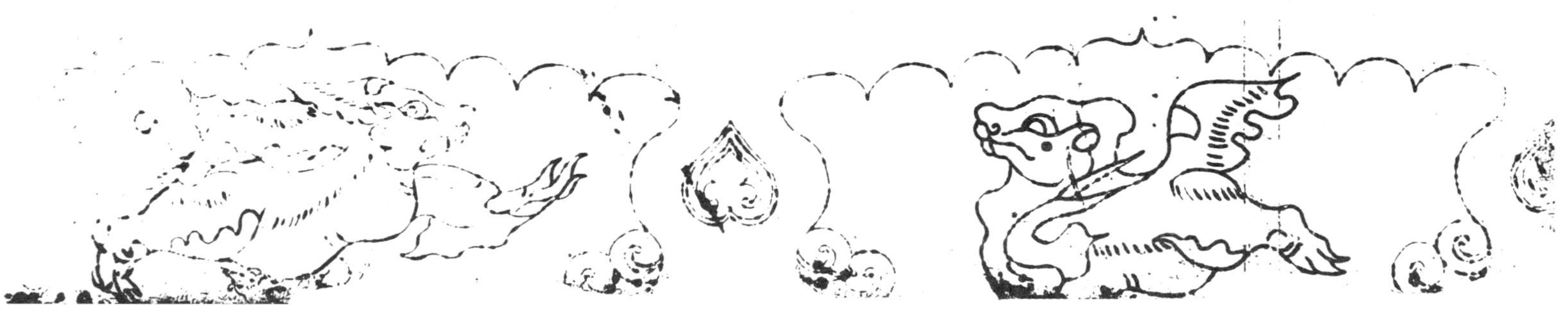

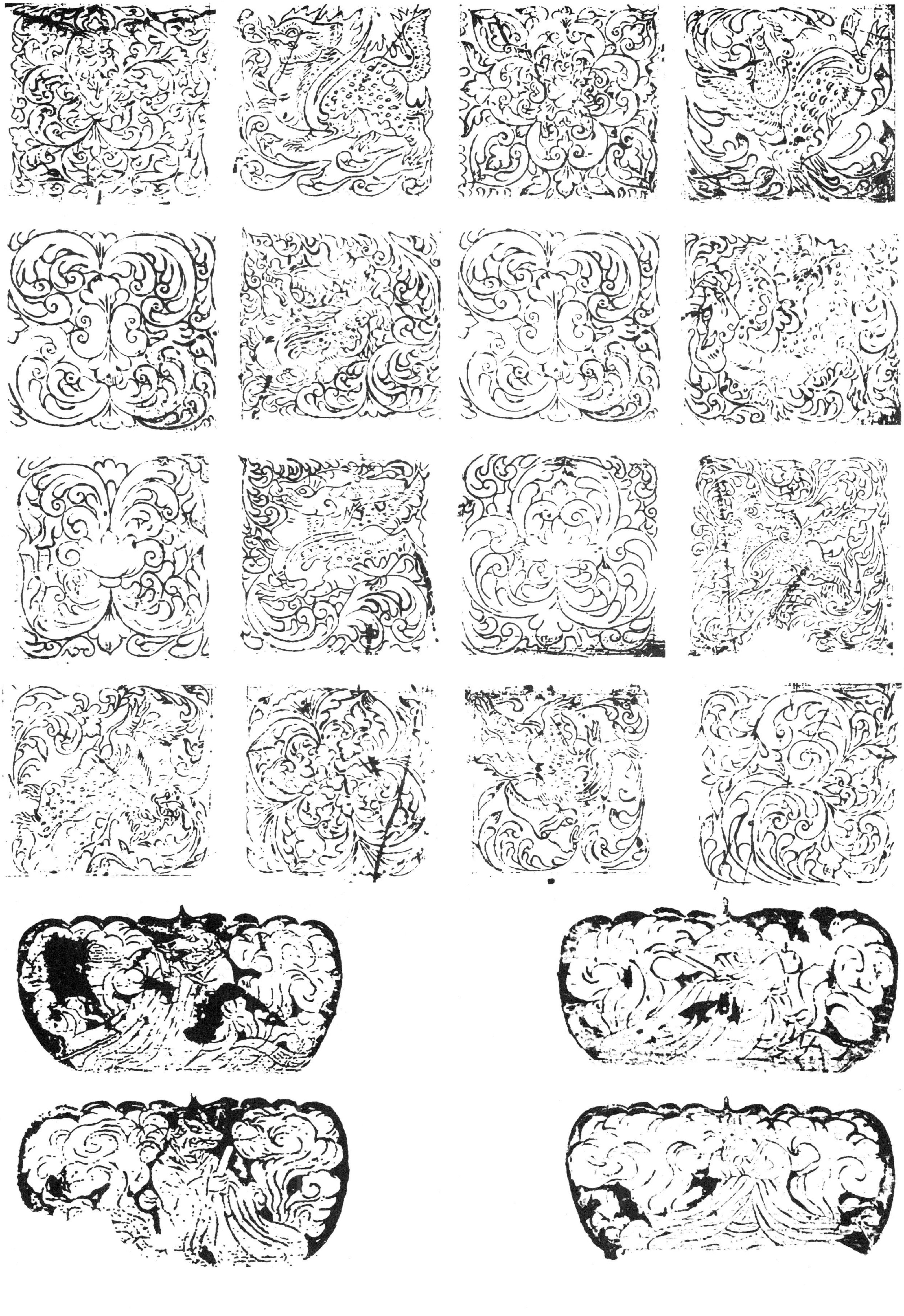

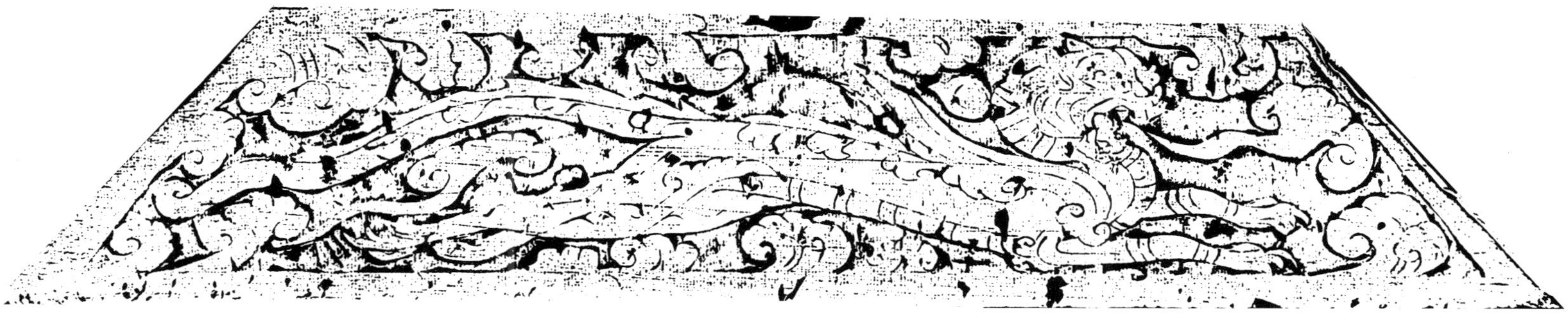

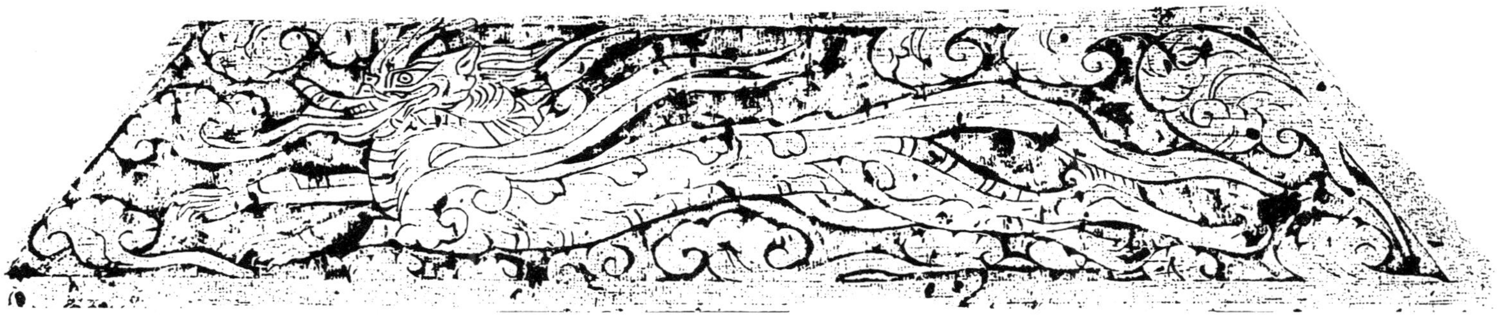

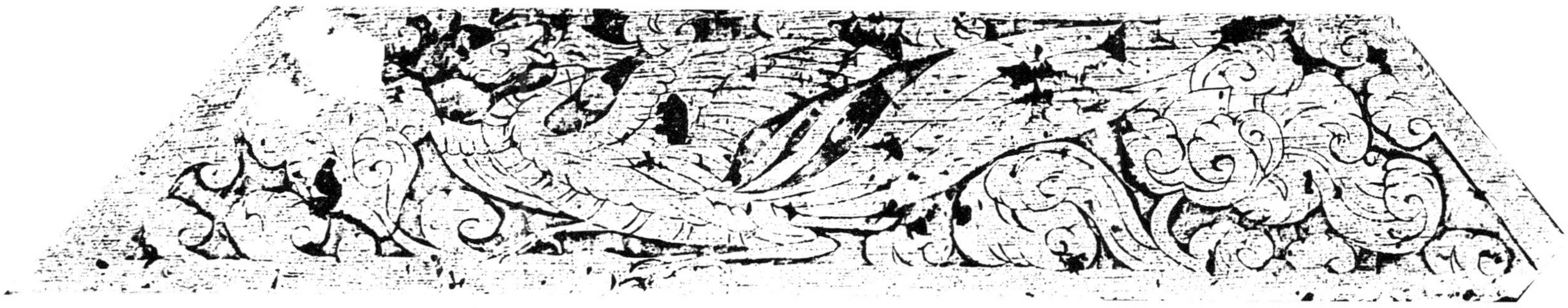

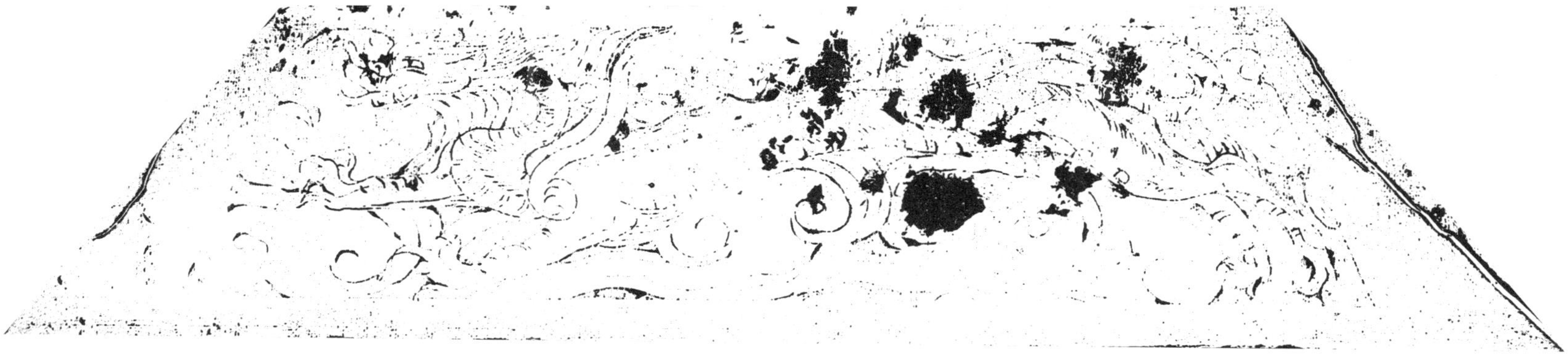

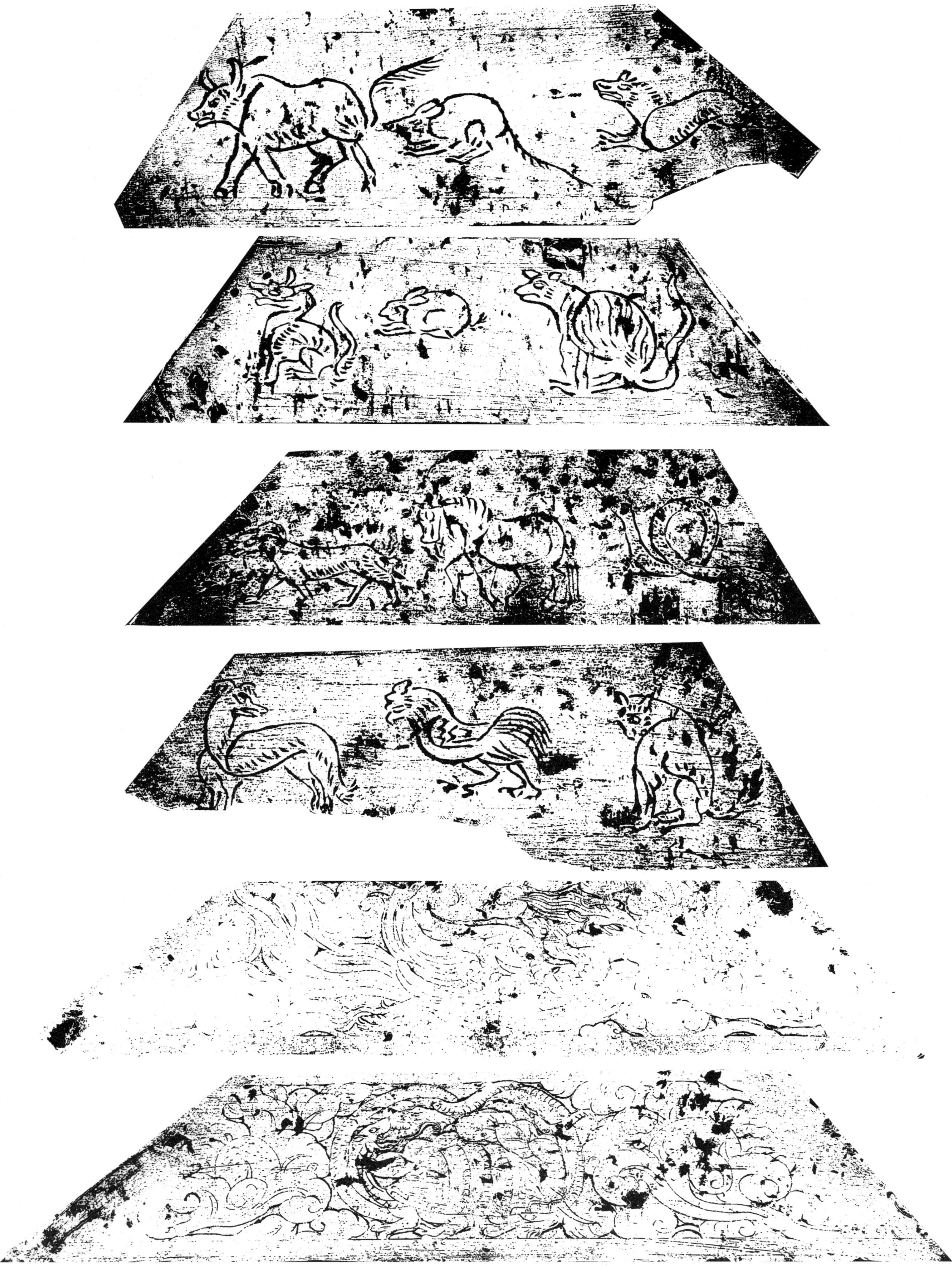

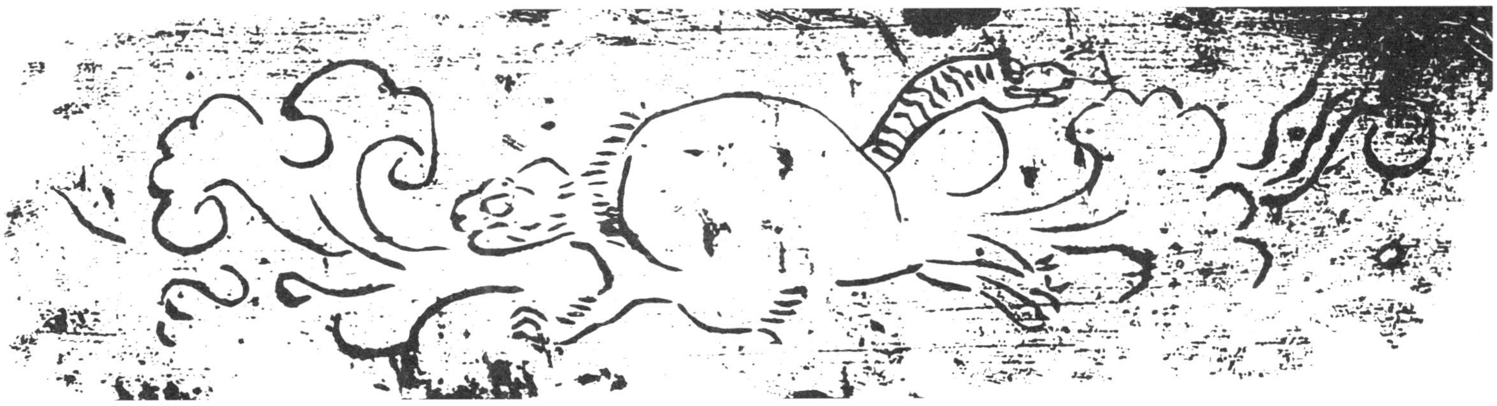

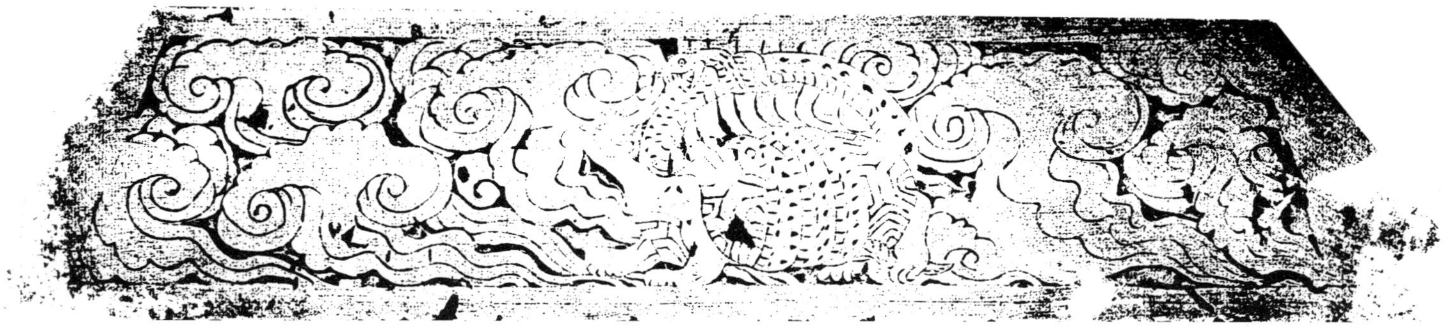

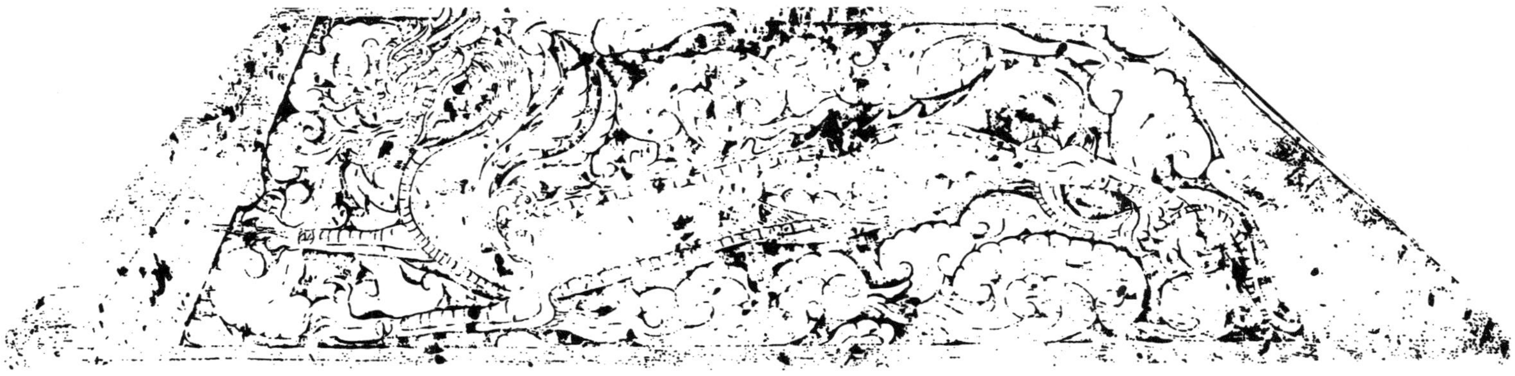

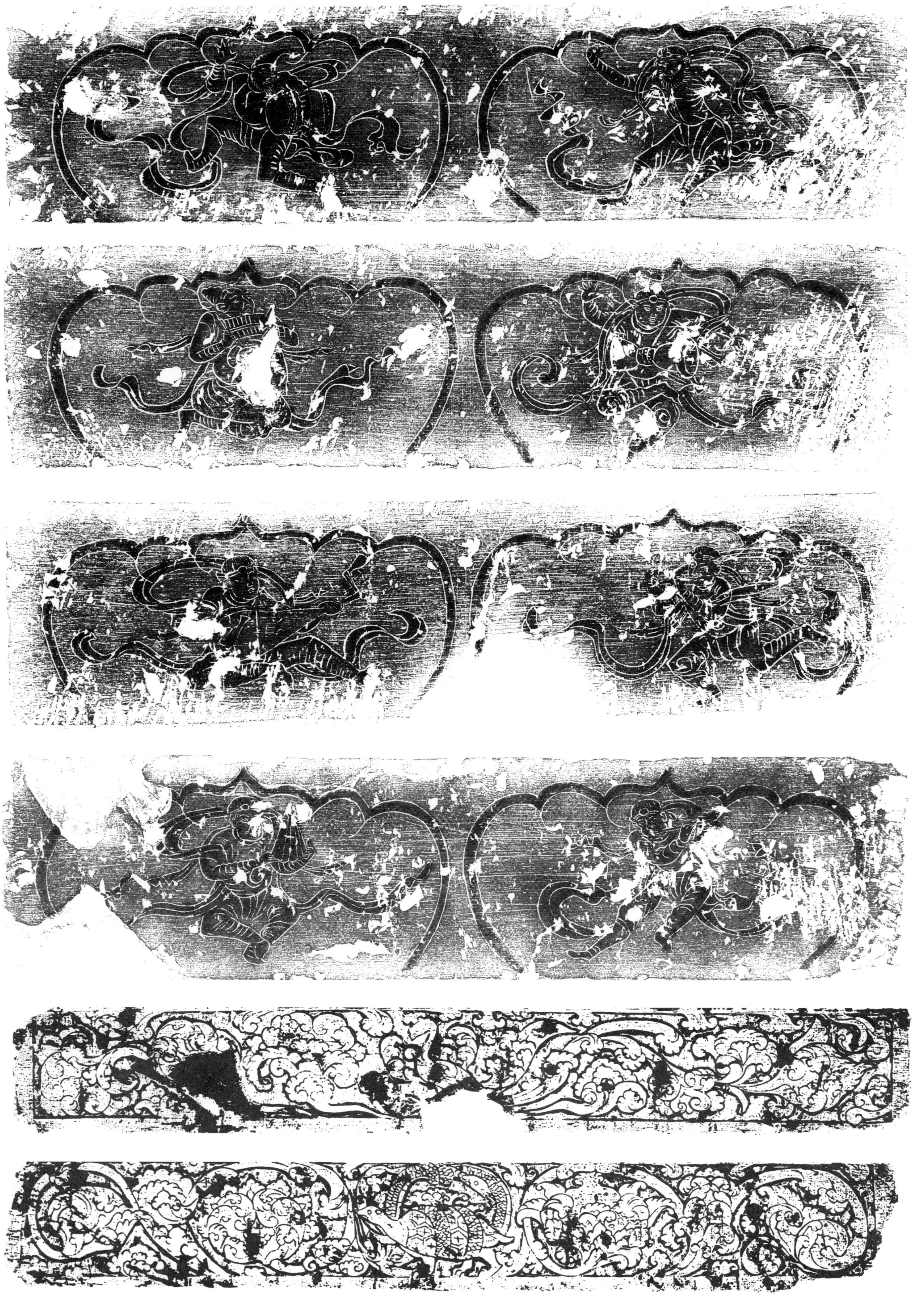

後記

一塊文字刻石，看似冰冷地、静止地躺在這裏，但它所告訴我們的，却是鮮活的、歷史上曾經發生過的轟轟烈烈的真實故事。

石頭，承載着整個人類文明發展的歷史。從原始社會的石頭工具，到多種用途的石頭製品；從架橋鋪路到堅固的萬里長城；從簡陋的民房到巍峨的宫殿，都離不開石頭的身影。

人類進入文明社會，文字的出現，爲石頭提供了更加廣闊的用武之地。「刻于金石，以爲表經」（《史記・秦始皇本紀》）。石頭成爲了人們用來表達、記録思想的載體。從秦始皇泰山等地的紀功刻石，到天安門廣場的人民英雄紀念碑，石刻的文字綿延了二千多年，真實地記録了中華民族歷史的不朽篇章。

石刻文字的研究，與石刻文字相伴而生，至宋代達到了歷史上第一個高峰。「欲考歷代種族之區别，疆域之開拓，社會之習尚，文化之變遷，宗教之流傳，均宜取之金石以爲佐證」（陸和九《中國金石學》）。清末以降，學者更是從文物、考古、歷史、文學、哲學、藝術、科學、軍事等廣泛的知識領域，精研細究，使石刻文字研究達到了空前的高度。

石刻文字研究離不開石刻拓本。石刻拓本是保存和介紹石刻文字的得力工具，能逼真地反映出石刻的原貌，成爲學者們研究石刻最直接的資料。中國文化中利用拓本的歷史十分悠久，能够保存至今的拓本都極其珍貴，唐宋拓本自不必説，就是明清拓本，甚至原石已佚的近代拓本，都可以列入國家級文物。

洛陽九朝刻石文字博物館，是專業的民營石刻博物館。陳列着東漢、兩晉、北魏、東魏、西魏、北齊、北周、隋、唐（含武周、大燕）、五代、宋、元、明、清等近二十個朝代的石刻拓本資料及部分石刻文物。博物館利用豐富的藏品資源，爲社會文化服務，把向社會開放、對外宣傳、收藏研究作爲博物館的努力方向。

洛陽九朝刻石文字博物館從創辦到開館，都始終得到了我國文物界前輩、國家文物鑒定委員會主任傅熹年先生的關愛，先生對藏品的入藏，嚴格鑒定甄選，并親自題寫了館名。河南省、洛陽市文物局給予了强有力的支持，先後派出多批專家莅臨指導，使博物館從藏品分類管理到陳列展覽，都得到了科學的規劃和有效的利用。

博物館在籌備過程中，也得到了社會文化界、收藏界朋友的大力支持，紛紛慷慨解囊，饋贈拓本，使博物館的藏品從數量到質量都得到了豐富和提升。

《洛陽新獲墓誌二〇一五》便是近年爲籌辦博物館所徵集到的拓本中的新見精品，結集奉獻社會，感謝社會各界對博物館的支持和厚愛。

《洛陽新獲墓誌二〇一五》的編纂和出版，凝聚着大量友朋的心血和期望。洛陽文物界前輩、石刻古文字專家陳長安先生、蔡運章先生對石刻拓本進行了分類鑒定。收藏界朋友孟雙虎、祝强、丹旭等無償提供了部分拓本藏品。

上海復旦大學教授、中國唐代文學學會會長陳尚君先生，肯定了館藏拓本的文化價值，對部分藏品所藴含的歷史史實給予了研究，并在百忙之中爲本書撰寫序言，使本書陡增光彩。復旦大學漢唐文獻工作室的仇鹿鳴先生、唐雯女士對書中收入墓誌拓本的卒葬年代進行了科學的歸類和分期。

本書的出版，要特别感謝的是中華書局資深編審許逸民先生，從體例格式到書名確定，都進行了反復斟酌和指導。我與許逸民先生在上世紀九十年代共同承擔國家大型古籍整理項目《續修四庫全書》工作時，曾并肩十年，這種深厚的師友之誼，令人終生難忘。

中華書局總經理徐俊先生，更是一直關心着洛陽九朝刻石文字博物館的籌備進展情況，并對本書在開館之際出版給予了全力的支持和指導。中華書局歷史編輯室主任李静女士、編輯李爽女士對本書進行了認真的修改核對，并提出實貴的意見。

最後要説明的是，本書的出版是洛陽九朝刻石文字博物館全體工作人員共同努力的結果。從藏品徵集、分類保管、拓片拓製、裝裱照相到編排組稿等，這種聚沙成塔的力量是一定要銘刻在博物館的發展進程中的。他們是：楊建鋒、王化昆、金正新、余扶危、李曉哲、宋彦洪、梁斌、金振國、李向旗、巴建平、孟獻偉、孟慶旋、馬蛟龍、馬洛、鄧盼、金科、巴峥。限於水平，書中謬誤不當之處難免，誠望海内外賢達教之。

洛陽九朝刻石文字博物館館長　齊運通

二〇一六年三月十五日

時年七十又一